새 기준에 따른

통상임금 산정실무

이상익 저

"판단기준에서 업무활용까지"

(주)중앙경제

판단기준에서
업무활용까지

새 기준에 따른
통상임금 산정 실무

초판인쇄 2014년 2월 21일
초판발행 2014년 3월 3일

지 은 이 이 상 익
펴 낸 이 김 희 성
펴 낸 곳 (주) 중앙경제
편 집 이 지 훈
디 자 인 한 지 희

주 소 서울시 중구 다산로 11길 19(신당2동 355-8)
백석빌딩 신관 4층
전 화 02)2231-7293
팩 스 02)2235-5344
홈페이지 www.elabor.co.kr
출판등록 80.6.21 제 2-66호

ISBN 978-89-7017-304-7 (93330)
정 가 25,000원

판단기준에서
업무활용까지

새 기준에 따른
통상임금 산정 실무

이 상 익

(주)중앙경제

머리말

지난 1953년 근로기준법이 제정된 이래 그동안 노동법 분야에서 최근의 통상임금만큼 많은 관심과 논쟁의 대상이 되고 경제적 파급효과가 큰 주제는 없었을 것이다. 근로기준법은 연장·야간·휴일 근로에 대해 통상임금의 50% 이상을 가산하여 지급하도록 하면서도, 통상임금에 대한 정의 규정을 직접 두지 않고 시행령에 관련 조항을 두고 있을 뿐인데 그마저도 내용이 명확하지 않다. 이로 인해 판례와 행정해석 사이에 상당한 차이가 있었고, 판례도 뚜렷한 근거를 제시하지 않은 채 통상임금에 대한 시행령의 해석적용을 변경하는 경우가 없지 않았다. 이와 같은 법령의 불명확성, 판례와 행정해석의 차이, 판례의 변경 등에 따라 산업현장에는 통상임금에 속하는 임금의 범위를 둘러싸고 상당한 혼란이 초래되었고 통상임금의 범위 확대를 주장하며 추가 법정수당을 청구하는 소송이 줄을 잇는 등 사회적 갈등 양상까지 빚게 되었다.

2013년 12월 18일 대법원은 두 건의 전원합의체 판결을 통해 사회적으로 많은 논란과 혼선이 있었던 통상임금의 개념과 요건에 관한 구체적인 판단기준을 제시하였고, 고용노동부 또한 통상임금에 관한 법령 정비가 이뤄질 때까지 대법원 판결의 해석을 둘러싼 혼란을 예방하기 위해 통상임금에 관한 지도지침을 2014년 1월 23일 발표하였다.

무엇보다 통상임금에 관한 인사노무관리 업무는 정확한 노동법 지식과 판례의 검토에 바탕을 두고 처리되어야 한다. 특히 통상임금에 관한 판례의 체계적이고 종합적인 이해와 해석은 현재의 임금관리 뿐만 아니라 앞으로의 성과중심형 임금체계 전환의 기본 방향과 적절한 해결책을 제시해 줄 수 있다.

이 책은 최근 대법원 전원합의체 판결 및 그간 통상임금에 관한 주요 판례들을 모두 망라하여 통상임금의 판단기준 및 산정방법에 대한 정확하고 체계적인 법률지식을 획득할 수 있도록 다양한 실제 사례를 소개하고, 이를 통해 기업의 인사노무업무 담당자들이 임금관리 실무에서 바로 활용할 수 있도록 하는데 역점을 두었다. 이 책에서 중점적으로 다루고 있는 내용은 다음과 같다.

첫째, 사용자가 근로자에게 지급하는 금품이 통상임금에 속하려면, 당연히 해당 금품이 근로의 대가로 지급되는 임금이어야 하다. 그리고 임금 중에서도 근로자가 소정근로시간에 통상적으로 제공하는 근로인 소정근로의 대가로 지급되는 임금이어야 통상임금에 포함될 수 있다. 따라서 사용자가 지급하는 각종 금품이 임금에 해당하는지 및 소정근로의 대가로 지급되는 임금에 해당하는지에 대해 살펴본다.

둘째, 각종 수당이나 상여금 등이 통상임금에 속하기 위해서는 그것이 소정근로의 대가로 지급되는 것이어야 하며 통상임금의 판단기준인 정기성·일률성·고정성을 모두 갖추고 있어야 하므로, 통상임금의 판단기준을 다양한 사례를 통해 살펴본다. 특히 '업적이나 성과, 기타 추가적인 조건'과 관계없이 사전에 이미 확정되어 있어야 한다는 통상임금의 고정성과, 상여금의 지급일 재직 요건의 효력 등에 대해 중점적으로 검토한다.

셋째, 어떤 임금이 통상임금에 속하는지는 그 명칭만 갖고서 판단할 수 없다. 정기상여금이라도 지급대상이나 지급방법 등에 따라 통상임금에 포함될 수도 있고 그렇지 않을 수도 있다. 실무에서 지급되고 있는 임금은 종류가 매우 다양할 뿐만 아니라 그 구체적인 지급실태는 더욱 복잡하므로 임금의 각종 지급유형별 및 수당별로 통상임금에 해당하는지를 살펴본다.

넷째, 통상임금은 연장·야간·휴일 근로에 대해 지급할 초과근로수당을 계산하는 기준임금이므로 반드시 시간급 금액으로 산정하여야 한다. 실무상 통상임금 산정 기초가 되는 임금은 월급, 주급, 일급, 시간급 금액 등이 복잡하게 섞여 있는 경우가 많은데 이를 시간급 통상임금으로 산정하는 방법을 자세히 알아둘 필요가 있다.

다섯째, 전원합의체 판결은 통상임금의 범위에 관한 노사 합의의 효력을 원칙적으로 인정하지 않았지만, 신의성실의 원칙(信義則)을 기초로 추가임금 청구가 제한될 수 있음을 제시하였다. 신의칙이 적용될 수 있는 요건과 적용기간에 대해 살펴본다. 그 밖에도 통상임금의 범위에 관한 노사 합의가 유효한 것으로 인정되는 경우 및 통상임금 범위 확대가 기업 자체적으로 지급하는 약정수당에도 영향을 미치는지 등에 대해서도 알아본다.

아무쪼록 이 책이 통상임금과 관련한 업무를 수행하는데 유용한 참고자료가 되기를 바라며, 이 책의 출간을 위해 지원해 주신 (주)중앙경제 김희성 사장님과 임직원 여러분들께 감사의 말씀을 드린다.

2014년 2월

이 상 익

차 례

chapter 1 통상임금의 의의와 기능

chapter 2 임금 및 소정근로의 대가로 지급되는 임금

chapter 3 통상임금의 판단기준

chapter 4 임금의 유형별, 항목별 통상임금 해당 여부

chapter 5 통상임금의 산정 실무

chapter 6 통상임금의 확대와 추가임금 청구의 범위

chapter 1

통상임금의 의의와 기능

Contents

- "법과 이 영에서 통상임금이란 근로자에게 정기적이고 일률적으로 소정근로 또는 총 근로에 대하여 지급하기로 정한 시간급 금액 · 일급 금액 · 주급 금액 · 월급 금액 또는 도급 금액을 말한다"(근로기준법 시행령 제6조제1항).

- "근로자의 연장 · 야간 · 휴일 근로가 상시적으로 이루어지는 경우가 드물지 않은 우리나라의 현실에서 근로기준법이 위와 같이 통상임금에 부여하는 기능 중 가장 주목되는 것은 그것이 연장 · 야간 · 휴일 근로에 대한 가산임금 등을 산정하는 기준임금으로 기능한다는 점이다"(대판(전합) 2013.12.18, 2012다89399).

제1절 통상임금의 의의

1 통상임금의 개념

통상임금이란 '근로계약에서 정한 근로를 제공하면 확정적으로 지급되는 임금'이며, 통상임금이 근로자가 사용자와 사이에 법정근로시간의 범위에서 정한 근로시간(소정근로시간)을 초과하는 근로를 제공할 때 가산임금 등을 산정하는 기준임금으로 기능한다는 점을 고려하면, 근로자가 소정근로시간에 통상적으로 제공하는 근로의 가치를 금전적으로 평가한 것이어야 한다. 또한 근로자가 실제로 연장근로 등을 제공하기 전에 미리 확정되어 있어야 한다. 그래야만 사용자와 근로자는 소정근로시간을 초과하여 제공되는 연장근로 등에 대한 비용 또는 보상의 정도를 예측하여 연장근로 등의 제공 여부에 관한 의사결정을 할 수 있고, 실제 연장근로 등이 제공된 때에는 사전에 확정된 통상임금을 기초로 하여 가산임금을 곧바로 산정할 수 있게 되기 때문이다. 그리고 근로기준법 제2조제1항제5호가 사용자가 근로의 대가로 근로자에게 지급하는 금품은 그 명칭과 관계없이 근로기준법의 규율을 받는 임금에 해당한다고 규정하고 있듯이, 그 임금 중에서 근로자가 소정근로시간에 통상적으로 제공하는 근로의 가치를 평가한 것으로서 사전에 미리 확정할 수 있는 것이라면 그 명칭과 관계없이 모두 통상임금에 해당하는 것으로 보아야 한다(대판(전합) 2013.12.18, 2012다89399 ; 대판(전합) 2013.12.18, 2012다94643).

통상임금은 근로계약 또는 취업규칙이나 단체협약에서 정한 소정근로시간에 대응하는 근로에 대한 대가로서 실제 근무일수나 근무성적 등 추가적인 조건의 성취 여부에 관계없이 소정근로에 대하여 정기적·일률적·고정적으로 지급하기로 정한 임금이다. 소정근로의 질이나 양에 무관하게 지급되는 것(예: 부양가족 수에 따라 지급되는 가족수당), 실제 근무 여부 또는 근무실적에 따라 지급 여부나 지급액이 변동되는 것(예: 매월 개근한 근로자에게만 지급하는 출근장려수당), 소정근로시간에 대한 대가로 볼 수 없는 것(예: 연장근로수당 등 초과근로수당) 등은 통상임금에 속하지 않는다.

관계법령

근로기준법 시행령 제6조 【통상임금】 ① 통상임금이란 근로자에게 정기적이고 일률적으로 소정근로 또는 총 근로에 대하여 지급하기로 정한 시간급 금액·일급 금액·주급 금액·월급 금액 또는 도급 금액을 말한다.

2 통상임금과 평균임금의 비교

(1) 의 의

사용자가 근로자에게 지급하는 임금은 사용자와 근로자 사이의 근로계약에 의하여 정하여지지만, 근로자의 실제 근로시간이나 근무실적 등에 따라 증감·변동될 수 있고, 임금의 지급 여부나 지급액이 구체적인 근로의 질이나 양과 관계없는 조건에 좌우될 수 있다. 근로기준법은 위와 같은 임금의 증감·변동성 등을 고려하여 '평균임금'과 '통상임금'이라는 유형의 기준임금을 마련하고, 이를 통하여 근로조건의 기준을 정한 다음 근로계약에서 정한 근로조건이 그 기준에 미치지 못하는 때에는 그 미치지 못하는 부분을 무효로 하고, 무효로 된 부분은 그 기준에 따르도록 규정하여 근로자의 기본적 생활의 보장과 그 향상을 도모하고 있다.

(2) 평균임금

근로기준법 제2조제1항제6호 전문은 "평균임금이란 이를 산정하여야 할 사유가 발생한 날 이전 3개월 동안에 그 근로자에게 지급된 임금의 총액을 그 기간의 총 일수로 나눈 금액을 말한다"고 규정하면서, 이를 근로기준법상의 퇴직금, 휴업수당, 산업재해보상보험법 상의 휴업급여, 장해급여, 유족급여, 상병보상연금, 장의비 등을 산정하는 기준임금으로 삼고 있다.

이러한 평균임금은 개별 근로자의 실제 근로시간이나 근무실적 등에 따라 증감·변동되는 것으로서, 법정 기간 동안 근로자에게 실제 지급된 임금의 총액을 기초로 하여 산정되므로, 과거의 근로시간이나 근무실적 등을 토대로 사후적으로 산정되는 근로자의 통상적인 생활임금이라 할 수 있다.

관계법령

근로기준법 제2조 【정 의】 ① 6. 평균임금이란 이를 산정하여야 할 사유가 발생한 날 이전 3개월 동안에 그 근로자에게 지급된 임금의 총액을 그 기간의 총 일수로 나눈 금액을 말한다. 근로자가 취업한 후 3개월 미만인 경우도 이에 준한다.

평균임금은 근로기준법에서 사용자의 귀책사유로 인한 휴업수당, 각종 재해보상금, 제재로서의 감급액 및 근로자퇴직급여보장법 상의 퇴직급여 등을 산출할 때 그 기준으로 이용되고 있으며 원칙적으로 1일을 단위로 하여 산출한다.

판례는 "근로기준법의 관계규정에 의하면 근로자가 퇴직하거나 업무상 사망한 경우, 업무상 부상 또는 질병에 걸린 경우, 연차유급휴가를 얻은 경우, 감급의 제재를 받은 경우 또는 사용자의 귀책사유로 인하여 휴업하는 경우 등 근로자가 정상적으로 근로를 제공하고 그 대상으로 임금을 지급받을 수 없는 사유가 발생한 때에는 그 사유가 발생한 날 이전 3개월 동안에 그 근로자에게 지급된 임금의 총액을 그 기간의 총 일수로 나눈 금액을 평균임금으로 산정하여 이 평균임금을 기초로 하여 산출된 일정한 금액(평균임금의 일정일수분 또는 일정비율로 정한 금액) 또는 그 이상의 금액을 근로자에게 지급하도록 하는 제도를 마련하고 있는 바, 이와 같은 제도의 근본취지는 위에서 본 바와 같이 사유가 발생한 경우에도 근로자의 통상의 생활은 종전과 같이 보장되어야 한다는 데 있다"고 한다(대판 1990.11.9, 90다카6948).

(3) 통상임금

근로기준법은 위와 같이 실제 근로시간이나 근무실적 등에 따라 증감·변동될 수 있는 평균임금의 최저한을 보장하고 연장·야간·휴일 근로에 대한 가산임금, 해고예고수당 및 연차휴가수당 등을 산정하는 기준임금으로서 '통상임금'을 규정하고 있다. 근로기준법 시행령 제6조제1항은 "법과 이 영에서 통상임금이란 근로자에게 정기적이고 일률적으로 소정근로 또는 총 근로에 대하여 지급하기로 정한 시간급 금액, 일급 금액, 주급 금액, 월급 금액 또는 도급 금액을 말한다"고 규정하고 있다.

근로자의 연장·야간·휴일 근로가 상시적으로 이루어지는 경우가 드물지 않은 우리나라의 현실에서 근로기준법이 위와 같이 통상임금에 부여하는 기능 중 가장 주목되는 것은 그것이 연장·야간·휴일 근로에 대한 가산임금 등을 산정하는 기준임금으로 기능한다는 점이다(대판 2013.12.18, 2012다89399).

(4) 통상임금과 평균임금의 차이

통상임금과 평균임금이 근로자가 실제 지급받는 '실체'로서의 개념이 아니라, 모두 다른 급여 항목을 계산하는 '기준' 또는 '도구'의 개념이라는 점에서는 공통점이 있다.

하지만 평균임금에는 산정사유 발생일 이전 3개월 동안에 근로의 대가로 지급된 '임금의 총액'이 모두 포함되는데 비하여, 통상임금은 근로의 대가인 임금 중에서 '정기적이고 일률적으로 소정근로 또는 총 근로에 대해 지급하기로 정한 금액'만을 그 대상으로 한다는 점에서 차이가 있다. 평균임금이 산정 대상기간 동안 지급된 임금을 모두 합산한다는 점에서 사후적이고 산술적인 기준임금인데 비하여, 통상임금은 지급된 실제 임금이 아니라 소정근로를 하면 지급하기로 정해진 임금이라는 점에서 소정근로의 가치를 사전에 평가한 임금 즉 사전적이고 평가적인 기준임금이라고 할 수 있다.

평균임금이 퇴직급여, 산재보험급여 등 주로 근로자의 실제 생활수준을 고려할 필요가 있는 급여의 계산을 위하여 마련된 산정기준인 반면, 통상임금은 근로자가 연장·야간·휴일근로를 한 경우에 지급할 가산임금의 계산을 위한 기준(근로기준법 제56조)으로 주로 사용된다.

[표] 평균임금과 통상임금의 비교

구 분	평균임금	통상임금
법령의 규정	**근로기준법 제2조제1항제6호** "평균임금"이란 이를 산정하여야 할 사유가 발생한 날 이전 3개월 동안에 그 근로자에게 **지급된** 임금의 총액을 그 기간의 총 일수로 나눈 금액을 말한다. 근로자가 취업한 후 3개월 미만인 경우도 이에 준한다.	**근로기준법 시행령 제6조제1항** 법과 이 영에서 "통상임금"이란 근로자에게 정기적이고 일률적으로 소정근로 또는 총 근로에 대하여 **지급하기로 정한** 시간급 금액, 일급 금액, 주급 금액, 월급 금액 또는 도급 금액을 말한다.
성격	사후적·산술적 기준임금	사전적·평가적 기준임금
내용	통상적인 생활임금	소정근로의 가치

한편, 평균임금액이 통상임금액을 하회할 때에는 통상임금액을 평균임금으로 한다. 판례는 "만약 위와 같은 사유가 발생하였을 때 지급하여야 할 금액의 산출 기초가 되는 '그 사유가 발생한 날 이전 3월 간에 그 근로자에게 지급된 임금'이 특별한 사유로 인하여 통상의 경우보다 현저하게 적거나 많을 경우에도 이를 그대로 평균임금 산정의 기초로 삼는다면, 이는 근로자의 통상의 생활을 종전과 같이 보장하려는 제도의 근본취지에 어긋난다고 하지 않을 수 없고, 바로 이러한 뜻에서 근로기준법 제2조제2항이 '제1항제6호에 따라 산출된 금액이 그 근로자의

통상임금보다 적으면 그 통상임금액을 평균임금으로 한다'고 규정하고 있다"고 한다(대판 1990.11.9, 90다카6948).

제2절 통상임금의 기능

통상임금은 근로자가 실제로 지급받는 임금이 아니다. 즉 통상임금은 그 자체로 근로자에게 지급되는 것이 아니라 다른 임금이나 수당 등을 산정하는 기준이 되는 임금이다.

1 법정수당을 산정하는 기준임금

(1) 근로기준법에서 정하고 있는 법정수당

가. 연장 · 야간 · 휴일 근로에 대한 가산임금

통상임금의 기능 중 가장 중요한 것으로 연장 · 야간 · 휴일 근로에 대한 가산임금을 산정하는 기준임금이 된다.

관계법령

근로기준법 제56조 【연장 · 야간 및 휴일 근로】 사용자는 연장근로(제53조 · 제59조 및 제69조 단서에 따라 연장된 시간의 근로)와 야간근로(오후 10시부터 오전 6시까지 사이의 근로) 또는 휴일근로에 대하여는 통상임금의 100분의 50 이상을 가산하여 지급하여야 한다.

근로기준법 제56조는 사용자로 하여금 연장 · 야간 · 휴일 근로에 대하여 통상임금의 50% 이상을 가산하여 지급하도록 규정하고 있는데, 이는 사용자에게 금전적 부담을 가함으로써 연장·야간·휴일 근로를 억제하는 한편, 이러한 근로는 법정근로시간 내에서 행하여지는 근로보다 근로자에게 더 큰 피로와 긴장을 주고 근로자가 누릴 수 있는 생활상의 자유시간을 제한하므로 이에 상응하는 금전적 보상을 해주려는 데에 그 취지가 있다(대판 1990.12.26, 90다카12493).

나. 해고예고수당

근로기준법 제26조 본문은 해고의 예고에 대해 규정하면서 "사용자는 근로자를 해고(경영상 이유에 의한 해고를 포함한다)하려면 적어도 30일 전에 예고를 하여야 하고, 30일 전에 예고를 하지 아니하였을 때에는 30일분 이상의 통상임금을 지급하여야 한다"고 명시하고 있다. 해고예고제도는 사용자가 근로자를 해고할 경우에 근로자가 다른 직장을 구할 기회를 가질 수 있도록 최소한의 시간적인 여유를 부여하거나, 그렇지 않으면 그 기간 동안의 생계비를 보장하여 근로자의 경제적 어려움을 완화시켜주려는 취지에서 규정된 것이다(대판 2010.4.15, 2009도13833).

다. 연차유급휴가수당 및 연차유급휴가미사용수당

a) 사용자는 연차휴가를 유급으로 부여하여야 하므로 근로자가 연차휴가를 사용하더라도 그 휴가일수에 대하여 임금을 감액하여서는 아니된다. 근로자가 휴가를 사용하여 근로를 제공하지 않았음에도 지급되는 임금을 연차유급휴가수당이라고 한다. 근로기준법 제60조제5항 본문은 사용자는 연차유급휴가를 근로자가 청구한 시기에 주어야 하고, 그 기간에 대하여는 취업규칙 등에서 정하는 통상임금 또는 평균임금을 지급하여야 한다고 규정하고 있다.

b) 연차유급휴가미사용수당은 근로자가 전전년도의 근로의 대가로 발생한 연차유급휴가를 전년도에 사용하지 아니하고 근로를 제공한 경우 그 미사용 연차유급휴가일수에 해당하는 임금이며 연차휴가근로수당이라고도 한다(2012.4.25, 근로개선정책과-2379 참고). 연차유급휴가청구권이 소멸된 다음날에 연차유급휴가미사용수

당 청구권이 발생한다. 이 경우 전년도에 사용하지 않고 근로를 제공한 연차유급휴가일수에 대하여 취업규칙 등에서 정하는 통상임금 또는 평균임금을 지급하여야 한다. 근로자가 연차유급휴가권을 취득한 후에 연차유급휴가를 사용하기 전에 퇴직 등의 사유로 근로관계가 종료되는 경우 이로 인해 사용하지 못하는 미사용 연차휴가일수에 해당하는 수당을 사용자에 대하여 청구할 수 있다(대판 2005.5.27, 2003다48549).

라. 법정유급휴일수당 및 법정유급휴가수당

근로기준법 제55조에 따라 사용자는 근로자에게 1주일에 평균 1회 이상의 유급휴일을 주어야 한다. 사용자는 근로기준법 제74조에 따라 임신 중의 여성에게 출산 전과 출산 후를 통하여 90일의 출산전후휴가를 주어야 하며, 최초 60일은 유급으로 주어야 한다. 근로기준법 제75조에 따라 생후 1년 미만의 유아를 가진 여성 근로자가 청구하면 1일 2회 각각 30분 이상의 유급 수유시간을 주어야 한다.

위와 같은 유급휴일이나 유급휴가 등에 지급할 임금에 대해 근로기준법이 별도로 정하고 있지는 않으나, 최소한 통상임금 이상을 지급하여야 할 것이다. 고용노동부 행정해석도 유급 출산전후휴가기간(최초 60일) 중 급여지급액은 취업규칙·단체협약 등에서 정하고 있는 경우에는 그에 따라 지급하여야 하나, 정한 바가 없는 경우에는 최소한 통상임금을 지급하여야 한다고 본다(2002.1.24, 여원 68240-40).

[표] 근로기준법에 따른 통상임금의 기능

구 분	기준 금액(지급액)
① 평균임금이 통상임금보다 적을 경우 (근로기준법 제2조제2항)	통상임금
② 해고예고수당(근로기준법 제26조)	통상임금 30일 분

구 분	기준 금액(지급액)
③ 휴업수당(근로기준법 제46조)	평균임금 70% 또는 통상임금 100%
④ 연장 · 야간 · 휴일근로수당(초과근로수당)(근로기준법 제56조)	통상임금의 50% 가산
⑤ 연차유급휴가수당(근로기준법 제60조)	통상임금 또는 평균임금
⑥ 법정유급휴가 및 법정유급휴일수당	통상임금 100%

(2) 고용보험법 등에서 정하고 있는 법정급여

가. 출산전후휴가 급여

사업주는 출산전후휴가기간 중 최초 60일은 유급이므로 소정의 임금을 지급해야 한다. 그리고 마지막 30일에 대해서는 고용보험에서 출산전후휴가 급여를 지급한다. 남녀고용평등 및 일 · 가정 양립 지원에 관한 법률 제18조제1항은 "국가는 근로기준법 제74조에 따른 출산전후휴가 또는 유산 · 사산휴가를 사용한 근로자 중 일정한 요건에 해당하는 자에게 그 휴가기간에 대하여 통상임금에 상당하는 금액(출산전후휴가 급여 등)을 지급할 수 있다"고 규정하고 있다. 고용보험법 제76조에 따라 출산전후휴가 급여는 휴가 개시일 현재의 통상임금을 기준으로 지급하며, 근로자는 90일 기준 최고 405만원까지(월 135만원까지) 지급받을 수 있다.

나. 육아휴직 급여

육아휴직의 경우 취업규칙 등에 따로 정하지 않으면 육아휴직기간에 대해 사용자가 임금을 지급할 법적 의무는 없다. 고용보험법은 제70조에서 육아휴직 급여 제도에 대해 규정하고 있으며, 피보험단위기간이 180일 이상이고 30일 이상 육아휴직을 사용한 근로자는 고용보험에서 지급하는 육아휴직 급여를 받을 수 있다. 육아휴직 급여는 육아휴직 개시일의 통상임금을 기준으로 매월 통상임금의 40%

(상한액 100만원, 하한액 50만원)를 지급하는데, 이때 육아휴직 급여 중 100분의 85를 매월 받고 100분의 15(통상임금의 6%)는 육아휴직 종료 후 해당 사업장에 복귀하여 6개월 이상 근무한 경우에 합산하여 일시불로 받는다. 그리고 육아휴직 급여액의 지급대상 기간이 1개월이 안되는 달에 대해서는 일할계산한다(고용보험법 시행령 제95조).

(3) 그 밖의 통상임금의 기능

a) 평균임금이 구직급여의 산정 기초가 되는 임금일액(기초일액)이지만, 만약 평균임금이 통상임금보다 적을 경우에는 그 통상임금액을 기초일액으로 한다(고용보험법 제45조).

b) 업무상 부상을 당하거나 질병에 걸린 근로자에게 근로기준법 제79조, 제80조, 제82조부터 제84조까지의 규정에 따른 보상금(휴업보상, 장해보상, 유족보상, 장의비, 일시보상) 등을 산정할 때 적용할 평균임금은 그 근로자가 소속한 사업(장)에서 같은 직종의 근로자에게 지급된 통상임금의 1명당 1개월 평균액이 그 부상 또는 질병이 발생한 달에 지급된 평균액보다 100분의 5 이상 변동된 경우에는 그 변동비율에 따라 인상되거나 인하된 금액으로 평균임금을 조정한다. 또한, 업무상 부상을 당하거나 질병에 걸린 근로자에게 지급할 근로자퇴직급여보장법 제8조에 따른 퇴직금을 산정할 때 적용할 평균임금은 위와 같은 방법에 따라 조정된 평균임금으로 한다(근로기준법 시행령 제5조). 위와 같이 업무상 부상을 당하거나 질병에 걸린 근로자에게 지급할 근로기준법 상 각종 재해보상금 및 근로자퇴직급여보장법 상 퇴직금을 산정하는 평균임금은 통상임금의 변동비율을 기준으로 조정한다.

2 기업 자체적인 약정수당을 산정하는 기준임금

근로기준법 등에 아무런 기준이 정해진 바 없는 기업 자체적인 약정수당인 기말수당, 정근수당, 체력단련비, 명절휴가비, 병가기간 급여, 경조금 등을 근로계약·취업규칙·단체협약 등에 따라 지급하는 사업장도 많다. 그리고 위와 같은 약정수당을 통상임금을 기준으로 지급기준과 지급액을 정하는 사례가 있는데 예컨대, 취업규칙에서 "지급일 현재 재직 중인 직원에게는 기말수당으로 6월과 12월 말일에 각 통상임금 1개월분을 지급한다"고 정하거나, 단체협약에서 "조합원에게 정기상여금으로 월 통상임금의 600%를 짝수 월마다 각 100%씩 지급한다"고 정한 경우가 이에 해당한다.

판례는 근로기준법 상 아무런 기준을 정한 바 없는 약정수당을 산정함에 있어 노사 간의 합의에 따라 근로기준법 상의 개념이나 범위와 다른 통상임금을 그러한 약정수당을 산정하기 위한 수단으로 삼고 성질상 근로기준법 상 통상임금에 산입되어야 하는 각종 수당을 약정수당 산정을 위한 통상임금에서 제외하기로 합의하였다고 하더라도 그와 같은 합의는 유효하다고 본다(대판 2007.11.29, 2006다81523 ; 대판 2013.1.24, 2011다81022 참고).

chapter 2

임금 및 소정근로의 대가로 지급되는 임금

Contents

- 통상임금은 근로기준법 상 임금에 해당하는 것을 그 대상으로 하므로 근로의 대가로 볼 수 없는 임의적・은혜적인 금품(예: 경조비, 위문금), 실비변상적인 금품(예: 출장비), 복리후생시설의 이용 이익(예: 구내식당에서 현물로 제공하는 식사) 등은 통상임금에 속하지 않는다. 어떤 금품이 통상임금에 속하기 위해서는 임금에 해당하는 것임이 전제되어야 한다.

- 통상임금은 초과근로수당 산정 등을 위한 기초임금이므로 근로계약에 따른 소정근로시간에 통상적으로 제공하는 근로의 가치를 금전적으로 평가한 것이어야 한다. 소정근로의 대가로 지급되는 임금이어야 통상임금일 수 있는 것이다.

- 제2장에서는 사용자가 근로자에게 지급하는 각종 명칭과 지급형태를 갖고 있는 금품들이 근로기준법 상의 임금에 해당하기 위한 요건 및 어떤 임금이 통상임금에 해당하기 위한 소정근로의 대가의 의미와 함께 소정근로의 대가로 볼 수 있는 임금과 볼 수 없는 임금이 무엇인지를 다양한 사례를 통해 살펴본다.

제1절 임 금

통상임금 역시 임금이므로 임금에 해당하는 금품만이 통상임금에 속할 수 있다. 통상임금은 임금산정의 기초가 되는 하나의 단위이므로 어떤 금품이 통상임금에 해당하기 위해서는 우선 근로기준법의 임금에 해당하는 것이어야 한다. 사용자가 근로자에게 지급하는 금품 중에서 임금이 아닌 것은 통상임금에 속하지 않는다.

관계법령

근로기준법 제2조 【정 의】 ① 5. 임금이란 사용자가 근로의 대가로 근로자에게 임금, 봉급, 그 밖에 어떠한 명칭으로든지 지급하는 일체의 금품을 말한다.

1 임금은 근로의 대가

임금은 '근로의 대가'로 지급되는 것이다. 즉 사용자가 지급하는 임금은 근로자의 근로 제공에 대한 반대급부이다. 어떤 금품이 '근로의 대가'로 지급된 것이냐를 판단할 때에는 그 금품 지급의무의 발생이 근로 제공과 직접적으로 관련되거나 밀접하게 관련된 것으로 볼 수 있어야 하고, 이러한 관련 없이 그 지급의무의 발생이 개별 근로자의 특수하고 우연한 사정에 의하여 좌우되는 경우에는 근로의 대가로 지급된 것으로 볼 수 없다.

사용자가 지급하는 금품은 그 목적이나 명칭이 다양하여 근로의 대가인지 여부가 명확하지 않은 경우가 많아, 실무상 어떤 금품이 임금에 해당하는지에 대해 다양한 문제가 발생하고 있다.

대법원 판례는 아래와 같은 기준에 따라 해당 금품이 근로기준법에 정해진 임금에 해당하는지 여부를 판단하고 있다.

2 임금에 해당하는지 여부에 대한 대법원 판례의 판단 기준

(1) 계속적 · 정기적으로 지급되고, 사용자의 지급의무가 있는 것

어떤 금품이 임금에 해당하는지 여부를 가늠할 수 있는 구체적인 사정으로서, 근로자에게 계속적 · 정기적으로 지급되며, 그 지급에 관하여 단체협약, 취업규칙, 급여규정, 근로계약, 노동관행 등에 의하여 사용자에게 그 지급의무가 지워져 있고, 또한 일정 요건에 해당하는 근로자에게 일률적으로 지급하는 것이라면, 그 명칭 여하를 불문하고 우선적으로 임금이라고 볼 수 있을 것이다(대판 1990.12.7, 90다카19647 ; 대판 1992.4.14, 91다5587 ; 대판 1997.5.28, 96누15804 ; 대판 1999.9.3, 98다34393 ; 대판(전합) 2002.10.17, 2002다8025 ; 대판 2003.4.22, 2003다10650).

판례

[대판 1990.12.7, 90다카19647 등]

임금이라 함은 사용자가 근로의 대가로 근로자에게 지급하는 일체의 금원으로서, 근로자에게 계속적 · 정기적으로 지급되고 그 지급에 관하여 단체협약, 취업규칙 등에 의하여 사용자에게 지급의무가 지워져 있다면 그 명칭 여하를 불문하고 모두 그에 포함된다.

그러나 위와 같은 계속성 · 정기성이 있는지는 어디까지나 근로의 대가로 지급되는 금품으로 인정할 수 있는 대표적인 징표로 삼을 수 있다는 것이고, 위와 같은 사정을 갖춘 경우에 한해서만 임금에 포함시킬 수 있다는 의미는 아니다(대판

2006.8.24, 2004다35052).

사용자가 근로자에게 지급하는 임금은 계속적·정기적으로 지급되는 것이 통상적이므로 그 지급사유의 발생이 확정되어 있지 않고 일시적으로 지급되는 것은 근로의 제공과 관련 없이 지급되는 것으로 판단받을 여지가 많기는 하지만(대판 1999.9.3, 98다34393 ; 대판 2002.6.11, 2001다16722 등), 그렇다고 하여 반드시 계속적·정기적으로 지급되어야만 근로제공과 관련된 것이고 그렇지 않은 것은 근로제공과 무관한 것이라는 논리필연적인 관계가 있는 것은 아니므로, 드물게나마 계속적·정기적으로 지급되는 것이 아니라 하더라도 다른 사정을 종합하여 사용자가 근로자의 근로제공과 관련하여 지급하는 것으로 볼 수 있으면 임금에 해당하고, 이와 달리 어느 금품이 계속적·정기적으로 지급되는 것이라 하더라도 근로의 제공과 관련 없이 지급되는 것이라면 그 금품의 지급이 단체협약, 취업규칙, 근로계약 등에 의하여 지급의무가 발생한 것이라 하더라도 임금에 포함시킬 수 없을 것이다(대판 1996.5.14, 95다19256).

사용자에게 지급의무가 있다는 것은 그 지급 여부를 사용자가 임의적으로 결정할 수 없다는 것을 의미하는 것이고, 그 지급의무의 발생 근거는 단체협약이나 취업규칙, 급여규정, 근로계약에 의한 것이든 그 금품의 지급이 사용자의 방침이나 관행에 따라 계속적으로 이루어져 노사 간에 그 지급이 당연한 것으로 여겨질 정도의 관례가 형성된 경우처럼 노동관행에 의한 것이든 무방하다(대판 1997.5.28, 96누15084 등 참고).

(2) 일률적으로 지급되는 것

사용자가 근로의 대상으로 근로자에게 지급하는 일체의 금품으로서, 근로자에게 계속적·정기적으로 지급되며, 그 지급에 관하여 단체협약, 취업규칙, 급여규정, 근로계약, 노동관행 등에 의하여 사용자에게 그 지급의무가 지워져 있고, 또한 일정 요건에 해당하는 근로자에게 일률적으로 지급하는 것이라면 그 명칭 여하를 불문하고 평균임금의 산정 대상이 되는 임금이라고 보아야 할 것이다(대판

2002.10.17, 2002다8025).

(3) 금품 지급의무의 발생이 근로 제공과 직접적으로 또는 밀접하게 관련된 것

사용자가 근로자에게 지급하는 금품이 평균임금 산정의 기초가 되는 임금총액에 포함될 수 있는 임금에 해당하려면 먼저 그 금품이 근로의 대상으로 지급되는 것이어야 하므로 비록 그 금품이 계속적·정기적으로 지급된 것이라 하더라도 그것이 근로의 대상으로 지급된 것으로 볼 수 없다면 임금에 해당한다고 할 수 없는데, 여기서 어떤 금품이 근로의 대상으로 지급된 것이냐를 판단함에 있어서는 그 금품 지급의무의 발생이 근로 제공과 직접적으로 관련되거나 그것과 밀접하게 관련된 것으로 볼 수 있어야 하고, 이러한 관련 없이 그 지급의무의 발생이 개별 근로자의 특수하고 우연한 사정에 의하여 좌우되는 경우에는 그 금품의 지급이 단체협약·취업규칙·근로계약 등이나 사용자의 방침 등에 의하여 이루어진 것이라 하더라도 그러한 금품은 근로의 대상으로 지급된 것으로 볼 수 없다(대판 1995.5.12, 94다55934 ; 대판 1996.5.14, 95다19256 ; 대판(전합) 1999.5.12, 97다5015).

(4) 실비변상적으로 지급되는 것은 임금이 아님

근로의 대상으로서 지급되는 것이 아니라 근로자가 특수한 근무조건이나 환경에서 직무를 수행함으로 말미암아 추가로 소요되는 비용을 변상하기 위하여 지급되는 실비변상적 금원 또는 사용자가 지급의무 없이 은혜적으로 지급하는 금원 등은 평균임금 산정의 기초가 되는 임금 총액에 포함하지 않는다(대판 1999.2.9, 97다56235 ; 대판 2003.4.22, 2003다10650).

예컨대, 출장비, 정보비, 해외근무수당, 작업용품비, 자가운전자에 한해 지급하는 자가운전보조금 등은 근로자가 지출한 비용을 보전해주기 위해 지급하는 것이므로 임금으로 인정되지 않는다.

(5) 의례적 · 호의적 · 은혜적으로 지급되는 것은 임금이 아님

임금이란 사용자가 근로의 대상으로 지급하는 일체의 금품을 말하고, 의례적 · 호의적 의미에서 지급되는 것은 포함하지 않는다(대판 1973.3.27, 72다2425 ; 대판 1976.1.27, 74다1580 ; 대판 1990.11.9, 90다카4683).

예를 들면, 결혼축의금, 조의금, 질병위로금 등 경조금은 의례적 · 호의적으로 지급되는 것으로서 취업규칙이나 단체협약 등에 지급의무와 지급조건이 정해져 있더라도 임금에 해당하지 않는다.

또한, 급식(식사 제공), 자녀 학자금, 사택의 제공, 운동시설이나 휴양시설의 제공 등은 복리후생적 급여로서 임금으로 인정되지 않는다. 그렇지만 같은 명칭이라도 임금에 해당하는 경우도 있을 수 있다. 예컨대, 사택을 제공받지 않는 근로자에게도 사택 제공 대신 일정액의 사택수당이 지급된다면 해당 사택수당 뿐만 아니라 사택 제공도 그 평가액을 임금으로 본다(대판 1990.11.9, 90다카6948).

(6) 임금 판단 기준 종합

가. 근로의 대가로 지급되는 임금인지를 판단하는 기준

① 계속적 · 정기적 · 일률적으로 지급되는 것

② 사용자에게 지급의무가 있는 것

나. 근로의 대가로 볼 수 없는 기준

㉮ 지급사유의 발생이 개별 근로자의 특수하고 우연한 사정에 의하여 좌우되는 것

㉯ 실비변상적으로 지급되는 것

㉰ 의례적 · 호의적 · 은혜적으로 지급되는 것

위와 같이 대법원 판례에 따르면, 어떤 금품이 근로기준법에 정해진 임금에 해

당하기 위해서는 ① 계속적 · 정기적 · 일률적으로 지급되고, ② 사용자에게 지급의무가 있어야 한다.

하지만, 어떤 금품이 계속적 · 정기적으로 지급되고 사용자에게 지급의무가 있는 것이라도 ㉮ 지급사유의 발생이 개별 근로자의 특수하고 우연한 사정에 의하여 좌우되는 경우, ㉯ 실비변상적으로 지급되는 경우, ㉰ 의례적 · 호의적 · 은혜적으로 지급되는 경우에 해당하면 그 금품은 근로의 대가로 지급되는 것이 아니어서 임금에 해당하지 않는다.

3 사용자가 근로자에게 지급하는 것

임금은 사용자가 근로자에게 지급하는 금품이어야 한다. 그러므로 근로자가 고객으로부터 직접 받는 봉사료 또는 팁은 근로기준법에 정해진 임금이 아니다. 외부금융기관에 적립된 연금 등을 해당 금융기관이 직접 근로자에게 지급하는 경우에도 임금으로 보기 어렵다.

판례

[대판 1999.1.26, 98다46198]

원심은 피고 회사가 경영하는 카지노에서 근무하는 영업직 사원(딜러)들이 고객들로부터 받는 봉사료는 영업직 사원은 물론 관리직 사원을 포함한 차장까지의 전직원이 직급과 근속년수에 따라 이를 분배받아 왔는데, 위 봉사료는 상품이나 용역의 가격에 일정한 비율로 포함되는 것이 아니라 고객들의 자의에 의하여 그 지급 여부 및 액수가 결정되고, 직원들이 자치적으로 구성한 봉사료 위원회에서 봉사료 수집 및 분배에 관한 업무를 처리하면서 스스로 지급대상과 지급률을 정하여 1주일에 2, 3회씩 이를 분배하여 왔으며, 피고 회사 직원들의 임금액은 봉사료를 제외하고서도 같은 규모, 같은 산업의 다른 근로자들의 임금액에 비하여 비교적 높은 수준에 있는 사실을 확정하고, 부장급 직원들은 기밀비 명목의 돈을 별도로 지급받고 있으나 그것이 하위직급의 직원이 받는 봉사료에 갈음하여 지급되는 것이라고 볼 증거가 없다고 하고 있다.

임금이란 사용자가 근로의 대상으로 근로자에게 임금·봉급 기타 어떠한 명칭으로든지 지급하는 일체의 금품을 말하는 것인바, 사실관계가 위와 같다면, 원고가 위와 같이 지급받아 온 돈은 고객이 자의에 의하여 직접 근로자에게 지급한 봉사료를 근로자들이 자율적으로 분배한 것에 지나지 아니하여, 사용자로부터 지급받은 근로의 대상이라고 할 수 없으므로 그 성질상 근로기준법이 정한 임금의 범위에 포함되지 않는다고 할 것이다.

하지만, 사용자가 고객으로부터 대금의 일정 비율을 봉사료 명목으로 일률적으로 받아 두었다가 정기적으로 전체 근로자에게 그 총액을 균등분배하는 경우에는 그 명칭만 봉사료일 뿐이며 실제로는 영업에 따른 판매대금의 일부로서 근로자들에게 근로의 대가로 지급된다는 점에서 임금에 해당하는 것으로 볼 수 있다

판례

[대판 1992.4.28, 91누8104]

이 사건 골프연습장에서의 캐디의 서비스용역은 원고가 골프연습장 사용자에게 제공하는 주된 용역인 연습시설이용의 용역에 통상적으로 부수하여 그 시설이용을 원활케 할 목적으로 제공되는 인적 용역으로서, 원고는 그가 경영하는 골프연습장 내에서의 각종 용역의 공급에 대한 대가로 위에서 본 바와 같이 연습장 사용자가 회비로서 지급하는 시설이용료와 봉사료를 납부받아 왔다고 보아야 하고, 단순히 시설이용에 대한 사용료만을 납부받았다고 볼 것이 아니다. 원고가 위와 같이 고객으로부터 받은 금액 중 봉사료상당금액의 전액을 캐디들에게 주었다고 하여도 이는 캐디들의 노무제공에 대한 급여의 지급이라고 볼 수 있을지언정 캐디들의 독립된 용역공급의 대가를 전달한 것이라고 보기 어렵다.

4 명칭과는 관계없는 일체의 금품

임금은 원칙적으로 통화(通貨) 즉 돈으로 지급하여야 하지만, 법령이나 단체협약에 특별한 규정이 있는 경우에는 예외적으로 통화가 아닌 현물이나 상품권 등으로 지급하는 것도 가능하다

관계법령

근로기준법 제43조 【임금지급】 ① 임금은 통화로 직접 근로자에게 그 전액을 지급하여야 한다. 다만, 법령 또는 단체협약에 특별한 규정이 있는 경우에는 임금의 일부를 공제하거나 통화 이외의 것으로 지급할 수 있다.

임금은 통화뿐만 아니라 사용자가 근로의 대가로 지급하는 일체의 금품이므로, 현물로 제공되는 급식이나 사택, 통근비 등도 현물로 제공되었다는 이유만으로 바로 임금에서 제외되지는 않는다. 예를 들면, 식사를 하지 않은 근로자에게 식사비에 상응하는 쿠폰이나 현물을 제공한다면 해당 쿠폰이나 현물의 가격만큼 임금으로 인정될 수 있다.

판례

[대판 1990.12.7, 90다카19647]

평균임금 산정의 기초가 되는 임금총액에는 사용자가 근로의 대상으로 근로자에게 지급하는 일체의 금품으로서, 근로자에게 계속적·정기적으로 지급되고 그 지급에 관하여 단체협약, 취업규칙 등에 의하여 사용자에게 지급의무가 지워져 있으면 그 명칭 여하를 불문하고 모두 포함되는 것이고, 비록 현물로 지급되었다 하더라도 근로의 대가로 지급하여 온 금품이라면 평균임금의 산정에 있어 포함되는 임금으로 봄이 상당하다.

5 임금인지가 문제되는 주요 사례

(1) 실비변상적으로 지급하는 금품

가. 출장비

1) 임금이 아니라고 본 사례

출장업무에 실제 소요되는 비용을 보전해 주기 위해 지급한 출장비나 출장식대 등은 실비변상적 금품으로서 임금에 해당하지 않는다.

판례 화물 운전자에게 운전경비로 지급한 작업출장비

[대판 1998.1.20, 97다18936]

회사가 작업출장비를 지급하게 된 이유는 시급제 하에서 회사의 화물 운전자들의 근로의욕을 제고하여 업무 능률을 향상시키고 화주에 대한 부당한 금품 요구 관행 등을 시정하는 한편 운행 중 발생할 수 있는 경미한 사고 또는 고장의 수리비용이나 화주 공장 내 콘테이너 적입·출시 현장 직원 독려 비용 등 작업출장 중 운전원 개인 비용 지출에 따른 비용 부담을 해소하기 위한 것이며, 그리하여 운전원들은 매번 작업이 끝나고 귀사할 때마다 운행경비로서 앞에서 본 출장식대, 고속도로비 등과 함께 위 작업출장비를 계산하여 그때그때 지급받아 왔고, 회사의 회계처리상으로도 위 작업출장비는 운행경비의 항목으로 취급되고 있으며, 위 작업출장비는 시간외근무수당이나 야간근무수당 등의 초과근무수당과는 별도로 지급되고 있고, 그 구체적 지급 기준은 지역이나 지점의 특성에 따라 달라질 수 있는 것으로 보여질 뿐만 아니라 그 액수 또한 월 평균 금 300,000원을 초과하여 이를 받지 아니하는 운전직 근로자들에 비하여 지나치게 많은 금액이라 할 것이므로 이는 근로의 대가라고 보기 어렵다고 할 것이다.

판례 외근 근로자에게 추가로 지급한 출장식대

[대판 1998.1.20, 97다18936]

출장식대를 지급하게 된 경위는 근로자가 피고 회사의 구내를 벗어나 작업하게 되어 가정이나 구내식당에서 식사를 하지 못하게 됨에 따라 근로자 개인의 돈으로 매식을 하는 경우 그 식사 비용을 실비변상하기 위하여 지급하게 된 것임을 넉넉히 알아

볼 수 있으며, 지급하게 된 것임을 넉넉히 알아볼 수 있으며, 기록에 의하면 일반 근로자들은 1끼에 금 3,300원씩 1달에 금 82,500원의 식대만을 일률적으로 지급받았다는 것인바, 구내 근로자의 경우와 출장 근로자의 경우에 식대의 금액에 차이가 있다는 점은 근로의 여건에 따른 차이이지 그것이 근로의 질이나 양에 따른 차이라고는 볼 수 없을 것이라는 점에서 위 출장식대가 근로의 대가를 반영하고 있다고 보기는 어려울 것이며, 또한 위 출장식대의 금액은 서울지점이 있는 오봉지역의 경우 운전자들이 주로 경인고속도로 주변의 식당에서 식사를 하게 되는 경우가 많아 그 식당들의 요금을 기준으로 하여 정하였다는 점을 고려하여 보면 이는 실비변상으로 지급하는 것이지 근로의 대가라고 보기는 어려울 것이므로 원고가 출장식대로 지급받은 금원 중 모든 근로자들에게 일률적으로 지급된 월 금 82,500원을 초과하는 부분은 평균임금에 산입하여서는 안 될 것이다.

[대판 2002.7.12, 2001다82125]

영업활동수당(150,000원)과, 매월 기본 중식비 37,500원 외에 추가로 지급해 오던 추가중식비(50,500원)는, 회사 급여규정에 명문으로 정한 바가 없고 다만 회사 밖에서 영업활동을 위하여 외근하는 영업사원만을 대상으로 하여 그 영업활동에 소요되는 비용 명목으로 지급된 사실이 인정되는바, 이와 같이 실비변상적 성격의 영업활동수당 및 추가중식비는 근로의 대상으로서의 임금으로 볼 수 없다.

판례 출장 시마다 지급한 승무여비

[대판 1971.10.22, 71다1982]

급료에 포함된 승무여비는 출장 시마다 소비되는 것이므로 과실이익의 산정에 있어서는 위 여비는 급료에 포함할 수 없는 성질의 것이라고 봄이 상당하다 할 것이므로, 기타 수당 및 여비 중에서 승무여비를 공제한 나머지 수당만을 본봉, 직책수당 등에 포함하여 급료라고 보아야 할 것이다.

판례 직무수행경비로 지급한 직급보조비

[서울행판 2013.4.26, 2012구합29806]

최근 하급심 판례 중에는 사용자가 직무수행경비의 일종으로 본부장과 1-6급 직원에게 직급보조비를 지급하였는데, 직급보조비에 대하여는 청구서 또는 1차 영수증(지급명세서)을 첨부하여야 하는 점, 보수규정이나 복리후생관리규정에 직급보조비에 대한 내용이 규정되어 있지 않은 점, 직원의 급여지급명세서에 직급보조비 항목이 따로 존재하지 않고, 매달 초에 각 부서에서 청구하는 형태로 직원의 급여통장에 지급되는 점 등을 종합하여, 직급보조비는 임금이라기보다는 실비변상적 성격의 금원이라고 한 것이 있다.

2) 임금으로 인정한 사례

매월 정액으로 지급한 외근수당이나 운행횟수에 비례하여 지급한 운행수당 등은 근로의 대가인 임금에 해당될 수 있다.

판례 매월 정액으로 지급한 외근여비

[대판 1999.2.9, 97다56235]

부동산 현황조사 업무의 경우 출장이 많은데다가 힘든 업무라서 집달관 사무원들이 서로 이를 기피하는 경향이 있어 피고 사무소는 1979년경부터 현황조사 업무를 보조하는 모든 집달관 사무원들에게 매월 일률적으로 금 150,000원씩을 지급한 사실을 인정하고, 그 인정 사실에 의하면 외근여비는 피고 사무소가 부동산 현황조사 업무를 보조하는 집달관 사무원에게 매월 처리 사건 수와 관계없이 정기적·일률적으로 지급한 급여로서 근로의 대가로 지급된 임금에 해당함이 명백하고 따라서 외근여비는 평균임금 산정을 위한 기초임금에 포함되어야 한다.

판례 운행횟수에 비례하여 지급한 운행수당

[대판 1997.5.28, 96누15084]

운행수당은 1회당 금 1만원이라는 지급기준을 정하여 두고 대전-단양 간의 운행횟수에 비례하여 계산한 금액을 매월 임금지급일에 계속적, 정기적으로 지급한 것임을 알 수 있으므로 사용자는 원고를 비롯한 근로자들이 대전-단양 간을 운행할 경우, 관례에 의하여 1회당 금1만원씩의 운행수당을 일률적으로 지급하여야 할 의무가 있었다고 할 것이고, 아울러 이러한 운행수당은 장거리 운행으로 인하여 추가로 소요되는 비용을 보전하여 주려는 실비변상적 성격의 금원이라기보다는 근로의 대상으로 지급된 것이라고 봄이 타당하다.

나. 자가운전보조비

1) 임금이 아니라고 본 사례

자가운전보조비나 차량유지비 등의 경우 그것이 차량 보유를 조건으로 지급되었거나 직원들 개인 소유의 차량을 업무용으로 사용하는 데 필요한 비용을 보조하기 위해 지급된 것이라면 실비변상적인 것으로서 근로의 대상으로 지급된 임금에 해당하지 않는다.

그 밖에도 예컨대, 인천공항 인근에 사업장이 있는 회사가 근로자들의 출퇴근에 소요되는 공항고속도로 이용요금을 월 단위로 정산하여 지급한 출퇴근보조금은 실비변상적 금품으로서 임금에 해당하지 않는다.

판례 차량보유자들에만 지급한 차량보조금

[대판 1995.3.28, 94다37629]

이 사건 차량보조금은 전직원에 대하여 또는 일정한 직급을 기준으로 일률적으로 지급된 것이 아니라 차량보유자들에게만 지급되었고, 차량이 없는 직원들에게 이에 갈음하는 교통비 등이 지급된 바도 없을 뿐 아니라, 차량보조금을 받지 못하는 직원들의 급여액에 비추어 그 금액이 지나치게 많은 사정이 엿보이는바, 그렇다면 원심으로서는 직원들 소유의 차량이 업무용으로도 사용되는지, 업무용으로 사용되는 경우 연료대 등 유지관리비는 누가 부담하는지 등에 관한 심리를 하여 이 사건 차량보조금이 근로의 대상으로서의 임금인지 아니면 직원들이 개인 소유의 차량을 업무용으로 사용하는 데 필요한 비용을 실비변상조로 받은 것인지를 가렸어야 할 것이다.

판례 자기차량을 운전하는 일정 직급 이상인 자에게만 지급한 자가운전보조비

[대판 1995.5.12, 94다55934]

자가운전보조비 명목의 금원은 일정 직급 이상의 직원 중 자기차량을 보유하여 운전한 자에 한하여 지급되고 있다(임원에게 월 300,000원, 부장에게 월 200,000원)는 것이어서 위 자가운전보조비는 단순히 직급에 따라 일률적으로 지급된 것이 아니고 그 지급 여부가 근로제공과 직접적으로 또는 밀접하게 관련됨이 없이 오로지 일정 직급 이상의 직원이 자기차량을 보유하여 운전하고 있는지 여부라는 개별 근로자의 특수하고 우연한 사정에 따라 좌우되는 것임을 알 수 있으므로 위 자가운전보조비 중 회사가 그 직원들에게 자기 차량의 보유와 관계없이 교통비 명목으로 일률적으로 지급하는 금원(월 30,000원)을 초과하는 부분은 비록 그것이 실제 비용의 지출 여부를 묻지 아니하고 계속적, 정기적으로 지급된 것이라 하더라도 근로의 대상으로 지급된 것으로 볼 수 없다고 할 것이다.

판례 전속 운전기사가 없는 임원에게 지급한 자가운전보조금

[대판 2011.10.27, 2011다42324]

자가운전보조금은 '전속 운전기사가 없는 임원은 회사에서 제공하는 차량을 직접 운전하여 출, 퇴근 및 업무수행시 이용하므로 피고회사는 임원에 대하여 일률적으로 자가운전보조금을 지급한다'는 것이므로, 이러한 급여는 회사에서 제공하는 차량의 운행과 관련하여 지출된 비용을 변상해 주기 위한 것으로 봄이 타당하고, 따라서 비록 원고에 대한 이 사건 해고가 무효라고 하더라도 원고가 그 해고기간 동안 위 자가운전보조금 지급의 요건이 되는 차량운행을 하지 않은 이상 이를 소급하여 구할 수는 없다고 할 것이다.

판례 소유한 차량의 사용 연료에 따라 차등 지급한 자가운전보조금

[부산지판 2008.11.21, 2008가합6390]

피고회사 소속 근로자들 중 근속연수가 5년 이상인 근로자라도 차량을 소유하고 있지 않은 경우 자가운전보조금을 지급받지 못한 사실, 자가운전보조금을 지급받은 근로자라도 소유한 차량의 사용연료에 따라 82,600원(휘발유), 72,800원(경유), 47,550(LPG) 등으로 차등하여 지급받은 사실이 인정되는바, 이에 의하면 이 사건 자가운전보조금은 ① 그 지급대상을 정함에 있어 5년 이상의 근속이라는 일률적인 조건 외에도 차량의 소유라는 비일률적인 조건까지 함께 부과하고 있어 전체적으로는 비일률적인 조건에 의하여 그 지급 여부가 결정되고 있고, ② 또 다른 조건이 모두 동일한 근로자라도 차량을 소유하지 않은 경우 자가운전보조금을 보전할만한 다른 수당 등을 지급받은 정황도 존재하지 않는 등 실제로도 비일률적으로 지급되어 왔으며, ③ 그 지급액수에 차등을 두는 근거가 당해 근로자의 직급 등이 아닌 그 소유 차량의 사용연료로 되어 있는 점에 비추어 볼 때 위 자가운전보조금은 실비변상적인 것으로서 근로의 대상으로 지급된 것이라고 볼 수 없으므로, 이를 통상임금 내지 평균임금에 포함시킬 수 없다.

2) 임금으로 인정한 사례

교통비 등을 전 직원에 대하여 또는 일정한 직급을 기준으로 일률적으로 지급하였다면 근로의 대상으로 지급된 것으로서 임금으로 볼 수 있다.

판례 전직원에게 직급에 따라 정액으로 지급한 출퇴근교통비

[대판 1992.4.10, 91다37522]

출퇴근교통비는 그 지급의 근거가 급여규정에 반드시 명시되어 있는 것은 아니라 할지라도 정기적, 제도적으로 지급되어 왔고, 사무총장을 제외한 사무국의 전직원에게 그 직급에 따라 일률적으로 지급되어 온 것일 뿐 아니라(매월 실장 및 부장에게 70,000원, 기타 직원에게 20,000원 지급), 특히 사무국직원 중 출퇴근교통비가 지급되지 아니한 사무총장에게는 그 대신에 출퇴근차량이 제공되었다는 것이므로 위 출퇴근교통비는 여비, 출장비 등과 같은 실비변상적인 성격의 금원이 아니라 근로기준법 제18조에서 말하는 근로의 대상인 임금의 성질을 갖는 금원이라 할 것이다.

판례 일정 직급 이상인 자에게 정액으로 지급한 차량유지비

[대판 2002.5.31, 2000다18127]

회사의 차량관리규정에 따르면 본인 명의의 차량을 취득한 자로서 2급 갑 이상의 직급자에게는 차량유지비를 지급하되 그 액수는 과장(2급 갑)은 월 금 100,000원, 차장(1급 을)은 월 금 150,000원, 부장(1급 갑)은 월 금 200,000원으로 규정하고 있는데 1998년도에 이르러 그 액수가 각 금 50,000원씩 증액된 사실, 그러나 실제로는 과장 이상 직급의 직원들에 대하여 실제로 차량을 보유하고 있는지 여부에 관계없이 직급별로 일정액을 일률적으로 지급하여 온 사실이 인정된다. 차량유지비의 경우 그것이 차량 보유를 조건으로 지급되었거나 직원들 개인 소유의 차량을 업무용으로 사용하는 데 필요한 비용을 보조하기 위해 지급된 것이라면 실비변상적인 것으로서 근로의 대상으로 지급된 것으로 볼 수 없으나 전 직원에 대하여 또는 일정한 직급을 기준으로 일률적으로 지급되었다면 근로의 대상으로 지급된 것으로 볼 수 있다.

다. 회의 식대

소속 부서, 팀, 반 단위로 개최된 회의 등에 필요한 식대나 단합대회 비용은 실비변상이나 복리후생 차원에서 지급한 것이므로 근로의 대가인 임금에 해당하지 않는다.

판례

[대전지판 2011.9.23, 2010가합4045]

1994년도 3/4분기 노사협의회에서 회의식대를 10,000원으로 인상하기로 합의하였고, 1994년 4/4분기 노사협의회에서 부서단합대회비를 1인당 20,000원으로 지급하기로 합의한 사실은 인정되나, 회의식대 및 부서단합대회비는 원고들이 속하는 해당 반의 인원수에 따라 현금 또는 지정된 계좌로 입금되는 방식으로 지급되어 오다가 현재는 법인카드의 형태로 지급이 되는 점을 비추어 보면 회의식대 및 부서단합대회비는 근로의 대가로 원고들에게 지급되었다기 보다는 피고 회사가 소속 근로자들의 복리후생차원 내지 실비변상 차원에서 지급한 것이라고 봄이 상당하므로 원고들의 이 부분 주장은 이유 없다.

라. 일 · 숙직수당

일 · 숙직 근무가 사업장 시설의 정기적 순찰, 급한 전화와 문서의 수령, 그 밖에 비상사태 발생 등에 대비하여 시설 내에서 대기하고 있는 것이면, 노동의 밀도가 낮고 감시 · 단속적 근로에 해당하므로 이와 같은 업무는 근로계약에 부수되는 의무로 이행되어야 하는 것으로서 정상근무에 준하는 임금을 지급할 필요가 없다. 따라서 이 때 지급된 일 · 숙직수당은 임금에 해당되지 않는다.

판례

[대판 1990.11.27, 90다카10312]

일직근무 또는 숙직근무에 대하여 1일당 5,000원의 비율로 지급되는 일 · 숙직수당은 공사의 보수규정에 규정된 수당이 아니라 보수규정시행세칙의 부칙에 규정된 것으로서 일 · 숙직근무 당일의 식비 등으로 소비되는 실비보상의 성질을 띤 것이라고 보여지므로 매월 보수에 포함시킬 성질의 것이 아니다.

하지만, 일 · 숙직 근무가 본래의 업무의 연장인 경우에는 근로계약 등에서 정한 정상적인 임금을 지급하여야 하고 연장 · 야간 · 휴일 근로에 해당하면 가산임금도 지급하여야 하며(대판 1990.12.26, 90다카13465 ; 대판 1996.6.28, 94다14742), 이렇게 지급한 일 · 숙직수당은 초과근로수당으로서 근로의 대가인 임금에 포함된다.

마. 일·숙직 근무의 3가지 유형과 임금의 지급

① 일·숙직 근무가 노동의 밀도가 낮고 감시·단속적 근로인 경우(전형적인 일·숙직 근무): 임금 및 초과근로수당을 지급할 의무가 없음

② 전형적인 일·숙직 근무 중에 본래의 업무에 종사한 시간이 있는 경우: 해당 업무에 종사한 시간에 대한 임금 및 연장·야간·휴일 근로에 해당하면 초과근로수당을 지급하여야 함

③ 일·숙직 근무 전체적으로 본래의 업무를 연장해서 수행하고 있는 경우: 임금 및 연장·야간·휴일 근로에 해당하면 초과근로수당을 지급하여야 함

판례

[대판 1995.1.20, 93다46254]

일반적으로 일·숙직이라 함은 정기적 순찰, 전화와 문서의 수수, 기타 비상사태 발생 등에 대비하여 시설 내에서 대기하고 있는 것으로서 그 자체의 노동의 밀도가 낮고 감시·단속적 노동인 경우가 대부분이어서 이러한 업무는 관행적으로 정상적인 업무로 취급되지 아니하여 별도의 근로계약을 필요로 하지 아니하며 원래의 계약에 부수되는 의무로 이행되어야 하는 것으로서 정상근무에 준하는 임금을 지급할 필요가 없고, 야간·연장·휴일근로수당 등이 지급되어야 하는 것도 아니며, 관례적으로 실비변상적 금품이 지급되고 있다는 등의 특징이 있으나, 이러한 감시·단속적인 일·숙직이 아니고 일·숙직시 그 업무의 내용이 본래의 업무가 연장된 경우는 물론이고 그 내용과 질이 통상의 근로와 마찬가지로 평가되는 경우에는 그러한 초과근무에 대하여는 야간·연장·휴일근로수당 등을 지급하여야 할 것이다.

(2) 복리후생적으로 지급하는 금품

가. 식비(식사, 식권)

1) 임금이 아니라고 본 사례

사용자가 출근하여 실제 근무를 한 근로자들에 한하여 현물로 식사를 제공하며 근로자가 식사를 하지 않더라도 별도의 비용이나 이용권(쿠폰) 등이 제공되지 않

는다면 이는 복리후생 시설인 식당 이용권을 근로자에게 제공한 것이다. 따라서 이 경우 식사 또는 식사비용 상당 금품은 근로의 대가인 임금에 해당하지 않는다.

판례 구내식당에서 현물로 제공하는 식사는 복리후생의 일환

[대판 2002.7.23, 2000다29370]

사용자가 단체협약에 따라 오전 근무자에게 1일 2장, 오후 근무자에게 1일 1장의 식권을 제공하여 사용자가 운영하는 식당에서 식사를 할 수 있도록 하였더라도 단체협약에서 사용자가 근로자들에게 식사를 제공하는 것은 순수 복지후생적인 것이라고 명시하고 있을 뿐만 아니라, 사용자가 근로자들에게 제공한 식권은 2일간 유효하고 식사를 하지 아니한 경우 다른 물품이나 현금으로 대체하여 청구할 수 없는 것이라면 사용자가 실제 근무를 한 근로자들에 한하여 현물로 제공한 식사는 근로자의 복지후생을 위하여 제공된 것으로서 근로의 대가인 임금이라고 보기 어렵다.

판례 식사를 현물로 제공하되, 일부 소액만을 현금으로 환가해주는 중식대

[대판 2006.2.23, 2005다54029]

회사가 제공한 중식은 현물지급을 원칙으로 한 복리후생 차원에서 도입된 점, 현재까지도 그 가액이나 금전적 가치가 정해진 바 없어 근로자 개인에게 구체적인 금액의 지급의무를 부담하는 것은 아닌 점, 회사가 환가해주는 식권대는 회사가 제공하는 중식에 상당하거나 대체할 수 있는 금액이라고 볼 수 없는 소액으로, 근로자들이 회사 내 식당을 이용하지 않을 때 개인적으로 지출해야 할 식사대의 일부만을 보조하고 있는 점 등에 비추어 회사가 현물로 제공한 중식은 근로의 대가가 아닌 근로자들을 위한 복지후생의 일환으로 보아야 하고, 식권환가금도 복지후생시설인 회사 식당을 이용하지 못하는 불이익을 일부 변상해 주는 것으로 보아야 할 것이므로, 중식 자체와 식권환가금 모두 근로의 대가인 임금으로 볼 수 없고, 따라서 중식대는 통상임금 또는 평균임금에 포함되지 않는다.

사업장 내에 근로자의 식사, 건강관리 등을 위해 식당, 체력단련장, 목욕탕 등의 시설을 갖추고 근로자들이 해당 시설을 무료로 이용하고 있더라도 이는 근로자의 복리후생시설의 일환으로 마련된 것이므로 근로자들이 그와 같은 복리후생시설을 이용하여 얻는 이익을 임금이라고 볼 수 없다.

2) 임금으로 인정한 사례

식사를 하지 않은 근로자에게도 그에 상응하는 비용을 별도로 지급하거나 환가 가능한 이용권 등이 제공된다면 이는 임금의 성질을 갖는 것으로 볼 수 있다.

판례 식사를 하지 않은 근로자에게 같은 금액의 쿠폰을 지급한 식대보조비

[대판 1993.5.27, 92다20316]

근로자에게 출근일에 한하여 일정금액 상당의 식사를 현물로 제공하되, 식사를 제공받지 아니하는 근로자에게는 동액 상당의 구판장이용 쿠폰을 지급한 식대보조비는 그 지급조건 및 내용 등에 비추어 근로의 대가로 정기적, 일률적으로 지급된 것이다.

판례 근무일수에 따라 식권이나 현금으로 지급된 중식대

[대판 2003.2.14, 2002다50828]

중식대는 근로일수에 따라 일률적으로 식권이나 현금으로 지급되었으며, 그 지급기준이 사용자의 의사에 달려 있었던 것도 아니고, 실비변상을 위하여 지급된 것으로 보기도 어려우므로, 위 금원은 회사에게 지급의무가 지워져 있는 것으로서 임금에 해당한다고 볼 여지가 있다.

나. 자녀학자금

취학 자녀에 대한 학자금 지급이 취업규칙 등에 규정되어 있다고 하더라도 자녀학자금은 취학 중인 자녀가 있는 근로자에게만 복지후생을 위하여 지급하는 것이므로 임금으로 볼 수 없다.

판례

[대판 1991.2.26, 90다15662]

예산의 범위 내에서 직원의 취학자녀 중 2인 이내에서 중고생은 공납금의 100퍼센트를 대학생은 공납금의 70퍼센트를 타단체로부터 장학금을 받지 않는 한도에서 보조할 수 있다는 규정에 의해 지급된 학비보조금은 임금이라고 볼 수 없다.

판례

[대판 2002.6.11, 2001다16722]

급여규정에서 중·고등학교에 재학 중인 자녀가 있는 직원에 대하여 예산의 범위 안에서 분기별로 지급하도록 규정되어 있는 자녀학비보조수당은 매월 전 직원에게 월정액으로 지급하는 수당에 해당하지 않으므로 급여규정에 정해진 퇴직금 산정시의 기준급여에 포함되지 않는다.

한편, 판례 중에는 공무원이 지급받은 자녀학비보조금(「공무원수당 등에 관한 규정」 제11조는 초등학교·중학교 또는 고등학교에 다니고 있는 자녀가 있는 공무원에게 예산의 범위에서 자녀학비보조수당을 지급한다고 정하고 있다)을 임금에 해당한다고 보아 교통사고로 발생한 손해배상금액 산정에 포함시킨 사례도 있다.

판례

[대판 1996.2.27, 95다37414]

공무원의 직무를 수행하면서 지급받고 있는 가족수당, 장기근속수당, 효도휴가비, 복리후생비, 자녀학비보조금, 시간외수당, 특수업무수당, 체력단련비 등은 모두 계속적, 정기적으로 지급되어 왔고, 그 지급의무가 법령 기타 관계규정에 의하여 확정되어 있는 것으로서 모두 실질적으로 노동의 대가로 지급되는 임금에 해당된다 할 것이고, 근로와 무관하게 지급되는 임의적, 은혜적 성질의 급여라거나 실비변상조로 지급되는 금원이라고 볼 수 없다.

다. 가족수당

판례는 부양가족이 있는 근로자에 대해서만 부양가족 수에 따라 금액을 차등지급한 가족수당이 임금에 해당한다고 본다. 가족수당이 사용자에게 그 지급의무가 있는 것이고 일정한 요건에 해당하는 근로자에게 일률적으로 지급되면, 이는 임의적·은혜적인 급여가 아니라 근로에 대한 대가의 성질을 가지는 것으로서 임금에 해당한다는 입장이다.

판례

[대판 1987.2.24, 84다카1409]

근로자에게 지급하는 가족수당이 단체협약 등에 의하여 사용자에게 그 지급의무가 지워져있고 일정한 요건에 해당하는 근로자에게 일률적으로 지급하게 되어 있다면 이는 근로자에게 지급되는 근로의 대가의 성질을 가지는 것으로서 임금에 해당된다 할 것이고 가족수당이 부양가족이 있는 근로자에게만 지급되는 것이라 하여 임금이 아니라고 할 수는 없다.

[대판 2002.5.31, 2000다18127]

회사의 가족수당규정에 따르면 세법상의 연말정산이 필요한 과세소득이 있지 아니한 배우자와 20세 미만의 자녀 중 2인에 대하여 매월 가족수당을 지급하되 그 액은 배우자에 대하여는 금 20,000원, 자녀에 대하여는 1인당 금 10,000원으로 정해져 있는데, 가족수당이 일정한 요건에 해당하는 근로자에게 일률적으로 지급되어 왔다면 이는 임의적·은혜적인 급여가 아니라 근로에 대한 대가의 성질을 가지는 것으로서 임금에 해당한다.

라. 개인연금 회사지원금

판례는 개인연금 회사지원금, 사내 신용협동조합 출자보조금, 직원복지연금, 단체보험료 등이 회사가 근로자에게 직접 지급하는 것이 아니고 지급의 효과가 즉시 발생하는 것은 아니라 하더라도 사용자가 단체협약 등에 의하여 전체 근로자를 피보험자로 하여 개인연금보험에 가입한 후 매월 그 보험료 전부를 대납하였고 근로소득까지 원천징수하였다면, 정기적·계속적으로 지급되어 온 것으로서 회사에 그 지급의무가 지워져 있는 것이지 사용자가 은혜적으로 지급하는 것으로 보기는 어려우므로, 근로의 대가인 임금의 성질을 가진다고 한다(대판 2005.9.9, 2004다41217 ; 대판 2006.2.23, 2005다54029 ; 대판 2006.5.26, 2003다54322,54339).

판례

[대판 2002.10.17, 2002다8025]

회사가 매월 지급하던 개인연금 회사지원금과 회사의 사내신용협동조합 출자보조금은 근로자들 모두에게 계속적, 정기적으로 지급되고 이에 대하여 근로소득세까지 과세되었음을 알 수 있고, 그 지급기준이 사용자의 의사에 달려 있었던 것도 아니고, 실비변상을 위하여 지급된 것으로 보기도 어려우므로, 회사에게 지급의무가 지워져 있는 것으로서 임금에 해당한다고 볼 여지가 충분하다.

[대판 2011.10.13, 2009다86246]

회사가 지출한 직원복지연금(개인연금보조금)은 단체협약에 의하여 회사에 지급의무가 지워져 있고, 일정한 요건에 해당하는 근로자에게 일률적으로 지급된 것이어서 근로의 대가로서 임금에 해당한다.

마. 선물비, 생일자지원금, 하기휴가비

판례는 임금에는 사용자가 근로자에게 계속적·정기적으로 지급하고 그 지급에 관하여 단체협약, 취업규칙 등에 의하여 사용자에게 지급의무가 지워져 있으면 그 명칭 여하를 불문하고 모두 포함되는 것이고, 명절 선물 등이 현물로 지급되었다 하더라도 근로의 대가로 지급하여 온 금품이라면 임금으로 본다.

하기휴가비에 대하여 판례는 회사가 근로자들의 하기휴가 실시 여부와 관계없이 일률적으로 하기휴가비를 지급하였다면 임금에 해당되나, 하기휴가를 실시한 근로자에게만 하기휴가비를 지급하였다면 이는 근로제공과 관계없이 은혜적으로 지급된 금품이므로 임금에 해당하지 않는다고 본다.

판례

[대판 2005.9.9, 2004다41217]

회사는 단체협약에 따라 전 사원들에게 매년 설휴가비, 추석휴가비 각 150,000원, 하기휴가비 250,000원을 각 지급하여 왔고, 노사합의에 따라 선물비를 연 200,000원 상당으로 책정한 후 그에 상응하는 선물을 현품으로 지급하였다. 위 각 휴가비 및 선물비는 단체협약, 노사합의 및 관행에 따라 일률적·계속적·정기적으로 지급된 것으로서 그 월평균액이 퇴직금 산정의 기초가 되는 평균임금에 포함된다.

[대판 2006.2.23, 2005다54029]

회사의 선물비는 실제의 근무성적과 상관없이 모든 근로자들에게 매년 그에 해당하는 물품 내지 금전적 이득이 계속적·정기적으로 지급되고, 그 지급액이 확정되어 있으며 단체협약에 의하여 그 지급이 의무화되어 있는 이상, 이는 단순히 의례적·호의적인 차원을 넘어 근로의 대상으로서의 임금의 성질을 가진다.

[대판 2013.12.18, 2012다94643]

근로기준법 소정의 임금이란 사용자가 근로의 대가로 근로자에게 지급하는 일체의 금품으로서, 근로자에게 계속적·정기적으로 지급되고 그 지급에 관하여 단체협약, 취업규칙, 급여규정, 근로계약, 노동관행 등에 의하여 사용자에게 지급의무가 지워져 있다면 그 명목 여하를 불문하고 임금에 해당된다. 근로자들에게 정기적·일률적으로 지급되는 선물비, 생일자지원금, 개인연금지원금, 단체보험료는 임금에 해당된다.

[대판 1996.5.14, 95다19256]

회사의 1992 단체협약은 회사는 전 종업원에게 일률적으로 금 70,000원을 하기휴가비로 지급한다고 규정하고 있고, 하기휴가 3일은 매년 7.1~8.31까지 사이에 필히 실시하며 연월차, 급여, 수당과는 무관하다고 규정하고 있는바, 회사가 종업원이 하기휴가를 실시하였는지 여부에 관계없이 일률적으로 위의 하기휴가비를 지급하였다면 이는 근로의 대상으로 지급된 금품으로서 임금에 해당하므로, 위 하기휴가비 중 1992년 12월과 1993년 1월 및 2월분에 해당하는 금액은 평균임금 산정의 기초가 되는 임금총액에 포함되어야 할 것이고, 만약 하기휴가를 실시한 종업원에게만 위의 하기휴가비를 지급하였다면 이는 근로제공과는 관계없이 은혜적으로 지급된 금품에 불과하여 임금에 해당하지 아니하므로, 평균임금 산정의 기초가 되는 임금 총액에 산입될 수 없다 할 것이다.

바. 사택수당

판례는 단체협약에서 사용자가 조합원에게 매월 일정액의 사택수당을 지급하되, 회사건물에 거주하는 근로자들에게는 반대로 같은 금액 상당을 사용료로 징수할 수 있도록 규정하고 있는 경우, 해당 사택수당은 근로의 대가로 지급된 임금에 해당한다고 본다(대판 1990.11.9, 90다카6948 ; 대판 1994.5.24, 93다4649).

(3) 임의적으로 지급하는 금품

가. 경영성과급(특별상여금)

1) 임금이 아니라고 본 사례

상여금이나 성과급 등이 계속적·정기적으로 지급되고 그 지급액이 확정되어 있다면 이는 근로의 대가로 지급되는 임금의 성질을 가지나 그 지급사유의 발생이 불확정이고 일시적으로 지급되는 것은 임금이라고 볼 수 없다(대판 1998.1.20, 97다18936 ; 대판 2002.6.11, 2001다16722).

따라서 회사가 매년 설정한 목표(생산량, 매출액, 순이익 등)의 달성 여부에 따라 그 지급 여부와 지급률이 달라지는 성과급은 임금에 해당되지 않는다(대판 2005.9.9, 2004다41217 참고).

또한, 판례는 성과급이 경영성과 분배를 목적으로 하고 불황이나 노사분규 발생이나 경영실적이 악화된 경우 지급하지 않았다면, 이와 같은 성과급은 경영성과의 일부 분배이지 근로의 대가인 임금에 해당하지 않는다고 본다(대판 2006.2.23, 2005다54029).

판례

[대판 1999.9.3, 98다34393]

특별상여금의 지급 근거가 단지 급여규정에만 있을 뿐 단체협약에는 아무런 규정이 없고 또한 그 급여규정에 의하더라도 특별상여금은 회장이 특히 공로가 있다고 인정하는 직원에 대하여 지급할 수 있다고만 규정되어 있을 뿐, 구체적으로 그 지급기준, 지급액수, 지급시기 등에 관하여는 아무런 규정이 없어 그 지급이 확정되어 있다고 보기 어려우며, 실제로도 1987년에 처음으로 월 급여액의 30%가 지급되었고, 1988, 1989년에는 지급된 바 없다가, 1990년도에 다시 30%를 지급한 다음, 1991년도에는 2회에 걸쳐 도합 120%, 1992년부터 1994년까지 3년간은 12월에 100%씩 지급되다가 다시 중단되고, 그 지급 명목도 구구하였다면 그 지급기준과 지급명목 등에 비추어 특별상여금이 계속적·정기적으로 지급되고 있다거나, 그러한 관례가 성립되었다고 보기는 어려우므로 임금에 속한다고 볼 수 없다.

[대판 2002.6.11, 2001다16722]

1995년 말에 기본급의 100%를 특별성과급으로 지급받았고, 1996년도에 지급될 특별성과급에 관하여는 1995.11.21. 체결된 노사 간의 1996. 임금협정서에서 96년도 사업계획이 초과될 때에는 반드시 그 초과만큼에 상응하는 특별상여금을 별도로 지급한다고 되어 있으나, 이는 사업계획이 초과될 때 지급하도록 지급조건이 부가되어 있을 뿐만 아니라 구체적인 지급기준, 지급액수, 지급시기 등에 관하여는 아무런 규정이 없어서 그 지급이 확정되었다고 볼 수 없다. 계속적·정기적으로 지급된 것으로서 임금으로의 성격을 가진다고 보기 어려우므로 급여규정에 정해진 퇴직금 산정시의 기준급여에 포함되는 상여금에 해당한다고 볼 수 없다.

[대판 2006.2.23, 2005다54029]

회사의 성과금이 근로의 대가가 아닌 경영성과의 분배목적으로 도입되었고, 현재까지 성과금 지급률의 상한은 경영성과에 따라 정해지고 있는 점, 성과금 지급률은 회사의 매출신장률, 공수능률향상률, 안전활동, 제안활동을 통한 생산성 향상률에 따라 원칙적으로 정해지며, 무쟁의도 지급 여부 및 지급률 하한선의 조건이 되는데, 이들 요소들은 구체적인 근로제공과는 직접적인 관련성이 없는 점, 회사에서는 근로의 대가에 해당하는 기본급과 여러 수당들을 꾸준히 인상하여 지급해온 점, 1996년 이전에는 실제 경영실적이나 파업 여부에 따라 성과금 지급률이 변동되거나 차등 지급되었고, 1997년 이후에는 200%의 성과금이 일정하게 지급되었으나, 이는 위 기간 동아 무분규 조건이 달성됨에 따라 회사가 최저지급률 보장약속을 지켰기 때문일 뿐, 불황이나 분규발생 등으로 인한 경영실적 악화 시에도 회사가 일정률의 성과금을 계속 지급할 의사가 있다거나 그와 같은 관행이 성립되었다고 보기는 어려운 점, 노동조합도 성과금이 임시적인 것임을 인정하고 고정급으로 지급해 줄 것을 회사에 계속 요구하여 왔으나 합의에 이르지 못한 점 등에 비추어 보면, 회사가 지급한 성과금은 경영실적이나 무쟁의 달성 여부에 따라 그 지급 여부나 지급 금액이 달라지는 경영성과의 일부 분배로 볼 수 있을 뿐, 근로의 대상으로서의 임금이라 할 수 없다

[서울행판 2009.5.1, 2008구합17523]

회사가 1996년부터 2006년까지 매년 직원들에게 월할 연봉의 일정 비율에 해당하는 특별상여금을 지급하였다 하더라도, ① 2002.1.1.부터 시행된 취업규칙에 의하면 직원들의 급여는 연봉제에 따라 월 기본급과 시간외근무, 휴일근무 및 야근근무 수당, 기타수당으로만 구성될 뿐, 특별상여금에 관하여는 별도의 규정이 마련되어 있지 않고, 2005년에 제정된 회사규정집에서도 직원들에게 지급되는 급여는 연봉과 시간외근무수당, 기타수당으로 구성되고 이와는 별도로 매년 회사의 경영목표 달성도를 감안하여 사업부장의 제안과 대표이사의 승인에 따라 특별상여금을 지급할 수 있되, 특별상여금 지급률과 그 기준, 대상 및 시가는 별도로 정하는 바에 따르도록 규정하

고 있는 점, ② 이에 따라 회사가 직원들에게 지급한 특별상여금은 실제로 연봉과는 별도로 회사 경영진의 경영성과에 대한 분석을 토대로 경영전망과 근로자의 사기진작 등을 고려하여 그 지급 여부 및 지급규모, 방법 등이 매년 새로이 결정되어 사원총회의 의결 등의 절차를 거쳐 지급되었고, 회사의 사원총회에서도 2002년부터 2006년까지의 기간 동안 특별상여금의 지급률을 월할 연봉액 대비 240%~440%를 초과하지 않는 범위 내로 매년 다르게 결정하였던 점, ③ 따라서 회사가 경영실적이 좋지 아니한 해에 직원들에 대한 특별상여금을 지급하지 아니하기로 결정하고 이를 지급하지 아니할 경우, 직원들이 회사에 특별상여금을 지급해 달라고 청구할 권리가 있다고 볼 수 없는 점, ④ 특별상여금을 산정함에 있어 직원별로 직급 내지 직책, 지점 등에 따라 지급률을 달리한 것은 개인별·지점별 실적을 참작하여 경영성과에 따라 특별상여금의 분배방식을 정하도록 한 것일 뿐, 개인 내지 지점별 업적을 평가하여 그에 따라 근로의 대가를 지급하였던 것으로 보기 어려운 점 등의 제반 사정에 비추어 보면, 회사가 직원들에게 지급한 성과급이 경영성과와 상관없이 정기적·계속적·반복적으로 이루어짐으로써 근로자와 사용자간에 그 지급이 당연한 것으로 여겨질 정도로 관례가 형성되어 있다고 볼 수 없으므로, 회사가 지급한 특별상여금은 고용보험료 등의 산정기준이 되는 임금총액에 산입할 수 없다.

2) 임금에 해당한다고 본 사례

상여금이 임금후불적 성질의 것인지 또는 은혜적·포상적 성질의 것인지는 획일적으로 분류할 수 없는 것이기는 하나, 상여금 명목의 금원이 근로자들에게 불확정적이고 일시적으로 지급되는 것이 아니라 계속적·정기적으로 지급되고 그 지급액이 확정되어 있다면 근로의 대가로 지급되는 임금의 성질을 가지는 것으로 볼 수 있다(대판 1982.10.26, 82다카342 ; 대판 1982.11.23, 81다카1275 ; 대판 1998.1.20, 97다18936 ; 대판 2002.6.11, 2001다16722 ; 대판 2002.10.25, 2000두9717). 이와 같은 상여금을 보통 정기상여금·고정상여금이라고 하며, 회사의 경영실적 등과 관계없이 지급시기와 지급률 등이 사전에 확정되어 있으므로 근로의 대가인 임금에 해당한다.

판례

[대판 2002.10.25, 2000두9717]

회사의 단체협약서와 상여금지급규정상 상여금 지급과 관련하여 "회사는 전 종업원에게 상여금을 기본금으로 연 520% 지급하고, 지급방법은 연 4회로 하되, 근무기간 1.1.부터 3.31.까지(1/4분기)에 대하여 3월 임금 지급시, 근무기간 4.1.부터 6.31.까지(2/4분기)에 대하여 6월 임금 지급시, 근무기간 7.1.부터 9.31.까지(3/4분기)에 대하여 9월 임금 지급시, 근무기간 10.1.부터 12.31.까지(4/4분기)에 대하여 12월 임금 지급시 각각 지급한다."고 규정되어 있는 사실, 한편 원고는 입사일인 1992.2.22.부터 같은 해 3.31.까지의 근무기간에 대한 1/4분기 상여금으로 206,651원을, 같은 해 4.1.부터 같은 해 6.30.까지의 근무기간에 대한 2/4분기 상여금으로 금 447,202원을 실제로 각 수령한 사실을 인정할 수 있는바, 위 인정 사실에 의하면, 회사가 지급하는 상여금은 계속적·정기적으로 지급되는 것으로서 그 지급액도 위 상여금지급규정 등에 의하여 미리 확정되어 있다고 볼 것이므로, 원고가 92년도 1/4분기 및 2/4분기의 상여금으로 지급받은 위 각 금원은 근로의 대상에 해당되는 임금으로서 평균임금 산정의 기초가 되는 임금 총액에 포함되어야 할 것이다.

나. 생산성향상축하금 등

판례는 회사가 근로자들에게 지급한 증산축하금, 생산성향상축하금, 노사신뢰구축격려금, 노사신뢰회복격려금, 가동독려금 등의 지급동기나 경위, 그 지급사유가 미리 확정되지 아니하고 그 지급대상과 지급금액을 포함한 지급조건을 회사가 임의적으로 정한 점, 그 지급실태 등에 비추어 매년 말 은혜적으로 지급한 것이고, 단체협약이나 취업규칙 등에 그 지급대상이나 지급조건 등이 정하여지지 아니하고 그 지급기준 및 지급명목도 미리 정하여지지 아니하였으므로 이들 금원은 회사가 관례에 따라 근로자에게 지급할 의무가 있는 임금이라거나 노사합의에 의하여 그 지급의무가 발생한 임금이라고 할 수 없다고 본다. 따라서 근로의 대가로 고정적·일률적으로 지급한 것이 아니라 매년 말 사정에 따라 명목을 달리하여 은혜적·임시적으로 지급하여 온 것이므로 임금에 해당하지 않는다고 본다(대판 1994.5.24, 93다4649).

(4) 포상적 성격으로 지급하는 금품

가. 포상금이나 인센티브

1) 부서나 팀 단위로 지급하는 포상금이나 인센티브

① 판례는 제화회사에서 상품권을 판매한 직원에게 일정한 비율의 개인포상금을, 부서에게는 일정한 비율의 부서포상금을, 채권팀에게는 일정한 비율의 개인포상금과 부서포상금을 지급하고 있으며 이와는 별도로 판매실적이 아주 우수한 직원을 선발하여 해외여행, 국내여행 또는 상당한 금원의 상품을 포상하는 내용의 포상제도를 운영하고 있는데, 회사가 지급하는 포상금 중 부서포상금이나 일정 수의 직원만 선발하여 여행이나 상품을 포상하는 것은 개인적으로 지급되는 것이 아니거나 은혜적인 급부에 불과하여 임금에 포함될 수 없다고 본다(대판 2002.5.31, 2000다18127).

② 회사가 자동차 영업사원들에게 지급하는 인센티브 중 팀별 목표 달성 여부에 따라 지급 여부가 정하여지는 팀 인센티브는 개인적으로 지급되는 것이 아니거나 은혜적인 급부에 불과하여 평균임금에 포함될 수 없다고 보아야 할 것이다(수원지판 2011.1.28, 2009나33003).

2) 근로자 개인에게 판매실적에 따라 지급하는 포상금이나 인센티브

① 개인포상금은 구두류 제품판매를 주업으로 하는 회사가 역점을 두는 사업인 상품권판매를 위하여 직원들이 하는 영업활동은 회사에 대하여 제공하는 근로의 일부라고 볼 수 있으므로 근로의 대가로 지급한 임금에 해당한다고 본다.

판례

[대판 2002.5.31, 2000다18127]

이 사건 포상금은 회사가 매년 같은 시기에 같은 비율에 따라 지급하는 것이 아니라 회사가 일방적으로 정한 지급시기와 지급액수, 지급기준에 따라 지급하는 것이기는 하지만, 상품권판매는 구두류 제품판매를 주업으로 하는 회사가 역점을 두는 사업이므로 직원들이 상품권판매를 위하여 하는 영업활동은 결국 회사에 대하여 제공하는 근로의 일부라고 볼 수 있어 포상금은 근로의 대가로 지급되는 것이라고 보아야 하고, 포상금 지급은 해마다 그 지급시기는 다르나 매년 한두 차례 시행되는 것이 관례화되어 있음을 알 수 있으므로 이를 우발적·일시적 급여라고 할 수 없으며, 회사가 해마다 미리 지급기준과 지급비율을 정하고 그에 따라 계산된 포상금을 지급하는 것인 이상 직원들이 그 요건에 맞는 실적을 달성하였다면 회사로서도 그 실적에 따른 포상금의 지급을 거절할 수 없을 것이므로 이를 은혜적인 급부라고 할 수도 없고, 또한 직원 대다수가 포상금을 업무와 관련된 용도로 사용하였다고 하더라도 회사가 포상금을 업무와 관련된 용도에만 사용하도록 하였다고 볼 자료가 없는 이상 그 용도는 직원들의 의사에 맡겨져 있어 그와 같은 사정이 있다고 하여 평균임금적 성격이 부정되는 것은 아니므로, 회사가 지급하는 포상금 중 부서포상금이나 일정 수의 직원만 선발하여 여행이나 상품을 포상하는 것은 개인적으로 지급되는 것이 아니거나 은혜적인 급부에 불과하여 평균임금에 포함될 수 없다고 하더라도, 개인포상금은 평균임금에 포함된다고 하여야 할 것이다.

② 회사가 자동차 영업사원들에게 차량 판매 실적에 따라 지급한 인센티브는 은혜적·임의적으로 지급하는 포상금으로 볼 수 없고 근로의 대가인 임금에 해당한다고 본다. 판례는 인센티브(성과급) 지급규정이나 영업 프로모션 등으로 정한 지급기준과 지급시기에 따라 인센티브(성과급)를 지급하여 왔고, 차량판매는 회사의 주업으로서 영업사원들이 차량판매를 위하여 하는 영업활동은 회사에 대하여 제공하는 근로의 일부라 볼 수 있어 인센티브(성과급)는 근로의 대가로 지급되는 것이라고 보아야 하며, 매월 정기적·계속적으로 이루어지는 인센티브의 지급이 개인근로자의 특수하고 우연한 사정에 의하여 좌우되는 우발적·일시적 급여라고 할 수 없고, 지급기준 등의 요건에 맞는 실적을 달성하였다면 회사로서는 그 실적에 따른 인센티브의 지급을 거절할 수 없을 것이므로 이를 은혜적인 급부라고 할 수도 없으며, 인센티브(성과급)를 일률적으로 임금으로 보지 않을 경우 인센티브(성과급)만으로 급여를 지급받기로 한 근로자는 근로를 제공하되 근로의 대가로서의 임금은 없는 것이 되고 퇴직금도 전혀 받을 수 없게 되는 불합리한 결과가 초래될 것인 점 등에 비추어 보면, 인센티브(성과급)는 퇴직금 산정의 기초가 되는

평균임금에 해당한다고 판단하였다(대판 2011.7.14, 2011다23149).

나. 주식매수선택권(stock option) 행사이익

상법의 주식매수선택권(스톡옵션, stock option) 제도로부터 얻은 이익은 근로의 대가가 아니므로 임금에 해당하지 않는다. 판례는 주식매수선택권 행사이익을 소득세법 소정의 근로소득에 해당한다고 본다(대판 2007.10.25, 2007두1415).

판례

[대판 2007.10.25, 2007두1415]

소득세법 제20조제1항 소정의 근로소득은 지급형태나 명칭을 불문하고 성질상 근로의 제공과 대가관계에 있는 일체의 경제적 이익을 포함할 뿐만 아니라, 직접적인 근로의 대가 외에도 근로를 전제로 그와 밀접히 관련되어 근로조건의 내용을 이루고 있는 급여도 포함된다 할 것이다. 주식매수선택권(stock option) 행사이익은 회사에 제공한 근로와 일정한 상관관계 내지 경제적 합리성에 기한 대가관계가 있다고 봄이 상당하므로 이 사건 주식매수선택권 행사이익은 소득세법 소정의 근로소득에 해당된다.

그런데 여기서 유의할 점은, 근로기준법의 임금은 근로의 대가로 지급된 금품을 의미하는데 비하여, 소득세법의 근로소득은 과세대상소득으로서의 경제적 이익으로 파악할 수 있는 것을 근로소득으로 평가하여 적정한 과세를 함을 목적으로 하고 있으므로 임금과 근로소득이라는 두 제도는 그 규율의 내용과 목적이 다르다는 것이다. 소득세법 제20조제1항 소정의 근로소득은 지급형태나 명칭을 불문하고 성질상 근로의 제공과 대가관계에 있는 일체의 경제적 이익을 포함할 뿐만 아니라, 직접적인 근로의 대가 외에도 근로를 전제로 그와 밀접히 관련되어 근로조건의 내용을 이루고 있는 급여도 포함된다.

따라서 근로소득의 범위가 임금의 범위보다 크다. 근로기준법 소정의 임금은 소득세법 소정의 근로소득에 해당하지만, 소득세법의 근로소득이더라도 근로기준법의 임금에는 해당하지 않을 수 있다. 회사가 재직하고 있는 근로자에게 순수하게 복리후생적 급여로 지급하는 것은 임금은 아니지만 근로소득에 해당하여 소득세법에 의한 근로소득세가 부과될 수 있다(예: 자녀학자금, 주택구입자금 융자금 등).

이와 같이 회사가 근로자에게 어떤 금품을 지급하면서 소득세법에 따른 근로소득세를 원천징수하였는지 여부는 해당 금품이 근로기준법 소정의 임금에 해당하는 것인지 또는 해당하지 않는 것인지와는 관련이 없으며, 근로소득세를 원천징수한 금품이더라도 임금에 해당하지 않는 경우도 있다.

제2절 소정근로의 대가

1 통상임금은 소정근로에 대한 대가로 지급되는 임금

(1) 통상임금은 소정근로시간을 초과하는 근로에 대한 가산임금의 산정기준

통상임금이 근로자가 사용자와 사이에 법정근로시간의 범위에서 정한 근로시간(소정근로시간)을 초과하는 근로를 제공할 때 가산임금 등을 산정하는 기준임금으로 기능한다는 점을 고려하면, 통상임금은 당연히 근로자가 소정근로시간에 통상적으로 제공하는 근로의 가치를 금전적으로 평가한 것이어야 한다(대판 2013.12.18, 2012다89399).

통상임금이란 근로자에게 정기적이고 일률적으로 "소정근로 또는 총 근로에 대하여" 지급하기로 정한 시간급 금액·일급 금액·주급 금액·월급 금액 또는 도급 금액을 말한다(근로기준법 시행령 제16조제1항). 판례는 통상임금이란 근로자가 소정근로시간에 통상적으로 제공하는 근로인 소정근로(도급 근로자의 경우에는 총 근로)의 대가로 근로자에게 지급되는 금품으로서 정기적·일률적·고정적으로 지급되는 임금이라고 한다(대판 1998.4.24, 97다28421 ; 대판 2012.3.29, 2010다91046 ; 대판 2013.12.18, 2012다89399).

따라서 앞의 제1절에서 살펴본 임금 중에서 소정근로의 대가로 지급되는 임금이 통상임금에 해당될 수 있으며, 어떤 임금이 통상임금에 속하는지 여부는 정기적·일률적·고정적으로 지급되는 것인지를 검토하기에 앞서 우선, 그 임금이 근로자에게 소정근로의 대가로 지급되는 임금인지를 확인하여야 한다. 해당 임금이 소정근로에 대한 대가로 지급되는 임금이 아니라면 설령 정기적·일률적·고정적으로 지급된다고 하더라도 통상임금에 속할 수 없다.

(2) 법정근로시간과 소정근로시간

통상임금은 소정근로시간의 근로에 대한 대가로 지급되는 임금이므로 법정근로시간과 소정근로시간의 개념과 양자의 차이점을 확인할 필요가 있다.

가. 법정근로시간

법정근로시간이란 법률이 정하고 있는 1일 및 1주의 근로시간 한도를 말한다. 법률로 정한 1일 및 1주의 근로시간의 기준 내지 원칙이라는 점에서 기준근로시간이라고도 한다.

근로기준법과 산업안전보건법은 근로자의 연령 및 작업의 종류에 따라 일반 근로자, 연소 근로자, 유해 · 위험 작업 근로자 등 3가지로 나누어 법정근로시간을 다르게 정하고 있다.

1) 일반 근로자의 법정근로시간

일반 근로자(만 18세 이상이면서 유해 · 위험 작업에 종사하지 않는 근로자)의 근로시간은 휴게시간을 제외하고 1일 8시간, 1주 40시간을 초과할 수 없다(근로기준법 제50조).

2) 연소 근로자의 법정근로시간

만 18세 미만인 연소 근로자의 근로시간은 휴게시간을 제외하고 1일 7시간, 1주 40시간을 초과하지 못한다(근로기준법 제69조, 근로기준법 시행령 제41조).

3) 유해 · 위험 작업 근로자의 법정근로시간

잠압 · 잠수 작업 등 고기압 아래에서 작업하는 근로자의 근로시간은 휴게시간을 제외하고 1일 6시간, 1주 34시간을 초과하지 못한다(산업안전보건법 제46조 및 산업안전보건법 시행령 제32조의8, 근로기준법 시행령 제41조).

나. 소정근로시간

소정근로시간이란 근로기준법 제50조, 제69조 본문 또는 산업안전보건법 제46조의 규정에 따른 근로시간의 범위에서 근로자와 사용자 사이에 근로하기로 정한 근로시간을 말한다(근로기준법 제2조제1항제7호).

일반적으로 기업의 취업규칙 등에서 규정하고 있는 업무의 시작시각부터 종료시각까지의 근로시간(휴게시간은 제외)을 말한다. 소정근로시간은 반드시 근로계약과 취업규칙에 규정하여야 한다(근로기준법 제17조제2항 및 제93조제1호). 소정근로시간을 정하지 않으면 근로자의 입장에서 몇 시에 출근하여 몇 시에 퇴근하여야 할지 모르기 때문에 근로를 제공할 수가 없다. 또한 연장·야간·휴일근로에 대한 가산임금은 일·주·월 등에 의한 임금을 그 기간의 '소정근로시간' 또는 '통상임금 산정 기준시간 수'로 나눈 임금을 가지고 계산(근로기준법 시행령 제6조제2항)하므로 소정근로시간을 명확히 규정하는 것이 필요하다.

다. 소정근로시간과 법정근로시간의 차이

소정근로시간은 법정근로시간 한도 내에서 사용자와 근로자가 합의한 근로시간이다. 따라서 일반 근로자를 기준으로 소정근로시간은 1일에 8시간 이내, 1주일에 40시간 이내에서 정할 수 있다.

어느 기업에서 근로시간을 1일 8시간, 1주 40시간으로 정하였다면 해당 기업의 소정근로시간과 법정근로시간이 같다. 그런데 1일 7시간, 1주 35시간을 소정근로시간으로 정하였다면, 법정근로시간보다 짧은 1일 7시간, 1주 35시간이 소정근로시간이다. 만약 1일 9시간을 소정근로시간으로 정하였다면 소정근로시간은 법정근로시간의 범위인 1일 8시간으로 해석되고(근로기준법 제2조제1항제7호의 규정에 따라 소정근로시간이 법정근로시간을 초과할 수는 없다), 1일 8시간 기준을 초과하는 1시간은 당사자 합의에 의한 연장근로시간으로 보아야 한다(근로기준법 제53조제1항 참고).

또한, 소정근로시간을 1일 7시간으로 정한 경우에 소정근로시간을 초과하여 총 8시간을 근로하였다 하더라도 법정근로시간인 1일 8시간을 초과하지 않으면 근로기준법 제53조제1항에서 정하고 있는 1일 단위의 연장근로는 아니므로(이른바 '법내초과근로'), 사용자가 근로기준법 제56조에 정한 가산임금을 지급할 의무는 없다. 하지만 소정근로시간을 초과하여 근로한 1시간분에 대해서 가산임금은 지급하지 않더라도 초과근로시간에 대한 임금(1시간분의 통상임금)은 지급하여야 한다.

위와 같이 근로기준법과 산업안전보건법이 정하고 있는 법정근로시간과 기업의 근로계약과 취업규칙에서 정하는 소정근로시간은 다르다는 점을 유의하여야 한다.

(3) 소정근로의 대가

통상임금이란 근로자가 소정근로시간에 통상적으로 제공하는 근로인 소정근로(도급 근로자의 경우에는 총 근로)의 대가로 근로자에게 지급되는 임금이며, 소정근로시간에 통상적으로 제공하기로 정한 근로에 관하여 사용자와 근로자가 지급하기로 약정한 임금이다(대판(전합) 2013.12.18, 2012다89399). 이와 같이 최근 전원합의체 판결은 시간급·일급·주급·월급 등 일정한 기간을 단위로 임금을 지급받는 근로자의 경우에는 소정근로의 대가로 지급되는 임금이어야 통상임금에 속할 수 있다는 점을 확인하였다.

과거 판례 중에는 "소정근로시간의 근로에 직접적으로 또는 비례적으로 대응하여 지급되는 임금이 아니라 하더라도 그것이 소정근로 또는 총 근로에 대하여 지급되는 임금이 아니라고 할 수 없으므로 그런 사유만으로 그 임금을 통상임금에서 제외할 수 없다"(대판 1996.2.9, 94다19501)고 하여 통상임금에 속하는 임금의 범위를 무제한적으로 확장하였다. 심지어 "산업안전보건비가 노사 간의 합의에 의하여 회사의 전 사원들에게 근무성적과는 관계없이 정기적·일률적·고정적으로 지급되는 것인 이상 이는 총 근로에 대한 대상으로서 통상임금의 성질을 가진다"(대판 2005.9.9, 2004다41217)고 판시하여 통상임금에서의 소정근로와 총 근로의 개념에 대한 오해를 단적으로 드러내기도 하였으나, 위 전원합의체 판결로 종전 판결의 태도가 잘못된 것임을 인정하였다.

(4) 총 근로의 대가

통상임금과 관련하여 총 근로의 대가로 지급되는 임금은 도급제 방식으로 임금을 지급받는 근로자에게만 해당한다. 임금이 시간급 · 일급 · 주급 · 월급 금액과 같이 소정근로시간에 직접 대응하여 결정되는 방식이 아니라, 생산량이나 실적에 따라 도급제로 책정된 경우에는 소정근로가 아닌 총 근로를 기준으로 통상임금을 산정한다. 예컨대 사용자와 근로자가 도급제 임금 약정에서 생산량 1개당 5천원을 지급하기로 정하였고 근로자가 10시간 근로하여 15개를 생산해 총 7만 5천원을 지급받은 경우, 도급 금액 7만 5천원은 '소정근로' 8시간에 대해 지급하기로 정한 임금이 아니라 '총 근로'인 10시간에 대해 지급하는 임금이므로 7만 5천원을 '총 근로' 10시간으로 나누어 시간급 통상임금(7천 5백원)을 산정하는 것이다.

근로자에게 지급하는 임금이 시간급 · 일급 · 주급 · 월급 금액인 경우에는 그 기간의 소정근로에 대해 지급하기로 정해진 각 임금을 해당 소정근로시간으로 나누어 산정한다. 이에 비하여 총 근로는 제공된 근로의 양 또는 실적에 따라 임금을 산정하는 도급제에서 통상임금의 산정기초가 되는 근로시간을 말하는 것으로서, 이 때 총 근로는 도급 금액이 산출된 근로의 양 또는 실적에 투입된 근로시간의 총량을 의미한다. 소정근로에서 소정근로시간은 법정근로시간을 초과할 수 없으나, 총 근로에서 총 근로시간은 법정근로시간을 초과할 수도 있다.

따라서 시간급 · 일급 · 주급 · 월급 금액과 같이 일정한 기간을 단위로 임금을 지급받는 근로자에 대해 어떤 임금을 총 근로에 대한 임금으로 보아 통상임금에 속한다고 할 수 없다. 통상임금이란 근로자가 소정근로시간에 통상적으로 제공하는 근로인 소정근로의 대가로 근로자에게 지급되는 임금이다.

② 소정근로의 대가로서 통상임금에 속하는 임금

(1) 기본적 임금(기본급)

통상임금은 소정근로시간에 통상적으로 제공하기로 정한 근로의 대가로 지급되는 임금이므로, 소정근로시간에 대해 지급하기로 정하여진 기본적 임금(기본급)은 통상임금에 속한다. 그리고 기본급과 같은 성격을 가지는 수당, 예컨대 건설회사에서 근로자들에게 매년 기본급의 일정비율로 지급하는 건설수당, 공기업에서 상위 직급으로의 승진 대신 기본급의 일정비율을 지급하는 직급대우수당 등도 기본급과 같은 성격의 임금으로서 통상임금에 속한다고 할 수 있다.

(2) 소정근로에 대하여 지급하기로 정한 고정급 임금

① 담당업무나 직책의 경중 등에 따라 미리 정하여진 지급조건에 의해 지급하는 수당

- 예: 직무수당(금융수당, 출납수당), 직책수당(반장수당, 소장수당) 등

② 물가변동이나 직급간의 임금격차 등을 조정하기 위하여 지급하는 수당

- 예: 물가수당, 조정수당 등

③ 기술이나 자격·면허증소지자, 특수작업종사자 등에게 지급하는 수당

- 예: 기술수당, 자격수당, 면허수당, 특수작업수당, 위험수당 등

④ 특수지역에 근무하는 근로자에게 정기적·일률적으로 지급하는 수당

- 예: 벽지수당, 한냉지근무수당 등

⑤ 버스, 택시, 화물자동차, 선박, 항공기 등에 승무하여 운행·조종·항해·항공 등의 업무에 종사하는 자에게 근무일수와 관계없이 일정한 금액을 일률적으로 지급하는 수당

- 예: 승무수당, 운항수당, 항해수당 등

⑥ 생산기술과 능률을 향상시킬 목적으로 근무성적에 관계없이 매월 일정한 금액

을 일률적으로 지급하는 수당

• 예: 생산장려수당, 능률수당 등

⑦ 그 밖에 제①부터 제⑥까지에 준하는 임금 또는 수당

위와 같은 수당들은 근로자가 근로계약의 내용에 따라 통상적으로 제공하는 소정근로시간의 근로에 대해 지급하기로 정하여진 임금으로서 통상임금에 속한다고 할 수 있다(통상임금산정지침, 2012.9.25, 고용노동부예규 제47호).

(3) 통상임금 판단시 유의사항

어떤 임금 또는 수당이 통상임금에 속하는지를 판단할 때 반드시 유의하여야 하는 것은 같은 명칭을 가진 임금 또는 수당이라도 그 지급대상, 지급방법의 개별적・구체적 실태에 따라 통상임금에 속하는지 여부가 달라질 수 있다는 점이다. 예를 들어 위 ⑤번 항목에서 예시한 승무수당을 사용자가 시내버스를 운전하는 근로자에게 근무일수 등과 관계없이 매월 고정금액으로 지급하는 것이면 통상임금에 포함되나, 만약 월 일정 근무일수 이상 출근한 근로자에게만 지급하고 해당 근무일수를 출근하지 않은 근로자에게는 지급하지 않는다면, 승무수당이 소정근로의 대가라고 하더라도 '고정성'이 없는 임금에 해당하여 통상임금에 속하지 않는다(대판 1990.11.9, 90다카6948 ; 대판 2003.6.13, 2002다74282 등 참고).

따라서 어떤 임금 또는 수당이 그 명칭만으로 반드시 통상임금에 속한다, 또는 반대로 통상임금에 속하지 않는다고는 말할 수 없으며, 그 임금 또는 수당의 구체적인 지급실태를 검토하여 소정근로의 대가로 지급되는 임금으로서 정기성과 일률성 및 고정성을 모두 갖추고 있는 것인지를 판단하여야 통상임금에 속하는지 여부를 알 수 있다.

제3절 소정근로의 대가로 볼 수 없는 임금

통상임금은 소정근로시간에 통상적으로 제공하기로 정한 근로의 대가로 지급되는 임금이어야 하므로, 소정근로의 대가라고 할 수 없는 다음 3가지 종류의 임금은 통상임금에 속하지 않는다(대판 2013.12.18, 2012다89399 참고).

첫째, 근로자가 소정근로시간을 초과하여 근로를 제공하고 지급받는 임금
둘째, 근로계약에서 제공하기로 정한 근로 외의 근로를 특별히 제공함으로써 사용자로부터 추가로 지급받는 임금
셋째, 소정근로시간의 근로와 관련 없이 지급받는 임금

다만, 어떠한 임금이 통상임금에 속하는지 여부는 그 임금이 소정근로의 대가로 근로자에게 지급되는 금품으로서 정기적·일률적·고정적으로 지급되는 것인지를 기준으로 그 객관적인 성질에 따라 판단하여야 하고, 임금의 명칭이나 그 지급주기의 장단 등 형식적 기준에 의해 정할 것이 아니다. 소정근로의 대가가 무엇인지는 근로자와 사용자가 소정근로시간에 통상적으로 제공하기로 정한 근로자의 근로의 가치를 어떻게 평가하고 그에 대하여 얼마의 금품을 지급하기로 정하였는지를 기준으로 전체적으로 판단하여야 하고, 그 금품이 소정근로시간에 근무한 직후나 그로부터 가까운 시일 내에 지급되지 아니하였다고 하여 그러한 사정만으로 소정근로의 대가가 아니라고 할 수는 없다.

통상임금은 근로자가 소정근로시간에 통상적으로 제공하기로 정한 근로에 관하여 사용자와 근로자가 지급하기로 약정한 금품이고, 근로자가 소정근로시간에 통상적으로 제공하는 근로의 가치를 금전적으로 평가한 것이 통상임금이므로 위

표에 나와 있는 3가지 종류에 해당하는 임금은 통상임금에 속하지 않으며, 이를 항목별로 자세히 살펴본다.

[그 림] 통상임금에 속할 수 있는 임금의 범위

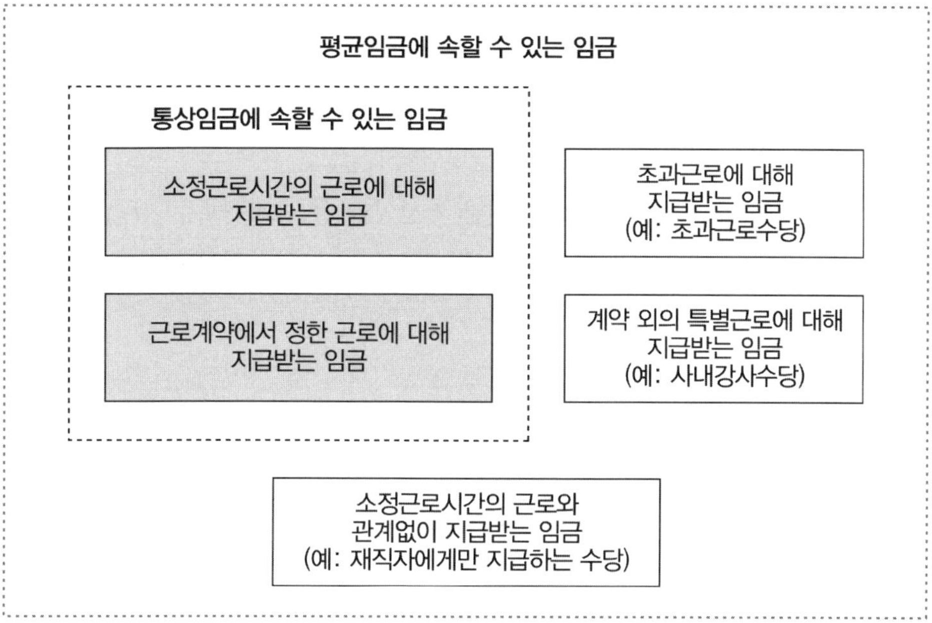

1 소정근로시간을 초과하여 근로를 제공하고 지급받는 임금

통상임금은 소정근로시간에 대한 근로에 대해여 지급하기로 약정한 임금이므로, 연장근로 가산임금 등 초과근로수당을 매월 정액으로 지급하더라도 이는 소정근로시간을 초과하는 근로에 대해 지급하는 임금으로서 통상임금에 속하지 않는다.

(1) 연장 · 야간 · 휴일 근로 가산임금 등 초과근로수당

근로기준법 시행령 제6조제1항은 통상임금을 '근로자에게 정기적 · 일률적으로 소정근로 또는 총 근로에 대하여 지급하기로 정하여진 시간급금액 · 일급금액 · 주급금액 · 월급금액 또는 도급 금액을 말한다'고 규정하고 있으므로, 소정근로시간에 통상적으로 제공하는 근로인 소정근로(도급 근로자의 경우에는 총 근로)의 대가로 근로자에게 지급되는 임금이어야 통상임금에 속한다(대판 2013.12.18, 2012다89399).

따라서 연장 · 야간 · 휴일 근로에 대한 가산임금 등 초과근로수당은 근로자가 소정근로시간을 초과하여 제공한 근로에 대하여 지급하는 것이므로 통상임금에 속하지 않는다.

판례

[대판 2000.12.22, 99다10806]

시간외근무수당은 야간 · 휴일 등 근무시간 외의 근로에 대하여 지급하기로 한 것일 뿐, 소정근로 또는 총 근로의 대가로서 지급하기로 한 임금이라고 할 수 없다.

(2) 포괄임금제에서 법정수당으로 책정되어 있는 초과근로수당

가. 포괄임금제의 의의

포괄임금제란 근로계약 체결 시 근로의 형태나 업무 성질상 법정 기준근로시간을 초과한 연장 · 야간 · 휴일 근로 등이 당연히 예정돼 있는 경우나 계산의 편의를 위해 노사 당사자 간 약정으로 연장 · 야간 · 휴일 근로시간 등을 미리 정한 후 매월 일정액의 초과근로수당을 일괄적으로 기본임금에 포함해 지급하는 것을 말한다. 근로기준법 제56조는 "사용자는 연장근로와 야간근로 또는 휴일 근로에 대하여는 통상임금의 100분의 50 이상을 가산하여 지급하여야 한다"고 규정하고 있다. 사용자는 근로계약을 체결할 때 기본임금을 정하고 이를 기초로 하여 근로자가 실제로 근무한 실적에 따라 연장 · 야간 · 휴일 근로 등이 있으면 그에 상응하는 연장·야간·휴일 근로수당 등 법정 초과근로수당을 산정하여 지급함이 원칙이다.

하지만 이러한 원칙적인 임금지급 방법은 근로시간수의 산정을 전제로 한 것인데, 예외적으로 근로시간, 근로형태와 업무의 성질을 고려할 때 근로시간의 산정이 어려운 것으로 인정되는 경우가 있을 수 있다. 판례는 이러한 경우에 사용자와 근로자 사이에 기본임금을 미리 산정하지 아니한 채 법정수당까지 포함된 금액을 월급여액이나 일당임금으로 정하거나, 기본임금을 미리 산정하면서 일정액을 각종 법정수당으로 정하여 지급하기로 약정하는 내용의 이른바 포괄임금제에 의한 임금지급 계약을 체결하더라도 그것이 달리 근로자에게 불이익이 없고 여러 사정에 비추어 정당하다고 인정될 때에는 유효하다고 본다(대판 1992.7.14, 91다37256 ; 대판 2005.8.19, 2003다66523 ; 대판 2010.5.13, 2008다6052 등).

나. 포괄임금제에서 초과근로수당의 통상임금 포함 여부

포괄임금제에서 통상임금에 포함되는 임금 항목의 범위를 어디까지로 볼 것인지가 문제될 수 있다. 특히 포괄임금이 기본급과 초과근로수당을 포함하여 일정액을 지급하기로 정한 계약이기 때문에 포괄임금제로 약정한 임금에서 초과근로수당으로 책정된 부분도 그것이 정기적·일률적으로 지급하기로 한 임금이라는 이유로 모두 통상임금에 포함되는 것이라고 볼 수 있을 것인지가 문제된다.

이 경우 통상임금에 포함되는 임금의 범위에 대하여 판례는 포괄임금제에서 일정액의 초과근로수당이 정기적·일률적으로 지급되었더라도 통상임금에 포함될 수 없다고 보고 있다. 대법원은 "원고의 임금은 일당으로 지급되어 왔음이 분명하고 따라서 그 일당에는 근로에 대한 통상임금 외의 휴일근무수당, 휴가수당 등 모든 수당도 포함된 것으로 보아야 할 것"이라고 하며(대판 1987.6.9, 85다카2473), 기본수당에 초과근로수당이 포함되어 있는 것으로 인정된다면 이 초과근로수당은 통상임금에서 제외하여야 한다고 보고 있다(대판 1991.4.23, 89다카32118).

실제 근로한 시간에 따라 지급되어야 하는 연장근로수당 등 초과근로수당을 포괄임금계약에 따라 정액으로 지급하는 경우 이 임금액에 포함되어 있는 초과근로수당은 소정근로의 대가로 지급된 것이 아니라 연장·야간·휴일 근로에 대해 지급하는 가산임금이므로 통상임금에 포함될 수 없다. 이는 근로자가 매월 계속하여 같은 시간의 연장근로를 하여 일정액의 연장근로수당을 지속적으로 받았다고 하더라도 그 연장근로수당이 통상임금에 포함되지 않는 것과 다르지 않기 때문이다.

판례

[대판 1987.6.9, 85다카2473]

대체로 일당이라고 할 때에는 통상임금에 모든 수당을 가산하여 거기서 원천세를 공제한 실제의 수입을 가리키는 것이라고 보는 것이 상당하다(당원 1963.2.21, 62다912 판결 참조). 원심이 증거로 들고 있는 을 제1호증과 제1심 법원에서 ○○역장에게 사실조회하여 받은 회보의 각 기재 등의 자료에 의하면, 원고는 ○○역의 일용잡급직 청소부로 채용되어 근무하면서 매일 사역보고를 하고 그 보수를 필요에 따라 부정기적으로 예컨대 22일분, 8일분, 6일분, 7일분, 12일분, 5일분 등으로 합산하여 지급받으면서 그때마다 영수증을 작성 교부하여 온 사실을 인정할 수 있으므로 원고의 임금은 일당으로 지급되어 왔음이 분명하고 따라서 그 일당에는 근로에 대한 통상임금 외의 휴일근무수당, 휴가수당 등 모든 수당도 포함된 것으로 보아야 할 것이다.

그럼에도 불구하고 원심이 원고의 일당을 근로에 대한 통상임금만으로 보고 피고에게 판시 여러 가지 수당의 지급을 명하고 이것들을 기초로 하여 평균임금을 산출하여 퇴직금을 산정하고 있는 것은 일당에 관한 법리를 오해하여 판결에 영향을 미친 위법이 있다 할 것으로서 이 점에 관한 논지는 이유있다.

(3) 실질적으로 초과근로수당의 성격을 갖고 있는 수당

가. 휴일근로수당의 성격을 갖고 있는 근무수당

판례는 수당의 명칭이 연장·야간·휴일 근로수당 등 법정 초과근로수당은 아니더라도 해당 수당의 지급대상, 지급목적, 지급방법 등을 살펴볼 때 사실상 법정 초과근로수당의 성격을 갖고 있는 것이라면 통상임금에 속하지 않는다고 판단한다.

판례는 근무수당이라는 명칭을 갖고 있는 수당이 월 20일 이상의 근무실적이 있는 자에 대하여 연장 · 야간 · 휴일 근무의 수당조로 직급별 금액을 정하여 고정급으로 지급하는 금액으로서 위 근무실적에 미달한 직원에게는 현업원인 경우는 일할계산으로 당월의 근무일수 1일에 대하여 20분의 1로, 일반직원의 경우는 시간계산으로 당월의 연장 · 야간 · 휴일 근무 1시간에 대하여 40분의 1로 계산하도록 되어 있으므로, 위 근무수당은 실제 근무실적에 따라 지급되는 연장 · 야간 · 휴일 근로수당을 계산의 편의와 직원의 근무의욕을 고취시키는 취지에서 일정한 실제 근무기간을 기준으로 하여 매월 고정액 또는 감액조정액으로 지급키로 한 것이라고 보고, 근로자에게 불이익한 것이 아닌 한 유효하다고 할 것이고, 근로자들이 이러한 근로수당을 이미 지급받았다면 이와 별도로 휴일근로수당을 청구할 수는 없다고 보아야 할 것이라고 한다. 따라서 이와 같은 근무수당은 직급에 따라 고정급으로 지급되어 왔다고 하더라도 실제 근무실적을 기초로 한 제법정수당의 성격을 가진 것으로서 통상임금에 속하지 않는다고 본다(대판 1990.11.27, 89다카15939).

판례

[대판 1990.11.27, 89다카15939]

회사의 직원보수규정상 보수라 함은 근로의 대가로 이 규정에 의하여 직원에게 지급되는 모든 금품을 말하고(제3조), 직원의 보수체계는 기준임금(본봉), 기준 외 임금(근무수당, 생산독려수당, 운전수당, 연차수당, 상여금, 일숙직수당) 및 기타 임금(휴업수당, 퇴직금)으로 이루어지며(제4조), 이중 근무수당은 월 20일 이상의 근무실적이 있는 자에 대하여 시간외, 야간, 휴일근무의 수당조로 직급별 금액을 정하여 고정급으로 지급하는 금액으로서 위 근무실적에 미달한 직원에게는 현업원인 경우는 일할계산으로 당월의 근무일수 1일에 대하여 20분의 1로, 일반직원의 경우는 시간계산으로 당월의 시간외, 야간, 휴일근무 1시간에 대하여 40분의1로 계산하도록 되어 있음을(제8조) 알 수 있으므로, 위 근무수당은 실제 근무실적에 따라 지급되는 시간외, 야간 및 휴일근로수당을 계산의 편의와 직원의 근무의욕을 고취시키는 취지에서 일정한 실제 근무기간을 기준으로 하여 매월 고정액 또는 감액조정액으로 지급키로 한 것으로서 근로자에게 불이익한 것이 아닌 한 유효하다고 할 것이고, 따라서 원고들이 이러한 근로수당을 이미 지급받았다면 이와 별도로 휴일근로수당을 청구할 수는 없다고 보아야 할 것이다.

이 사건 근무수당은 이미 앞에서도 본 바와 같이 매월 실제 근무일수가 20일 이상인 근무실적이 있는 자에 대하여 제법정수당인 시간외, 야간 및 휴일근로수당조로 일정액을 지급하고 위 기준근무일수에 미달하는 자는 실제 근무일수를 기준으로 조정 감액한 금액을 위 제법정수당조로 지급하는 것이므로 월 근무일수가 20일 이상인 경우에 직급에 따라 고정급으로 지급되어 왔다고 하여도 실제 근무실적을 기초로 한 제법정수당의 성질을 띤 것이어서 통상임금에 포함시킬 수 없다.

나. 연장근로수당의 성격을 갖고 있는 금융수당

고용노동부의 행정해석도 앞의 판례와 같은 입장인데, 급여규정에 "취업규칙상의 근무시간을 초과하여 회사업무와 관련하여 영업시간 전 또는 종료 후에 포괄적 · 단체적으로 행하는 연장근무에 대하여 금융수당을 지급함으로써 근로기준법에 의한 시간외연장근무에 대한 보수지급에 갈음하며 회사는 그 보수 지급 의무를 면한다"라고 규정하고 있다면, 이와 같은 금융수당은 매월 정기적 · 일률적으로 전 직원에게 지급된다고 하더라도 사실상 고정적으로 지급되는 연장근로수당으로 판단되는바, 이는 소정근로에 대한 대가로 볼 수 없으므로 근로기준법상 통상임금에 포함될 수 없다고 한다.

행정해석 2003.8.19, 평정 68240-296

[질 의]

○○금융(주)급여규정 제12조에 "취업규칙상의 근무시간을 초과하여 회사업무와 관련하여 영업시간 전 또는 종료 후에 포괄적 · 단체적으로 행하는 연장근무에 대하여 금융수당을 지급함으로써 근로기준법 제46조에 의한 시간외연장근무에 대한 보수지급에 갈음하며 회사는 그 보수지급 의무를 면한다"라고 규정하고 있는바, 매월 정기적 · 일률적으로 전 직원에게 각 호봉별로 차등을 두어 지급하고 있는 금융수당을 고용보험에서 지급하는 산전후휴가급여 산정시 통상임금으로 볼 수 있는지?

[회 시]

○○금융(주)급여규정 제12조에 의거하여 지급하고 있는 금융수당은 매월 정기

적 · 일률적으로 전 직원에게 지급된다고 하더라도 사실상 고정적으로 지급되는 연장근로수당으로 판단되는바, 이는 소정근로에 대한 대가로 볼 수 없으므로 근로기준법상 통상임금에 포함되기 곤란하다고 사료됨.

다. 야간근로 가산임금의 성격을 갖고 있는 교대제 수당

특정시간대의 근로에 대한 수당이 추가로 지급되는 경우 해당 수당이 통상임금에 속하는지 여부가 문제될 수 있다. 예를 들면, 3조 3교대제 근무형태에서 제1조(근로시간 : 6시부터 14시)와 제2조(14시부터 22시) 근무 시에는 1일당 각 1만원의 교대제 수당이 지급되는데, 제3조(22시부터 6시) 근무 시에만 5만원의 교대제 수당이 지급되었다면, 각 근무조의 연장근로에 대한 가산임금을 산출하기 위한 통상임금에 포함되어야 할 교대제 수당의 금액은 1만원으로 보아야 할 것이다. 각 근무조의 근로가 동일함에도 야간근로시간대에 대해 지급된 수당 부분(제3조의 교대제 수당에서 더 많이 지급된 부분 4만원)은 근로가 야간근로시간대(오후 10시부터 오전 6시까지 사이의 근로를 야간근로라고 한다. 근로기준법 제56조 참고)에 행해지는 것을 고려하여 책정된 것이라고 해석되므로 이 금액은 야간근로 가산임금과 같은 성격의 임금으로서 통상임금에 속하지 않는다고 보는 것이 타당할 것이다.

위와 같이 연장 · 야간 · 휴일 근로에 대해 근로기준법이 요구하는 가산임금(제56조)과 같은 성격을 갖고 있는 수당은 가산임금의 계산 기초인 통상임금에 속하지 않는다. 그러므로 예컨대 '증산수당'이 전적으로 연장근로에 대해 지급되는 것이라면 통상임금에 포함되지 않으며, '야간업무수당'이 야간근로시간대에 이루어진 업무에 대해 추가로 지급되는 것이면 통상임금에 속하지 않는다.

(4) 모든 근로자에게 매월 고정금액으로 지급하는 초과근로수당

포괄임금계약을 체결하지는 않았지만 연장근로수당을 월정액으로 지급하는 경우가 있다. 이와 같은 정액의 연장근로수당이 매월 정기적 · 일률적으로 지급되더라도 포괄임금제에서의 초과근로수당과 그 성격이 다르지 않으므로 통상임금에 포함되지 않는다(대판 2000.12.22, 99다10806 참고). 정기적·일률적으로 지급된다고 하더라도 연장근로수당은 연장근로 가산임금으로 정해진 수당이므로 이를 가산임금 산출의 기준이 되는 통상임금에 산입하여야 한다면 이중으로 가산임금을 지급해야 하는 결과가 되어 타당하지 않기 때문이다.

즉 초과근로수당을 사용자가 모든 근로자에게 매월 고정급으로 지급하더라도 해당 수당이 소정근로시간을 초과하여 제공되는 근로 즉 연장·야간·휴일 근로에 대해 지급하는 것인 이상, 소정근로에 대한 임금이 아닌 근로기준법 제56조의 초과근로수당의 성질을 띤 것이어서 통상임금에 속하지 않는다. 따라서 매월 고정적인 금액이 지급되더라도 초과근로수당은 통상임금에 포함되지 않으며, 이른바 고정연장근로수당(예를 들어, 고정O/T수당으로 월 20시간분을 정액으로 지급하는 경우 등)과 같은 수당도 소정근로에 대해 지급하는 임금이 아니므로 통상임금에 속하지 않는다.

행정해석

[2006.11.14, 임금근로시간정책팀-3347]

연봉제로 임금체계를 변경하여 기본급에 각종수당을 포함하여 기본연봉으로 통합하고 기본연봉의 1/12를 매월 분할하여 지급할 경우에는 매월 지급되는 기본연봉을 통상임금으로 보아야 할 것임. 다만, 기본연봉 안에 연장근로시간에 대한 임금까지 포함되어 있는 경우에는 이를 통상임금의 범주에서 제외하여야 할 것으로 보임.

(5) 법내 초과근로에 대해 지급하는 수당

법정 기준근로시간인 1일 8시간 또는 1주 40시간을 초과하는 근로인 연장근로(근로기준법 제56조)에 대해 지급하는 수당이 통상임금에 속하지 않음은 앞에서 살펴본 것과 같다. 그런데 소정근로시간이 법정 기준근로시간 보다 짧은 경우, 소정근로시간을 초과하여 법정 기준근로시간 범위 내에서 행해지는 초과근로(이른바 법내 초과근로)에 대해 지급하는 수당의 경우는 통상임금에 포함될 수 있을지 생각해 볼 수 있다. 예를 들어, 소정근로시간을 1일 6시간으로 정하였는데 1일 1시간의 초과근로를 하고 기본급 이외에 매월 일정액의 초과근로수당을 지급하는 경우 이 초과근로수당이 통상임금에 속하는지 여부이다. 이 경우에도 마찬가지로 해당 초과근로수당은 소정근로시간인 1일 6시간을 초과하여 제공되는 근로(1일 1시간의 법내 초과근로)에 대해 지급하는 임금이므로 통상임금에 속하지 않는다고 보아야 할 것이다. 통상임금은 소정근로시간을 기준으로 하므로 소정근로시간을 초과하는 근로(연장근로 및 법내 초과근로, 이를 소정근로와 대비하여 소정외근로라고도 부를 수 있다)에 대해 추가로 지급하는 수당은 통상임금에 속한다고 할 수 없다.

(6) 초과근로수당은 평균임금에는 포함

위와 같이 근로자가 소정근로시간을 초과하여 근로를 제공하고 지급받는 임금(포괄임금제에서의 초과근로수당, 매월 일정액으로 지급하는 고정연장근로수당, 초과근로수당의 성격을 갖고 있는 수당 등)은 소정근로시간을 초과하는 근로에 대해 지급하는 임금이므로 통상임금에 속하지 않는다. 그러나 초과근로수당이 통상임금에는 속하지 않더라도 소정근로시간을 초과하는 '근로의 대가'로 지급하는 임금이므로 평균임금에는 당연히 포함된다. 따라서 퇴직금이나 재해보상금 등을 계산하기 위해 평균임금을 산정할 때에는 초과근로수당도 포함되어야 한다.

판례

[대판 1992.4.14, 91다5587]

평균임금의 산정기초인 임금 총액에는 사용자가 근로의 대상으로 근로자에게 지급하는 일체의 금품으로서 근로자에게 계속적·정기적으로 지급되고 단체협약, 취업규칙 등에 의하여 사용자에게 그 지급의무가 지워져 있는 것이면 그 명칭이 어떠하든 모두 포함된다 할 것이므로 휴일근로수당이 이에 포함됨은 당연하다.

(7) 주휴수당과 통상임금의 산정

사용자는 근로자에게 근로기준법 제55조에 따라 1주일에 평균 1회 이상의 유급휴일을 주어야 한다. 근로기준법 제55조에 따른 유급휴일은 1주 동안의 소정근로일을 개근한 자에게 주어야 한다(근로기준법 시행령 제30조).

유급휴일에 대한 임금을 일반적으로 주휴수당이라고 하는데, 판례는 월급제 근로자의 월급 금액에는 유급휴일에 대한 임금인 주휴수당이 포함되어 있다고 본다(대판 1998.4.24, 97다28421 ; 대판 1994.5.24, 93다32514 등).

그런데 이 주휴수당은 1주 동안의 소정근로일수를 개근했는지에 따라 지급 여부가 결정되고(근로기준법 시행령 제30조), 연장·야간·휴일 근로 가산임금 등 다른 법정수당과 마찬가지로 통상임금을 산정한 다음 이를 기초로 산출하여야 하므로 통상임금에 속하지 않는다. 따라서 월급 금액을 시간급 통상임금 금액으로 산정할 때 월급 금액에서 주휴수당에 해당하는 금액 부분은 공제하고 계산하여야 한다.

그런데 월급 금액에서 주휴수당을 공제하는 대신, 주휴일에 실제 근로를 하지는 않았지만 소정근로일의 소정근로시간 수만큼 근로를 한 것으로 간주하여 월 소정근로시간 수에 유급휴일에 해당하는 근로간주시간 수를 더하여 통상임금을 산정하면, 월급 금액에서 주휴수당을 공제한 금액을 월의 소정근로시간 수로 나눈 금액과 같은 결과가 된다. 판례도 월급제 임금에서 시간급 통상임금을 산정하려면 월 소정근로시간에 주휴일의 소정근로시간으로 간주되는 근로시간을 합한 다음 월급 금액을 위와 같이 합산한 근로시간 수로 나누면 된다고 한다(대판 1985.12.24, 84다카254 ; 대판 1990.12.26, 90다카12493 ; 대판 1998.4.24, 97다28421 등).

근로기준법 시행령 제6조제2항제3호 및 제4호는 시간급 통상임금의 계산 방법과 관련하여 "주급 금액으로 정한 임금은 그 금액을 주의 통상임금 산정 기준시간 수(법 제2조제1항제7호에 따른 주의 소정근로시간과 소정근로시간 외에 유급으로 처리되는 시간을 합산한 시간)로 나눈 금액", "월급 금액으로 정한 임금은 그 금액을 월의 통상임금 산정 기준시간 수(주의 통상임금 산정 기준시간 수에 1년 동안의 평균 주의 수를 곱한 시간을 12로 나눈 시간)로 나눈 금액"으로 정하고 있다.

② 근로계약에서 제공하기로 정한 근로가 아닌 근로를 특별히 제공하고 추가로 지급받는 임금

통상임금은 근로자가 소정근로시간에 통상적으로 제공하는 근로의 가치를 금전적으로 평가한 것 즉 소정근로의 대가이고, 여기서 소정근로의 대가는 근로자가 소정근로시간에 통상적으로 제공하기로 정한 근로에 관하여 사용자와 근로자가 지급하기로 약정한 금품을 말한다. 따라서 근로자가 근로계약에서 제공하기로 정한 근로가 아닌 근로를 특별히 제공함으로써 사용자로부터 추가로 지급받는 임금은 소정근로의 대가라고 할 수 없으므로 통상임금에 속하지 않는다(대판 2013.12.18, 2012다89399 참고).

(1) 통상임금에 속한다고 볼 수 없는 사례

a) 판례는 특정 업무에 대한 수당이 정기적으로 지급되더라도 해당 근로자가 그 업무를 고정적으로 수행하지 않고 작업의 진행에 따라 간헐적으로 수행하는 경우, 즉 특수직무수당이 고정적으로 지하 600미터 이하 심부작업장에서 근무하는 근로자에게 지급되는데 해당 근로자가 지하 600미터 이하에서만 근무를 수행하였는지 알 수 없는 경우에는 고정적인 조건에 따라 지급된 것이 아니어서 통상임금에 해당하지 않는다고 본다(대판 1993.5.27, 92다20316 ; 대판 1994.5.24, 93다31979).

위 사례에서와 같이 근로자와 사용자가 근로계약에서 정한 근로의 내용이 심부작업장에서의 근로가 아니라 지하 600미터 이상 작업장에서의 근로인데, 작업 여건이나 결원이 발생함에 따라 일시적·간헐적으로 심부작업장에서 근무하고 지급받는 특수직무수당은 소정근로의 대가로 지급되는 것이 아니므로 통상임금에 속하지 않는다고 보아야 할 것이다.

b) 예를 들어 제조업을 영위하고 있는 회사에서 기능직 근로자로 구성된 노동조합이 쟁의행위(파업)에 돌입함에 따라 같은 회사에 재직 중인 사무직 근로자들

이 제조업무 현장라인에 대체 투입되어 근로하는 경우가 있을 수 있다. 노동조합 및 노동관계조정법 제43조에 "사용자는 쟁의행위 기간 중 그 쟁의행위로 중단된 업무의 수행을 위하여 당해 사업과 관계없는 자를 채용 또는 대체할 수 없다"고 규정하고 있으므로 회사에 재직 중인 비조합원인 근로자를 파업으로 중단된 업무에 대체하는 것은 가능하기 때문이다. 이때 기능직 근로자가 제조업무에 종사할 때에만 지급하는 생산수당을 사무직 근로자가 제조업무에 대체 투입되어 해당 업무를 수행하고 지급받았다고 하더라도 이는 본래 근로계약에서 통상적으로 제공하기로 정한 근로가 아닌 근로를 제공하고 추가로 지급받는 것이므로 통상임금에 속한다고 볼 수 없다.

c) 그 밖에도 예컨대, 근로자가 사내강사로 선임되어 임직원들을 대상으로 교육을 진행하고 받은 사내강사수당과 같은 금품도 근로계약에서 정한 근로가 아닌 근로를 특별히 제공하고 추가로 지급받은 임금에 해당한다고 볼 수 있다.

(2) 근로계약에서 정한 소정근로에 대한 임금으로 볼 수 있는 사례

앞의 사례에서 근로계약에서 지하 600미터 이하 심부작업장에서 근로하기로 정한 근로자가 해당 심부작업을 수행하고 지급받는 특수직무수당은 작업환경이 열악한 심부작업장에서 고정적으로 근무하는 근로자에게 소정근로의 대가로 지급된 것으로서 통상임금으로 속하는 것으로 볼 수 있을 것이다. 이와 유사하게 예컨대, 근로계약에서 업무의 내용과 장소 등을 특정 기술이나 면허가 필요한 작업, 위험작업 또는 작업환경이 열악한 작업장에서 근로하기로 정한 근로자에게 지급하는 기술수당이나 면허수당, 위험수당 또는 벽지수당 등도 소정근로의 대가로서 통상임금에 속할 수 있다.

(3) 참조 판례

판례

[대판 1994.5.24, 93다31979]

통상임금이라 함은 정기적·일률적으로 소정근로의 양 또는 질에 대하여 지급하기로 된 임금으로서 실제 근무일이나 실제 수령한 임금에 구애됨이 없이 고정적이고 평균적으로 지급되는 일반임금인바, 일률적으로 지급되는 것이라 함은 "모든 근로자에게" 지급되는 것 뿐 아니라 "일정한 조건 또는 기준에 달한 모든 근로자에게" 지급되는 것도 포함된다고 해석되지만, 여기서 말하는 일정한 조건이란 "고정적이고 평균적인 임금"을 산출하려는 통상임금의 개념에 비추어 볼 때, 고정적인 조건이어야 한다고 할 것인데, 원심이 인정한 사실만으로는 원고들이 고정적으로 생산계 반장직 근무자이고 지하 600m 이하의 심부작업장에서만 근무한 것인지 여부 등을 알 수 없어 위 수당이 정기적으로 지급된 것이기는 하나 일률적으로 지급한 것이라고 단정할 수는 없다 할 것이다.

[대판 2005.9.9, 2004다41217]

이 사건 고열작업수당은, 원심도 인정한 바와 같이 당해 연도의 4월부터 9월까지 실제 변화된 온도를 고려하여 고열등급을 새로이 조정하지 않고 전년도 온도측정에 따라 확정된 고열등급대로 같은 공정 내의 사원들에게 같은 금액의 수당을 지급해왔고, 또한 일정한 공정에 투입된 고열작업장 종사자는 일반적으로 전보·휴직 등의 사유가 발생하거나 일시적으로 결원이 생겨 작업반장이 공정별로 인원배치를 조정하지 않는 한 같은 공정에서 지속적으로 근무하게 된다는 것인바, 이러한 조건은 일시적·유동적 조건인 것이 아니라 고정적 조건이라고 보아야 할 것이고, 그렇다면 이 사건 고열작업수당은 고열작업수당이 지급되도록 정하여진 공정에 종사하는 모든 근로자들에 대해서 일정한 조건이 충족되면 일정한 금액이 매년 정기적·일률적으로 지급된 것으로서 통상임금에 포함된다고 보아야 할 것이다.

3 소정근로시간의 근로와 관련 없이 지급받은 임금

(1) 소정근로의 대가로서의 성질을 갖고 있지 않는 임금

근로자가 소정근로시간의 근로와는 관련 없이 지급받는 임금은 소정근로의 대가라고 할 수 없으므로 통상임금에 속하지 않는다(대판 2013.12.18, 2012다89399).

근로자가 소정근로를 했는지 여부와는 관계없이 지급일 기타 특정 시점에 재직 중인 근로자에게만 지급하기로 정해져 있는 임금은 그 특정 시점에 재직 중일 것이 임금을 지급받을 수 있는 자격요건이 된다. 그러한 임금은 기왕에 근로를 제공했던 사람이라도 특정 시점에 재직하지 않는 사람에게는 지급하지 아니하는 반면, 그 특정 시점에 재직하는 사람에게는 기왕의 근로 제공 내용을 묻지 아니하고 모두 이를 지급하는 것이 일반적이다. 근로자가 소정근로를 했는지 여부와 관계없이 지급일 기타 특정시점에 재직 중인 근로자에게만 지급하기로 정해져 있는 임금은 소정근로의 대가로서의 성질을 가지는 것이라고 보기 어렵다.

예컨대, 근로자가 생일인 날에 재직하고 있으면 기왕의 근로 제공 내용을 묻지 않고 연 1회 10만원을 생일자지원금으로 지급하는 경우 이를 소정근로시간의 근로의 대가로 볼 수 없다. 만약 위와 같은 생일자지원금을 소정근로시간의 근로의 대가라고 한다면 생일 전날에 입사하여 단 하루를 근무한 근로자에게도 10만원의 '1일/연간소정근로일수'에 해당하는 금액이 아니라 10만원 전액이 지급되는 이유를 명확하게 설명할 방법을 찾기 어렵다.

나아가 어떠한 임금이 이러한 성격을 갖고 있는지는 그 근로계약이나 단체협약 또는 취업규칙 등에서 정한 내용에 따라 판단하여야 하고, 근로계약 등에 명시적인 규정이 없거나 그 내용이 불분명한 경우에는 그 임금의 성격이나 지급 실태, 관행 등 객관적 사정을 종합적으로 고려하여 판단하여야 할 것이다(대판 2013.12.18, 2012다94643 참고).

(2) 특정 시점 재직자에게만 지급하는 명절상여금

판례는 회사가 상당기간에 걸쳐 그 지급일 전에 퇴직한 근로자에게 명절상여금(설날과 추석에 각 50%씩 지급하는 상여금)을 지급하지 않았고 이에 대하여 노동조합이나 개별 근로자가 이의를 제기하지 않았다면, 명절상여금에 대해서는 지급일에 재직 중일 것이 임금을 지급받을 수 있는 자격요건으로 부가되어 기왕에 근로를 제공했던 사람이라도 지급일에 재직하지 않는 사람에게는 지급하지 않는 반면, 지급일에 재직하는 사람에게는 기왕의 근로 제공 내용을 묻지 아니하고 이를 모두 지급하기로 하는 명시적 또는 묵시적 노사합의가 이루어졌거나 그러한 관행이 확립된 것으로 볼 여지가 있으므로, 이와 같이 지급하는 명절상여금은 소정근로의 대가로서의 성질을 갖지 아니하여 통상임금에 속하지 않는다고 한다(대판 2013. 12.18, 2012다94643).

(3) 특정 시점 재직자에게만 지급하는 복리후생적 임금

판례는 그 명칭이 복리후생적인 것이더라도 정기적·일률적으로 지급되는 선물비, 생일자지원금, 개인연금지원금, 단체보험료 등은 임금에 해당된다고 판단하고 있다(대판 2013.12.18, 2012다94643 등).

그런데 위와 같은 금품이 임금에 해당하더라도, 예컨대 판례의 기준에 따라 임금에 해당되는 선물비, 생일자지원금, 개인연금지원금 등이 그 지급일이나 지급기준일인 특정 시점에 재직하고 있는 근로자에게만 지급되는 것이라면 소정근로의 대가로서의 성질을 갖지 않으므로 통상임금에는 속하지 않는다.

그 밖에도 하기휴가비, 명절선물(비), 효도휴가비, 김장보너스 등을 예로 들 수 있다. 예컨대, 하기휴가비가 7월 말일 기준으로 회사에 재직하고 있지 않은 근로자에게는 전혀 지급되지 않고 재직하고 있는 근로자에게는 이전의 근로제공 내용을 묻지 않고 모두 50만원씩 지급된다면, 이 하기휴가비가 소정근로의 대가로 매일의 근로에 대해 발생하여 누적되고 있다가 7월 말일에 이르러 일년간의 소정근로에 대해 매일 발생한 금액이 합산되어 지급되는 것이라고 할 수 없다. 이와 같이 지급되는 하기휴가비는 매일 계속 발생하는 것도 아니고 소정근로에 대한 대가로 지급하는 것으로 볼 수도 없다.

마찬가지로 설과 추석 명절에 회사에 재직하고 있는 근로자에게만 지급하는 선물(현품) 또는 선물비나 근로자가 생일이 있는 달에 재직 중일 때에만 지급하는 생일자지원금 등도 그 지급주기나 지급대상의 측면에서 정기성과 일률성을 갖추었더라도 소정근로시간에 대한 근로의 대가로 지급된다고 볼 수 없으므로 통상임금에 속하지 않는다.

판례

[대판 2013.12.18, 2012다94643]

이 사건 하기휴가비와 선물비, 생일자지원금에 관하여 보면, 원심판결 이유와 기록에 의하면 회사가 그 소속 근로자들에게 이 사건 하기휴가비와 선물비, 생일자지원금으로 정액을 일률적으로 지급하면서 각 지급일 전에 퇴사한 근로자에게는 이를 지급하지 아니한 사실을 알 수 있다. 그렇다면 이 사건 하기휴가비와 선물비, 생일자지원금에 대해서도 앞서 본 이 사건 설·추석상여금과 마찬가지로 노사 간에 지급일에 재직 중일 것이라는 조건을 임금을 지급받을 수 있는 자격요건으로 부가하는 명시적 또는 묵시적 합의가 이루어졌거나 그러한 관행이 확립된 것으로 볼 여지가 있다.

나아가 이 사건 개인연금지원금과 단체보험료도 그 지급 내용상 지급일 전에 퇴직한 근로자에 대해서는 지급되지 않았을 가능성을 배제할 수 없다.

그렇다면 원심으로서는 상여금지급규칙 제6조의 적용 대상에 이 사건 설·추석상여금이 포함되어 있는지, 피고가 지급일 전에 퇴직한 근로자에게 이 사건 설·추석상여금과 하기휴가비, 선물비, 생일자지원금을 지급하지 않은 경위와 이에 대하여 노동조합이나 근로자들이 이의를 제기한 사실이 있는지, 이 사건 개인연금지원금과 단체보험료의 경우 중도 퇴직자에 대하여 어떻게 지급·처리되었는지 등을 심리하여 이들 임금의 지급에 있어 지급일에 재직 중일 것이 임금을 지급받을 수 있는 자격요건으로 부가되어 기왕에 근로를 제공했던 사람이라도 지급일에 재직하지 않는 사람에게는 지급하지 않는 반면, 지급일에 재직하는 사람에게는 기왕의 근로 제공 내용을 묻지 아니하고 이를 모두 지급하기로 하는 명시적 또는 묵시적 노사합의가 이루어졌는지 또는 그러한 관행이 확립되어 있는지를 살펴보았어야 할 것이다.

(4) 단체개인연금보험료, 개인연금보조금

과거 판례 중에는 회사가 단체협약이나 취업규칙 등에 따라 근로자들을 대상으로 금융기관에 근로자의 명의의 개인연금 상품에 가입하고 그 연금보험료의 일부를 대신 납부하는 단체개인연금보험료나 개인연금보조금 등을 통상임금에 속한다고 보았다.

판례는 "회사는 1997.7.24. 노동조합과 사이에 1997년도 단체협약을 체결하면서 전 직원들을 대상으로 개인연금으로 월 20,000원씩을 10년간 불입하여 주기로 합의하였고, 이에 따라 같은 해 8. 국민투자신탁증권 주식회사와 사이에 전 직원들을 피보험자로 한 단체개인연금계약을 체결한 후 같은 달부터 1998.8.까지 매달 급여지급일에 20,000원씩의 연금보험료를 대신 납부하여 오다가, 원고들이 퇴사한 후인 1998.8.23. 노사합의에 의하여 1998.9.부터 1년간 보험료 지급이 유예되긴 하였으나 원고들이 재직하는 동안에는 회사가 이를 대납하고 위 연금보험료를 급여명세서에 기재한 후 근로소득세를 원천징수하여 온 사실…, 비록 직접 근로자들에게 현실로 지급되는 것이 아니고 그 지급의 효과가 즉시 발생하는 것은 아니라 하더라도 위와 같이 사용자가 단체협약에 의하여 전 근로자를 피보험자로 하여 개인연금보험에 가입한 후 매월 그 보험료 전부를 대납하였고 근로소득세까지 원천징수하였다면, 이는 근로의 대상인 임금의 성질을 가진다고 할 것이고, 정기적 · 일률적 · 고정적 급부라는 통상임금의 개념적 징표까지 모두 갖추고 있는 이상, 위 연금보험료도 통상임금에 포함된다"(대판 2005.9.9, 2004다41217)고 하였다. 또한, "개인연금보조금은 비록 근로자들에게 직접 지급되는 것은 아니지만, 단체협약에 따라 회사가 전 근로자들을 피보험자로 하여 개인연금보험에 가입한 후 매월 일정액의 보험료 전부를 대납하고 근로소득세까지 원천징수한 이상, 이는 근로의 대상으로서 정기적, 일률적, 고정적으로 지급하기로 정하여진 임금에 해당한다고 할 것이므로, 통상임금 및 평균임금에 포함된다"(대판 2006.2.23, 2005다54029 ; 대판 2006.8.24, 2004다35052)고 하였다.

그러나 위와 같은 단체개인연금보험료, 개인연금보조금도 앞에서 살펴본 것과 같은 효도제례비나 연말특별소통장려금 등과 마찬가지로 그 지급 내용상 지급일 전에 퇴직한 근로자에 대해서는 지급되지 않는 것이면, 소정근로시간의 근로와 관련 없이 지급되는 것이므로 소정근로의 대가가 아니며 따라서 통상임금에 속하지 않는다고 보아야 할 것이다(대판 2013.12.18, 2012다94643 참고).

(5) 연 2회 지급일 현재 재직 중인 자에게 지급하는 정근수당

과거 대법원 판례 중에는 단체협약 등에서 정근수당에 관하여 아래 표와 같이 정하고 있는데, 정근수당이 통상임금에 속하는지 여부에 대하여 모든 근로자들에게 단체협약에 의하여 월 통상임금의 50% 내지 100%를 연 2회로 나누어 지급하되, 근속 1년 미만은 50%를, 1년 초과부터 매 1년마다 5%씩 가산하여 10년 이상은 100%를 지급하였는바, 위와 같은 정근수당은 근로의 대가로 정기적·일률적으로 지급되는 고정적인 임금이라 할 것이어서 통상임금에 포함된다고 하였다(대판 2011.9.8, 2011다22061).

구분	편성방법	비고
정근수당	(기본급+특수업무수당+작업장려수당+가계보조비+정액급식비+교통보조비)×연 0~100%	• 지급액 : 0~50%씩 연 2회 • 지급시기 : 1월, 7월

그러나 위 사례에서 1월과 7월에 각각 지급하는 정근수당의 경우 정근수당 지급시기 이전에 퇴사한 중도퇴직자에게는 정근수당을 지급하지 않으며, 근무일까지의 정근수당 금액을 일할계산하여 지급하지도 않는다. 그럼에도 불구하고 위 판례의 견해와 같이 정근수당을 통상임금에 포함하여 상반기 중의 연장근로수당을 계산 지급하였는데 근로자가 6월말에 퇴사하였다면 실제로는 받지도 않은 정근수당을 연장근로수당에는 포함하여 지급받은 것이 된다. 따라서 위와 같이 지급하는 정근수당은 최근 선고된 대법원 전원합의체 판결(대판 2013.12.18, 2012다94643)에 따르면, 소정근로의 대가로 지급하기로 정해진 것이 아니므로 통상임금에 속하지 않는다고 보아야 할 것이다.

(6) 대법원 판례의 변경

가. 효도제례비 등을 통상임금에 해당한다고 본 과거 대법원 판례

과거 대법원 판례 중에는 통상임금에는 '일정한 조건 또는 기준에 달한 모든 근로자'에게 지급되는 것도 포함되고, 여기서 말하는 '일정한 조건'이란 '고정적이고 평균적인 임금'을 산출하려는 통상임금의 개념에 비추어 볼 때 '고정적인 조건'이어야 한다고 하면서, 효도제례비, 연말특별소통장려금 등이 근로자들에 대하여 근로의 대가로서 정기적 · 일률적 · 고정적으로 지급되는 임금으로 통상임금에 해당한다고 본 사례가 있다(대판 2007.6.15, 2006다13070 ; 대판 2007.6.28, 2006다1388).

나. 판례의 변경

위와 같은 과거 대법원 판결은 최근 선고된 대법원 전원합의체 판결(대판 2013.12.18, 2012다89399)로 변경되었다. 문제가 된 효도제례비, 연말특별소통장려금 등이 지급일이나 특정 시점에 재직 중인 근로자에게만 지급하는 것이면 해당 금품은 소정근로의 대가로 지급되는 것이 아니므로 통상임금에 속하지 않는다고 보아야 한다.

판례

[대판 2013.12.18, 2012다89399]

문제가 된 복리후생적 명목의 급여가 지급일 당시 재직 중일 것을 지급조건으로 하는지 여부에 관하여 심리하지 아니한 채 해당 급여가 단체협약 등에 의하여 일률적 · 정기적으로 지급되는 것으로 정해져 있다는 사정만으로 통상임금에 해당한다고 판단한 대법원 2007.6.15, 2006다13070 판결 등을 비롯한 같은 취지의 판결들은 이 판결의 견해에 배치되는 범위 내에서 이를 모두 변경하기로 한다.

다. 명칭과 관련 없이 지급일 기타 특정 시점에 재직 중인 자에게 지급하는 임금

위에서 살펴본 효도제례비, 연말특별소통장려금 등 이외에도 어떤 명칭의 수당이든 근로자가 소정근로를 했는지 여부와 관계없이 지급일이나 특정 시점에 재직 중인 근로자에게는 모두 지급하고 특정 시점에 재직하지 않는 근로자에게는 전혀 지급하지 않는 것으로 정해져 있으면, 위 대법원 전원합의체 판결의 취지에 따라 해당 수당의 명칭에 관계없이 그와 같은 임금은 소정근로의 대가로서의 성질을 가지는 것이라고 보기 어려우므로 통상임금에 속하지 않는다고 보아야 할 것이다.

(7) 통상임금으로서의 고정성도 인정되지 않음

어떤 임금(수당)이 지급일이나 특정 시점에 재직 중인 근로자에게만 지급되는 것이면 그 임금은 소정근로에 대한 대가의 성질을 가지는 것이라고 보기 어려울 뿐만 아니라, 근로자가 임의의 날에 근로를 제공하더라도 그 지급일이나 특정 시점이 도래하기 전에 퇴직하면 해당 임금을 전혀 지급받지 못하여 근로자가 임의의 날에 연장·야간·휴일 근로를 제공하는 시점에서 그 지급조건이 성취될지 여부가 불확실하므로 통상임금으로서의 고정성도 결여한 것으로 보아야 한다. 통상임금의 판단기준인 '고정성'에 대해서는 뒤의 제3장 제3절에서 자세히 살펴본다.

chapter 3

통상임금의 판단기준

Contents

- 사용자가 근로자에게 지급하는 금품이 통상임금에 속하려면, 당연히 해당 금품이 임금이어야 하므로 근로의 대가로 지급되는 임금이 아니라 실비변상적, 복리후생적, 은혜적 금품이라면 통상임금에 해당될 수 없다. 또한 해당 금품이 임금에 해당되면 바로 통상임금에 속하는 것은 아니며 그 임금이 소정근로에 대한 대가로 지급되는 것이어야 통상임금에 속할 수 있다. 즉 임금의 성질을 갖는 금품만이 통상임금에 속할 수 있고, 임금 중에서도 소정근로(도급 근로자의 경우에는 총 근로)의 대가인 임금만이 통상임금에 포함될 수 있음은 앞에서 살펴본 바와 같다.

- 통상임금은 근로자가 소정근로시간에 통상적으로 제공하는 근로인 소정근로의 대가로 근로자에게 지급되는 금품으로서 정기적·일률적·고정적으로 지급되는 임금이므로, 소정근로의 대가로 지급되는 어떤 임금이 통상임금에 해당하는지는 그것이 정기적으로 지급되는지, 일률적으로 지급되는지, 고정적으로 지급되는지를 판단하여야 한다.

- 실무에서도 다양한 종류의 수당과 상여금 등이 존재하고 그에 대한 지급조건 등이 복잡다기하여 어떤 임금이 통상임금에 포함되는지 판단이 곤란한 경우가 많다. 따라서 제3장에서는 통상임금의 판단기준인 정기성, 일률성, 고정성의 의미를 구체적으로 살펴보기로 한다.

제 1 절 정기성

1 대법원 전원합의체 판결의 정기성에 대한 판단

(1) 정기성이란 일정한 간격을 두고 계속적으로 지급되는 것

최근 선고된 대법원 전원합의체 판결(대판 2013.12.18, 2012다89399)은 "어떤 임금이 통상임금에 속하기 위해서 정기성을 갖추어야 한다는 것은 그 임금이 일정한 간격을 두고 계속적으로 지급되어야 함을 의미한다"고 한다. 판례는 통상임금에 해당하기 위한 정기성을 '일정한 간격을 두고 계속적으로 지급되는 것', '미리 정해진 일정한 기간마다 주기적으로 지급되는 것'이라는 의미로 이해한다.

(2) 1개월을 넘는 기간마다 지급되는 것도 정기성 인정

통상임금에 속하기 위한 성질을 갖춘 임금이 1개월을 넘는 기간마다 정기적으로 지급되는 경우, 이는 노사 간의 합의 등에 따라 근로자가 소정근로시간에 통상적으로 제공하는 근로의 대가가 1개월을 넘는 기간마다 분할 지급되고 있는 것일 뿐, 그러한 사정 때문에 갑자기 그 임금이 소정근로의 대가로서의 성질을 상실하거나 정기성을 상실하게 되는 것이 아님은 분명하다. 따라서 정기상여금과 같이 일정한 주기로 지급되는 임금의 경우 단지 그 지급주기가 1개월을 넘는다는 사정만으로 그 임금이 통상임금에서 제외된다고 할 수는 없다고 한다. 따라서 2개월, 3개월(분기), 6개월(반기), 1년(연) 단위로 지급되더라도 일정한 간격을 두고 계속 지급되는 것이면 정기성을 갖추었다고 본다.

(3) 정기성이 '1임금산정기간'(1개월)으로 한정되지 않는 이유

가. 근로기준법 제43조제2항에 대한 해석

위 전원합의체 판결은 근로기준법 제43조제2항에서 임금을 매월 1회 이상 일정한 날짜를 정하여 지급하도록 규정하고 있으나, 이는 사용자로 하여금 매월 일정하게 정해진 기일에 임금을 근로자에게 어김없이 지급하도록 강제함으로써 근로자의 생활안정을 도모하려는 것이므로, 위 규정을 근거로 1개월을 넘는 기간마다 정기적으로 지급되는 임금이 통상임금에서 제외된다고 해석할 수는 없다고 한다.

나. 근로기준법 시행령 제6조제1항에 대한 해석

근로기준법 시행령 제6조제1항은 통상임금에 관하여 규정하면서 '시간급 금액, 일급 금액, 주급 금액, 월급 금액 또는 도급 금액'이라는 표현을 사용하고 있는데, 위 표현을 근거로 통상임금의 범위를 1개월을 단위로 산정 또는 지급되는 임금으로 한정한 취지라고 해석할 수는 없다고 한다. 근로기준법 시행령 제6조제1항은 통상임금의 범위를 1개월을 단위로 산정 또는 지급되는 임금으로 한정한 것이 아니라, 다양한 기간을 단위로 산정 · 지급되는 임금의 형태를 예시한 것에 불과하다는 것이다.

다. 통상임금과 최저임금의 관계

통상임금제도와 최저임금제도는 그 목적이 서로 다르므로 통상임금에 속하는 임금의 범위와 최저임금에 포함되는 임금의 범위는 서로 다를 수 있다고 한다.

즉 "최저임금법 제6조제4항은 매월 사용자가 근로자에게 지급하는 임금 중 매월 1회 이상 정기적으로 지급하는 임금 외의 임금으로서 고용노동부장관이 정하는 것을 최저임금과 비교할 '비교대상 임금'에서 제외하고 있다. 그러나 최저임금제도의 목적은 임금의 최저수준을 보장하여 근로자의 생활 안정과 노동력의 질적

향상을 기하고자 하는 데에 있어 연장·야간·휴일 근로에 대한 가산임금 등을 산정하기 위한 통상임금제도와 그 목적을 달리하므로, 위와 같은 최저임금법의 규정을 근거로 통상임금을 매월 1회 이상 정기적으로 지급하는 임금으로 한정하여야 한다고 보는 것은 타당하지 않다"고 한다.

2 정기성과 관련한 대법원 판결의 변화

(1) 1996년 이전의 '1임금산정기간'에 대해 지급하기로 정해진 임금에 한한다는 판례

1996년 이전까지의 대법원 판결은 통상임금의 정기성을 '1임금산정기간'으로 해석·적용하여 1개월을 초과하는 단위로 지급되는 임금은 소정근로시간에 대한 대가로 정기적으로 지급되는 임금에 해당하지 않는다고 판단하였다.

판례

[대판 1990.2.27, 89다카2292]

통상임금이라 함은 근로자에게 정기적·일률적으로 소정근로 또는 총 근로에 대하여 지급하기로 정하여진 시간급 금액, 일급 금액, 주급 금액, 월급 금액 또는 도급 금액을 말하는 것 … 1개월을 넘는 기간마다 정기 또는 임시로 기업의 경영실적, 근로자의 근무성적 등을 감안하여 지급되고 있는 상여금은 통상임금의 산정의 기초가 될 임금에 포함되지 아니한다.

[대판 1990.11.9, 90다6948]

소정근로시간에 대한 대상으로 볼 수 없는 임금(상여금 등 1개월 이상을 단위로 지급되는 임금) 등은 통상임금의 산정범위에서 제외된다고 보아야 할 것이고, … 원심의 위와 같은 판단은 근로기준법 시행령 제31조에서 정의된 통상임금의 개념과 그 산정의 기초가 되는 임금의 범위에 관한 해석상 정당한 것이라고 할 수 있을 뿐만 아니라 위 시행령의 규정을 명확히 하기 위하여 1988.1.14. 제정된 노동부 예규 제150호 통상임금산정지침의 내용과도 부합되는 것으로서 원심판결에 소론이 지적하는 바와 같은 법리오해가 있다 할 수 없다.

[대판 1994.10.28, 94다26615]

근로기준법 제19조제2항과 같은 법 시행령 제31조제1항 소정의 통상임금이란 근로자에게 정기적·일률적으로 소정근로 또는 총 근로에 대하여 지급하기로 정하여진 시간급 금액, 일급 금액, 주급 금액, 월급 금액 또는 도급 금액을 말하며, 이는 근로의 양 및 질에 관계되는 근로의 대가로서 실제 근무일수나 수령액에 구애됨이 없이 정기적·일률적으로 1임금산정기간에 지급하기로 정하여진 고정급 임금을 의미한다.

(2) 1개월을 초과하는 기간에 대해 지급되는 임금도 포함된다는 1996년 이후 판례

통상임금의 정기성을 '1임금산정기간'으로 해석·적용하여 오던 판례의 견해는 1996.2.9. 선고된 94다19501 판결에서 변경되었다. 이 판결에서 대법원은 "근로자에 대한 임금이 1개월을 초과하는 기간마다 지급되는 것이라도 그것이 정기적·일률적으로 지급되는 것이면 통상임금에 포함될 수 있는 것이고, 소정근로시간의 근로에 직접적으로 또는 비례적으로 대응하여 지급되는 임금이 아니라 하더라도 그것이 소정근로 또는 총 근로에 대하여 지급되는 임금이 아니라고 할 수 없으므로 그런 사유만으로 그 임금을 통상임금에서 제외할 수는 없다"고 하였다.

그러나 위 판결은 통상임금의 정기성을 종래 '1임금산정기간'으로 해석하던 것을 변경하여 1개월을 초과하는 기간마다 지급되는 임금도 통상임금에 포함될 수 있다고 하면서도 그 이유를 밝히지 않아 논란의 대상이 되었다.

(3) 대법원 전원합의체 판결이 밝힌 종전 판례의 견해를 변경한 이유

최근의 대법원 전원합의체 2013.12.18, 2012다89399 판결은 종래 통상임금의 정기성을 '1임금산정기간'으로 해석·적용하여 오다가 이를 변경하여 1개월을 초과하는 기간마다 지급되는 임금까지로 확대한 이유로 임금2분설의 폐기를 들고 있는데 그 구체적인 내용을 다음과 같이 밝히고 있다.

판례

[대판 2013.12.18, 2012다89399]

대법원 1995.12.21, 94다26721 전원합의체 판결은 모든 임금은 근로의 대가로서 '근로자가 사용자의 지휘를 받으며 근로를 제공하는 것에 대한 보수'를 의미하므로 현실의 근로 제공을 전제로 하지 않고 단순히 근로자로서의 지위에 기하여 발생하는 이른바 '생활보장적 임금'이란 있을 수 없고, 임금을 근로의 제공 대가로 지급받는 교환적 부분과 근로자의 지위에서 받는 생활보장적 부분으로 구별할 아무런 법적 근거도 없다고 판시하여, 단체협약 등에 특별한 규정이 없는 한 근로자가 근로를 제공하지 아니한 쟁의행위 기간에는 근로 제공 의무와 대가관계에 있는 임금청구권이 발생하지 않는다는 '무노동무임금 원칙'을 정립하였다.

위 전원합의체 판결 전에 종래 판례가 취한 임금2분설은 임금을 근로의 대가로서의 성질을 갖는 교환적 부분과 단순히 근로자의 지위에 기하여 발생하는 생활보장적 부분으로 구분하고 있었으나, 실제로 임금 항목 모두를 양자로 준별하는 것이 불가능한 경우가 적지 않았고, 이러한 상황에서 어떠한 임금이 통상임금에 속하는지를 가리기 위하여 '정기적, 일률적으로 1임금산정기간에 지급하기로 정하여진 고정급 임금'인지를 판단 기준으로 삼는 것은 부득이한 측면이 있었다.

그러나 위 전원합의체 판결에서 모든 임금을 근로의 대가로 파악하여 임금2분설을 폐기함으로써 임금을 근로 제공에 대한 교환적 부분과 근로 제공과 무관한 생활보장적 부분으로 구별할 법적 근거가 없어졌으므로, 임금의 형식적인 명칭에 따라 통상임금에 속하는지 여부를 달리 볼 아무런 이유가 없게 되었고, 통상임금을 '1임금산정기간'을 기준으로 가려왔던 판단 방식 또한 더 이상 설 자리를 잃게 되었다.

이에 따라 임금2분설을 폐기한 위 전원합의체 판결 선고 직후 대법원 1996.2.9, 94다19501 판결은 근로자에 대한 임금이 1개월을 초과하는 기간마다 지급되는 것이라도 그것이 정기적·일률적·고정적으로 지급되는 것이면 통상임금에 포함될 수 있다고 판시하였다. 그 이후 대법원은 일관되게 통상임금은 근로자가 소정근로시간에 통상적으로 제공하는 근로인 소정근로(도급 근로자의 경우에는 총 근로)의 대가로 근로자에게 지급되는 금품으로서 정기적·일률적·고정적으로 지급되는 임금이라고 판시하여 왔고, 여기서 그 임금이 '1임금산정기간' 내에 지급되는 것인지 여부는 더 이상 판단 기준으로 제시되지 아니하였다.

3 정기상여금 등 1개월을 초과하는 단위로 지급되는 임금

앞에서 살펴본 것과 같이 판례는 정기상여금과 같이 일정한 주기로 지급되는 임금의 경우 단지 그 지급주기가 1개월을 넘는다는 사정만으로 그 임금이 통상임금에서 제외된다고 할 수는 없다고 하므로, 예컨대 2개월, 3개월(분기) 또는 6개월(반기) 등을 단위로 주기적으로 지급되는 상여금 등은 통상임금의 정기성 요건을 충족한다고 본다. 또한 판례는 미리 정해진 일정한 기간마다 지급되는 것이면 정기성을 갖추었다고 보므로 지급되는 간격이 반드시 같아야 하는 것은 아니다. 예컨대 2달마다 지급되는 것이 아니더라도 취업규칙 등의 규정에 따라 매년 1월, 2월, 4월, 6월, 9월, 12월에 각 100%씩 지급되는 상여금도 정기성을 갖춘 것으로 볼 수 있다.

한편 통상임금과 관련된 사안은 아니지만, 판례 중에는 6개월마다 지급되는 상여금이 정기일 지급 임금에 해당하는지에 대하여 "회사는 그 보수규정에 상여수당은 개인별 근무성적에 의하여 사장이 정하는 지급기준에 따라 지급하는 것으로 되어 있음에도 불구하고 사실상 매년 6월말과 12월말에 소속 직원들에게 월 통상임금의 150퍼센트 상당 상여금과 100퍼센트 상당 인센티브상여금을 정기적으로 지급하여 왔다는 것인바, 이에 의하면 이 사건 상여금은 그 명칭에도 불구하고 그 지급액이 확정되어 있어 매년 정기적으로 지급되어 왔음이 분명하므로 이를 근로기준법 제43조제2항 단서 및 같은 법 시행령 제23조에 규정한 임시지급의 임금과 같이 볼 수는 없고 6개월을 지급기간으로 하는 정기일 지급 임금의 성질을 띤 것이라고 보아야 할 것이다"라고 한 것이 있다(대판 1981.11.24, 81다카174).

4 고용노동부 관련 지침의 변경

종래 고용노동부의 「통상임금산정지침」(2012.9.25, 고용노동부예규 제47호)에서는 "일 · 주 · 월 기타 1임금산정기간내의 소정근로시간 또는 법정근로시간에 대하여 일급 · 주급 · 월급 등의 형태로 정기적 · 일률적으로 지급하기로 정하여진 고정급 임금"을 통상임금에 속하는 임금으로 보고, "실제 근로여부에 따라 지급금액이 변동되는 금품과 1임금산정기간 이외에 지급되는 금품" 등 1개월을 초과하는 기간마다 지급되는 임금은 통상임금에서 제외하였다.

하지만, 최근 발표한 「통상임금 노사지도 지침」(2014.1.23.)을 통해 위와 같은 행정해석을 사실상 변경하였다. 고용노동부는, "정기성이란 일정한 간격을 두고 계속적으로 지급되어야 함을 의미하므로, 1개월을 넘는 기간마다 지급되는 것은 소정근로의 대가를 1개월을 넘는 기간마다 분할 지급하는 것일 뿐"이고, "따라서 지급주기가 1개월을 넘는다는 사정만으로 그 임금이 통상임금에서 제외되지 않음을 지도"하며, "이와 같은 정기성 판단기준에 따라 1개월을 초과하여 지급하는 정기상여금은 정기성 요건을 충족해 통상임금이 될 수 있음(고정성 판단은 별도)"이라고 한다.

제2절 일률성

1 일률성의 의미

어떤 임금이 통상임금에 속하기 위해서는 그것이 일률적으로 지급되는 성질을 갖추어야 한다. 사업의 전체 근로자에게 지급되는 것이면 당연히 일률성이 있다고 할 것이지만, 판례는 어떤 임금이 전체 근로자에게 지급되지 않더라도 일정한 고정적인 조건을 충족하는 모든 근로자에게 지급되는 경우도 일률성의 요건을 충족한 것으로 해석하고 있다.

판례는 "어떤 임금이 통상임금에 해당하려면 그것이 정기적·일률적으로 지급되는 고정적인 임금에 속하여야 하므로, 정기적·일률적으로 지급되는 것이 아니거나 실제의 근무성적에 따라 지급 여부 및 지급액이 달라지는 것과 같이 고정적인 임금이 아닌 것은 통상임금에 해당하지 아니한다 … 여기서 '일률적'으로 지급되는 것이라 함은 '모든 근로자'에게 지급되는 것뿐만 아니라 '일정한 조건 또는 기준에 달한 모든 근로자'에게 지급되는 것도 포함되고, 여기서 말하는 '일정한 조건'이란 '고정적이고 평균적인 임금'을 산출하려는 통상임금의 개념에 비추어 볼 때 '고정적인 조건'이어야 한다"(대판 1993.5.27, 92다20316 ; 대판 2003.4.22, 2003다10650 판결 ; 대판 2007.6.15, 2006다13070 ; 대판 2010.1.28, 2009다74144 ; 대판 2012.7.26, 2011다6106 등)고 본다.

2 대법원 전원합의체 판결의 일률성에 대한 판단

(1) '일정한 조건'은 고정적인 조건일 것

대법원 전원합의체 판결(대판 2013.12.18, 2012다89399)은 일률성의 의미에 대해서 기존 판결과 기본적으로 같은 견해를 밝히고 있다.

판례

[대판 2013.12.18, 2012다89399]

'일률적'으로 지급되는 것에는 '모든 근로자'에게 지급되는 것뿐만 아니라 '일정한 조건 또는 기준에 달한 모든 근로자'에게 지급되는 것도 포함된다. 여기서 '일정한 조건'이란 고정적이고 평균적인 임금을 산출하려는 통상임금의 개념에 비추어 볼 때 고정적인 조건이어야 한다.

(2) '일정한 조건'은 소정근로의 가치 평가와 관련된 조건일 것

고정적인 조건이어야 한다는 점 이외에 위 대법원 전원합의체 판결은 일률성이란 어떤 임금이 소정근로의 대가로서 통상임금에 해당되는지를 판단하는 기준이므로 '일정한 조건'은 작업 내용이나 기술, 경력 등과 같이 소정근로의 가치를 평가하는 것과 관련된 조건이어야 한다는 점을 명확히 제시하였다. 부양가족의 유무나 부양가족의 수와 같이 근로자의 개인적 사정이나 일신상 사정에 해당하는 조건은 어떤 임금이 통상임금에 속하는지를 판단할 때 말하는 '일정한 조건'이 아니므로 일률성이 인정되지 않는다고 한다.

판례

[대판 2013.12.18, 2012다89399]

일정 범위의 모든 근로자에게 지급된 임금이 일률성을 갖추고 있는지 판단하는 잣대인 '일정한 조건 또는 기준'은 통상임금이 소정근로의 가치를 평가한 개념이라는 점을 고려할 때, 작업 내용이나 기술, 경력 등과 같이 소정근로의 가치 평가와 관련된

> 조건이라야 한다. 따라서 부양가족이 있는 근로자에게만 지급되는 가족수당과 같이 소정근로의 가치 평가와 무관한 사항을 조건으로 하여 지급되는 임금은 그것이 그 조건에 해당하는 모든 근로자에게 지급되었다 하더라도 여기서 말하는 '일정한 조건 또는 기준'에 따른 것이라 할 수 없어 '일률성'을 인정할 수 없으므로, 통상임금에 속한다고 볼 수 없다.
>
> 그러나 모든 근로자에게 기본금액을 가족수당 명목으로 지급하면서 실제 부양가족이 있는 근로자에게는 일정액을 추가적으로 지급하는 경우 그 기본금액은 소정근로에 대한 대가에 다름 아니므로 통상임금에 속한다.

그러므로 판례에 견해에 따르면 어떤 임금이 통상임금에 속하기 위한 일률성이 인정되는 경우는

첫째, 아무런 조건이나 기준 없이 모든 근로자에게 지급하는 경우(예를 들면 모든 근로자에게 월정액으로 지급하는 식대나 교통비, 가족수당 중 기본금액 등),

둘째, 일정한 조건(소정근로의 가치 평가와 관련된 고정된 조건)에 따라 그 조건을 갖춘 모든 근로자에게 지급하는 경우이다.

이에 비하여 일정한 조건을 갖춘 모든 근로자에게 어떤 임금을 지급하더라도 그 조건 자체가 소정근로의 가치평가와 관련이 없는 조건이라면 일률성이 인정되지 않는다.

(3) 휴직자, 복직자, 징계대상자 등에 대한 지급 제한과 일률성

위 전원합의체 판결은, 통상임금의 일률성에서 말하는 '일정한 조건'은 정상적인 근로관계를 유지하고 있는 근로자를 기준으로 판단하여야 하므로 휴직자, 복직자, 징계대상자 등 특별한 사정이 있는 근로자들에게 어떤 임금의 지급을 제한하고 있더라도 그 사유만으로 통상임금으로서의 일률성이 부정되지는 않는다고 한다.

판 례

[대판 2013.12.18, 2012다89399]

단체협약이나 취업규칙 등에 휴직자나 복직자 또는 징계대상자 등에 대하여 특정 임금에 대한 지급 제한사유를 규정하고 있다 하더라도, 이는 해당 근로자의 개인적인 특수성을 고려하여 그 임금 지급을 제한하고 있는 것에 불과하므로, 그러한 사정을 들어 정상적인 근로관계를 유지하는 근로자에 대하여 그 임금 지급의 일률성을 부정할 것은 아니다

3 고정적인 조건과 일시적 · 유동적인 조건

(1) 의 미

일정한 조건 또는 기준에 달한 모든 근로자에게 지급하는 것이면 일률적이지만, '일정한 조건'이란 고정적이고 평균적인 임금을 산출하려는 통상임금의 개념상 '고정적인 조건'이어야 하므로 일시적 · 유동적인 조건은 제외된다.

[그 림] 통상임금의 일률성과 고정적 조건

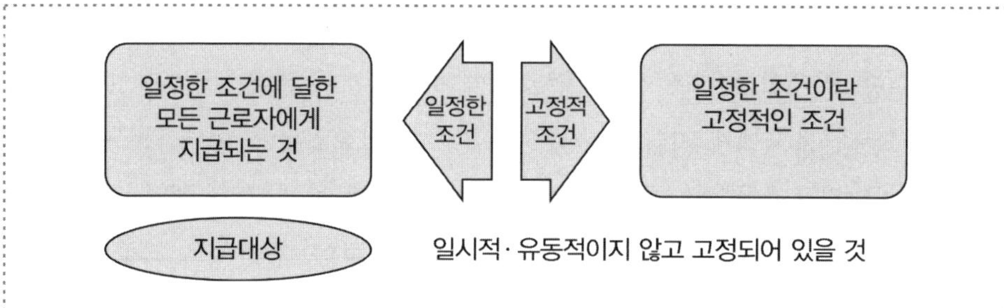

앞에서 살펴본 정기성이 임금의 지급시기에 관한 것이라면, 일률성은 임금의 지급대상에 관한 것이라고 할 수 있다. 위 그림에서 보는 것과 같이 어떤 임금이

일정한 조건에 해당하는 모든 근로자에게 지급되는지를 내용으로 하는 일률성은 그 임금을 누구에게 지급하는가라는 지급대상에 관한 문제이다. 그런데 여기서 일정한 조건이 고정적인 조건이어야 한다는 것은 그 임금의 지급대상이 되는 근로자의 범위 또는 그 임금을 지급받는 근로자의 조건이 고정되어 있어야 한다는 것으로 이해할 수 있다. 이와는 달리 어떤 임금의 지급대상이 되는 근로자의 범위나 조건이 고정적이지 않고 업무형편이나 근로자의 사정 등에 따라 수시로 바뀌는 것이라면 이는 고정적인 조건이 아니라 일시적·유동적인 것으로서 통상임금으로서의 일률성을 갖추었다고 할 수 없다.

(2) 고정적인 조건

가. 고정적인 조건에 해당하는 유형

첫째, 어떤 임금이 지급되는 해당 업무에 근로자가 지속적으로 근무하는 조건이라면 이는 고정적인 조건에 해당한다. 예를 들어 사용자가 다양한 직종의 근로자들 중에서 환경미화원인 근로자들을 대상으로 작업환경과 위생관리를 참작하여 매월 일정액의 위생수당과 위험수당을 지급하는데, 근로계약에서 정한 근로자의 담당 업무가 환경미화업무라면 사용자가 환경미화원인 근로자에게 지급하는 위생수당과 위험수당은 고정적인 조건에 따라 지급되는 것이라고 할 수 있다. 마찬가지로 기술업무에 종사하는 근로자에게 지급하는 기술수당, 생산현장에서 근무하는 근로자에게 지급하는 생산수당, 비서업무에 종사하는 근로자에게 지급하는 비서수당, 회계업무에 종사하는 근로자에게 지급하는 회계업무수당, 특수작업에 종사하는 근로자에게 지급하는 특수작업수당, 진료업무에 종사하는 근로자에게 지급하는 진료지원수당, 운전업무에 종사하는 근로자에게 지급하는 승무수당이나 운항수당 등도 고정적인 조건에 따라 일률적으로 지급된 것으로 볼 수 있다. 이와 같이 근로자가 담당하는 해당 업무에 대해 지급하는 업무수당 또는 직무수당의 성격을 갖고 있는 임금은 해당 근로자가 그 업무에 지속적으로 근무하는 조건이라면 고정적인 조건에 따라 일률적으로 지급되는 것이라고 할 수 있다.

둘째, 근로자가 담당하는 직책에 따라 지급하는 직책수당 등도 고정적인 조건에 따라 지급되는 것으로 볼 수 있다.

셋째, 근로자가 갖고 있는 자격이나 면허에 따라 지급하는 자격수당, 면허수당 등도 고정적인 조건에 따라 지급되는 것이라고 할 수 있다.

넷째, 근로자의 근무지가 특수한 지역이나 장소임을 이유로 지급하는 벽지수당, 고열작업수당, 한냉지근무수당 등도 고정적인 조건에 따라 지급되는 것으로 볼 수 있다.

위와 같이 근로자가 담당하는 업무, 직책, 자격·면허, 근무지 등 해당 근로자가 제공하는 근로가 일반적인 근로와 구별되는 객관적인 특성이 있어서 관련 임금을 지급하고 근로자가 해당 업무 등에 고정적으로 근무하면서 받는 것이면, 고정적인 조건에 따라 지급되는 것으로서 일률성이 인정된다.

나. 직책이나 자격의 종류에 따른 금액 차이

어떤 임금이 고정적인 조건에 따라 지급되는 것이라면 직급에 따라 금액에 차이가 있더라도 일률성이 부정되지는 않는다. 예를 들어 직책수당으로 부장에게 월 10만원, 과장에게 월 5만원을 지급하는 경우에도 일률적으로 지급한 것으로 본다. 또한 예컨대, 회사가 기사 자격을 갖고 있는 근로자에게 지급하는 자격수당을 1급은 월 10만원, 2급은 월 5만원으로 정하여 지급하더라도 일률성이 인정된다.

다. 고정적인 조건에 따라 일률적으로 지급된 것으로 볼 수 있는 사례

1) 고열작업장 종사자에게 지급하는 고열작업수당

판례

[대판 2005.9.9, 2004다41217]

이 사건 고열작업수당은, 당해 연도의 4월부터 9월까지 실제 변화된 온도를 고려하여 고열등급을 새로이 조정하지 않고 전년도 온도측정에 따라 확정된 고열등급대로 같은 공정 내의 사원들에게 같은 금액의 수당을 지급해왔고, 또한 일정한 공정에 투입된 고열작업장 종사자는 일반적으로 전보·휴직 등의 사유가 발생하거나 일시적으로 결원이 생겨 작업반장이 공정별로 인원배치를 조정하지 않는 한 같은 공정에서 지속적으로 근무하게 된다는 것인바, 이러한 조건은 일시적·유동적 조건인 것이 아니라 고정적 조건이라고 보아야 할 것이고, 그렇다면 이 사건 고열작업수당은 고열작업수당이 지급되도록 정하여진 공정에 종사하는 모든 근로자들에 대해서 일정한 조건이 충족되면 일정한 금액이 매년 정기적 일률적으로 지급된 것으로서 통상임금에 포함된다. … 또한 매년 고열등급이 달리 지정되어 그 지급받을 수 있는 금액이 다를 수 있다고 하더라도 이는 매년 당해 연도에 어떤 고열등급의 고열작업수당을 지급할 것인지를 정하는 것에 기인하는 것으로서, 어떤 고열등급이 정해지면 그에 따라 일률적으로 당해 공정에 근무하는 모든 근로자에게 그 등급에 따라 같은 금액이 지급되는 것이므로 위와 같은 사정을 들어 통상임금에 속하는 것이 아니라고 할 수도 없다.

2) 환경미화원에게 지급하는 위생수당, 위험수당

판례

[대판 2011.9.8, 2011다22061]

모든 환경미화원에게 매월 정액으로 지급한 급량비, 교통보조비, 위생수당, 위험수당은 모두 근로의 대가로 정기적·일률적으로 지급되는 고정적인 임금이므로 통상임금에 포함된다.

3) 조사연구수당, 조직관리수당

판례

[서울고판 2011.12.23, 2009나6914]

회사는 1995년 임금협상시 생산직은 기본급을 기준으로 임금을 인상하고, 사무직은 기본급을 적게 인상하되 추가로 직급별로 조사연구수당, 조직관리수당을 신설하는 방식으로 임금인상을 대체한 사실, 조직관리수당은 부장 160,000원, 차장 140,000원, 과장 120,000원으로 정하고 조사연구수당은 대리 이하 사원에게 일정한 직급별로 90,000원 내지 50,000원으로 정하여 매월 지급하여 온 사실, 피고 회사는 위 조사연구수당, 조직관리수당과 별개로 부서별로 외근대장을 비치하여 사원들의 세미나 참석 등 조사연구 관련비용을 청구받아 이를 지급하여 온 사실을 인정할 수 있다. 위 인정사실에 비추어 보면, 회사의 조사연구수당과 조직관리수당은 일정한 직급의 근로자에게 정기적·일률적으로 지급되어 왔으므로, 이는 근로의 대가 또는 근로의 제공과 밀접하게 관련된 통상임금에 해당한다.

4) 기술수당

행정해석

[2009.10.9, 근로기준과-3975]

고용노동부 행정해석은 '공공산림가꾸기사업'에 종사하는 근로자의 임금으로 1일 4만원을 지급하되 소정의 자격을 갖춘 기술인부에 대하여 기술수당 5,000원을 추가로 지급하는 경우, 이와 같은 기술수당은 통상임금에 포함된다고 본다.

5) 직책수당과 진료지원수당

행정해석

[1987.10.17, 근기 01254-16533]

일정직책이 부여된 근로자에게 지급하는 직책수당과 일정기간 이상 근무한 모든 근로자에게 일률적으로 지급하고 있는 진료지원수당은 통상임금 범위에 포함된다.

(3) 일시적 · 유동적인 조건

'일시적 · 유동적 조건'에 따라 지급된 임금은 통상임금으로서의 일률성이 인정되지 않는다. 일률성에서의 '일정한 조건 또는 기준'은 고정적 조건이어야 하기 때문이다. 업무가 고정적인 것이 아니고 작업진행에 따라 간헐적으로 근무한 것에 불과하다면 이는 고정적인 조건이 아니므로 일률성이 없어 통상임금에 포함되지 않는다.

판례는 회사가 생산계 반장직 근로자와 지하 600m 이하 심부작업장 근무자에게 1일 소정의 특수직무수당을 지급하는데, 근로자가 지하 600m 이하의 심부작업장에서만 근무하는 것이 아니고 작업진행에 따라 필요할 때에만 일시적으로 심부작업장에 투입된 것이라면 '일률적'으로 지급된 것이 아니라고 한다. 이 사건에서 대법원은 근로자가 생산계 반장직 근로자인지 여부 및 고정적으로 지하 600m 이하의 심부작업장에서만 근무하는 것인지 여부 등을 알 수 없어 특수직무수당이 정기적으로 지급된 것이기는 하나 '일률적'으로 지급된 것이라고 단정할 수 없다고 하여 통상임금에 속하지 않는 것으로 보았다(대판 1993.5.27, 92다20316 ; 대판 1994.5.24, 93다31979 ; 대판 2013.1.24, 2011다81022).

위와 같은 판례의 견해에 따르면, 특정 업무에 대한 수당이 근로자가 그 업무를 고정적으로 수행하지 않고 작업의 진행에 따라 일시적으로 수행하는 경우, 위 사례에서와 같이 특수직무수당을 지하 600미터 이하 심부작업장 근무자에게 지급하는데 어떤 근로자가 지하 600미터 이하에서 고정적으로 근무를 수행하는 것이 아니라 필요한 경우에만 일시적으로 지하 600m 이하에서 근무하고 해당일분의 특수직무수당을 받았다면 고정적 조건에 따라 지급된 것이 아니라 일시적·유동적으로 지급된 임금이어서 통상임금에 속하지 않는다고 본다.

이에 비하여 생산계 반장직 근로자와 지하 600m 이하 작업장에서 고정적으로 근무하는 근로자에게 지급하는 특수직무수당이라면, 고정적인 조건에 따라 지급된 직책수당이나 업무수당의 성격을 갖고 있으므로 일률성이 인정된다.

(4) 어느 특정 작업에 대해 부가적 수당이 지급되는 경우와 통상임금

예를 들어, 근로계약에서 정한 근로의 내용이 위험작업인 A와 비위험작업인 B이고, A작업에 종사한 시간에 대해서는 위험수당이 별도로 책정되어 있는 경우를 생각해 볼 수 있다. 이때 근로자가 소정근로시간에 A작업에 종사하고 연장근로시간에는 B작업에 종사하는 경우 연장근로에 대한 가산임금을 산정하는 기준이 되는 통상임금은 B작업에 대해서 정해져 있는 임금이라고 보아야 할 것이다.

위와 같이 부가적 수당이 특정 작업에 대해 별도로 정해진 임금이고 그 수당이 정기성·일률성·고정성을 갖춘 통상임금에 속하는 것이라면, 해당 특정 작업이 연장근로수당을 지급해야 할 시간에 이루어진 경우 연장근로수당을 산정하는 기준이 되는 통상임금에 포함하여야 할 것이다. 반대로 소정근로시간에 부가적 수당을 지급하는 특정 작업에 종사하고 연장근로시간에는 해당 수당이 지급되지 않는 일반 작업을 한 경우라면 특정 작업에 지급되는 부가적 수당은 연장근로수당 산정 기준이 되는 통상임금에 포함하지 않는 것이 타당하다고 할 것이다.

4 소정근로의 가치 평가와 관련이 없는 조건

(1) 의 미

고정적인 조건을 갖춘 근로자에게 일률적으로 지급되더라도 그 조건 자체가 소정근로와 관련이 없는 것이면 통상임금으로서의 일률성이 인정되지 않는다. 일률성을 갖추고 있는지 판단하는 잣대인 '일정한 조건 또는 기준'은 통상임금이 소정근로의 가치를 평가한 개념이라는 점을 고려할 때, 작업 내용이나 기술, 경력 등과 같이 소정근로의 가치 평가와 관련된 조건이라야 하기 때문이다.

[그 림] 소정근로의 가치 평가와 관련된 조건

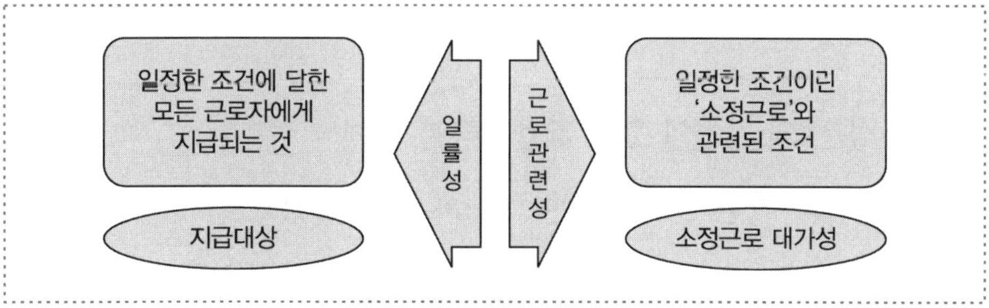

따라서 어떤 임금을 정기적·고정적으로 지급하더라도 그 임금의 지급대상을 정하는 기준 또는 그 임금을 지급받는 조건이 소정근로의 가치를 결정하는 요소

와는 아무런 관련이 없는 근로자의 개인적 사정에 따라 결정되는 것이면 일률적으로 지급되는 것이라고 할 수 없으므로 통상임금에 속하지 않는다.

(2) 소정근로와 관련이 없는 근로자의 개인적 사정에 따른 조건

가. 의 의

판례는 부양가족 수, 재학 중인 자녀 유무, 해외체류, 식사 여부 등에 따라 지급되는 금품은 통상임금으로서의 일률성을 갖지 않는다고 본다. 소정근로와 관련이 없이 지급되므로 위와 같은 기준에 따라 지급된 금품 중 상당수는 근로의 대가로서의 임금이 아니며, 임금에 해당하더라도 일률성이 인정되지 않는 것이어서 통상임금에 속하지 않는다고 본다(대판 1991.6.28, 90다카14758 ; 대판 1996.6.28, 95다24074 등 참고).

소정근로의 가치 평가와 관련 없이 근로자의 개인적인 사정에 따라 지급받는 임금은 초과근로를 했다고 해서 증액될 수 있는 성질의 것이 아니다. 예를 들어 부양가족의 수와 같이 근로자의 개인적 사정에 따라 지급되는 가족수당을 초과근로에 대하여 지급할 가산임금의 산정 기초인 통상임금에 포함한다면, 소정근로와는 관련 없이 지급되는 가족수당이 초과근로에 대해서는 초과근로를 한 만큼 추가로 지급되어야 하는 불합리한 결과가 발생하게 될 것이다.

나. 소정근로와 관련이 없는 조건으로 본 사례

1) 부양가족이 있는 근로자에게만 지급하는 가족수당

부양가족이 있는 자에 대하여 지급하거나 부양가족의 수에 따라 지급하는 가족수당은 통상임금에 속하지 않는다(대판 1991.6.28, 90다카14758 ; 대판 2000.12.22, 99다10806 ; 대판 2003.4.22, 2003다10650 ; 대판 2003.12.26, 2003다56588 ; 대판 2013.12.18, 2012다89399 등).

판례

[대판 1991.6.28, 90다카14758]

단순히 은혜적·부정기적으로 지급되는 것이거나 근로의 양 및 질과는 무관한 요인에 따라 근로자의 일부에 대하여 지급되는 것은 통상의 임금의 산정에서 제외되어야 할 것이다.

원심이 같은 취지에서 피고병원의 보수규정에 의하여 상근직원 중 부양가족이 있는 자에 대하여 지급하는 가족수당이나 피고병원의 복리후생관리내규에 의하여 중·고등학교에 입학 또는 재학 중인 직원의 자녀에 대하여 지급하는 학비보조금을 통상임금의 범위에서 제외한 조치는 정당하고, 거기에 통상임금의 범위에 관한 법리를 오해한 위법이 없다.

2) 해외에 체류하는 기간 동안 지급하는 현지식비

판례

[대판 1996.6.28, 95다24074]

승무원이 해외에서 체류하는 기간 동안 지급하는 현지식비는 국제선에 승무하는 경우에만 지급되는 것이고, 더욱이 체류지역마다 그 지급 단가가 다를 뿐만 아니라 그 지급액도 근로제공과는 무관하게 단지 체류시간에 비례하여 지급되는 것임을 알 수 있으므로 이는 회사가 운항하는 국제선 항공기의 승무에 따른 해외체류라는 특수한 근무환경에 따라 추가로 소요되는 비용을 보전하여 주려는 실비변상적 성격의 금원이거나 국제선 항공기의 운항에 따른 해외체류라는 특수한 기간 동안만 지급되는 성격의 금원에 불과하여 통상임금에 해당하는 것이라 할 수 없다.

3) 식사비

판례

[대판 1996.5.14, 95다19256]

단체협약은 1일 8시간 이상 근로한 종업원에게 양질의 중식(식단가는 끼당 주·부식비 900원 상당)을 제공하도록 되어 있고, 2시간 이상 연장근로한 종업원에게 석식제공 및 21:00 이후의 야간근무자에게 중식에 상응하는 야식을 제공하도록 되어 있는 사실을 알 수 있고, 기록을 살펴보아도 위의 식사를 하지 아니하는 종업원에 대하여 식사비에 상당하는 금품이 제공된다고 볼 자료가 없는바, 식사비 또한 일률적으로 지급되었다고 할 수 없으므로 통상임금에 해당하지 아니한다 할 것이다.

4) 운전자보험금

판례

[대판 2002.7.23, 2000다29370]

노동조합이 단체협약에 따라 근로자들의 교통사고 발생시 생활안정을 도모하기 위하여 회사로부터 매월 기금의 형식으로 지급받은 돈을 조합원들에게 운전자보험금이라는 명목으로 분배한 것은 근로의 대상으로 지급된 임금이라 볼 수 없으므로 통상임금에 포함되지 아니한다.

5) CCTV수당, 운전자 공제회 공제료

판례

[전주지판 2012.1.13, 2010가합5105]

회사는 운송수입금의 부정한 착복을 방지하고 차내의 안전사고 등에 대한 운전자의 과실 여부를 판단하기 위한 목적에서 버스 내부에 CCTV를 설치하면서 노사합의를 통하여 소속 근로자들에게 1일 6,000원의 CCTV수당을 지급하기로 한 점, 그런데 회사와 회사 소속 노동조합 사이에 2002.1.15.경 체결된 노사합의서에는 위 CCTV수당의 성격과 관련하여 "CCTV 가동일로부터 1일 6,000원의 CCTV 관리비를 지급하기로 한 것은 CCTV가 잘 가동되도록 하기 위한 것으로서 임금이 아님을 확실하게 합의한다"라는 내용이 명시되어 있는 점, 회사는 운전자가 운송수입금을 부정하게 착복하는 경우 CCTV수당을 지급하지 아니하였고 이러한 사항은 위 노사합의서에도 명시되어 있는 점 등에 비추어 보면, 회사가 지급한 CCTV수당은 소속 근로자들에게 고정적·일률적으로 지급된 통상임금이라고 보기 어렵고, 버스 내부에 설치된 CCTV가 원활하게 가동될 수 있도록 협력한 소속 근로자들에 대하여 은혜적인 성격에서 지급하였던 것으로 보이므로, 위 CCTV수당이 통상임금에 포함되지 아니한다고 봄이 상당하다.

단체협약 및 임금협정에서 회사가 재직운전자 전원을 운전자 공제회에 가입시키고 월 21,310원(2007.12.31.까지) 또는 월 23,000원(2008.1.1.부터)의 공제료를 대납한 사실은 앞서 본 바와 같은데, 위 공제료는 근무 중에 발생할 수 있는 차량 운전으로 인한 사고에 대비하기 위하여 납부되는 금원일 뿐 운전자 개인에게 위 공제료 상당의 직접적 소득이 발생하는 성격의 금원이 아니고, 회사가 공제료를 월 급여에 포함시켜 소득세를 원천징수하였다는 점 등을 인정할 만한 자료도 없으므로, 위 공제료는 회사가 운전자들의 복리 후생을 위하여 은혜적으로 지급하는 금원 내지는 실비변상적 명목의 금원이라 할 것이어서 통상임금에 포함되지 아니한다.

다. 소정근로의 대가로서 통상임금에 속한다고 본 사례

1) 부양가족이 없어도 기본금액을 지급하는 가족수당

모든 근로자에게 기본금액을 가족수당 명목으로 지급하면서 실제 부양가족이 있는 근로자에게는 일정액을 추가적으로 지급하는 경우 그 기본금액은 소정근로에 대한 대가에 다름 아니므로 통상임금에 속한다(대판 2013.12.18, 2012다89399).

예를 들어 사용자가 가족수당으로 미혼자에게는 1만원, 기혼자에게는 1만 5천원을 지급하면서 부양가족 1명당 추가로 5천원을 지급한다면, 부양가족이 없는 미혼 근로자에게도 기본금액으로 지급된 1만원은 통상임금에 포함된다.

판례

[대판 1992.7.14, 91다5501]

미혼자 등 가족이 없는 근로자에게도 일률적으로 부양가족이 있는 근로자가 지급받는 가족수당의 절반을 지급한 경우 이는 근로의 질이나 양에 대하여 지급되는 기본급에 준하는 수당으로서 고정적·평균적으로 매월 일률적으로 지급되는 임금이라 할 것이므로 통상임금의 범위에 속한다.

2) 일급으로 지급하는 CCTV수당

판례는 시외버스 운전기사인 근로자들에게 근무일수에 따라 일률적으로 1일 5,000원으로 계산한 금액을 지급하기로 정한 CCTV수당은 실제의 근무성적과는 상관없이 정기적·일률적으로 지급되어 온 고정적인 임금이라고 볼 수 있으므로 통상임금에 속한다고 본다(대판 2010.1.28, 2009다74144).

제3절 고정성

1 고정성의 의미

(1) '고정성' 및 '고정적인 임금'

고정성은 어떤 임금이 통상임금에 속하는지 여부를 판단할 때 가장 핵심적인 쟁점이다. '고정성'이란 '근로자가 제공한 근로에 대하여 그 업적, 성과 기타의 추가적인 조건과 관계없이 당연히 지급될 것이 확정되어 있는 성질'을 말한다.

'고정적인 임금'은 '임금의 명칭 여하를 불문하고 임의의 날에 소정근로시간을 근무한 근로자가 그 다음 날 퇴직한다 하더라도 그 하루의 근로에 대한 대가로 당연하고도 확정적으로 지급받게 되는 최소한의 임금'이다.

고정성을 갖춘 임금은 근로자가 임의의 날에 소정근로를 제공하면 추가적인 조건의 충족 여부와 관계없이 당연히 지급될 것이 예정된 임금이므로, 그 지급 여부나 지급액이 사전에 확정된 것이라 할 수 있다. 이와 달리 근로자가 소정근로를 제공하더라도 추가적인 조건을 충족하여야 지급되는 임금이나 그 조건 충족 여부에 따라 지급액이 변동되는 임금 부분은 고정성을 갖춘 것이라고 할 수 없다(대판 2013.12.18, 2012다89399).

(2) 고정성을 갖춘 임금이어야 통상임금에 속할 수 있는 이유

어떤 임금이 통상임금에 속하기 위해서는 그것이 고정적으로 지급되어야 한다. 이는 통상임금을 다른 일반적인 임금이나 평균임금과 확연히 구분 짓는 요소로서 통상임금이 연장·야간·휴일 근로에 대한 가산임금을 산정하는 기준임금으로 기능하기 위하여서는 그것이 미리 확정되어 있어야 한다는 요청에서 도출되는 본질적인 성질이다(대판 2013.12.18, 2012다89399).

통상임금이 고정성을 갖춘 임금이어야 하는 이유는 다음 세 가지로 정리할 수 있다.

첫째, 통상임금이 초과근로수당(가산임금) 등을 산출하기 위한 산정 기준임을 고려하면 사전에 산정기준금액인 통상임금이 확정되어 있어야 한다. 그래야만 실제 초과근로가 제공된 때에 사전에 확정된 통상임금을 기초로 하여 가산임금을 곧바로 산정할 수 있다.

둘째, 사용자나 근로자의 사정에 따라 그 지급 여부나 지급액이 변동될 수 있는 금품은 그것이 임금이라 하더라도 연장근로 등에 대한 가산임금을 산정하는데 적합하지 않다. 왜냐하면 비고정적인, 즉 가변성 있는 임금을 통상임금에 포함시킬 경우 가산임금 산정을 위한 기준인 통상임금이 달라지게 되어 가산임금 등을 계산하는 것 자체가 어렵게 되기 때문이다. 지급 여부가 명확하지 않거나, 지급액이 변동되는 임금은 통상임금에 포함할 수 없는데, 이와 같은 임금을 통상임금에 포함시킨다면 가산임금 등의 산정기준이 되는 통상임금의 본질적 역할을 수행할 수 없다.

셋째, 근로자가 실제로 초과근로를 하기 전에 통상임금이 미리 확정되어 있어야 사용자와 근로자는 소정근로시간을 초과하여 제공되는 초과근로에 대한 비용 또는 보상의 정도를 예측하여 초과근로의 제공 여부에 관한 의사결정을 할 수 있다.

(3) 일률성에서의 '고정적인 조건'과 '고정성'의 차이

앞에서 살펴본 것과 같이 통상임금은 일률성이 인정되어야 하는데, 일률성이란 소정근로와 관련된 일정한 조건에 달한 모든 근로자에게 지급되는 것이며, 여기서 일정한 조건은 '고정적인 조건'이어야 한다. 이에 비하여 통상임금의 '고정성'이란 추가적인 조건의 성취 여부에 관계없이 지급하기로 사전에 확정된 금액을 말한다. 위와 같이 일률성에서의 고정적인 조건은 해당 임금의 지급대상에 관한 기준이 고정되어 있어야 한다는 의미이며, 고정성은 지급금액이 사전에 확정되어야 한다는 것을 뜻한다. 일률성에서의 고정적인 조건이 지급대상에 관한 사항이라면 고정성은 지급액에 관한 문제라고도 할 수 있다. 이를 예를 통해 살펴보면 아래와 같다.

[사례 1]

회사 생산 현장이 위험작업장과 일반작업장으로 나뉘어 있는데 위험작업장에서 작업하는 근로자에게 근무일 1일당 일정액의 위험작업수당을 지급한다고 하면, 근로계약에 일반작업장에서 근무하기로 정한 근로자가 위험작업장에 결원이 생겨 일시적으로 위험작업장에서 근로하고 받은 위험작업수당(1일 분)은 '고정적인 조건'에 따라 지급받은 것이 아니므로 일률성을 갖추지 못하여 통상임금에 속하지 않는다고 본다. 그런데 위험작업장 근로자가 근무일 1일당 정액으로 지급받는 위험작업수당은 위험작업장 근무자라는 고정적 조건을 갖춘 모든 근로자에게 일률적으로 지급된 것이고, 근무일 1일당 지급금액이 사전에 확정되어 있는 일급 형식으로 지급된 임금으로서 '고정성'도 갖추고 있다.

[사례 2]

위 사례와는 달리 만약 사용자가 위험작업수당을 위험작업장에서 월 15일 이상 근무한 근로자에게만 월정액으로 지급한다면 월 15일 근무를 했는지라는 추가적인 조건에 따라 해당 수당의 지급 여부가 달라지게 되어 위험작업장 근로자가 위와 같이 지급받는 위험작업수당은 사전에 지급금액이 확정된 임금이라고 볼 수 없다. 따라서 위험작업장 근로자는 '고정적인 조건'에 따라 위험작업수당을 지급받기는 하지만, 위험작업수당이 '고정성'을 갖추지 않아 통상임금에 속하지 않는다.

2 고정성을 판단하는 기준

(1) 추가적인 조건에 따라 지급 여부나 지급금액이 달라지지 않는 임금

통상임금의 고정성은 사전확정성을 의미하는데, 어떤 임금이 통상임금에 속하기 위한 고정성이 있다는 것은 연장근로를 하는 시점에서 볼 때 지급 여부나 지급액이 사전에 확정되어 있는 것을 말한다. 근로자가 실제로 연장근로 등을 제공하기 전에 미리 확정되어 있어야 하는 것이다. 이와 같은 고정성 또는 사전확정성이 있는 임금이라는 것은 근로자가 제공한 근로에 대하여 그 업적, 성과, 그 밖의 추가적인 조건과 관계없이 당연히 지급될 것으로 확정되어 있는 임금이다.

따라서 추가적인 조건이 충족되어야 지급되는 임금이나, 추가적인 조건의 충족 정도에 따라 지급금액이 달라지는 임금 부분은 고정성이 인정되지 않는다. 반대로 추가적인 조건의 충족 여부에 따라 달라지지 않는 부분이 있다면 그만큼은 고정성이 인정된다.

(2) 추가적인 조건의 의미

근로자가 임의의 날에 소정근로를 제공하면 추가적인 조건의 충족 여부와 관계없이 당연히 지급될 것이 예정되어 지급 여부나 지급액이 사전에 확정된 임금은 고정성을 갖춘 것으로 볼 수 있다. 여기서 말하는 추가적인 조건은 근로자가 임의의 날에 연장·야간·휴일 근로를 제공하는 시점에 그 성취 여부가 아직 확정되어 있지 않은 조건을 말한다(대판 2013.12.18, 2012다94643).

종래 판례는 근로자의 실제 '근무성적'에 따라 지급 여부 및 지급액이 달라지는 항목의 임금을 고정성을 갖추지 못하였으므로 통상임금에서 제외하여 왔다(대판 1996.2.9, 94다19501 ; 대판 2012.3.15, 2011다106426 등). 그런데 판례가 고정성을 판단하는 기준으로 제시한 '근무성적'이 무엇인지가 분명하지 않아 논란의 대상이 된 것이 사실이다. 특히 근로자의 근속기간이나 근무일수를 기준으로 지급 여부와 지급액이 달라지는 임금이 '근무성적'에 따라 달라지는 것에 해당하여 고정성을 갖추지 못한 것인지 여부가 분쟁의 대상이 되었다.

최근 선고된 2건의 대법원 전원합의체 판결은 종래의 '근무성적'이라는 용어 대신 '업적, 성과 기타의 추가적인 조건'이라고 하여 고정성 판단기준을 보다 분명하게 밝히고 있다(대판 2013.12.18, 2012다89399 ; 대판 2013.12.18, 2012다94643). 특히 통상임금의 고정성 요건을 종합적으로 제시하고 있으므로 전원합의체 판결에 나타난 내용을 중심으로 요약하여 정리하면 다음과 같다.

3 추가적인 조건에 따라 지급되어 고정성을 갖추지 못한 임금

(1) 근무일수에 따라 지급 여부가 달라지는 임금

일정 근무일수를 충족하여야만 지급되는 임금은 소정근로를 제공하는 외에 일정 근무일수의 충족이라는 추가적인 조건을 성취하여야 비로소 지급되는 것이고, 이러한 조건의 성취 여부는 임의의 날에 연장·야간·휴일 근로를 제공하는 시점에서 확정할 수 없는 불확실한 조건이므로 고정성을 갖춘 것이라 할 수 없다.

(2) 특정 시점에 재직 중인 근로자에게만 지급하는 임금

근로자가 임의의 날에 근로를 제공하더라도 그 특정 시점이 도래하기 전에 퇴직하면 당해 임금을 전혀 지급받지 못하여 근로자가 임의의 날에 연장·야간·휴일 근로를 제공하는 시점에서 그 지급조건이 성취될지 여부는 불확실하므로 고정성을 결여한 것으로 보아야 한다.

(3) 지급액이 확정되어 있지 않은 임금

지급액을 결정하기 위한 객관적인 기준 없이 단지 사후에 노사협의를 통해 그 지급액을 정하도록 한 경우라면 그 지급액이 사전에 확정되어 있다고 볼 수 없으므로 고정적인 임금이라고 할 수 없다. 판례는 회사 단체협약에서 "회사는 김장철에 김장보너스를 지급하며, 지급금액은 노사협의하여 지급한다"고 정하고 있고, 이에 따라 김장보너스 금액을 지급 직전에 노사협의를 통해 정했다면 고정성이 인정되지 않는다고 본다(대판 2013.12.18, 2012다94643).

(4) 근무실적에 따라 달라지는 임금

지급 대상기간에 이루어진 근로자의 근무실적을 평가하여 이를 토대로 지급 여부나 지급액이 정해지는 임금은 일반적으로 고정성이 부정된다.

4 고정성을 갖춘 것으로 인정되는 임금

(1) 근속기간에 연동하는 임금

근속기간은 근로자가 임의의 날에 연장·야간·휴일 근로를 제공하는 시점에서는 그 성취 여부가 불확실한 조건이 아니라 그 근속기간이 얼마인지가 확정되어 있는 기왕의 사실이므로, 일정 근속기간에 이른 근로자는 임의의 날에 근로를 제공하면 다른 추가적인 조건의 성취 여부와 관계없이 근속기간에 연동하는 임금을 확정적으로 지급받을 수 있어 고정성이 인정된다.

(2) 근무일수에 따라 일할계산하여 지급하는 임금

매 근무일마다 일정액의 임금을 지급하기로 정함으로써 근무일수에 따라 일할계산한 임금이 지급되는 경우 또는 일정 근무일수를 기준으로 계산방법 또는 지급액이 달라지기는 하지만 소정근로를 제공하면 적어도 일정액 이상의 임금이 지급될 것이 확정되어 있는 경우에는, 근로자가 임의의 날에 소정근로를 제공하기만 하면 그에 대하여 일정액을 지급받을 것이 확정되어 있으므로, 이러한 임금은 고정적 임금에 해당한다.

(3) 특정 시점 전에 퇴직하여도 근무일수에 비례하여 지급하는 임금

근로자가 특정 시점 전에 퇴직하더라도 그 근무일수에 비례한 만큼의 임금이 지급되는 경우에는 앞서 본 매 근무일마다 지급되는 임금과 실질적인 차이가 없으므로, 근무일수에 비례하여 지급되는 한도에서는 고정성이 부정되지 않는다.

(4) 특수한 기술, 경력 등을 조건으로 하는 임금

특수한 기술의 보유나 특정한 경력의 구비 등이 임금 지급의 조건으로 부가되어 있는 경우, 근로자가 임의의 날에 연장·야간·휴일 근로를 제공하는 시점에서 특수한 기술의 보유나 특정한 경력의 구비 여부는 그 성취 여부가 불확실한 조건이 아니라 기왕에 확정된 사실이므로, 그와 같은 지급조건은 고정성 인정에 장애가 되지 않는다.

(5) 최하 등급의 근무실적을 받아도 지급이 보장되는 임금

근무실적에 관하여 최하 등급을 받더라도 일정액을 지급하는 경우와 같이 최소한도의 지급이 확정되어 있다면, 그 최소한도의 임금은 고정적 임금이라 할 수 있다.

(6) 전년도 근무실적에 따라 올해 지급할 금액을 정한 임금

근로자의 전년도 근무실적에 따라 당해 연도에 특정 임금의 지급 여부나 지급액을 정하는 경우, 당해 연도에는 그 임금의 지급 여부나 지급액이 확정적이므로 당해 연도에 있어 그 임금은 고정적인 임금에 해당한다.

chapter 4

임금의 유형별, 항목별 통상임금 해당 여부

Contents

- 어떤 임금이 통상임금에 속하기 위해서는 소정근로의 대가로 지급되는 것이어야 하며, 통상임금의 판단기준(개념적 징표)인 정기성 · 일률성 · 고정성을 모두 갖추고 있어야 한다. 앞에서도 언급하였지만, 어떤 임금이 통상임금에 속하는지는 그 명칭만 갖고서 획일적으로 결정할 수 없다.

- 예를 들어 "정기상여금은 통상임금에 속한다"와 같이 말할 수는 없다. 똑 같이 정기상여금이라는 명칭을 갖고 있더라도 그 구체적인 지급실태에 따라 통상임금에 속하는지 여부가 달라질 수 있다. 만약 2개월마다 지급하는 정기상여금을 근무성적과 관계없이 모든 근로자에게 정액 또는 정률로 지급하거나 상여금 지급일 전 중도퇴사자에게도 근무일까지의 금액을 일할계산해 지급하고 있다면 통상임금으로서의 고정성을 갖추고 있다고 보지만, 근무성적에 따라 지급 여부가 달라지거나 지급일 현재 재직하고 있는 근로자에게만 지급한다면 고정성 요건을 갖추지 않아 통상임금에 속하지 않는다고 보게 될 것이다. 이와 같이 같은 명칭의 임금이라도 그 구체적인 지급실태에 따라서 통상임금에 속할 수도 있고 속하지 않을 수도 있다.

- 산업 현장의 실무에서 지급되고 있는 임금은 그 종류가 매우 다양할 뿐만 아니라 그 구체적인 지급실태는 더욱 복잡하다. 따라서 제4장에서는 앞에서 살펴본 통상임금의 소정근로대가성, 정기성, 일률성, 고정성을 바탕으로 어떤 임금을 통상임금에 속한다고 볼 수 있는지 그 구체적 사례를 살펴본다.

제1절 임금 지급 유형별 검토

1 근속기간에 연동하는 임금

(1) 일률성 및 고정성 인정

판례는 일정한 근속기간 이상 재직할 것을 지급조건으로 하거나, 근속기간에 따라 임금의 계산방법이 다르거나 지급금액이 달라지는 임금은 일률성과 고정성을 인정하고 있다(대판 2013.12.18, 2012다89399). 근속기간에 따라 금액을 달리 지급하는 근속수당, 근속기간에 따라 지급액이나 지급률이 차등 설정된 정기상여금 등을 예로 들 수 있다.

근속기간은 근로자의 숙련도와 밀접한 관계가 있으므로 소정근로의 가치 평가와 관련 있는 일정한 조건 또는 기준이며, 일정한 근속기간 이상을 재직한 모든 근로자에게 그에 대응하는 임금을 지급한다는 점에서 일률적이라고 본다.

고정성에 대해서도 초과근로를 하는 시점에서(통상임금 산정이 필요한 시점) 보았을 때, 그 근로자의 근속기간이 얼마나 되는지는 이미 확정되어 있는 사실이지, 성취 여부가 불확실한 조건이 아니므로 고정성을 갖추었다고 한다.

종래 고용노동부의 「통상임금산정지침」(2012.9.25, 고용노동부예규 제47호)에서는, 장기근속자의 우대 또는 개근을 촉진하기 위한 수당: 개근수당, 근속수당, 정근수당 등은 평균임금에만 해당하고 통상임금에는 해당하지 않는 것으로 보았으나, 최근 「통상임금 노사지도 지침」(2014.1.23.)에서는 이를 변경하여, "'모든 근로자' 뿐 아니라 '일정한 조건 또는 기준에 달한 모든 근로자'에게 지급되는 임금은 일률성 요건을 충족함. '일정한 조건 또는 기준'에는 각종 자격이나 면허 외에 '근속기간'도 포함됨"이라고 하여 위 판례의 견해를 따르고 있다.

(2) 관련 사례

가. 근속연수에 따라 지급하는 근속수당

근속연수가 1년 이상인 근로자를 대상으로 지급하면서 근속연수가 증가함에 따라 일정금액을 추가로 지급하는 근속수당은 통상임금에 해당한다고 본다.

판례

[대판 2002.7.23, 2000다29370]

매년 7.1을 기준으로 1년 이상 근속한 근로자에게 매 1년 단위로 일정한 금액을 가산하여 근속수당은 은혜적인 배려에서가 아니라 일정한 근속연수에 이른 근로자에게 실제의 근무성적과는 상관없이 매월 일정하게 지급된 것으로서 정기적 · 일률적으로 지급되는 고정적인 임금이므로, 통상임금에 포함되어야 한다.

나. 근속연수에 따라 지급하는 정근수당

연 2회(1월과 7월) 근속연수에 따라 지급률을 정하여 지급한 정근수당이 통상임금에 포함된다고 본 판례가 있다.

판례

[대판 2011.9.8, 2011다22061]

모든 환경미화원들에게 단체협약에 의한 월 통상임금의 50% 내지 100%를 연 2회로 나누어 지급하되, 근속 1년 미만은 50%를, 1년 초과부터 매 1년마다 5%씩 가산하여 10년 이상은 100%를 지급하였는바, 위와 같은 정근수당은 근로의 대가로 정기적 · 일률적으로 지급되는 고정적인 임금이라 할 것이어서 통상임금에 포함된다고 봄이 상당하다.

다. 근속연수에 따라 지급률이 다른 정기상여금

정기상여금을 근속연수에 따라 지급률을 차등하여 지급하더라도 일률성이 인정된다고 본 하급심 판례가 있다.

판례

[서울고판 2012.11.23, 2012나23773]

단체협약에서 정기상여금의 액수에 관하여 '근속연수 1개월 이상 3개월 미만일 경우 지급액의 50%, 3개월 이상 6개월 미만일 경우 지급액의 75%, 6개월 이상일 경우 지급액의 100%'로 규정하고 있어 근속기간에 따라 일부 차이가 있기는 하나, 실제 근무일만이 아닌 휴직기간 및 정직기간도 근속기간으로 산정되고, 또한 통상임금에서 말하는 '일률적'으로 지급되는 것이라 함은 '모든 근로자'에게 지급되는 것뿐만 아니라 '일정한 조건 또는 기준에 달한 모든 근로자'에게 지급되는 것도 포함되는데, 위 3단계 근속기간 중 어느 하나의 근속기간에 속한 근로자들 사이에서는 일률적으로 각 소속 단계 별로 정해진 동일한 액수의 정기상여금이 지급된다는 점에서 위와 같은 지급조건만으로 그 일률성을 부정할 수는 없다.

2 휴직자, 복직자, 징계대상자에게 지급 제한사유가 규정되어 있는 임금

(1) 일률성 인정

판례는 어떤 임금을 휴직자, 복직자, 징계대상자 등에게 지급을 제한하거나 지급률이나 지급금액을 달리 정하고 있더라도 일률성을 인정한다.

단체협약이나 취업규칙 등에 휴직자나 복직자 또는 징계대상자 등에 대하여 특정 임금에 대한 지급 제한사유를 규정하고 있다 하더라도, 이는 해당 근로자의 개인적인 특수성을 고려하여 그 임금 지급을 제한하고 있는 것에 불과하므로, 그러한 사정을 들어 정상적인 근로관계를 유지하는 근로자에 대하여 그 임금 지급의 일률성을 부정할 것은 아니라고 본다(대판 2013.12.18, 2012다89399).

(2) 관련 사례

가. 배치전환, 입 · 퇴사, 휴 · 복직, 정직, 파견시 일할계산하는 고열작업수당

근로자의 휴직이나 복직, 정직 등의 사유로 인해 월의 전부를 근무하지 못하였고 이에 따라 사용자가 매월 지급하는 어떤 임금이 지급되지 않거나 또는 일부만 지급되더라도 해당 임금의 일률성 판단은 휴직자, 복직자, 정직자 등을 기준으로 하는 것이 아니라 정상적인 근로관계를 유지하고 있는 근로자를 기준으로 하므로 해당 임금의 일률성이 부정되지 않는다.

판례

[대판 2005.9.9, 2004다41217]

고열작업수당은 전보, 부서 내 이동, 입사, 퇴사, 휴직, 복직, 정직, 파견 등으로 인하여 1개월 중 일부기간만 고열작업장에 근무한 경우에는 해당 월의 총 일수를 기준으로 일할계산한다고 되어 있으나, 이는 전보, 입사, 퇴사 등 특별한 사유가 발생하여 1개월 중 일부기간만 종사하게 될 경우의 일할계산에 관한 것으로 이러한 규정을 들어 근로자의 근무실적에 따라 차등 지급되는 것으로서 통상임금에 속하지 아니한다고 할 수 없다.

나. 휴 · 복직으로 지급대상기간의 일부만 근로한 자에게 일할계산하는 정기상여금

휴직 후 복직한 자에 대해 정기상여금의 지급방법을 달리 정하고 있는 것은 예외적인 규정이므로 이를 근로자의 근무실적에 따른 차등 지급으로 볼 수 없다는 하급심 판례가 있다.

판례

[서울고판 2012.11.23, 2012나23773]

단체협약에서 근로자 본인의 귀책사유로 휴직 후 복직하는 경우 복직하는 날이 상여금 지급일 15일 전 미만인 때에는 일할계산하여 지급하도록 규정하고 있기는 하나,

이는 '근로자의 귀책사유로 휴직 후 복직'이라는 특별한 사유가 발생하여 정기상여금의 각 지급기간인 1개월 또는 2개월 중 15일 미만의 기간만 근무한 경우 정기상여금을 일할계산한다는 취지로서, 이러한 예외규정을 들어 정기상여금이 근로자의 근무실적에 따라 차등 지급된다고 볼 수 없다.

3 근무일수에 연동하는 임금

근무일수에 연동하는 임금은 다음 3가지로 나눌 수 있으며, 각 세부 유형별로 고정성을 갖추고 있는지 여부가 달리 판단된다.

(1) 매 근무일마다 일정액을 지급하는 임금

가. 고정성 인정

매 근무일마다 일정액을 지급하거나, 근무일수를 기준으로 계산방법을 달리 정하지 않고 단순히 근무일수에 따라 일할계산하여 지급하는 경우가 이 유형에 해당한다. 실제 근무일수에 따라 그 지급액이 달라지기는 하지만, 매 근무일에 근로를 제공하기만 하면 일정액을 지급받기로 확정되어 있으므로 고정성을 갖춘 임금에 해당한다.

판례는 위와 같은 임금은 매 근무일마다 지급되는 일급제 수당이라 할 것인데, 이 경우 월 출근일수가 달라 월 합산액에 차이가 있다고 하더라도 이를 두고 실제 근무실적에 따라 그 지급액이 달라진다고 볼 수 없다고 한다(대판 2010.1.28, 2009다74144 등).

나. 관련 사례

1) 근무일에 대해 지급하는 출근수당, 입갱수당, 중식대

근로자가 근무한 일수에 따라 지급하는 출근수당 등은 일급제 형식의 임금에 속한다.

판례

[대판 1990.11.9, 90다카6948]

기본급은 도급제에 의하여, 출근수당, 입갱수당, 중식대 등은 일급제에 의하여, 사택수당은 월급제에 의하여 통상근로의 질이나 양에 대해 지급하기로 정하여진 기본급 및 이에 준하는 수당으로서 고정적, 평균적으로 매월 일률적 지급이 보장되는 임금들로서 모두 통상임금의 개념 범위에 속하는 임금이다.

2) 출근일에 식사를 제공하면서 식사를 하지 않은 근로자에게 대체 지급하는 상품권(쿠폰)

사용자가 현물로 식사를 제공하고 식사를 하지 않은 근로자에게 별도의 금품을 제공하지 않았다면 이와 같은 식사 또는 식비상당액은 근로의 대가인 임금으로 보지 않는다(대판 2002.7.23, 2000다29370 등 참고). 그러나 식사를 하지 않은 근로자에게도 그 일수에 따라 식비에 상응하는 금품을 제공한다면 통상임금에 해당된다고 본 판례가 있다.

판례

[대판 1993.5.11, 93다4816]

피고 공사가 전 근로자에게 출근일에 한하여 일정 금액 상당의 식사를 현물로 제공하되, 식사를 제공받지 아니하는 근로자에게는 위 금원에 상당하는 구판장이용 구매권(쿠폰)을 지급하여 온 사실을 인정한 다음, 위 식대보조비는 일급금액으로 정해진 것으로서 그 지급조건 및 내용 등에 비추어 근로의 대가로 정기적, 일률적으로 지급된 임금이라고 봄이 상당하므로 통상임금에 포함된다.

3) 출근일수에 따라 지급하는 교통비

출・퇴근에 소요되는 실제 비용에 관계없이 출근일수에 따라 일정액이 지급되는 교통비는 실비변상적 금품으로 볼 수 없고 일급제로 지급되는 임금에 해당하므로 통상임금에 속한다고 본 판례가 있다.

판례

[대판 2003.6.13, 2002다74282]

출・퇴근 교통비를 승무운전자에 한하여 1일 1,000원(1998.7.1부터 1999.1.31까지) 내지 1,200원(1999.2.1부터 2001.1.31까지)을 지급한다고 임금협정서에 기재되어 있으므로 여비, 출장비 등과 같은 실비변상적인 성격의 금원이 아니라 근로기준법 제18조(현 제2조제5호)에서 말하는 근로의 대상인 임금의 성질을 갖는 금원일 뿐만 아니라, 월급제가 아닌 일급제로 지급되는 임금 항목에 해당하므로 비록 월 단위를 기준으로 삼아 근로자들마다 출근일수가 달라 월 합산액에 차이가 있더라도 이를 두고 실제의 근무실적에 비례하여 지급액이 변동되는 것이라고는 할 수 없어 교통비 역시 통상임금의 성질을 갖는다.

4) 근무일수에 따라 지급하는 승무수당 및 CCTV수당

운행지역별로 매 근무일 당 정액으로 책정된 금액을 지급하는 승무수당이나 CCTV수당은 통상임금에 해당된다고 본다.

판례

[대판 2010.1.28, 2009다74144]

근로자들이 운전하는 지역에 따라 매일 일정액을 지급하기로 정한 이 사건 승무수당(기록에 의하면, 회사는 버스 운행지역을 시외지, 시내을지, 농어촌병지, 시내갑지, 농어촌정지 등으로 구분하여 버스를 운행하게 하였는데, 근로자들은 모두 고정적으로 시내갑지를 운행하는 시내운전원의 직책을 수행하면서 위 지역을 운행한 운전기사에게 일률적으로 동일하게 1일 1,500원으로 산정하여 지급되는 금액을 승무수당이라는 명칭으로 지급받았음을 알 수 있다) 및 근무일수에 따라 일률적으로 1일 5,000원으로 계산한 금액을 지급하기로 정한 이 사건 CCTV수당은 실제의 근무성적과는 상관없이 정기적・일률적으로 지급되어 온 고정적인 임금이라고 볼 수 있으므로, 모두 통상임금에 속한다.

위와 같은 취지로 하급심 판례 중에도, "임금협정에 따른 임금산정 내역에서 시외 지역 운전자에게 1일 3,000원의 승무수당을 지급하는 것으로 정한 사실은 앞서 본 바와 같고, 이에 따라 피고 회사가 시외 지역 운전자에게 1일 3,000원의 승무수당을 실제 근무일에 따라 지급해 온 사실은 당사자 사이에 다툼이 없다. 위 인정사실에다가 앞서 든 증거에 변론 전체의 취지를 종합하여 인정되는 다음과 같은 사정 즉, ① 이 사건 임금협정에 따라 피고 회사에게 피고 회사 소속 근로자들에 대한 승무수당 지급의무가 부과된 점, ② 승무수당은 근로를 제공한 모든 근로자들에게 월 1회 급여 지급일에 정기적·일률적으로 지급되어 온 점, ③ 실제의 근무성적과 관계없이 운행지역별로 책정된 금액이 승무수당 명목으로 고정적으로 지급되어 온 점, ④ 일급제로 지급되는 승무수당이 월 단위를 산정 기준으로 삼은 결과 운전자들마다 출근일수가 달라 월 합산액에 차이가 발생한다는 사정만으로 실제의 근무실적에 비례하여 지급액이 변동되는 것이라고 할 수 없는 점 등에 비추어 보면, 위 승무수당은 통상임금에 포함된다고 봄이 상당하다"고 한 사례가 있다(전주지판 2012.1.13, 2010가합5105).

과거 판례 중에는 회사가 매 근무일마다 근로자에게 지급한 교통비와 승무수당에 대해 실제 근무일수나 근무실적에 따라 지급액이 변경되어 정기적·일률적으로 지급되는 고정적인 임금이 아니므로 통상임금에 포함되지 않는다고 판단했던 것이 있으나(대판 2002.7.23, 2000다29370), 전원합의체 판결(대판 2012.12.18, 2012다89399)에 따르면 실제 근무일수에 따라 그 지급액이 달라지기는 하지만 매 근무일에 근로를 제공하기만 하면 일정액을 지급받기로 확정되어 있으므로 고정성을 갖춘 임금에 해당한다고 보아야 할 것이다.

(2) 일정 근무일수를 채워야만 지급하는 임금

가. 고정성 부정

앞에서 살펴 본 근무일수에 따라 일급제 형식으로 지급하는 임금과, 일정 근무일수를 채워야만 지급하는 임금은 통상임금 해당 여부를 판단할 때 서로 구분하여야 한다. 근무일수에 관계없이 지급하는 것 자체는 결정되어 있고 단지 그 지급금액만이 근무일수에 연동되어 산출되는 것이라면 판례의 견해와 같이 이는 일급제 형식으로 지급되는 임금이라고 보는 것이 타당하다. 그렇지만, 일정 근무일수를 채워야만 지급하는 임금은 소정근로시간의 근로에 대한 대가로 사전에 정해져 있는 것이 아니다. 이는 근로자의 근무실적(추가적인 조건)에 따라 그 지급 여부가 결정되는 것으로 고정적인 임금이 아니어서 통상임금에 포함되지 않는다.

예를 들어 월 15일 미만 출근자에게는 지급하지 않고 월 15일 이상 출근한 근로자에게만 월정액의 출근장려수당을 지급하는 경우, 또는 정기상여금을 지급대상 기간 중 근무한 날이 20일 미만인 근로자에게는 지급하지 않으며 20일 이상을 근무한 근로자에게만 지급하는 경우 등에는, 그 지급대상기간이 지나기 전까지 해당 출근장려수당이나 상여금의 지급 여부를 알 수 없으며, 따라서 초과근로를 제공하는 시점에서는 해당 임금이 확정되어 있지 않으므로 통상임금으로 볼 수 없다.

판례는 "일정 근무일수를 충족하여야만 지급되는 임금은 소정근로를 제공하는 외에 일정 근무일수의 충족이라는 추가적인 조건을 성취하여야 비로소 지급되는 것이고, 이러한 조건의 성취 여부는 임의의 날에 연장·야간·휴일 근로를 제공하는 시점에서 확정할 수 없는 불확실한 조건이므로 고정성을 갖춘 것이라 할 수 없다"고 본다(대판 2013.12.18, 2012다89399).

나. 관련 사례

1) 월 15공수 이상 출근자에게 지급하는 출근장려수당

근로자의 출근일수에 따라 지급 여부가 결정되는 출근장려수당은 실제 근로 여부나 근무실적에 따라 지급액이 변동되는 비고정적인 임금에 해당한다고 본다.

판례

[대판 1990.11.9, 90다카6948]

회사는 소속 근로자에게 월 출근공수에 따라 차등을 둔 소정의 출근장려수당을 지급하되 월 14공수 이하 출근자에게는 위 수당을 지급치 아니하도록 정하고 있는 사실…, 이와 같은 임금지급형태는 실제 근로여부나 근무실적에 따라 지급액이 변동되는 것으로서 정기적·일률적으로 근로의 질이나 양에 대한 대가로 지급된 임금이 아니라 소속 근로자들로 하여금 출근의욕을 고취시키기 위한 목적의 임금에 부과하다 할 것이므로 다른 특별한 사정이 없는 한 위 수당들을 통상임금의 산정범위 내에 포함시킬 수 없다.

2) 월 15일 이상 근무자에게 지급하는 고열작업수당

특수한 작업환경에 대해 지급하는 고열작업수당은 일종의 직무수당 성격의 임금으로서 통상임금에 해당될 여지가 있지만, 그 구체적인 지급실태 상 월 작업일수가 15일 이상일 때에만 지급하는 임금이라면 통상임금에 해당하지 않는다고 본다.

판례

[대판 2005.9.9, 2004다41217]

지원조의 경우에는 해당 월 작업일수를 기준으로 하여 50% 이상을 고열작업장에서 근무하면 당해 월의 고열작업수당을 지급하는 반면 그 미만인 경우에는 고열작업수당을 지급하지 않았다는 것이므로 근무실적에 따라 지급되는 것으로서 통상임금에 해당되지 않는다고 볼 여지가 있다.

3) 해당 월 13일 이상 승무(만근)한 자에게만 지급하는 상여금 및 근속수당

하급심 판례 중에는 해당 월에 13일 이상을 승무(만근)한 근로자에게만 지급하는 상여금 및 근속수당은 고정적인 임금이 아니므로 통상임금에 포함되지 않는다고 한 것이 있다.

판례

[서울고판 2012.12.21, 2012나38980]

회사는 노동조합과 사이에 체결한 승무원 임금협정서에서 정한 바에 따라 원고들을 포함한 승무원들 중 6개월을 초과하여 근무한 자로서 해당 월에 실 근로 13일 이상을 승무(만근)한 근로자에게만 매월 33만원의 상여금을 임금에 포함하여 지급하고 있는 사실, 그리고 정직 및 출근(승무)정지 10일 이상의 징계위원회 처분으로 출근하지 않은 자, 업무상 요양으로 산재보험 및 자동차보험 등 제 보험요양을 받고 있는 자, 해당 월에 징계위원회에 회부된 자, 퇴직원을 20일 전에 제출하지 않은 자, 면허정지 기간 중에 면제 교육을 받지 아니한 자에 대하여는 상여금이 지급되지 않은 사실을 인정할 수 있다. 위 인정사실에 의하면, 상여금 지급 여부 및 그 지급액은 결국 승무원들의 실제 근무성적에 따라 좌우되게 되어 그것이 고정적인 임금이라고 할 수 없으므로 위 상여금은 통상임금에 속한다고 할 수 없다.

승무원들 중 1년 이상 계속 근로한 자로서 해당 월에 실 근로 13일 이상을 승무(만근)한 근로자에게 1년 당 10,000원씩을 가산하여 매월 임금에 포함하여 지급하나, 13일 미만을 승무한 경우에는 근속수당을 지급받지 아니한 사실을 인정할 수 있다.

위 인정사실에 의하면 이러한 근속수당은 그 지급 여부가 근로자들의 실제의 근무성적에 따라 좌우되게 되어 고정적인 임금이라고 할 수 없으므로 통상임금의 범위에 포함된다고 보기 어렵다.

4) 월 14일 이상 근무한 근로자에게만 지급하는 만근수당

회사가 근로자들에게 월 14일 이상 근무한 경우에만 만근수당을 지급하였다면, 만근수당은 월 14일 이상 만근하였는지 여부에 따라 지급되는 것으로서 고정적으로 지급되는 임금에 해당하지 아니하므로 통상임금에 포함되지 않는다(부산고판 2014.1.8, 2012나7816).

5) 월 만근한 근로자에게 지급하는 기타수당

월 근무일수를 만근한 근로자에게만 일정 금액을 기타수당이라는 명목으로 지급하는 경우 통상임금으로 보기 어렵다는 하급심 판결이 있다.

판례

[서울지판 2003.1.10, 2002가합30980]

이 사건 식대보조금 및 기타수당이 통상임금에 해당하는가에 대하여 살피건대, 회사는 '4시간 이상 근무하거나 3시간 이상 연장근무한 근로자'에 한하여 식대보조금을 현물 또는 현금으로 지급하였고, 또한 기타수당 역시 '주근조 중 월 만근을 한 근로자'에 한하여 일정 금액을 지급한 점, 이에 따라 실제로 원고들이 매월 지급받은 식대 보조금 및 기타수당은 매월 일정금액으로 정해진 것이 아니라 별지2 미지급법정수당표에 나타나 있는 것처럼 매월 그 금액이 상이한 점 등을 고려해볼 때, 이 사건 식대 보조금 및 기타수당은 실제 근무와 상관없이 고정적이고 평균적으로 지급되는 통상임금이라고 보기는 어렵다.

6) 1개월 이상 근무한 자에게 지급하는 정근수당

반기마다 지급하는 정근수당을 지급대상기간 중 1개월 이상 근무한 자에게만 지급하는 경우 고정적인 임금이라고 할 수 없다.

판례

[대판 1996.5.10, 95다2227]

정근수당이 1월, 7월 지급되며, 1월에 지급하는 정근수당은 1.1. 현재 임직원의 신분을 보유하고 전년도 12.1. 이전부터 계속 근무한 자에게 지급하고, 감봉 이상의 징계처분을 받거나 직위해제 처분을 받은 자에게는 처분기간에 따라 감액 지급하도록 하는 등 '일정기간의 계속근로'를 그 지급조건의 하나로 규정하고 있어 정근수당의 지급 여부는 결국 실제의 근무성적에 따라 좌우되게 되며, 이는 고정적인 임금이라고 할 수 없으므로 통상임금에 속한다고 볼 수 없다.

7) 무사고 운행을 한 경우에 지급하는 무사고수당

해당 월에 무사고 운전을 한 근로자에게 지급하는 무사고수당은 통상임금에 포함되지 않는다.

판례

[대판 2003.6.13, 2002다74282]

무사고수당의 경우는 매월 일정액이 지급되는 것이 아니라 실제 근무일수나 근무실적에 따라 지급 여부가 결정되는 것이므로 통상임금에 포함된다고 볼 수 없다.

그러나 “회사가 운전기사인 근로자들에게 월 14일 만근 근무자 월 61,000원을 기준으로 하여 사고 발생 여부와는 관계없이 근무일수에 따라 지급하는 무사고수당은, 사고 발생 여부와는 관계없이 근로자가 근무한 일수에 따라 일정하게 지급되는 임금이므로 통상임금에 포함된다”(부산고판 2014.1.8, 2012나7816, 같은 취지 : 울산지판 2012.8.30, 2010가합6860)고 할 것이다.

(3) 일정 근무일수를 채우면 전액을 지급하고, 그렇지 않으면 일할계산하는 임금

가. 고정성 인정

일정 근무일수를 기준으로 계산방법 또는 지급액이 달라지는 경우에도 소정근로를 제공하면 적어도 일정액 이상의 임금이 지급될 것이 확정되어 있다면 그와 같이 최소한도로 확정되어 있는 범위에서는 고정성을 인정할 수 있다. 예를 들어 근무일수가 15일 이상이면 특정 명목의 급여를 전액 지급하고, 15일 미만이면 근무일수에 따라 그 급여를 일할계산하여 지급하는 경우, 소정근로를 제공하기만 하면 최소한 일할계산되는 금액의 지급은 확정적이므로, 그 한도에서 고정성이 인정된다(대판 2013.12.18, 2012다89399).

나. 관련 사례

1) 출근일수 15일 이상은 전액을, 15일 미만은 일할계산해 지급하는 근속수당

과거 대법원 판례는 월 출근일수가 15일 이상인 근로자에게는 전액을 지급하나, 15일 미만인 경우에는 일할계산한 금액만을 지급하는 근속수당은 실제 근무성적에 따라 지급되는 고정적인 임금이 아니므로 통상임금 범위에 포함시킬 수 없다고 하였으나(대판 1996.3.22, 95다56767), 대법원 전원합의체 판결은 근속수당의 지급조건에 일정 근무일수를 기준으로 그 미만은 일할계산하여 지급하고 그 이상은 전액 지급하기로 정해진 경우 그 일할계산하여 지급되는 최소한도의 임금은 고정적인 임금이라고 보아야 함을 이유로 위 판결을 변경하였다(대판 2013.12.18, 2012다89399). 따라서 전원합의체 판결에 따른다면 통상임금을 시간급 금액으로 산정할 때에는 근로기준법 시행령 제6조제2항제2호 및 제7호에 따라, 근속수당을 일할계산한 일급 금액을 1일의 소정근로시간 수로 나눈 금액을 시간급 통상임금에 합산하여야 한다(시간급 통상임금의 구체적인 산정방법에 대해서는 제5장 제2절 참고).

2) 근속기간에 연동하여 지급하면서, 1/2 미만 근무하면 일할계산하는 상여금

상여금의 통상임금 해당 여부와 관련하여 자주 언급되는 판례인 대판 1996.2.9, 94다19501 사건에서는 "상여금은 예산의 범위 안에서 매년 3월, 6월, 9월, 12월의 보수지급일에 각각 상여금 지급일 현재 기본급의 100%를 지급하는 것이나, 다만 입사 1개월 미만인 자에게는 지급되지 않고, 근속기간이 3개월 미만인 자와 휴직·정직·직위해제처분 등으로 상여금 지급기간 중 그 직무에 종사하지 아니한 자(업무상 부상으로 휴직한 경우를 제외한다), 근속기간이 3개월 이상인 자로서 상여금 지급기간의 2분의 1 미만을 근무하고 퇴직한 자에 대하여는 근무일수를 근거로 일할계산하여 지급하도록 규정되어 있는 점에 비추어 상여금의 지급 여부 및 그 지급액은 결국 피고 조합들 소속 임·직원들의 실제의 근무성적에 따라 좌우되게 되어 그것이 고정적인 임금이라고 할 수 없으므로 통상임금에 속한다고 할 수 없다"고 하였다. 대법원 전원합의체 판결에 의해 위 판결이 변경되지는 않았지만, 판결의 취지에 따른다면 위와 같이 지급되는 상여금은 일률성과 고정성을 갖춘 것으로 인정될 가능성이 높다.

3) 지급대상기간 중 근무일수가 15일 미만이면 일할계산하는 상여금

하급심 판례 중에는 상여금 지급전 근무일이 15일 미만일 경우에는 일할계산되는데, 이러한 예외 규정을 들어 근무실적에 차등 지급된다고 볼 수 없으며, 이러한 특별한 사정의 근로자들에게는 정기상여금이 일급제 수당에 해당할 것이므로, 월 출근일수가 달라 월 합산액에 차이가 있더라도, 이를 두고 근무실적에 따라 지급액이 달라진다고 볼 수 없다고 한 것이 있다(서울고판 2012.11.23, 2012나23773).

4) 월 90% 미만 출근한 근로자에게 출근일당 일정액을 지급하는 중식대와 교통비

예를 들어, 단체협약에 정한 바에 따라 중식대와 교통비로 월 200,000원과 150,000원을 각각 지급하되, 90% 미만 출근한 근로자에 대하여는 1일 8,000원과 1일 6,000원씩 계산하여 지급하는 중식대와 교통비는 그 내용상 일정기간의 계속 근로가 조건이라기보다는 원칙적으로 모든 근로자에게 지급하되 예외적으로 출근비율이 낮은 근로자에게는 다른 방식으로 지급하겠다는 취지라고 할 것이고 출근일에 대해 지급이 확정된 금액이 있으므로 위와 같이 지급하는 교통비 및 중식대도 통상임금에 포함된다고 본다(서울중앙지판 2006.5.18, 2005가합57290 참고).

4 특정 시점에 재직 중인 근로자에게만 지급하는 임금

(1) 기왕의 근로와 무관하게 재직만이 지급조건인 임금

가. 소정근로에 대한 대가가 아님

기왕의 근로와 무관하게 재직만이 지급조건인 임금은 소정근로의 대가로 볼 수 없다. 예를 들어, 매년 7월 말일을 기준으로 재직 중인 근로자에게 월 50만원의 하기휴가비를 지급하는데, 지급기준일에 재직 중인 근로자에게는 중도입사자라도 입사일이 언제인지에 관계없이 하기휴가비를 전액 지급하고 지급기준일 이전에 퇴직한 중도퇴사자에게는 전혀 지급하지 않는 경우라면('전부 아니면 전무'의 지급방식 또는 'all or nothing system'이라고도 할 수 있다), 위와 같은 하기휴가비는 소정근로의 대가로 보기 어렵다. 그 밖에도 설과 추석에 지급하는 명절선물비나 효도휴가비를 예로 들 수 있다. 예컨대, 1년에 2회, 설과 추석에 재직 중인 근로자에게 각각 기본급의 50%씩을 지급하는 효도휴가비를 근로의 대가인 임금으로 보더라도, 근로자가 소정근로시간에 통상적으로 제공하기로 정한 근로에 대해 지급하기로 약정한 임금, 즉 소정근로에 대한 대가로 볼 수는 없다. 위와 같은 효도휴가비는 매일의 근로에 따라 계속 발생한다고 할 수도 없고 소정근로에 대응하여 발생한다고 할 수도 없기 때문이다.

판례

[대판 2013.12.18, 2012다89399]

근로자가 소정근로를 했는지 여부와는 관계없이 지급일 기타 특정 시점에 재직 중인 근로자에게만 지급하기로 정해져 있는 임금은 그 특정 시점에 재직 중일 것이 임금을 지급받을 수 있는 자격요건이 된다. 그러한 임금은 기왕에 근로를 제공했던 사람이라도 특정 시점에 재직하지 않는 사람에게는 지급하지 아니하는 반면, 그 특정 시점에 재직하는 사람에게는 기왕의 근로 제공 내용을 묻지 아니하고 모두 이를 지급하는 것이 일반적이다. 그와 같은 조건으로 지급되는 임금이라면, 그 임금은 이른바 '소정근로'에 대한 대가의 성질을 가지는 것이라고 보기 어렵다

나. 기왕의 근로와 무관하게 재직만이 지급조건인 임금의 성격

단체협약 등에서 예컨대 "하기휴가시 20만원의 휴가비를 지급한다", "설날, 추석 각 25만원의 귀향비를 지급한다"와 같은 규정을 두고 있는 경우가 있다. 노사간에 위와 같은 명목의 금품을 소정근로의 양 또는 질에 대하여 지급하기로 된 통상임금으로 인식하였다면 먼저 일정 기간을 단위로 하여 지급될 총액을 규정하고 그 지급 시기만을 여러 차례로 분할하는 방식을 취하는 것이 통상적일 것이나, 그러한 형식을 취하지 않은 채 오히려 그 시기에 중점을 두어 휴가 및 명절 시기에 일정한 금액을 지급한다는 방식을 취한 것이다. 그 결과 위 규정들은 휴가 및 명절 시기를 기준으로 그 시점에 재직하고 있는 근로자에게 휴가비 내지 귀향비 명목의 일정액을 지급한다는 것으로 이해될 뿐, 종전 지급기 이후 새로운 지급기가 도래하기 전에 퇴직한 근로자에 대해 근무기간에 상응한 휴가비와 귀향비를

지급한다거나 당해 지급시기까지의 재직기간이 채 1년이 되지 않은 근로자에 대해 그 지급액이 제한될 것을 예정한 규정으로 볼 수 없다. 회사가 휴가 및 명절 시점에 재직하고 있는 근로자에게만 휴가비와 귀향비를 지급하여 왔고, 그 시점에 재직하고 있기만 하면 종전 지급기 이후의 근무기간과는 무관하게 고정된 금액을 지급하였으며, 노동조합이나 근로자들도 그러한 운용방식에 이의를 제기하지 않았다면, 이는 위와 같은 휴가비와 귀향비가 본래 근로자의 소정근로 가치를 평가하는 개념의 임금이 아니라 휴가 및 명절 시점에 직원들의 사기 진작을 위하여 지급되어 온 금품으로서의 성격이 강하였기 때문으로 보아야 할 것이다(수원지판 2012.2.21, 2011나20963 참고).

다. 관련 사례

1) 설·추석상여금, 하기휴가비, 생일자지원금, 선물비, 개인연금지원금, 단체보험료

대법원 전원합의체 판결은 설·추석상여금, 하기휴가비, 생일자지원금, 선물비, 개인연금지원금, 단체보험료가 지급일 현재 재직 중인 근로자에게만 지급된다면 통상임금에 속하지 않는다고 하면서 위 임금을 모두 통상임금에 속한다고 본 원심 판결을 파기 환송하였다.

판례

[대판 2013.12.18, 2012다94643]

회사가 상당기간에 걸쳐 그 지급일 전에 퇴직한 근로자에게 이 사건 설·추석상여금을 지급하지 않았고 이에 대하여 노동조합이나 개별근로자가 이의를 제기하지 않았다면, 이 사건 설·추석상여금에 대해서는 지급일에 재직 중일 것이 임금을 지급받을 수 있는 자격요건으로 부가되어 기왕에 근로를 제공했던 사람이라도 지급일에 재직하지 않는 사람에게는 지급하지 않는 반면, 지급일에 재직하는 사람에게는 기왕의 근로 제공 내용을 묻지 아니하고 이를 모두 지급하기로 하는 명시적 또는 묵시적 노사합의가 이루어졌거나 그러한 관행이 확립된 것으로 볼 여지가 있다.

회사가 그 소속 근로자들에게 이 사건 하기휴가비와 선물비, 생일자지원금으로 정액을 일률적으로 지급하면서 각 지급일 전에 퇴사한 근로자에게는 이를 지급하지 아니한 사실을 알 수 있다. 그렇다면 이 사건 하기휴가비와 선물비, 생일자지원금에 대해서도 앞서 본 이 사건 설·추석상여금과 마찬가지로 노사 간에 지급일에 재직 중일 것이라는 조건을 임금을 지급받을 수 있는 자격요건으로 부가하는 명시적 또는 묵시적 합의가 이루어졌거나 그러한 관행이 확립된 것으로 볼 여지가 있다.

나아가 이 사건 개인연금지원금과 단체보험료도 그 지급 내용상 지급일 전에 퇴직한 근로자에 대해서는 지급되지 않았을 가능성을 배제할 수 없다.

2) 판례의 변경

과거 판례는 효도제례비, 연말특별소통장려금 등이 근로자들에 대하여 근로의 대가로서 정기적·일률적·고정적으로 지급되는 임금이라는 이유로 통상임금에 해당한다고 보았으나(대판 2007.6.15, 2006다13070 등), 문제가 된 효도제례비 등 복리후생적 명목의 급여가 지급일 당시 재직 중일 것을 지급조건으로 하는지 여부에 관하여 심리하지 아니한 채 해당 급여가 단체협약 등에 의하여 일률적·정기적으로 지급되는 것으로 정해져 있다는 사정만으로 통상임금에 해당한다고 판단한 잘못이 있으므로, 전원합의체 판결(대판 2013.12.18, 2012다89399)에 의해 변경되었다.

(2) 특정 시점 이전 퇴직자에게는 지급하지 않는 임금

가. 고정성이 인정되지 않음

특정 시점에 재직 중인 근로자에게만 지급하는 임금은 근로자가 임의의 날에 근로를 제공하더라도 그 특정 시점이 도래하기 전에 퇴직하면 당해 임금을 전혀 지급받지 못하여 근로자가 임의의 날에 연장·야간·휴일 근로를 제공하는 시점에서 그 지급조건이 성취될지 여부는 불확실하므로, 고정성도 결여한 것으로 보아야 한다(대판 2013.12.18, 2012다89399).

예컨대, 추석상여금을 추석이 되기 전(예: 9월) 퇴직한 사람에게는 지급하지 않는 경우, 추석 이전(예: 7월) 연장근로를 할 당시에는 해당근로자가 추석에 재직하고 있을지 불투명하므로(예: 8월 퇴직 가능), '고정성'이 없어 추석상여금을 연장근로수당 산정의 기초임금으로 삼기는 어렵다. 만약 위 사례에서 추석 전(예: 8월)에 퇴직한 근로자가 추석상여금을 지급받지 않았음에도 이를 통상임금에 반영한다면, 근로자가 퇴직 전에 제공한 소정근로에 대해 지급하는 임금에는 추석상여금이 포함되지 않음에도, 연장근로에 대한 가산임금에는 추석상여금이 포함되는 불합리한 결과가 발생하게 된다.

지급일 현재 재직 중인 근로자에게만 지급하는 상여금이 통상임금에 속할 수 있는지 여부에 대해서는 제2절에서 자세히 살펴본다.

나. 관련 사례

하급심 판례 중에는 하계휴가비, 설날 및 추석 휴가비, 설날과 추석에 지급하는 선물 및 유류티켓이 각각의 지급시기에 재직하고 있는 근로자만을 그 지급대상으로 하는 것으로서 해당 지급시기에 재직하고 있는지 여부에 의해 지급 여부가 달라지는 것이어서 고정적인 임금으로 볼 수 없으므로 통상임금에 포함될 수 없다고 한 사례가 있다(수원지판 2012.2.21, 2011나20963).

또한, 예를 들어 회사가 근속기간이 1개월 이상으로 지급일이 속한 당해 월말을 기준으로 재직 중인 근로자들에게 개인연금보험료 또는 단체보험료 등으로 매월 일정액을 지급하는 경우, 위와 같이 지급된 개인연금보험료 등은 '당해 월말을 기준으로 재직 중인 근로자일 것'이라는 조건의 달성 여부에 따라 지급 여부가 달라지는 것이어서 고정성을 갖추지 못하였으므로 통상임금의 범위에 포함되지 않는다.

다. 재직 중인 자에게만 지급하는 임금에 고정적인 부분이 있는지 여부

전원합의체 판결은 "일정 근무일수를 기준으로 계산방법 또는 지급액이 달라지는 경우에도 소정근로를 제공하면 적어도 일정액 이상의 임금이 지급될 것이 확정되어 있다면 그와 같이 최소한도로 확정되어 있는 범위에서는 고정성을 인정할 수 있다"고 하고 있는바, 특정 시점에 재직 중인 근로자에게만 지급하는 임금이라도 지급이 확정되어 있는 최소한도의 고정금액이 있는지가 문제될 수 있다.

예를 들어, 정기상여금으로 연간 600%를 짝수 월마다 각 100%씩을 지급일 현재 재직 중인 근로자에게 지급하는 경우, 상여금 지급일 이전에 퇴사하여 퇴직 전 마지막 100%에 해당하는 상여금은 못받더라도 그 이전의 연간 500%의 상여금은 지급이 확정되어 있는 것이므로 상여금 중 500% 해당하는 금액은 통상임금에 속한다고 볼 수 있을지 의문이다.

위 사례에서 상여금은 당해 연도에 600%를 지급하기로 정한 것이고 근로자의 퇴직시기에 따라서는 그 해에 상여금을 전혀 지급받지 못하므로(예컨대 1월에 퇴직한 경우), 지급이 확정되어 있는 최소한도의 상여금은 없다고 보아야 할 것이다.

5 지급액이 확정되어 있지 않은 임금

(1) 고정성이 인정되지 않음

통상임금은 소정근로시간을 초과하는 근로를 제공할 때 지급되는 가산임금을 산정하는 기준임금이다. 어떤 임금이 통상임금에 해당하기 위해서는 근로자가 실제로 연장·야간·휴일 근로를 하기 전에 그 지급과 지급액이 사전에 확정되어 있어야 하고, 여기서 지급과 지급액이 사전에 확정되어 있다는 것은 임의의 날에 소정근로를 제공하면 당연히 지급될 것이 예정되어 있는 것을 의미한다.

따라서 연장근로 등 초과근로를 제공하는 시점에서 볼 때 지급액이 확정되어 있지 않고 지급시기에 이르러서야 비로소 노사협의 등으로 금액을 정하여 지급하는 임금은 통상임금에 해당하지 않는다.

(2) 관련 사례

김장보너스가 실제의 근무성적과 상관없이 휴직자, 정직자 등을 제외한 소속 근로자들에게 지급되었음을 이유로 통상임금에 해당한다고 판단한 원심 판결(대전고판 2012.9.21, 2011나6388)에 대해, 대법원은 지급액을 결정하기 위한 객관적인 기준 없이 단지 사후에 노사협의를 통해 그 지급액을 정하도록 한 경우라면 그 지급액이 사전에 확정되어 있다고 볼 수 없으므로 고정적인 임금이라고 할 수 없어 통상임금에 속하지 않는다고 판단하였다.

판례

[대판 2013.12.18, 2012다94643]

회사와 노동조합이 체결한 단체협약은 "회사는 김장철에 김장보너스를 지급하며, 지급금액은 노사협의하여 지급한다."고 정하고 있고, 이에 따라 이 사건 김장보너스는 지급 직전에 노사협의를 통해 정해졌는데, 2007년부터 2009년까지는 220,000원, 2010년에는 240,000원으로 정해진 사실을 알 수 있다. 이처럼 지급액을 결정하기 위한 객관적인 기준 없이 단지 사후에 노사협의를 통해 그 지급액을 정하도록 한 경우라면 그 지급액이 사전에 확정되어 있다고 볼 수 없다. 따라서 이 사건 김장보너스는 고정적인 임금이라고 할 수 없어 통상임금에 해당한다고 볼 수 없다.

6 특수한 기술, 경력 등을 조건으로 하는 임금

(1) 일률성과 고정성 인정

특수한 기술의 보유나 특정한 경력의 구비가 해당 임금의 지급 조건인 경우가 이에 해당한다. 해당 기술, 자격, 면허를 갖고 있는 근로자에게 지급하는 기술수당, 자격수당, 면허수당 등이 대표적이다.

위와 같은 임금이 특수한 기술이나 경력이라는 '근로와 관련된 일정한 조건 또는 기준에 해당하는 모든 근로자'에게 일률적으로 지급이 된다면 일률성의 요건을 충족한 것으로 본다.

또한, 근로자가 초과근로를 제공하는 시점에서 보았을 때, 해당 기술의 보유나 특정한 경력의 구비 여부가 이미 확정되어 있기 때문에 고정성도 인정된다.

자격수당이 자격증 보유 여부에 따라, 기술수당이나 특수직무수당이 위험한 업무에 종사하는지 여부나 특정한 업무에 종사하는지에 따라 지급되는 것이더라도 일정한 조건을 갖춘 근로자들에게 모두 지급되는 것이면 통상임금에 해당한다.

(2) 관련 사례

가. 기술수당, 위험수당

일정한 기능을 보유한 근로자에게 지급하는 기술수당, 질병 감염 등의 위해를 수반하는 직무에 종사하는 근로자에게 지급하는 위험수당은 통상임금에 속한다고 본 사례가 있다.

판례

[대판 1991.6.28, 90다카14758]

병원의 기술수당은 일정한 기능을 보유한 직원에게 소정지급표에 따라 월정액으로 이를 지급하도록 하고, 위험수당은 재해·질환의 감염 기타 신체적·정신적 위해를 수반하는 직무에 종사하는 직원에게 이를 지급하도록 하고 있는, 병원의 보수규정상의 체계, 임금지급의 실태 및 기타 제반사정에 비추어 보면 기술수당, 위험수당은 고정적·평균적으로 매월 일률적으로 지급되는 기본급 및 이에 준하는 수당으로서 근로의 질이나 양에 대하여 지급되는 임금 즉, 소정근로에 대한 대상이라 할 것이므로 이들은 모두 통상임금의 범위에 속하는 것이다.

나. 위생수당, 자격수당, 면허수당, 특수작업수당 등

그 밖에도 판례는 모든 환경미화원에게 매월 정액으로 지급한 위험수당, 위생수당은 근로의 대가로 정기적·일률적으로 지급되는 고정적인 임금이므로 통상임금에 포함된다고 보며(대판 2011.9.8, 2011다22061), 고용노동부의 행정해석 또한 "기술이나 자격·면허증 소지자, 특수작업종사자 등에게 지급하는 수당 : 기술수당, 자격수당, 면허수당, 특수작업수당, 위험수당 등"을 일정한 요건 하에서 통상임금에 해당하는 것으로 예시하고 있다(2012.9.25, 고용노동부예규 제47호 ; 2011.6.22, 근로개선정책과-1802 등).

7 근무실적에 연동하는 임금(성과급)

(1) 고정성 인정 여부

가. 근무실적에 따라 지급 여부와 지급액이 달라지는 임금

지급 대상기간에 이루어진 근로자의 근무실적을 평가하여 이를 토대로 지급 여부나 지급액이 정해지는 임금을 성과급이라고 하며, 이와 같은 임금은 일반적으로 고정성이 부정된다고 볼 수 있다. 근로자가 초과근로를 제공하는 시점에서는 근무실적에 대한 평가와 그에 따른 성과급 지급 여부 및 지급액이 확정되어 있지 않다. 위와 같은 임금은 사전에 확정될 수 없는 사실을 조건으로 하기 때문에 고정성이 인정되지 않아 통상임금에 속하지 않는다.

한편, 판례는 "회사가 근로자들에게 지급한 '성과금'은 경영실적이나 무쟁의 달성 여부에 따라 그 지급 여부나 지급금액이 달라지는 경영성과의 일부 분배로 볼 수 있을 뿐, 근로의 대상으로서의 임금이라 할 수 없다"고 하는바(대판 2004.5.14, 2001다76328 ; 대판 2006.2.23, 2005다54029 등), 기업의 순이익이나 매출액 등 경영실적을 기초로 경영성과에 대한 이익분배(Profit sharing) 성격을 갖는 성과급은 임금으로 보지 않으므로 당연히 통상임금에도 포함되지 않는다. 따라서 통상임금에 속하는지가 문제되는 여기서의 성과급은 근로자가 제공하는 소정근로와 관련된 성과급, 즉 근로자의 근무실적에 따라 지급하는 성과급을 말한다.

나. 최소지급액이 확정되어 있는 성과급

위와 같이 근무실적에 따라 지급 여부나 지급액이 정해지는 성과급은 고정성이 부정되지만, 근무실적에 관하여 최하 등급을 받더라도 일정액을 지급하는 경우와 같이 최소한도의 지급이 확정되어 있다면, 그 최소한도의 임금은 고정적 임금이라고 할 수 있다.

다. 예 시

근무실적을 A, B, C 3개 등급으로 평가하여 최하 C등급은 0원, B등급은 300만원, A등급은 500만원의 성과급을 지급하기로 하였다면, C등급을 받을 경우 성과급이 없기 때문에 위 회사의 성과급은 전부 통상임금에 속하지 않는다.

이에 비하여 근무실적을 A, B, C 3개 등급으로 평가하여 최하 C등급은 200만원, B등급은 300만원, A등급은 500만원의 성과급을 지급하기로 하였다면 근로자의 근무실적이 아무리 낮아도 최소 200만원은 보장되므로 위 회사의 성과급 중 200만원은 통상임금에 속하며, 200만원을 초과하는 금액은 통상임금에 해당하지 않는다. 따라서 근로자가 평가등급 또는 지급액으로 무엇을 받는지에 관계없이 초과근로수당 계산을 위한 통상임금에는 200만원이 포함된다.

(2) 관련 사례

판례는 위험직종에 종사하는 근로자에게 지급되는 생산수당이 근무성적에 따라 지급액이 달라지는 것이면 고정적, 일률적으로 지급된 것이 아니라고 한다(대판 1996.5.14, 95다19256).

또한, 승무원에게 지급하는 비행수당이 실제 비행시간이 30시간 이상인 경우에 한하여 60시간분이 지급되고, 비행시간이 60시간을 초과하는 경우에는 30시간 초과 부분에 대하여 추가로 가산된 수당이 지급되며, 승무결근 1회 이상인 자나 교육기간이 14일 이상인 자, 병가기간이 7일 이상인 자, 공상기간이 월 중 10일 이상인 자에 대하여는 비행수당이 지급되지 아니하는 점에 비추어 보면, 비행수당은 고정적으로 지급되는 수당이 아니라 실제의 근무성적에 따라 그 지급 여부 및 지급액이 달라지는 것이라고 본다(대판 1996.6.28, 95다24074).

고용노동부 행정해석도 "직책수당이 직책의 경중 등에 따라 미리 정하여진 지급조건에 의해 지급되는 것이 아니라 매월 판매실적 등 평가 결과에 따라 그 지급액이 달라지는 경우라면 통상임금으로 보기는 어려울 것"이라고 한다(2011.10.12, 근로개선정책과-3555).

8 근로자의 전년도 근무실적에 따라 당해 연도의 지급 여부나 지급액을 정한 임금

(1) 고정성 인정

판례는 근로자의 전년도 근무실적에 따라 당해 연도의 지급 여부나 지급액을 정한 임금은 초과근무를 제공하는 시점인 당해 연도에는 그 임금의 지급 여부나 지급액수가 확정되어 있으므로, 고정성이 있어 통상임금에 해당한다고 본다(대판 2013.12.18, 2012다89399). 전년도 근무실적에 따라 결정된 지급액이 전년도 말이나 당해 연도 초에 이미 확정되어 있으며, 이는 당해 연도 소정근로의 대가로 지급하는 임금으로서 초과근로 제공 시점에서 볼 때 사전에 확정되어 있는 임금이기 때문이다.

그러나 보통 전년도에 지급해야 할 것을 그 지급시기만 늦춘 것에 불과한 것일 경우에는 위에서 살펴 본 일반적인 성과급과 마찬가지이므로, 고정성이 없어 통상임금에 속하지 않는다.

(2) 전년도 근무실적에 따라 지급액을 정해 올해 지급하는 업적연봉의 통상임금 해당 여부

가. 연봉제의 업적연봉과 통상임금

연봉제를 운용하고 있는 회사에서 연봉을 기본연봉과 업적연봉(성과연봉, 평가연봉, 능률연봉이라고도 한다)으로 나누어, 기본연봉은 종래 기본급과 같은 방식으로 지급하되, 업적연봉을 근로자의 전년도 근무실적 평가 결과에 따라 차등을 두어 올해 임금으로 지급하는 경우가 있다. 위와 같은 업적연봉이 통상임금에 포함되는지가 문제된다.

나. 업적연봉이 통상임금에 해당하는지에 대한 하급심 판례의 견해

연간 700%를 지급하던 상여금을 연봉제를 도입하면서 업적연봉으로 전환하여 이 금액을 토대로 인사평가 등급에 따라 업적연봉 인상분의 금액이 0%에서 100%까지 차이가 발생하므로 최저등급을 받으면 700%, 최고등급을 받으면 800%의 업적연봉을 지급하는 사안에 대해, 위와 같은 업적연봉이 통상임금에 해당하는지 대한 하급심 판결의 결론이 엇갈리고 있다.

1) 업적연봉 전액이 통상임금에 해당한다는 견해

업적연봉도 기본급과 마찬가지로 당해 연도의 근무성적과는 상관없이 모두 전년도의 근무성적(인사평가)에 따라 결정되고, 이렇게 연초에 정해진 업적연봉이 변동되지 않고 그 해에는 고정되어 이를 12개월로 나누어 매월 지급하므로 업적연봉은 정기성 · 일률성 · 고정성을 모두 갖추었다고 할 것이므로, 통상임금에 해당한다고 본다. 전년도 근무성적에 따라 결정된 변동급을 전년도 말에 일시금으로 지급하는 대신 그 다음 해에 12개월로 나누어 지급한 경우라면 달리 판단할 여지도 있으나, 최초 입사자의 경우에도 업적연봉을 지급하였으므로 장래 지급할 임금 액수를 전년도의 인사평가에 따라 결정하였다는 것이고, 당해 임금연도에 지급된 것은 그 임금연도의 초기에 정해진, 당해 근로에 대한 대가라고 한다(서울고판 2013.7.26, 2010나20053).

2) 업적연봉 전액이 통상임금에 해당하지 않는다는 견해

위의 견해와 달리, 업적연봉의 결정 금액에 차이가 있고 업적연봉의 취지 및 유래와 운영형태 등에 비추어 업적연봉은 그 지급 여부 및 지급액이 근로자들의 근무성적에 따라 좌우되게 되어 고정적 임금이라 할 수 없으므로 업적연봉 전액(기존 상여금 전환분 금액 700%+인상분 0%~100%)이 통상임금에 속하지 않는다고 판단한 사례가 있다(서울고판 2011.12.23, 2009나6914).

3) 차등인상분을 제외한 업적연봉이 통상임금에 해당한다는 견해

업적연봉 중 700% 해당 부분은 기존 정기상여금과 동일하게 운영되어 지급되고 다만, 차등인상분(0%~100%)에 해당하는 부분만 실제 근무성적 등에 따라 차등 지급되는데, 근로자들이 업적연봉 중 차등 지급분을 제외한 기존 정기상여금과 동일하게 지급되는 700% 부분만을 통상임금으로 구하고 있으므로 이 부분 업적연봉은 통상임금에 해당한다고 본 사례도 있다(서울중앙지판 2013.1.22, 2011가합30463).

4) 업적연봉이 통상임금에 해당할 가능성

위에서 살펴 본 것과 같이 전원합의체 판결에 따른다면, 전년도 근무성적을 평가하여 당해 연도(올해)에 지급할 업적연봉의 금액을 이미 확정하였고, 확정된 업적연봉 총액을 근로자가 당해 연도(올해)에 제공하는 소정근로의 대가로서 지급하는 것이므로, 위와 같은 업적연봉은 고정성을 갖추고 있어 업적연봉 총액이 통상임금에 해당한다고 판단될 가능성이 높다(대판 2013.12.18, 2012다89399 참고).

(3) 근무실적에 연동하는 임금과 전년도 근무실적에 따라 당해 연도의 지급액을 정한 임금의 비교

가. 의 미

근무실적에 연동하는 임금은 당해 연도에 근로자가 이미 제공한 근무실적을 평가하여 지급액이 사후에 정해지는 임금이므로 추가적인 조건에 따라 달라지는 비고정적인 임금이다. 보통 전년도에 지급해야 할 것을 그 지급시기만 늦춘 것에 불과한 임금도 여기에 해당한다. 다만 최하등급을 받아도 지급이 보장된 금액이 있다면 그 최소한도의 금액만큼은 고정적인 임금에 해당한다.

이에 비해, 전년도 근무실적에 따라 당해 연도의 지급 여부나 지급액을 정한 임금은 임금 지급기준으로 전년도 근무실적을 활용한다는 것일 뿐, 그 임금은 당해 연도의 근로에 대한 대가로 지급되는 것이다. 즉 당해 연도에 근로자가 제공할 소정근로의 대가로 사전에 확정되어 있는 고정적인 임금이다.

나. 통상임금에서의 차이

근무실적에 연동하는 임금은 비고정적인 임금이므로 통상임금에 속하지 않는다. 다만, 최소한의 금액이 보장되어 있다면 그 금액만큼만 통상임금에 해당된다. 위에서 예로 든 사례를 다시 살펴보면 최하 C등급을 받은 근로자에게도 성과급으로 200만원은 지급한다면, 어떤 근로자가 최고 A등급을 받아 성과급으로 500만원을 받았더라도 통상임금에는 최소보장금액인 200만원만 포함된다.

이에 비하여 전년도 근무실적에 따라 당해 연도의 지급 여부나 지급액을 정한 임금은 각 근로자에게 고정적인 임금이므로 각 근로자가 지급받는 해당 임금이 모두 통상임금에 포함된다고 본다. 위에서 예로 든 업적연봉 사례에서 최고 등급을 받은 근로자라면 800%에 해당하는 금액이, 중간 등급을 받아 업적연봉으로 760%를 받는 근로자라면 760%의 업적연봉 금액이 통상임금에 포함된다.

[표] 전년도 근무실적에 따라 당해 연도의 지급액을 정한 임금과 근무실적에 연동하는 임금 비교

구분	전년도 근무실적에 따라 당해 연도의 지급액을 정한 임금	근무실적에 연동하는 임금
성격	사전에 확정된 임금	추가적인 조건에 따라 달라지는 임금
고정성 유무	고정적인 임금	비고정적인 임금(단, 최소보장금액이 있다면 그 만큼은 고정적인 임금)
통상임금 포함 금액	근로자가 받는 전액을 통상임금에 포함	최소보장금액만큼만 통상임금에 포함
임금 예시	업적연봉	성과급

다. 전년도 근무실적에 따라 당해 연도의 지급액을 정한 임금을 근무실적에 연동하는 임금으로 변경하는 경우

예를 들면, 종래 업적연봉으로 기준급의 700% 금액을 책정하고 전년도 인사평가 등급에 따라 업적연봉 인상분의 금액이 0%에서 100%까지 차이가 발생하도록 책정(최하등급 700%, 최고등급 800%)하여 지급한다면 근로자가 지급받는 업적연봉 전체가 통상임금에 포함된다. 그런데 노사 합의로 연봉제를 개편하여 업적연봉의 비율을 400%로 축소하고, 나머지 300%는 성과급으로 전환해 당해 연도 인사평가 등급에 따라 연도말에 최소 100%에서 최대 500%까지 지급한다면 업적연봉 금액은 전체(400%)가 통상임금에 포함되나 성과급은 최소보장금액인 100%에 해당하는 금액만 통상임금에 포함된다.

9 두 가지 이상의 유형에 해당하는 임금

어떤 임금이 위에서 살펴본 임금의 지급유형 중 두 가지 이상에 해당되는 경우도 많다. 예컨대, 정근수당을 근속기간이 1년 이상인 근로자에게 기본급의 50%를 지급하되 근속연수가 1년씩 증가할 때마다 5%를 추가하여 지급하여 최대 기본급

의 100%를 연 2회 지급하는데, 지급시기는 6월 말일과 12월 말일이고, 지급 대상 기간에 1개월 이상 휴직한 근로자와 징계를 받은 근로자에게는 지급하지 않으며, 지급일 현재 재직 중인 근로자에게만 지급하는 경우를 생각해 볼 수 있다.

위 사례에서 정근수당이 근속기간에 따라 지급액이 달라진다고 하여도 이로 인해 일률성과 고정성이 부정되지 않는다. 또한 휴직자나 징계대상자에 대해 지급 제한 사유가 설정되어 있지만 이 부분도 일률성 인정에 걸림돌이 되지 않는다. 그렇지만 지급일 현재 재직 중인 근로자에게만 지급하고 있으므로 고정성이 없는 임금에 해당하여, 결론적으로 위 정근수당은 통상임금에 속하지 않는다. 위와 같이 어떤 임금의 구체적인 지급실태가 두 가지 이상의 유형에 해당하는 경우에는 각 유형에 따른 통상임금으로서의 일률성과 고정성을 모두 갖추고 있는지를 살펴보아야 하고, 일률성과 고정성 어느 하나라도 갖추지 못한 것이 있으면 통상임금에 해당하지 않는 것으로 판단된다.

10 임금 유형별 통상임금 해당 여부 요약

지금까지 살펴본 임금의 각 지급 유형별로 통상임금의 일률성과 고정성을 갖추고 있어서 통상임금에 해당하는지 여부를 아래 표와 같이 정리할 수 있다.

[표] 임금 지급 유형별 통상임금 해당 여부

구분		일률성	고정성	통상임금 해당 여부
근속기간에 따라 지급 여부나 지급액이 달라지는 임금(근속수당)		인정	인정	통상임금 ○
가족수당	부양가족 수에 따라 달라지는 가족수당	부정	-	통상임금× (근로와 무관한 조건)
	부양가족 수와 관계없이 모든 근로자에게 지급되는 가족수당 분	인정	인정	통상임금 ○ (명목만 가족수당)

구분		일률성	고정성	통상임금 해당 여부
휴직자, 복직자, 징계대상자에게 지급 제한사유가 규정되어 있는 임금		인정	-	통상임금 해당 가능
근무일수에 연동하는 임금	매 근무일마다 일정액을 지급하는 임금	-	인정	통상임금 해당 가능
	일정 근무일수를 채워야만 지급하는 임금	-	부정	통상임금 ×
	일정 근무일수를 채우면 전액을 지급하고, 그렇지 않으면 일할계산하는 임금	-	인정	통상임금 해당 가능
특정 시점에 재직 중인 근로자에게만 지급하는 임금	특정시점에 재직 중인 근로자만 지급받는 수당(명절귀향비나 휴가비 등)	-	부정	통상임금 × (소정근로의 대가 ×)
	특정 시점 이전 퇴직 시에는 근무일수에 비례하여 지급되는 수당	-	인정	통상임금 ○
지급액이 확정되어 있지 않은 임금		-	부정	통상임금 ×
특수한 기술, 경력 등을 조건으로 하는 임금 기술수당, 자격수당, 면허수당 등(기술이나 자격보유자에게 지급되는 수당)		인정	인정	통상임금 ○
상여금	정기적인 지급이 확정되어 있는 상여금(정기상여금)	인정	인정	통상임금 ○
	기업실적에 따라 일시적, 부정기적, 사용자 재량에 따른 상여금(경영성과분배금, 격려금, 인센티브)	-	부정	통상임금 × (사전 미확정)
근무실적에 연동하는 임금	근무실적에 따라 지급 여부와 지급액이 결정되는 성과급	-	부정	통상임금 × (조건에 좌우됨)
	최소지급금액이 보장되는 성과급	인정	인정	그 최소한도만큼만 통상임금 ○

구분	일률성	고정성	통상임금 해당 여부
근로자의 전년도 근무실적에 따라 당해 연도의 지급 여부나 지급액을 정한 임금	인정	인정	통상임금 ○

※ 대법원 전원합의체 판결(대판 2013.12.18, 2012다89399)과 관련 보도자료의 내용을 토대로 재구성함.

※ 통상임금 해당 여부는 각 임금 항목의 구체적인 지급실태에 따라 달라질 수 있음.

제2절 재직 중인 근로자에게만 지급하는 상여금

1 판례의 판단기준 검토

상여금도 지급일 기타 특정 시점에 재직 중인 근로자에게만 지급하고 지급일 이전에 퇴직한 근로자에게는 지급하지 않는다면 고정성이 인정되지 않아 통상임금에 속하지 않는 것인지가 문제된다. 아래에서 살펴보는 것과 같이 대법원 전원합의체 판결 및 기존 판례의 내용을 전체적으로 고려할 때, 전원합의체 판결이 제시한 특정 시점에 재직 중인 근로자에게만 지급하는 임금을 통상임금에 해당하지 않는 것으로 본 법리는 상여금에도 동일하게 적용될 수 있을 것이다.

(1) 대법원 전원합의체 판결

대법원 전원합의체 판결은 정기상여금에 대해서도 특정 시점 재직자 기준이 적용됨을 전제로 하여 퇴직한 근로자에게 일할계산하여 지급하는지 여부를 확인한 후 통상임금에 해당한다는 판단을 내리고 있다.

판례

[대판 2013.12.18, 2012다89399]

상여금 지급 대상기간 중에 퇴직한 근로자에 대해서는 근무일수에 따라 일할계산하여 지급한 사실을 알 수 있다.… 이 사건 상여금은 근속기간에 따라 지급액이 달라지기는 하나 일정 근속기간에 이른 근로자에 대해서는 일정액의 상여금이 확정적으로 지급되는 것이므로, 이 사건 상여금은 소정근로를 제공하기만 하면 그 지급이 확정된 것이라고 볼 수 있어 정기적·일률적으로 지급되는 고정적인 임금인 통상임금에 해당한다.

(2) 기존 대법원 판례

기존의 대법원 판례에서도 근로자가 상여금 지급일까지 근무하였는지 여부에 따라 상여금의 지급 여부가 달라지는지를 확인한 후 고정성을 판단한 사례(대판 2007.4.12, 2006다81974), 고정성과 관련하여 상여금 지급대상에서 중도퇴직자를 제외하는지 여부 및 중도퇴직자에게도 재직기간에 비례하여 지급하는지를 판단기준으로 제시한 사례(대판 2012.3.29, 2010다91046)가 있다.

판례

[대판 2007.4.12, 2006다81974]

이 사건 상여금은 근로자들이 상여금 지급일까지 근무하였는지 여부와 1년의 근속기간을 충족하였는지 여부 등과 같은 실제 근무성적에 의하여 지급 여부와 지급액이 달라지는 비고정적인 임금이므로 통상임금에 속한다고 할 수 없다.

[대판 2012.3.29, 2010다91046]

단체협약 제27조에 '상여금 지급은 매분기말까지 재직한 자로 하고'라고 규정하면서도 곧이어 '퇴직자에 대해서는 월별로 계산 지급한다'고 추가로 규정함으로써 상여금 지급대상에서 중도퇴직자를 제외한 것으로 볼 수 없으며, 또한 상여금 지급대상에 관한 위 규정의 의미가 기본급 등과 마찬가지로 비록 근로자가 상여금 지급대상기간 중에 퇴직하더라도 퇴직 이후 기간에 대하여는 상여금을 지급할 수 없지만 재직기간에 비례하여 상여금을 지급하겠다는 것이라면, 이 사건 상여금은 그 지급 여부 및 지급액이 근로자의 실제 근무성적 등에 따라 좌우되는 것이라 할 수 없고, 오히려 그 금액이 확정된 것이어서 정기적·일률적으로 지급되는 고정적인 임금인 통상임금에 해당한다고 볼 여지가 있다

(3) 대법원 전원합의체 판결을 전후한 하급심 판례

대법원 전원합의체 판결 이후 2014.1.8. 선고된 부산고등법원 판결은 입사 1년 이상 근속해 지급 기준일에 재직하고 있는 근로자에 한해 월 만근임금의 380%(연 4회 95%씩 분할지급)를 지급하는 상여금에 대해 고정성이 없어 통상임금이 아니라고 판시하였다(부산고판 2014.1.8, 2012나7816).

판례

[부산고판 2014.1.8, 2012나7816]

단체협약에서 '1. 운전자의 상여금은 입사 1년 이상 근속한 자에 한하여 월 만근임금(기본급+연장, 야간, 주휴수당)에 대하여 1년에 380%를 지급한다. 2. 상여금은 연 4회 95%씩 분할 지급키로 하며 지급 기준일자는 다음과 같다. 1회 : 3월 31일, 2회 : 6월 30일, 3회 : 9월 30일, 4회 : 12월 31일 3. 상여금은 지급기준일 현재 재직자에 한한다'고 규정하고 있는 사실, 임금협정에서 '근로자의 귀책사유로 인하여 근무하지 아니하고 임금이 지급되지 아니한 월에 대해서는 해당 월분의 상여금을 지급하지 아니한다'라고 규정하고 있는 사실, 이에 따라 회사가 근로자들에게 1년 이상 근속하고 지급기준일 현재 재직하고 있는 자에게 월 만근임금의 380%를 4회로 분할하여 지급한 사실이 인정된다.

위 인정사실에 의하면, 정기상여금은 1년 이상 근속하고 지급기준일에 재직하고 있는 자에 한하여 월 만근임금의 380%를 기준으로 4분하여 지급하는 것으로서, 근로자가 임의의 날에 근로를 제공하더라도 그 특정시점이 도래하기 전에 퇴직하면 당해 임금을 전혀 지급받지 못하여 근로자가 임의의 날에 연장·야간·휴일 근로를 제공하는 시점에서 그 지급조건이 성취될지 여부가 불확실하므로, 고정성이 없어 통상임금에 포함되지 않는다.

그 밖에도 대법원 전원합의체 판결 선고 이전의 판결이기는 하지만, 하급심 판례 중에는 지급일 현재 재직 중인 근로자에게만 지급하고 지급일 전 중도 퇴직한 근로자에게는 지급하지 않는 상여금은 비고정적 임금에 해당하여 통상임금에 속하지 않는다고 본 사례가 여럿 있다.

판례

[서울북부지판 2012.12.5, 2012가합3757]

월 기본급은 근속한 햇수에 따라 일정액수로 고정되어 있으나, 무단결근자, 운전면허 정지자 등에 대해서는 실제 근무일에 따라 일할계산되고, 이러한 근로자들에게는 실제 근무한 날을 기준으로 일할계산된 월 기본급이 상여금산정의 기초가 된 사실, 입사 6개월 미만자는 상여금을 지급받지 못한 사실, 상여금 산정기간 중에 중도 퇴직한 근로자는 상여금을 지급받지 못한 사실, 상여금 산정기간 동안 결근 없이 정상적으로 근무하였는지 여부, 상여금지급기일까지 근무했는지 여부, 6개월이라는 근속기간을 충족하였는지 여부 등과 같이 실제 근무성적에 의하여 지급 여부와 지급액이 달라지므로, 이는 비고정적 임금에 해당하여 통상임금에 속한다고 보기 어렵다.

[인천지판 2013.5.9, 2012가합4912]

이 사건 상여금은 근로자들에게 연 6회 정기적으로 지급되는 것이기는 하나, 근로자들이 상여금 산정기간 동안 정상적으로 근무하였는지, 근로자들이 상여금 지급월까지 근무하였는지(지급월 이전 퇴직자에 대해서는 월할 또는 일할계산하기로 하는 규정이 없어 상여금을 지급하지 않는다는 의미로 보인다) 및 1년의 근속기간을 충족하였는지 등과 같은 실제 근무성적에 의하여 지급 여부와 지급액이 달라지므로 이는 비고정적인 임금에 해당하여 통상임금에 해당한다고 보기 어렵다.

[서울남부지판 2013.5.14, 2012가단37996]

이 사건 상여금은 입사일로부터 6개월이라는 고정적인 조건에 달한 근로자에게 단체협약 제22조에서 정한 지급시기에 정기적, 일률적으로 지급되는 것이기는 하나, 한편 ① 상여금 지급산정기간 동안 실제로 지급된 월 기본급을 기준으로 산정되고, 실제 지급되는 월 기본급은 임금협정 제9조에 의하여 실제 근무일수에 따라 일할계산되어 지급되므로, 결국 상여금 또한 실제 근무일수에 따라 그 지급액수가 변동되게 되는 점(이와 같은 취지에서 단체협약에서는 상여금을 근무성적에 따라 지급한다고 명시하고 있다), ② 상여금 지급산정기간 중 퇴직한 근로자에게는 지급되지 아니하여 근로자가 상여금 지급산정기간 만료 시까지 재직하였는지 여부에 따라 그 지급 여부가 달라지는 점 등에 비추어 보면, 실제 근무성적에 따라 그 지급 여부와 지급액이 달라지는 것이어서 고정적인 임금이라고 할 수 없으므로, 통상임금에 속한다고 할 수 없다.

2 고용노동부의 견해

고용노동부는 「통상임금 노사지도 지침」(2014.1.23.)을 통해, "전원합의체 판결은 근로자가 정해진 근로를 제공했는지 여부와 무관하게 지급일 기타 특정 시점에 재직 중인 근로자에게만 지급하기로 정해져 있는 임금은 소정근로의 대가로 볼 수 없으며, 초과근로를 하는 시점에서 보았을 때 그 근로자가 특정시점에 재직하고 있을지 여부는 불확실하므로 고정성이 결여되었다고 판단함. 이러한 법리는 정기상여금에도 동일하게 적용되어야 할 것임"이라는 견해를 제시하고 있다.

3 상여금의 지급대상을 재직 중인 근로자로 한정할 수 있나

상여금을 지급일 현재 재직 중인 근로자에게만 지급한다는 지급일 재직 요건이 취업규칙이나 단체협약 등에 규정되어 있거나 관행으로 행해져온 경우, 상여금의 지급대상기간에 재직하면서 근무하였으나 퇴직이나 해고 등으로 지급일에 재직하고 있지 않은 근로자에게는 위와 같은 상여금 지급일 재직 요건 규정이나 관행에 따라 상여금을 지급하지 않을 수 있는가가 문제된다.

(1) 판례의 견해

가. 중도퇴사자에게도 이미 근무한 부분은 지급해야 한다는 판례

상반기와 하반기 연 2회 지급하는 상여금의 지급대상을 6월 말일과 12월 말일 현재 재직 중인 근로자로 정한 상여금지급기준에 따라 회사가 중도퇴사자에게 상여금을 지급하지 않은 사안에 대해, 일정비율의 금액이 상여금으로 정기적으로 지급되어 왔다면 이는 그 명칭 여하를 불문하고 모두 정기일 지급임금의 성격을 띤 것으로 볼 것이므로 특별히 다른 정함이 없는 한 상여금 지급기간 만료 전에 퇴직한 근로자에 대하여도 이미 근무할 월수에 해당하는 상여금이 지급되어야 한다고 판단한 것이 있다(대판 1981.11.24, 81다카174 ; 대판 1982.4.13, 81다카137).

판례

[대판 1981.11.24, 81다카174]

회사의 보수규정상 상여금지급기준의 결정을 위임받은 회사 사장은 매기마다 상여금지급 대상자를 각 지급기간의 말일, 즉 6월 말일 또는 12월 말일 현재 재직중인자로 규정한 지급기준을 정하여 시달하여 왔음이 인정되나, 이 지급기준은 당기 상여금 전액은 당기 말일 현재 재직 중인 자에 대하여 지급한다는 의미에 지나지 않은 것으로 해석되고 이와 달리 당기 지급 기간인 6월을 계속 근무한 자에 한하여 지급하며 중도퇴직자에 대하여는 이미 근무한 기간에 해당하는 것도 지급하지 않는다는 취지까지 규정한 것이라고는 보기 어렵다.

나. 지급대상을 재직자로 한정할 수 있다는 대법원 전원합의체 판결의 견해

위와 같이 판례는 당초 상여금을 지급대상 기간에 제공된 근로의 대한 임금의 일종으로 보고 지급일 현재 재직 중인 근로자가 아니더라도 근로를 제공한 기간에 대한 부분만큼의 상여금 청구권을 인정하였다.

그러나 최근 선고된 대법원 전원합의체 판결은 연 2회 설과 추석에 지급하는 상여금을 지급일 현재 재직 중인 근로자에 한해 지급하더라도 그대로 유효하다고 전제하고, 그와 같이 지급된 상여금은 통상임금에 속하지 않는다고 판단하였다.

판례

[대판 2013.12.18, 2012다94643]

회사가 상당기간에 걸쳐 그 지급일 전에 퇴직한 근로자에게 설·추석상여금을 지급하지 않았고 이에 대하여 노동조합이나 개별근로자가 이의를 제기하지 않았다면, 설·추석상여금에 대해서는 지급일에 재직 중일 것이 임금을 지급받을 수 있는 자격요건으로 부가되어 기왕에 근로를 제공했던 사람이라도 지급일에 재직하지 않는 사람에게는 지급하지 않는 반면, 지급일에 재직하는 사람에게는 기왕의 근로 제공 내용을 묻지 아니하고 이를 모두 지급하기로 하는 명시적 또는 묵시적 노사합의가 이루어졌거나 그러한 관행이 확립된 것으로 볼 여지가 있다.

(2) 상여금의 지급일 재직 요건의 효력

상여금이 임금후불적 성질의 것인지 또는 은혜적·포상적 성질의 것인지는 획일적으로 분류할 수 없는 것이기는 하나, 상여금이 근로자들에게 불확정적이고 일시적으로 지급되는 것이 아니라 계속적·정기적으로 지급되고 그 지급액이 확정되어 있다면 근로의 대가로 지급되는 임금의 성격을 갖는다고 보는 데에는 별다른 이견이 없다(대판 1982.10.26, 82다카342 ; 대판 1982.11.23, 81다카1275 ; 대판 1998.1.20, 97다18936 ; 대판 2002.6.11, 2001다16722 ; 대판 2002.10.25, 2000두9717 등 참고).

하지만 상여금은 사용자가 지급 의무를 당연히 부담하는 것이 아니고, 상여금 지급대상기간에 근무하였어도 상여금의 구체적인 금액은 기업의 경영실적, 근로자의 근무성적, 인사고과 결과 등에 따라 달라질 수 있으며, 지급률과 지급일도 노사 합의나 취업규칙 등에 정한 바에 따르거나, 경우에 따라서는 사용자의 의사로 결정될 수도 있다. 위와 같은 상여금의 성격, 계약의 자유 또는 사적 자치 및 그 한계 등의 관계에서 상여금의 지급일 재직 요건에 대해 유효하다고 보는 견해와 무효를 주장하는 견해가 대립하고 있다.

가. 유효하다고 보는 견해

상여금이 임금이라고 하여도 매일 매일의 근로에 대해 청구권이 발생하는 대가적 임금과는 성격을 달리 하므로 매월 지급되는 월급여와는 차이가 있다는 점, 상여금 지급에 관한 노사 간의 합의나 취업규칙 등에 정한 바에 따라 발생하는 임금이라는 점, 지급대상기간의 근로만으로 바로 구체적인 상여금 청구권이 발생한다고 할 수 없고 노사의 합의 등을 통해 지급액이나 지급조건, 지급시기 등이 정해져야 상여금의 내용이 확정되어 구체적 권리가 발생한다고 보아야 한다는 점, 상여금의 지급에 사용자가 조건을 붙이는 것도 그것이 노사 합의나 취업규칙의 제·개정 절차(근로기준법 제94조 참고) 등을 거친 것이면 허용된다고 보아야 한다는 점 등 상여금의 임의적 성격을 지적한다. 상여금에 지급일 재직 요건을 정하는 것은 상여금을 받을 수 있는 근로자의 범위를 명확하게 하는 것이며, 앞으로의 근로를 장려하거나 기대하는 차원에서 마련된 것이라고 볼 수도 있으므로 지급일 재직 요건을 현저히 불합리하여 무효라고 할 수 없다고 본다.

나. 무효라고 보는 견해

상여금의 지급일 재직 요건을 무효라고 보는 견해는 상여금이 갖고 있는 임금으로서의 성격을 중시하고 상여금이 근로자의 경제생활에서 월급여와 동일하다는 점을 강조한다. 지급일 재직 요건은 근로자가 이미 제공한 근로에 의해 발생한 상여금 청구권을 박탈하는 것이어서 위법하고, 상여금의 임금후불적 성격을 강조하면서 상여금이 근로의 대가인 임금이라면 중도에 퇴직한 근로자에게도 근무한 기간만큼은 비례적으로 지급되어야 한다는 점을 들어 지급일 재직 요건의 효력을 인정하지 않는다.

다. 지급일 재직 요건의 합리성 인정 여부

아래와 같은 사정에 비추어 보면, 상여금의 지급일 재직 요건은 그 합리성을 인정할 수 있다고 생각한다.

1) 지급일 재직 요건을 위법하다고 볼 수 없음

상여금을 지급할 것인가 또는 지급하지 않을 것인가, 상여금을 지급한다면 어떤 조건으로 지급할 것인가는 노사 당사자 사이의 약정, 단체협약이나 취업규칙 등에 따르므로 지급일 재직 요건도 위법하다고 할 수 없다. 상여금을 포함한 임금 지급은 노사 합의에 기초하여 성립하는 것인바, 노사 간에 명시적·묵시적 합의가 있거나 관행이 있는 경우에는 그와 같은 합의를 무효로 할 만한 다른 특별한 사정이 없는 한 유효하다고 보아야 할 것이다.

2) 정지조건부 급여로 설정 가능

상여금을 임금의 일종 내지 일부로 보더라도 월급여와는 성질이 다르다는 점이다. 상여금에 임금후불적 성격이 있다는 점을 부정할 수는 없으나, 상여금의 지급은 사용자에게 법적 의무로 부과되어 있는 것이 아니므로, 상여금 지급에 일정한 조건(지급일 현재 재직 중일 조건)을 설정하는 것도 가능하다고 보아야 한다. 이 경우 상여금은 정지조건부 급여로서 지급일 재직을 그 조건의 하나로 볼 수 있을 것이다(정지조건: 어떤 조건이 성립되면 법률행위의 효력이 발생하는 조건).

3) 상여금의 성격

상여금이 근로의 대가로서의 성격 외에도 앞으로 계속 근무하여 줄 것을 기대하거나 장려하는 성격, 근로의욕의 향상을 도모하는 성격, 근로제공에 대한 포상 등의 성격도 함께 갖고 있다. 기업이 위와 같은 목적 달성을 위해 상여금에 지급일 재직 요건을 설정하는 것을 불합리한 것이라고 보기 어렵다.

4) 전원합의체 판결의 상여금에 대한 인식

전원합의체 판결 또한 "상여금의 연원이 은혜적·포상적인 이윤배분이나 성과급에서 비롯된 점, 국내 경제가 성장기로 접어든 이후 상여금이 근로의 대가로서 정기적·일률적으로 지급되는 경우가 많다고는 하지만 여전히 성과급, 공로보상 또는 계속근로 장려 차원에서 지급되는 경우도 있고 그 지급형태나 지급조건 등이 다양하여 그 성질이 명확하지 아니한 경우도 있는 점"을 지적하고 있는바(대판 2013.12.18, 2012다89399), 상여금을 어떻게, 누구에게 지급할 것인가는 노사가 자체적으로 근로계약·취업규칙·단체협약 등에 정할 수 있으며, 지급일 재직을 지급의 요건으로 할 것인지 또한 노사가 자유롭게 결정할 수 있다고 보아야 할 것이다.

5) 퇴직 시기의 선택 가능 등

상여금에 지급일 재직 요건이 있더라도 근로자는 퇴직의 시기를 자유롭게 결정할 수 있으므로 불합리하다고 할 수 없다. 또한, 상여금에 지급일 재직 요건을 설정한 목적이 앞으로의 계속 근무에 대한 기대나 장려, 근로의욕의 향상 등에 있다는 점을 인정한다면, 정년퇴직자나 해고자에 대해서도 지급일 재직 요건을 적용하는 것이 현저히 불합리하다고 단정하기는 어려울 것이다.

6) 지급일 재직 요건의 적용이 불합리한 예외적인 경우

다만, 상여금이 임금후불적인 성격만을 갖고 있음이 분명한 경우나, 근로자의 성과에 따른 이익을 분배하는 성격을 갖고 있는 경우에는 예외적으로 지급일 재직 요건의 합리성을 인정하기 어려울 것이다. 예컨대, 판례는 증권사 신설 자유화에 따른 우수한 전문인력의 유출을 방지함과 아울러 우수한 전문인력을 적극적으로 유치하기 위하여 도입된 성과급제도에 따라 지급하기로 한 성과급 및 성과포상금은 영업실적에 따른 지급조건과 지급시기 등이 명시되어 있어서 증권사 사장이 임의로 지급액 및 지급시기를 정하여 지급하도록 규정한 취업규칙 상의 상여금과 동일하거나 그러한 상여금의 변형이라고 볼 수 없으므로 위 성과급 및 성과포상금에 대하여는 취업규칙에서 정한 상여금 지급일 재직 요건이 적용되지 아니한다고 본다(대판 2004.4.28, 2001다31233).

(3) 지급일 재직 요건에 관해 단체협약 · 취업규칙 등에 명시적 규정이 없는 경우

근로자가 소정근로를 했는지 여부와 관계없이 지급일 기타 특정 시점에 재직 중인 근로자에게만 지급하기로 정해져 있는 임금은 소정근로의 대가로서의 성질을 갖지 못할 뿐만 아니라 고정적 임금으로 볼 수 없다. 그런데 위와 같은 지급요건을 반드시 단체협약이나 취업규칙 등에 규정하고 있어야 하는지, 아니면 관행 등에 의해서도 인정될 수 있는지가 문제된다. 전원합의체 판결은 단체협약 · 취업규칙 · 근로계약 등에 정한 내용에 따라 판단하여야 하고 명시적인 규정이 없거나 내용이 불분명한 경우에는 그 동안의 임금 지급실태나 관행을 종합적으로 고려하여 특정 시점에 재직 중인 근로자에게만 지급하는 임금인지를 판단하여야 한다는 입장이다. 위와 같이 판례는 지급일 기타 특정 시점에 재직 중인 근로자에게만

지급한다는 내용의 지급요건을 단체협약·취업규칙 등에 반드시 명시적으로 규정하고 있을 것을 요구하지 않는다.

판례

[대판 2013.12.18, 2012다94643]

어떠한 임금이 이러한 성격을 갖고 있는지는 그 근로계약이나 단체협약 또는 취업규칙 등에서 정한 내용에 따라 판단하여야 하고, 근로계약 등에 명시적인 규정이 없거나 그 내용이 불분명한 경우에는 그 임금의 성격이나 지급실태, 관행 등 객관적 사정을 종합적으로 고려하여 판단하여야 할 것이다.

제3절 각종 수당의 통상임금 해당 여부

통상임금은 소정근로의 대가로서 정기성, 일률성, 고정성을 갖추고 있어야 한다. 위에서 근속기간에 연동하는 임금, 근무일수에 연동하는 임금, 특정 시점에 재직 중인 근로자에게만 지급하는 임금, 근무실적에 연동하는 임금 등 여러 유형별로 일률성과 고정성 등 통상임금의 요건을 갖추고 있는지를 구체적인 사례를 통해 살펴보았다. 이하에서는 위와 같은 유형별 판단기준을 기반으로 주요 수당별로 통상임금에 해당하는지를 살펴본다.

1 복리후생적 · 실비변상적 성격이 문제되는 수당

(1) 가족수당, 학비보조금

가. 통상임금에 속하지 않는 가족수당

1) 부양가족이 있는 근로자에게만 지급하는 가족수당 및 학비보조금

판례

[대판 1991.6.28, 90다카14758]

병원의 보수규정에 의하여 상근직원 중 부양가족이 있는 자에 대하여 지급하는 가족수당이나 병원의 복리후생관리 내규에 의하여 중·고등학교에 입학 또는 재학 중인 직원의 자녀에 대하여 지급하는 학비보조금을 통상임금의 범위에서 제외한 조치는 정당하고, 거기에 통상임금의 범위에 관한 법리를 오해한 위법이 없다.

2) 부양가족 수에 따라 지급하는 가족수당

판례

[대판 2003.4.22, 2003다10650]

회사의 기능직 임금규칙 및 일반직 임금규칙에 따라 부양가족이 있는 경우에는 4인을 초과하지 않는 범위 내에서 부양가족 1인당 금 10,000원씩의 가족수당을 지급하는 가족수당은 부양가족이 있는 근로자에게만 지급되었던 것이고 통상임금의 산정시 포함될 수 없다.

그 밖에도 판례는 회사가 부양가족이 있는 경우에는 4인을 초과하지 않는 범위 내에서 부양가족 1인당 금 1만원씩의 가족수당을 지급하는 이 사건에 있어서 가족수당은 근로의 양이나 질에 무관한 요인에 따라 근로자의 일부에 대하여 지급되는 것으로서 통상임금의 범위에 포함시킬 수 없다고 한다(대판 2000.12.22, 99다10806 ; 대판 2003.10.9, 2003다30777).

check point!!

부양가족이 있는 근로자에게만 지급하거나 부양가족 수에 따라 지급하는 가족수당은 소정근로의 가치 평가와 관련 없이 근로자의 개인적 사정에 따라 지급된 것이므로 일률적으로 지급된 것이라고 볼 수 없다. 따라서 통상임금에 해당하지 않는다.

재학 중인 자녀가 있는 근로자에 한해 지급하는 학비보조금이나 자녀교육수당도 위 가족수당과 마찬가지로 일률적으로 지급된 것이 아니므로 통상임금에 속하지 않는다.

나. 통상임금에 속하는 가족수당

1) 미혼자 등 가족이 없는 근로자에게도 지급하는 가족수당

판례

[대판 1992.7.14, 91다5501]

가족수당을 지급하면서 미혼자 등 가족이 없는 경우에도 일률적으로 부양가족이 있는 근로자가 지급받는 가족수당의 절반을 지급한 경우, 지급받은 가족수당의 절반은 근로의 질이나 양에 대하여 지급되는 기본급에 준하는 수당으로서 고정적, 평균적으로 매월 일률적으로 지급되는 임금이라 할 것이므로 통상임금의 범위에 속한다.

2) 가족수당 본인분

판례

[대판 1996.5.14, 95다19256]

단체협약에 의하면 회사는 본인 수당으로 매월 15,000원을 지급한다고 규정하고 있는 바, 이는 종업원에게 정기적 · 일률적으로 지급되는 고정적인 임금에 해당한다 할 것이므로 통상임금에 포함되어야 할 것이다.

check point!!

부양가족이 없는 근로자에게도 근로자 본인분으로 지급하는 가족수당은 회사의 근로자라면 모두에게 지급하는 것이고, 그 명칭에 불구하고 가족수당의 성격을 갖지 않으며 이는 근로의 대가인 임금으로서 기본급과 다를 바 없으므로 통상임금에 해당한다.

(2) 자가운전보조비, 교통비, 통근수당

가. 통상임금에 속하지 않는 자가운전보조비 등

1) 자기 차량을 보유하여 운전하는 근로자에게만 지급하는 자가운전보조비

판례

[대판 1995.5.12, 94다55934]

자가운전보조비 명목의 금원이 일정 직급 이상의 직원 중 자기 차량을 보유하여 운전한 자에 한하여 지급되고 있다면 이는 단순히 직급에 따라 일률적으로 지급된 것이 아니고 그 지급 여부가 근로제공과 직접적으로 또는 밀접하게 관련됨이 없이 오로지 일정 직급 이상의 직원이 자기 차량을 보유하여 운전하고 있는지 여부라는 개별 근로자의 특수하고 우연한 사정에 따라 좌우되는 것이므로, 그 자가운전보조비 중 회사가 그 직원들에게 자기 차량의 보유와 관계없이 교통비 명목으로 일률적으로 지급하는 금원을 초과하는 부분은 비록 그것이 실제 비용의 지출 여부를 묻지 아니하고 계속적 · 정기적으로 지급된 것이라 하더라도 근로의 대상으로 지급된 것으로 볼 수 없다.

2) 개인 소유 차량을 업무용으로 사용하는 비용을 보전하는 차량유지비

판례

[대판 2002.5.31, 2000다18127]

차량유지비의 경우 그것이 차량 보유를 조건으로 지급되었거나 직원들 개인 소유의 차량을 업무용으로 사용하는 데 필요한 비용을 보조하기 위해 지급된 것이라면 실비변상적인 것으로서 근로의 대상으로 지급된 것으로 볼 수 없다.

3) 차량 소유자에 한해 사용하는 연료별로 차등 지급하는 자가운전보조금

판례

[부산지판 2008.11.21, 2008가합6390]

근속연수가 5년 이상인 근로자라도 차량을 소유하고 있지 않은 경우 자가운전보조금을 지급받지 못한 사실, 자가운전보조금을 지급받은 근로자라도 소유한 차량의 사용연료에 따라 82,600원(휘발유), 72,800원(경유), 47,550(LPG) 등으로 차등하여 지급받은 사실이 인정되는바, 이에 의하면 이 사건 자가운전보조금은 ① 그 지급대상을 정함에 있어 5년 이상의 근속이라는 일률적인 조건 외에도 차량의 소유라는 비일률적인 조건까지 함께 부과하고 있어 전체적으로는 비일률적인 조건에 의하여 그 지급여부가 결정되고 있고, ② 또 다른 조건이 모두 동일한 근로자라도 차량을 소유하지 않은 경우 자가운전보조금을 보전할만한 다른 수당 등을 지급받은 정황도 존재하지 않는 등 실제로도 비일률적으로 지급되어 왔으며, ③ 그 지급액수에 차등을 두는 근거가 당해 근로자의 직급 등이 아닌 그 소유 차량의 사용연료로 되어 있는 점에 비추어 볼 때 위 자가운전보조금은 실비변상적인 것으로서 근로의 대상으로 지급된 것이라고 볼 수 없으므로, 이를 통상임금 내지 평균임금에 포함시킬 수 없다.

check point!!

자가운전보조비나 차량유지비 등의 명칭을 가진 수당 또는 현물을 자기 차량을 보유한 근로자에게만 지급하거나, 근로자 개인 소유의 차량을 회사 업무용으로 사용하는데 필요한 비용을 보전해주기 위해 지급하는 경우에는, 근로의 대가인 임금에 해당하지 않으므로 당연히 통상임금에도 속하지 않는다.

나. 통상임금에 속하는 교통비 등

1) 매월 정액으로 모든 근로자에게 지급하는 교통비

판례

[대판 1996.5.10, 95다2227]

매월 일정액을 전직원에게 지급하여 온 교통비는 정기적·일률적으로 지급되는 임금이라 할 것이므로 통상임금에 속한다.

그 밖에도 판례는 매월 일정액이 지급된 출퇴근보조여비(대판 2007.6.28, 2006다1388)나 교통보조비(대판 2011.9.8, 2011다22061)는 근로의 대가로 정기적·일률적으로 지급되는 고정적인 임금이므로 통상임금에 포함된다고 한다.

2) 출근일 하루 당 일정액을 지급하는 교통비

판례

[대판 2003.6.13, 2002다74282]

교통비는 승무운전자에 한하여 1일 1,000원 내지 1,200원을 지급한다고 임금협정서에 기재되어 있으므로 여비, 출장비 등과 같은 실비변상적인 성격의 금원이 아니라 근로의 대상인 임금의 성질을 갖는 금원일 뿐만 아니라, 월급제가 아닌 일급제로 지급되는 임금항목에 해당하므로 비록 월 단위를 기준으로 삼아 근로자들마다 출근일수가 달라 월 합산액에 차이가 있더라도 이를 두고 실제의 근무실적에 비례하여 지급액이 변동되는 것이라고는 할 수 없어 통상임금의 성질을 갖는다.

3) 모든 근로자에게 지급한 교통비 해당 금액

판례

[부산지판 2009.1.9, 2007가합24292]

회사가 7년 이상 근속한 차량 보유 근로자에게 지급한 30L 또는 50L 휘발유의 가액은 같은 기간 위와 같이 교통보조비 명목으로 지급한 금액을 초과하고 있음이 추인되므로, 적어도 회사는 단체협약에 기하여 그 소속 근로자 전원에게 교통비(자가

운전보조비 내지 교통보조비)로 2005.8.17. 이전에는 매월 10,000원, 그 후로는 매월 20,000원 상당의 금원을 고정적·정기적·일률적으로 지급해 왔다고 봄이 상당하므로, 이러한 범위 내의 교통비는 실비변상적인 급여가 아니라 근로의 대상으로 지급된 통상임금에 해당하고, 회사가 주장하는 바와 같이 교통비 지급의 근거가 단체협약의 복리후생 부분에 규정되어 있다든가 교통비 중 일부가 현물로 지급되었다는 사정을 감안하더라도 이와 달리 볼 수 없다.

check point!!

판례는 교통비 등의 명칭으로 모든 근로자에게 매월 정액을 지급하면 통상임금에 해당한다고 본다. 교통비를 일급 형태로 출근일수 1일에 대하여 일정액을 지급하는 경우에도 통상임금에 해당한다고 보므로, 교통비로 월정액을 책정한 후 결근이나 휴가 사용 등으로 출근하지 않은 일수에 대해 일할계산하더라도 통상임금에 해당한다고 할 것이다.

또한, 차량을 보유한 근로자에게는 자가운전보조비를 지급하면서 차량을 보유하지 않은 근로자들에게도 교통비를 정액으로 지급한 경우에는 교통비에 해당하는 금액만큼은 일률적·고정적으로 지급된 것이므로 통상임금에 속한다고 본다.

종래 고용노동부의 「통상임금산정지침」(2012.9.25, 고용노동부예규 제47호)은 통근수당, 차량유지비, 사택수당, 월동연료수당, 김장수당, 급식 및 급식비 등을 근무일수에 관계없이 전 근로자에게 정기적·일률적으로 지급하는 경우, 통상임금에는 해당하지 않고 평균임금에만 해당한다고 보았다. 그리고 위와 같은 수당들을 출근일수에 따라 변동적으로 지급하거나 일부 근로자에게 지급하는 경우에는 임금이 아닌 기타금품이므로 평균임금과 통상임금 모두 해당하지 않는다는 입장이었다. 이에 비해 최근 「통상임금 노사지도 지침」(2014.1.23.)에서는, "법원은 금품의 명칭이 아니라 실질을 기준으로 판단하므로, 사업장에서 상여금과 제수당의 명칭보다는 지급조건과 운용실태 등 객관적 성질을 기준으로 통상임금성을 판단하도록 지도. 명칭이 복리후생수당이라 하더라도 그 실질이 소정근로의 대가로서 정기성·일률성·고정성을 갖춘 경우에는 통상임금에 해당됨"이라고 하여 판례의 견해를 따르고 있다.

(3) 식비(식사, 식권)

가. 통상임금에 속하지 않는 식비

1) 근무를 한 근로자에게 현물로 제공하는 식사

판례

[대판 2002.7.23, 2000다29370]

단체협약에서 회사가 근로자들에게 식사를 제공하는 것은 순수 복리후생적인 것이라고 명시하고 있을 뿐만 아니라, 회사가 근로자들에게 제공한 식권은 2일간 유효하고 식사를 하지 아니한 경우 다른 물품이나 현금으로 대체하여 청구할 수 없다는 것인데, 그렇다면 회사가 실제 근무를 한 근로자들에 한하여 현물로 제공한 식사는 근로자의 복리후생을 위하여 제공된 것으로서 근로의 대가인 임금이라고 보기 어렵다.

2) 식사 제공이 불가능한 경우에 한해 현금으로 지급하는 중식대

판례

[대판 2003.10.9, 2003다30777]

기능직사원 급여관리세칙에 '중식대는 현물 급여를 원칙으로 하고, 본사 기타 현물 급여가 불가능한 지역의 근무자는 중식대(월 37,500원)를 별도 품의 후 지급한다'고 규정하고 있고, 회사 내 식당이 설치되어 있는 곳은 중식대를 현물로 지급하고 근로자들 중 일부는 퇴직하기 전 재직 당시 중식대를 현금으로 지급받은 사실을 인정할 수 있으나, 위와 같이 현금으로 중식대를 지급받은 근로자들 외의 나머지 근로자들에게 중식대가 현물로 정기적·일률적으로 지급되었고, 현물로 중식대를 지급받도록 되어 있는 근로자가 식사를 하지 않을 경우 식사비에 상당하는 금품을 별도로 제공받았다는 사실을 인정할 증거가 없으므로, 회사가 일부 근로자들에게 지급한 중식대는 정기적·일률적으로 지급하기로 한 고정 임금이라고 보기 어려워 통상임금에 해당한다고 할 수 없다.

3) 현물로 제공하는 중식 및 소액의 식권환가금

판례

[대판 2006.2.23, 2005다54029]

회사가 제공한 중식은 현물지급을 원칙으로 한 복리후생 차원에서 도입된 점, 현재까지도 그 가액이나 금전적 가치가 정해진 바 없어 근로자 개인에게 구체적인 금액의 지급의무를 부담하는 것은 아닌 점, 회사가 환가해주는 식권대는 회사가 제공하는 중식에 상당하거나 대체할 수 있는 금액이라고 볼 수 없는 소액으로, 근로자들이 회사 내 식당을 이용하지 않을 때 개인적으로 지출해야 할 식사대의 일부만을 보조하고 있는 점 등에 비추어 회사가 현물로 제공한 중식은 근로의 대가가 아닌 근로자들을 위한 복리후생의 일환으로 보아야 하고, 식권환가금도 복리후생시설인 회사 식당을 이용하지 못하는 불이익을 일부 변상해 주는 것으로 보아야 할 것이므로, 중식 자체와 식권환가금 모두 근로의 대가인 임금으로 볼 수 없다.

check point!!

식사를 하지 아니하는 근로자에게 식사비에 상당하는 별도의 금품이 제공되지 않는 경우, 현물로 식사를 제공하는 것이 원칙이지만 회사 여건상 식사를 제공하는 것이 불가능한 일부 근로자에게만 식대를 지급하는 경우, 실제 근무를 한 근로자들에 한해 현물로 근로자의 복리후생을 위하여 제공하는 식사는 복리후생적 급부로서 근로의 대가인 임금에 해당하지 않으므로 통상임금에도 속하지 않는다.

또한, 회사가 출근일에 한해 식당을 이용할 수 있는 쿠폰 · 카드 · 포인트 등을 지급하고 월말에 잔여 포인트 등을 소멸시키는 경우, 또는 근로자의 식비를 일정 금액 범위에서 실비 정산하는 경우에도 통상임금에 속한다고 볼 수 없다.

나. 통상임금에 속하는 식비

1) 식사를 하지 않은 근로자에게 지급하는 식사 금액 상당의 쿠폰

판례

[대판 1993.5.11, 93다4816]

회사가 전 근로자에게 출근일에 한하여 일정 금액 상당의 식사를 현물로 제공하되, 식사를 제공받지 아니하는 근로자에게는 위 금원에 상당하는 구판장 이용 구매권(쿠폰)을 지급하여 왔으므로 위 식대보조비는 일급 금액으로 정해진 것으로서 그 지급조건 및 내용 등에 비추어 근로의 대가로 정기적·일률적으로 지급된 임금이라고 봄이 상당하므로 통상임금에 포함된다.

2) 매월 일정액을 모든 근로자에게 지급하는 급식비

판례

[대판 2000.12.22, 99다10806]

급식비는 매월 일정액을 전직원에게 지급하여 온 것으로서 소정근로 또는 총 근로에 대하여 지급하기로 한 금품이고 또한 정기적·일률적으로 지급되는 고정적인 임금이라 할 것이므로 통상임금에 속한다.

3) 모든 근로자에게 매월 정액으로 지급하는 급량비(조식대)

판례

[대판 2011.9.8, 2011다22061]

모든 환경미화원에게 매월 7만원씩 정액으로 지급한 급량비(조식대)는 근로의 대가로 정기적·일률적으로 지급되는 고정적인 임금이므로 통상임금에 포함된다.

check point!!

출근한 근로자에게 식사를 현물로 제공하면서 회사가 제공한 식사를 하지 않은 근로자에게도 식사비에 상당하는 현금이나 금품(쿠폰)을 지급하는 경우, 급식비를 모든 근로자에게 매월 정액으로 지급하는 경우는 순수한 복리후생적 급부로 볼 수 없고 근로의 대가인 임금에 해당하며, 정기성·일률성·고정성도 갖추었으므로 통상임금에도 속한다고 본다. 위의 교통비와 비슷하게 식비를 일급 형태로 출근일수 1일에 대하여 일정액을 지급하는 경우에도 통상임금에 해당한다고 보므로, 식비로 매월 정액을 책정한 후 결근이나 휴가 사용 등으로 출근하지 않은 일수에 대해 일할계산하여도 통상임금에 해당한다고 본다.

(4) 설 · 추석상여금, 하기휴가비, 선물비, 생일자지원금, 개인연금지원금, 단체보험료, 효도제례비, 연말특별소통장려금, 김장보너스, 복리후생비

가. 지급일 재직자에게만 지급하는 설 · 추석상여금 등은 통상임금에 속하지 않음

판례는 설 · 추석상여금, 하기휴가비, 선물비, 생일자지원금, 개인연금지원금, 단체보험료 등의 지급에 있어 지급일에 재직 중일 것이 해당 임금을 지급받을 수 있는 자격요건으로 부가되어 기왕에 근로를 제공했던 사람이라도 지급일에 재직하지 않는 사람에게는 지급하지 않는 반면, 지급일에 재직하는 사람에게는 기왕의 근로 제공 내용을 묻지 아니하고 이를 모두 지급하기로 하는 명시적 또는 묵시적 노사합의가 이루어졌거나 또는 그러한 관행이 확립되어 있으면, 그와 같은 임금은 소정근로의 대가로 지급되는 것으로 볼 수 없을 뿐만 아니라 고정성도 갖추지 못하였으므로 통상임금에 해당하지 않는다고 본다. 또한, 효도제례비, 연말특별소통장려금 등의 복리후생적 명목의 급여가 지급일 당시 재직 중일 것을 지급요건으로 하는 것이면 위와 같은 이유로 통상임금에 속하지 않는다고 한다(대판 2013.12.18, 2012다89399).

check point!!

위와 같이 최근 판례는 금품의 명칭에 관계없이 지급조건과 운용실태를 살펴 단체협약 · 취업규칙 등에 지급일 당시 재직 중인 근로자에게만 지급한다는 명문의 규정이 있거나 명시적인 규정이 없더라도 그와 같은 관행이 성립된 것으로 인정되는 경우(상당기간에 걸쳐 그 지급일 전에 퇴직한 근로자에게 해당 금품을 지급하지 않았고, 이에 대하여 노동조합이나 개별 근로자가 이의를 제기하지 않은 경우)에는 통상임금에 속하지 않는다고 한다.

나. 지급액이 사전에 정해져 있지 않은 김장보너스

판례는 회사 단체협약에서 "회사는 김장철에 김장보너스를 지급하며, 지급금액은 노사협의하여 지급한다"고 정하고 있고, 이에 따라 김장보너스 금액을 지급 직전에 노사협의를 통해 정했다면 고정성이 인정되지 않는다고 본다(대판 2013.12.18, 2012다94643).

check point!!

김장보너스 지급액을 결정하기 위한 객관적인 기준 없이 단지 사후에 노사협의를 통해 그 지급액을 정하도록 한 경우라면 그 지급액이 사전에 확정되어 있지 않으므로 근로자가 초과근로를 제공하는 시점에서 볼 때 김장보너스 금액을 알 수 없다. 따라서 위와 같은 김장보너스는 고정적인 임금이라고 할 수 없으므로 통상임금에 속하지 않는다.

다. 근로자 모두에게 매월 정액을 지급하는 복리후생비는 통상임금에 해당

하급심 판례 중에는 무기계약근로자들에게 복리후생비라는 명목으로 매월 12만원씩을 지급하였으나 해당 금품의 명칭에 관계없이 지급시기, 방식, 금액, 지급대상범위 등에 비추어 볼 때 실비변상적 성격도 아니고 은혜적 성격의 급여로 보기도 어려운바, 모든 무기계약근로자들에 대하여 근로의 대가로 실제의 근무성적과는 관계없이 정기적·계속적·일률적으로 지급되는 고정적인 임금으로 보이므로 통상임금의 성질을 가진다고 판단한 것이 있다(서울중앙지판 2012.12.10, 2011가단394320).

고용노동부 행정해석에서도 사회복지시설 종사자들의 임금이 열악하여 보건복지부에서 정한 복지관 정원에 대해 5년 이상 종사자에게는 190,000원을 5년 미만자에게는 135,000원을 지급하는 복지수당을 통상임금의 범위에 포함되는 것으로 보았다(2002.10.4, 임금 68207-730).

check point!!

위 사례에서 임금협약서에 복리후생비는 소정근로와 관계없이 생활보조적, 복리후생적으로 지급하는 것이므로 통상임금에서 제외한다는 내용의 노사 합의가 있었으나, 법원은 금품의 명칭이 아니라 실질을 기준으로 판단하여 통상임금에 해당한다고 보았고, 통상임금에 해당하는 복리후생비를 제외하는 노사 합의는 무효라고 판단하였다. 명칭이 복리후생수당이라 하더라도 그 지급방식 등 실질이 소정근로의 대가로서 정기성·일률성·고정성을 갖춘 것이면 통상임금에 속한다는 점에 유의하여야 한다.

(5) 맞춤형 복지카드(복지포인트) 및 직급보조비

하급심 판례 중에는 맞춤형 복지제도를 도입하면서 종전에 기념일 선물, 건강검진비용 등의 명목으로 지급하던 금품을 카드포인트 형식으로 통합하여 미혼자와 기혼자에게 금액을 다르게 지급한 사안에 대해, 일정한 기준에 따라 임직원에게 복지카드를 계속적·정기적으로 지급하고 있어 맞춤형 복지카드 중 미혼자에 대한 금액 상당액은 소정근로 또는 총 근로의 대상으로 근로자에게 지급되는 금품으로서 정기적·일률적으로 지급되는 고정적인 임금이므로 통상임금에 해당한다고 본 사례가 있다(서울행판 2013.4.26, 2012구합29806).

한편, 위 하급심 판례는 직급에 따라 책정된 금액을 지급한 직급보조비에 대해서는 영수증(지급명세서)을 첨부하여 청구하면 지급한 점 등을 이유로 실비변상적 성격의 금원으로서 통상임금에 포함되지 않는다고 판단하였다. 하지만 직급보조비(임원 400,000원, 4급 155,000원, 5급 140,000원, 6~7급 105,000원)를 별다른 조건없이 매월 지급하고 퇴직 시에는 근무일수에 따라 일할계산하여 지급한 경우에 대해서는, 비록 보수규정에 복리후생비 항목 중의 하나로 책정되어 있더라도 복리후생적 또는 은혜적으로 지급된 것으로 볼 수 없다고 하면서 통상임금에 속한다고 본 하급심 판례도 있다(서울고판 2010.10.1, 2010나34618).

check point!!

사용자가 제공한 맞춤형 복지카드(복지포인트)가 사용 용도에 사실상 제한이 없고, 연도 중 퇴사자에게는 월할 계산한 포인트를 지급하며, 잔여 포인트가 있으면 다음해로 이월하는 등의 경우에는 위 판례의 견해와 같이 통상임금에 해당한다고 할 것이다.

이에 비하여 복지카드의 사용 용도가 의료비(병원·약국), 자기계발비(학원·서점) 등으로 특정되고, 사용금액에 대한 영수증(지급명세서)을 회사에 제출하여야 하며, 제공된 포인트를 모두 사용하지 않아 잔여 포인트가 있더라도 다음해로 이월되지 않고 연도말에 잔여 포인트를 소멸시키는 경우에는 복리후생적 또는 실비변상적 금품으로서 소정근로의 대가로 볼 수 없을 뿐만 아니라 통상임금으로서의 고정성도 갖추지 못한 것으로 보아야 할 것이다.

2 장기근속에 대한 보상적 차원의 수당

(1) 근속수당

가. 통상임금에 속하지 않는 근속수당

1) 매월 7일 이상 승무한 근로자에게만 지급하는 근속수당

판례는 입사한지 1년이 되고 매월 7일 이상 승무한 승무직 종업원에 한하여 1년 근무를 기준으로 매월 운전기사에게는 금 6,000원, 안내원에게는 금 2,000원씩을 그 이후 근속연수 10년까지 매년마다 각 같은 금액을 가산하여 지급하기로 한 근속수당은 일정 범위 내의 근무일수, 근무성적 및 운행실적이 있어야만 비로소 지급되는 수당으로서 실제 근로 여부 또는 근무실적에 따라 그 지급액이 변동되는 임금으로서 통상임금의 범위에 포함되지 않는다고 본다(대판 1992.2.14, 91다17955).

2) 해당 월 13일 이상 승무한 근로자에게만 지급하는 근속수당

해당 월에 13일 이상을 승무(만근)한 근로자에게만 지급하는 근속수당은 고정적인 임금이 아니므로 통상임금에 포함되지 않는다고 한 하급심 판례가 있다(서울고판 2012.12.21, 2012나38980).

3) 15일 이상 출근한 근로자에게는 전액을, 15일 미만 출근한 근로자에게는 일할계산하여 지급하는 근속수당

과거 대법원 판례는 "유급 출근일수가 15일 이상인 근로자에 대하여는 근속수당 전액을 지급하나 15일 미만인 경우에는 일할로 계산된 근속수당만을 지급한다면 이는 근로자들의 실제의 근무성적에 따라 좌우되게 되어 그것이 고정적인 임금이라고 할 수 없으므로 위 근속수당은 통상임금의 범위에 포함시킬 수 없다"(대판 1996.3.22, 95다56767)고 보았다.

하지만 최근 대법원 전원합의체 판결은 근속수당의 지급조건에 일정 근무일수를 기준으로 그 미만은 일할계산하여 지급하고 그 이상은 전액 지급하기로 정해진 경우 그 일할계산하여 지급되는 최소한도의 임금은 고정적인 임금이라고 보아야 함을 이유로 위 판결을 변경하였다(대판 2013.12.18, 2012다89399).

check point!!

근속연수에 따라 지급 여부와 지급액이 결정되는 근속수당을 단지 이직률을 줄이고 장기근속을 장려하기 위한 은혜적 성격의 수당으로 보아 통상임금에 속하지 않는다고 단정할 수 없다. 다만, 근속수당을 일정 근무일수를 채운 근로자에게만 지급한다면 비고정적인 임금이므로 통상임금에 해당되지 않는다.

나. 통상임금에 속하는 근속수당

1) 일정 근속연수에 달한 근로자에게 매월 정액으로 지급하는 근속수당

장기근속수당이 근로의 양 또는 질에 무관하게 은혜적으로 지급되는 것이 아니라 일정 근속연수에 달한 자에게 실제의 근무성적과는 상관없이 매월 일정액을 지급하여 온 것이고 정기적·일률적으로 지급되는 고정적인 임금이라 할 것이므로 통상임금에 속한다(대판 1996.5.10, 95다2227 ; 대판 2000.12.22, 99다10806).

2) 1년 이상 근속한 자에게 매 1년 단위로 금액을 가산하여 지급하는 근속수당

회사가 매년 7월 1일을 기준으로 1년 이상 근속한 근로자에게 매 1년 단위로 일정한 금액을 가산하여 지급한 근속수당은 은혜적인 배려에서가 아니라 일정한 근속연수에 이른 근로자에게 실제의 근무성적과는 상관없이 매월 일정하게 지급된 것으로서 정기적·일률적으로 지급되는 고정적인 임금이므로, 통상임금에 포함되어야 한다(대판 2002.7.23, 2000다29387).

마찬가지로 일정 시점을 기준으로 근로자들의 근속연수가 증가함에 따라 일정 금액을 가산하여 지급하기로 정한 근속수당은 실제의 근무성적과는 상관없이 정기적·일률적으로 지급되어 온 고정적인 임금이라고 볼 수 있으므로 통상임금에 속한다. 1년을 초과하여 계속 근무한 환경미화원들에게 근속연수가 증가함에 따라 일정 금액을 가산하여 1년 근속당 일정금액을 지급한 근속가산금은 근로의 대가로 정기적·일률적으로 지급되는 고정적인 임금이므로 통상임금에 포함된다고 본다(대판 2010.1.28, 2009다74144, 같은 취지 : 대판 2011.9.8, 2011다22061 ; 대판 2012.3.29, 2010다91046 등).

check point!!

판례는 일정 근속연수에 달한 자에게 근속연수에 따라 증가된 금액을 지급하더라도 해당 월의 근무일수 등에 관계없이 매월 일정액을 지급한 경우에는 통상임금에 포함되는 것으로 판단하고 있다.

근속연수가 증가함에 따라 근로자의 경험이나 숙련의 증가로 근로의 질도 향상된다고 볼 수 있어 근속수당을 단지 장기근속자를 우대하기 위한 은혜적 급부라고 보기는 어려우므로 근속수당으로 일정 근속연수에 달한 근로자에게 매월 일정액을 지급하는 경우에는 통상임금의 범위에 포함된다고 본다.

(2) 정근수당

가. 특정 시점에 재직 중인 근로자에게만 지급하는 정근수당

판례는 지역의료보험조합 운영규정에서 매년 1.20.과 7.20. 월 기본급의 50% 내지 100%의 범위 내에서 정근수당이 지급되는데, 1월에 지급하는 정근수당은 1.1. 현재 임직원의 신분을 보유하고 전년도 12.1. 이전부터 계속 근무한 자에게 지급하고, 보수의 일부를 지급받은 자에게도 이를 지급하되 감봉 이상의 징계처분을 받거나 직위해제 처분을 받은 자에게는 처분기간에 따라 감액 지급하도록 규정되어 있다면, 위와 같은 정근수당은 '일정기간의 계속근로'를 그 지급조건의 하나로 규정하고 있어 정근수당의 지급 여부는 결국 실제의 근무성적에 따라 좌우되게 되며, 이는 고정적인 임금이라고 할 수 없으므로 통상임금에 속한다고 볼 수 없다고 한다(대판 1996.5.10, 95다2227).

check point!!

정근수당이 특정 시점(위 사례에서는 1월 1일)에 재직 중일 것을 지급조건으로 하여 그 지급 여부가 확정되어 있지 않은 경우에는 고정적인 임금이라고 할 수 없으므로 통상임금에서 제외된다.

나. 정근수당을 통상임금에 속한다고 본 사례

판례 중에는 정근수당을 모든 환경미화원들에게 단체협약에 의해 월 통상임금의 50% 내지 100%를 연 2회(1월, 7월)로 나누어 지급하되, 근속 1년 미만은 50%를, 1년 초과부터 매 1년마다 5%씩 가산하여 10년 이상은 100%를 지급하였는바, 위와 같은 정근수당은 근로의 대가로 정기적·일률적으로 지급되는 고정적인 임금이라 할 것이어서 통상임금에 포함된다고 본 것이 있다(대판 2011.9.8, 2011다22061).

check point!!

판례는 정근수당으로 근속연수에 따라 반기마다 일정 지급률의 금액을 지급한 경우에는 근로의 대가로 정기적·일률적으로 지급되는 고정적 임금이라고 하여 통상임금에 포함되는 것으로 보았다.

하지만 정근수당이 지급일 이전에 퇴사한 중도퇴직자에게는 전혀 지급되지 않는다면, 초과근로를 제공하는 시점에서는 정근수당의 지급 여부가 확정되어 있지 않으므로 고정적인 임금이라고 할 수 없어 통상임금에 속하지 않는다고 보아야 한다. 따라서 해당 정근수당이 지급일에 재직 중인 근로자에게만 지급되는지를 자세히 살펴보지 않고 통상임금에 포함된다고 판단하여서는 아니된다. 위 사례의 정근수당이 지급일 현재 재직 중인 근로자에게만 지급되는 것임에도 통상임금에 포함하게 되면, 근로자가 6월말에 퇴사하여 소정근로에 대해서는 7월에 지급되는 정근수당을 받지 않음에도 상반기 중에 행한 연장근로에 대한 가산임금에는 해당 정근수당을 포함하여 지급받은 불합리한 결과가 발생하게 된다.

3 고정적인 임금인지가 문제되는 수당

고열작업수당, 승무수당, 특수직무수당, 비행수당, 생산수당, 무사고수당, 기능수당, 위험수당, 위생수당, 조직관리수당, 조사연구수당, 직책수당 등의 명칭을 갖고 있는 수당들이 일정한 조건을 갖춘 모든 근로자에게 고정적으로 지급된다면 통상임금에 속할 수 있지만, 근로자의 근무일수 또는 근무성적 등 추가적인 조건에 따라 지급 여부나 지급액이 달라지는 것이라면 고정성을 갖추지 못한 임금이므로 통상임금에 해당하지 않는다. 위 각 수당이 통상임금에 속하지 않는 경우와 통상임금에 속하는 경우를 나누어 살펴본다.

(1) 통상임금에 속하지 않는 수당

가. 해당 월 작업일수의 50% 이상을 고열작업장에서 근무하면 지급하는 고열작업수당

판례는 고열작업수당을 지원조에 속한 근로자에 대해서 해당 월 작업일수를 기준으로 하여 50% 이상을 고열작업장에서 근무하면 당해 월의 고열작업수당을 지급하는 반면 그 미만인 경우에는 고열작업수당을 지급하지 않았다면 이는 근무실적에 따라 지급되는 것으로서 통상임금에 해당되지 않는다고 본다(대판 2005.9.9, 2004다41217).

나. 근무성적에 따라 월별, 근로자별로 지급액이 다른 생산수당

판례는 단체협약에서 위험 직종에 종사하는 종업원에게는 생산수당을 지급한다고 규정하면서 위험 직종의 범위나 지급금액에 대하여는 아무런 규정을 두지 아니하고 있는데, 월별 실적에 따라 지급금액이 매월 다르고 근로자별로도 금액이 다른 생산수당을 지급받았다면 위와 같은 생산수당은 근무성적에 따라 지급액이 달라지는 것으로 보이고 고정적, 일률적으로 지급된 것으로는 보이지 아니하므로 통상임금에 해당하지 아니한다고 하였다(대판 1996.5.14, 95다19256).

다. 비행시간에 따라 지급액이 다른 비행수당 및 이·착륙 횟수에 따라 지급하는 이·착륙수당

판례는 객실 일반승무원에게 실제 비행시간이 30시간 이상인 경우에 한하여 60시간의 비행수당(이를 보장수당이라고 한다)이 지급되고, 60시간을 초과하는 경우에는 보장수당과 초과부분에 대하여 가산 지급되는 비행수당이 함께 지급되고, 승무결근자나 교육기간이 14일 이상인 자, 병가기간이 7일 이상인 자, 공상기간이 월 중 10일 이상인 자 등에 대하여는 보장수당이 적용되지 아니하는 점에 비추어 보면, 비행수당은 고정적으로 지급되는 수당이 아니라 실제의 근무성적에 따라 그 지급 여부 및 지급액이 달라지는 것이고, 또한 이·착륙수당은 승무원이 국내선에 탑승하게 되는 경우에 한하여 이·착륙 횟수에 따라 지급되는 것임을 알 수 있어 그것이 정기적, 일률적으로 지급되는 것이라고 할 수 없다고 본다(대판 1996.6.28, 95다24074).

라. 월간 무사고 운전자에게 지급하는 무사고수당

판례는 무사고수당으로 매월 일정액이 고정적으로 지급되는 것이 아니라 무사고 운전을 한 근로자에게만 지급되는 경우 실제 근무실적에 따라 지급 여부가 결정되는 것이므로 통상임금에 포함되지 않는다고 한다(대판 2003.6.13, 2002다74282).

마. 지하 작업장에서 고정적으로 근무하지 않는 근로자에게 지급하는 특수직무수당

판례는 회사가 지하 600m 이하 심부작업장 근무자에게 특수직무수당을 지급하는데, 근로자가 고정적으로 지하 600m 이하의 심부작업장에서만 근무하는 것인지 여부 등을 알 수 없으므로 특수직무수당은 정기적으로 지급된 것이기는 하나

'일률적'으로 지급된 것이라고 단정할 수는 없다고 하며 통상임금에 속하지 않는 것으로 판단하였다(대판 1993.5.27, 92다20316 ; 대판 1994.5.24, 93다31979).

check point!!

위에서 살펴본 수당들이 매월 정액으로 지급되지 않고 근무일수나 근무성적에 따라 지급 여부나 지급액이 달라지는 경우에는 일률적 · 고정적으로 지급된 것이라고 볼 수 없으므로 통상임금에 포함되지 않는다. 월간 작업일수, 무사고운전 여부, 근무일수에 따라 지급 여부나 지급액이 결정되는 수당들은 비고정적인 임금이다. 대표적으로 위 사례의 고열작업수당과 같이 근무일수를 기준으로 해당 월의 50% 이상을 고열작업장에서 근무한 경우에만 지급되고 50% 미만 근무하면 지급되지 않는다면, 근로자가 초과근로를 제공하는 시점에서 금액을 확정할 수 없으므로 초과근로수당 산정을 위한 통상임금에 속하지 않는다.

(2) 통상임금에 속하는 수당

가. 일정한 기능을 보유한 근로자 및 위해 직무에 종사하는 근로자에게 매월 정액으로 지급하는 기술수당 및 위험수당

판례는 기술수당은 일정한 기능을 보유한 직원에게 소정지급표에 따라 월정액으로 이를 지급하도록 하고(보수규정 제32조), 위험수당은 재해 · 질환의 감염 기타 신체적 · 정신적 위해를 수반하는 직무에 종사하는 직원에게 이를 지급하도록 하고 있는(보수규정 제30조), 병원의 보수규정상의 체계, 임금지급의 실태 및 기타 제반사정에 비추어 보면 기술수당, 위험수당은 고정적 · 평균적으로 매월 일률적으로 지급되는 기본급 및 이에 준하는 수당으로서 근로의 질이나 양에 대하여 지급되는 임금 즉, 소정근로에 대한 대상이라 할 것이므로 이들은 모두 통상임금의 범위에 속하는 것이라고 한다(대판 1991.6.28, 90다카14758).

나. 모든 근로자에게 매월 정액으로 지급하는 위험수당 및 위생수당

모든 환경미화원에게 매월 정액으로 지급한 위험수당, 위생수당은 근로의 대가로 정기적 · 일률적으로 지급되는 고정적인 임금이므로 통상임금에 포함된다(대판

2011.9.8, 2011다22061).

다. 직급에 따라 매월 정액으로 지급하는 조직관리수당 및 조사연구수당

판례는 조직관리수당으로 부장 160,000원, 차장 140,000원, 과장 120,000원으로 정하고 조사연구수당은 대리 이하 사원에게 일정한 직급별로 90,000원 내지 50,000원으로 정하여 매월 지급하였으며, 회사가 위 조사연구수당, 조직관리수당과 별개로 부서별로 외근대장을 비치하여 사원들의 세미나 참석 등 조사연구 관련비용을 청구받아 이를 지급하여 왔으므로, 조사연구수당과 조직관리수당은 일정한 직급의 근로자에게 정기적 · 일률적으로 지급된 것으로서 이는 근로의 대가 또는 근로의 제공과 밀접하게 관련된 통상임금에 해당한다고 본다(서울고판 2011. 12.23, 2009나6914).

고용노동부 행정해석 또한 담당 업무나 직책의 경중 등에 따라 미리 정하여진 지급조건에 의해 지급하는 직무수당(금융수당, 출납수당 등), 직책수당(반장수당, 소장수당 등)은 통상임금에 포함된다고 한다(통상임금산정지침, 2012.9.25, 고용노동부예규 제47호). 다만, 직책수당 명목으로 지급하더라도 직책수당이 직책의 경중 등에 따라 미리 정하여진 지급조건에 의해 지급되는 것이 아니라 매월 판매실적 등 평가 결과에 따라 그 지급액이 달라지는 경우라면 통상임금으로 보기는 어렵다(2011.10.12, 근로개선정책과-3555).

라. 고열작업장 근무자에게 지급하는 고열작업수당

판례는 고열작업수당의 구체적인 지급실태가 당해 연도의 4월부터 9월까지 실제 변화된 온도를 고려하여 고열등급을 새로이 조정하지 않고 전년도 온도측정에 따라 확정된 고열등급대로 같은 공정 내의 사원들에게 같은 금액의 수당을 지급해 왔고, 일정한 공정에 투입된 고열작업장 종사자는 일반적으로 전보 · 휴직 등의 사유가 발생하거나 일시적으로 결원이 생겨 작업반장이 공정별로 인원배치를 조정하지 않는 한 같은 공정에서 지속적으로 근무하게 되므로 이러한 조건은 일시적·유동적 조건인 것이 아니라 고정적 조건이라고 보아야 할 것이므로, 고열작업수당은 고열작업수당이 지급되도록 정하여진 공정에 종사하는 모든 근로자들에 대해서 일정한 조건이 충족되면 일정한 금액이 매년 정기적·일률적으로 지급된 것으로서 통상임금에 포함된다고 본다.

한편, 고열작업수당은 전보, 부서 내 이동, 입사, 퇴사, 휴직, 복직, 정직, 파견 등으로 인하여 1개월 중 일부기간만 고열작업장에 근무한 경우에는 해당 월의 총 일수를 기준으로 일할계산한다고 되어 있으나, 이는 전보, 입사, 퇴사 등 특별한 사유가 발생하여 1개월 중 일부기간만 종사하게 될 경우의 일할계산에 관한 것으로 이러한 규정을 들어 근로자의 근무실적에 따라 차등 지급되는 것으로서 통상임금에 속하지 아니한다고 할 수도 없고, 또한 매년 고열등급이 달리 지정되어 그 지급받을 수 있는 금액이 다를 수 있다고 하더라도 이는 매년 당해 연도에 어떤 고열등급의 고열작업수당을 지급할 것인지를 정하는 것에 기인하는 것으로서, 어떤 고열등급이 정해지면 그에 따라 일률적으로 당해 공정에 근무하는 모든 근로자에게 그 등급에 따라 같은 금액이 지급되는 것이므로 위와 같은 사정을 들어 통상임금에 속하는 것이 아니라고 할 수도 없다고 한다(대판 2005.9.9, 2004다41217).

마. 출근일 1일 당 일정액을 지급하는 승무수당

판례는 회사가 시외 지역 운전자에게 1일 3,000원씩의 승무수당을 실제 근무일에 따라 지급하여 온 것은 임금협정에 따라 회사에게 회사 소속 근로자들에 대한 승무수당 지급의무가 부과된 점, 승무수당은 근로를 제공한 모든 근로자들에게 월 1회 급여 지급일에 정기적·일률적으로 지급되어 온 점, 실제의 근무성적과 관계없이 운행지역별로 책정된 금액이 승무수당 명목으로 고정적으로 지급되어 온 점, 일급제로 지급되는 승무수당이 월 단위를 산정 기준으로 삼은 결과 운전자들마다 출근일수가 달라 월 합산액에 차이가 발생한다는 사정만으로 실제의 근무실적에 비례하여 지급액이 변동되는 것이라고 할 수 없는 점 등에 비추어 보면, 위 승무수당은 통상임금에 포함된다고 본다(전주지판 2012.1.13, 2010가합5105, 같은 취

지 : 대판 2005.3.11, 2004다56196 및 대판 2003.6.13, 2002다74282 등).

check point!!

위에서 살펴본 매월 일정액을 지급하는 기능수당, 기술수당, 위험수당, 직책수당, 직무수당 등은 소정근로에 대해 지급하기로 정하여진 임금이며, 근로의 질이나 양에 대하여 지급되는 고정적인 임금이므로 통상임금에 해당된다. 또한 기술수당, 위험근무수당, 특정업무수당 등이 기술 보유 여부, 위험업무 종사 여부 또는 특정업무 종사 여부에 따라 지급되는 것이라는 이유로 통상임금으로서의 일률성이 없다고 할 수 없으며, 위와 같은 수당의 지급조건을 갖춘 근로자에게 모두 지급되는 것이라면 일률적으로 지급된 것으로 본다.

판례는 전보 · 입사 · 퇴사 등의 사유로 일할계산하는 경우는 근로자의 근무실적에 따라 차등 지급되는 것으로 보지 않는다.

근무일수에 연동하여 매 출근일마다 일정금액의 해당 수당이 지급되는 경우에는 월급제가 아닌 일급제로 지급되는 임금에 해당하므로 해당 월의 출근일수에 따라 근로자별로 월 합산액에 차이가 나더라도 실제의 근무실적에 비례하여 지급액이 변동되는 것이 아닌 것으로 본다. 출근하여 근로를 제공한 근로자는 그날 분의 해당 수당을 지급받는 것으로 확정되어 있는 이상 고정적인 임금으로서 통상임금의 범위에 속한다고 할 것이다.

4 매월 정액을 지급하는 수당

어떤 수당이 그 지급 외형상으로는 일정한 조건을 갖춘 모든 근로자에게 매월 정액으로 지급되는 경우라도 반드시 모두 통상임금에 속하는 것은 아니다. 이른바 고정연장근로수당(고정O/T수당)은 대표적으로 통상임금에 속하지 않는 임금에 해당한다. 통상임금은 소정근로시간에 근로자가 제공한 근로에 대해 지급하는 임금이므로 소정근로시간을 초과하여 제공된 연장 · 야간 · 휴일 근로에 대해 지급되는 초과근로수당은 그것이 매월 정액으로 지급되더라도 통상임금에 속하지 않는다. 통상임금은 초과근로수당의 계산 기준이 되므로 초과근로수당이 통상임금에 포함될 수 없음은 논리적으로도 당연하다.

한편, 최저임금에 미달하는 금액만큼을 고정적인 수당 항목을 신설하여 매월 정액으로 지급하거나, 근로시간 단축으로 감소된 연장근로수당의 일부를 매월 고정수당으로 지급하는 경우도 있는데, 위와 같은 수당들이 통상임금에 해당하는지도 살펴본다.

(1) 통상임금에 속하지 않는 수당

가. 정액으로 지급하는 연장 · 야간 · 휴일근로수당

판례는 근로자에게 일당으로 지급된 임금에 근로에 대한 통상임금 외의 휴일근무수당, 휴가수당 등 모든 수당도 포함된 것으로 보아야 할 것이라고 하여 일당금액에서 휴일근무수당 등을 제외한 임금이 통상임금에 해당한다고 하며(대판 1987.6.9, 85다카2473), 근로자가 지급받은 기본수당에 시간외근로수당이 포함되어 있는 것으로 인정된다면 이 시간외근로수당은 통상임금에서 제외하여야 한다고 본다(대판 1991.4.23, 89다카32118). 또한, 시간외근무수당은 야간 · 휴일 등 근무시간 외의 근로에 대하여 지급하기로 한 것일 뿐이므로 통상임금에 해당하지 않는다고 한다(대판 2000.12.22, 99다10806).

나. 초과근로수당의 성격으로 지급하는 근무수당

판례는 근무수당 명목의 금원이 매월 실제 근무일수가 20일 이상인 근무실적이 있는 자에 대하여 각종 법정수당인 연장, 야간 및 휴일근로수당조로 일정액을 지급하고 위 기준근무일수에 미달하는 자는 실제 근무일수를 기준으로 조정 감액한 금액을 위 각종 법정수당조로 지급하는 것이므로 월 근무일수가 20일 이상인 경우에 직급에 따라 고정급으로 지급되어 왔다고 하여도 실제 근무실적을 기초로 한 각종 법정수당의 성질을 띤 것이어서 통상임금에 포함시킬 수 없다고 한다(대판 1990.11.27, 89다카15939).

다. 연장근로수당의 성격으로 지급하는 금융수당

고용노동부 행정해석 또한, 급여규정에서 "취업규칙상의 근무시간을 초과하여 회사업무와 관련하여 영업시간 전 또는 종료 후에 포괄적, 단체적으로 행하는 연장근무에 대하여 금융수당을 지급함으로써 근로기준법에 의한 시간외연장근무에 대한 보수지급에 갈음하며 회사는 그 보수지급 의무를 면한다"라고 규정하고 있다면, 위와 같은 금융수당은 매월 정기적·일률적으로 전 직원에게 지급된다고 하더라도 사실상 고정적으로 지급되는 연장근로수당으로 판단되는바, 이는 소정근로에 대한 대가로 볼 수 없으므로 근로기준법상 통상임금에 포함될 수 없다고 한다(2003.8.19, 평정 68240-296).

check point!!

> 연장·야간·휴일근로수당 등 초과근로수당에 해당하는 수당을 매월 정액으로 지급하더라도 소정근로에 대해 지급하는 임금이 아니므로 통상임금에 포함되지 않는다. 또한 근무수당이나 금융수당 등의 명목으로 지급되었더라도 해당 수당의 실질이 초과근로수당의 성격으로 지급된 것이면 통상임금에 속하지 않는다. 초과근로수당이 매월 정액으로 지급된다는 이유로 가산임금 산정의 기준이 되는 통상임금에 포함한다면 이중으로 가산임금을 지급해야 하는 결과가 되어 타당하지 않다.

(2) 통상임금에 속하는 수당

가. 교대제 근로자에게 지급하는 교대수당

고용노동부 행정해석은 "노사 간에 단체협약 체결시 교대근로 종사자에 대하여 교대근무의 특수성으로 인하여 별도의 수당을 정기적·일률적으로 지급하기로 약정한 것이라면 통상임금으로 볼 수 있을 것"이라고 한다(2007.2.7, 임금근로시간정책팀-495). 교대제 근로 형태라는 업무특성을 반영하여 매월 정액을 교대수당 명목으로 모든 교대제 근로자에게 지급하는 것이면, 이는 근로자가 제공한 소정근로와 직접 관련된 임금으로서 통상임금에 해당될 수 있다.

한편, 위와는 달리 교대수당이 실질적으로 야간근로에 대한 가산임금의 성격을 갖고 있는 경우도 생각해 볼 수 있다. 예를 들어, 3조 3교대제 형태에서 제1조(근무시간 : 6시부터 14시)와 제2조(14시부터 22시) 근무 시에는 1일당 각 1만원의 교대수당을 지급하는데 비하여, 제3조(22시부터 6시) 근무 시에만 5만원의 교대수당을 지급하며 이는 야간근로에 대한 가산임금(근로기준법 제56조에 따라 사용자는 오후 10시부터 오전 6시까지 사이의 야간근로에 대해서 가산임금을 지급하여야 한다)의 성격을 갖는다고 취업규칙·단체협약 등에 규정하고 있는 경우라면, 통상임금에 산입할 교대수당 금액은 1만원으로 보아야 할 것이다. 각 근무조의 근로의 내용이 같음에도 야간근로시간의 근로에 대해서만 추가로 지급된 교대수당(4만원)은 야간근로수당과 같은 성격의 임금으로서 통상임금에 포함되지 않는다고 보는 것이 타당하다.

나. 최저임금 차액 보전수당

고용노동부 행정해석은 회사가 최저임금에 미달하는 금액만큼 매월 정액으로 지급하는 보전수당은 최저임금법에 따른 법률상 의무를 이행하기 위한 목적으로 지급하는 것으로서, 위와 같은 보전수당은 사용자가 근로자에게 소정근로에 대한 대가로 지급하는 통상임금의 범위에 포함하여야 할 것이라고 본다(2010.5.6, 근로기준과-956).

다. 연장근로수당의 성격을 갖지 않는 근로시간 단축 보전수당

근로기준법 개정으로 법정근로시간이 주 44시간에서 주 40시간 단축됨에 따라 줄어든 4시간분의 임금을 보전수당이란 명목으로 지급하고 있는 경우, 위와 같은 보전수당이 통상임금에 해당하는지가 문제된다. 고용노동부 행정해석은 보전수당이 법정근로시간 단축으로 인하여 주당 4시간의 연장근로가 계속적으로 필요함에 따라 이른바 고정O/T수당 등 그 연장근로에 대한 대가의 일환으로 지급되는 금품이라면 소정근로에 대하여 지급하기로 정해진 통상임금으로 볼 수 없을 것이지만, 연장근로와 관계없이 근로시간 단축에 따른 임금 보전의 차원에서 지급되는 경우 근로자에게 정기적·일률적으로 계속 지급된다면 달리 볼 사정이 없는 한 통상임금에 해당한다고 본다(2005.8.29, 근로기준과-4504).

check point!!

교대근로라는 업무형태의 특성에 따라 지급하는 교대수당, 최저임금법 위반을 피하기 위해 최저임금과의 차액을 지급하는 보전수당, 법정근로시간 단축에 따른 임금 보전의 차원에서 지급하는 보전수당 등은 다른 특별한 사정이 없는 한 근로자가 소정근로시간에 제공하는 근로에 대해 지급하기로 정한 임금으로서 통상임금에 속한다고 보아야 할 것이다. 다만, 교대수당이나 보전수당 등이 그 명칭에 관계없이 지급방식, 지급금액, 지급대상범위 등에 비추어 실질적으로 근로자의 연장·야간·휴일 근로에 대한 대가로서 지급되는 것이면 통상임금으로 볼 수 없다.

5 상여금 및 연봉제의 업적연봉과 기본연봉

(1) 상여금

가. 통상임금에 속하지 않는 상여금

1) 지급일 현재 재직 중인 근로자에게 지급하는 상여금

① 판례는 근로자들이 상여금 지급일까지 근무하였는지 여부와 1년의 근속기간을 충족하였는지 여부 등과 같은 실제 근무성적에 의하여 지급 여부와 지급액이 달라지는 비고정적인 임금인 상여금은 통상임금에 속하지 않는다고 한다(대판 2007.4.12, 2006다81974).

② 대법원 전원합의체 판결은 설·추석상여금이 지급일에 재직 중인 근로자에게만 지급된다면 그와 같은 임금은 소정근로의 대가로 지급되는 것으로 볼 수 없을 뿐만 아니라 고정성도 갖추지 못하였으므로 통상임금에 해당하지 않는다고 본다(대판 2013.12.18, 2012다89399).

③ 하급심 판례는 입사 1년 이상 근속해 지급 기준일에 재직하고 있는 근로자

에 한해 월 만근임금의 380%(연 4회 95%씩 분할지급)을 지급하는 상여금에 대해 고정성이 없어 통상임금이 아니라고 본다(부산고판 2014.1.8, 2012나7816).

④ 상여금 산정기간 중에 중도 퇴직한 근로자는 상여금을 지급받지 못한 사실 등에 비추어 근무성적에 의하여 지급 여부와 지급액이 달라지므로, 비고정적 임금에 해당하여 통상임금에 속한다고 보기 어렵다고 한다(서울북부지판 2012.12.5, 2012가합3757).

⑤ 상여금이 연 6회 정기적으로 지급되는 것이기는 하나, 근로자들이 상여금 지급월까지 근무한 경우에만 지급하고 지급월 이전 퇴직자에 대해서 월할 또는 일할계산한 상여금을 지급하지 않은 경우에는 실제 근무성적에 의하여 지급 여부와 지급액이 달라지므로 비고정적인 임금에 해당하여 통상임금에 해당하지 않는다고 한다(인천지판 2013.5.9, 2012가합4912).

2) 일정 근무일수를 채운 근로자에게만 지급하는 상여금

하급심 판례는 매월 33만원의 상여금을 임금에 포함하여 지급하고 있더라도 해당 월에 13일 이상을 승무(만근)한 근로자에게만 지급하는 상여금은 그 지급 여부가 근로자들의 실제 근무성적에 따라 좌우되게 되어 고정적인 임금이라고 할 수 없으므로 통상임금에 포함되지 않는다고 한다(서울고판 2012.12.21, 2012나38980).

check point!!

상여금 지급산정기간 중 퇴직한 근로자에게는 지급되지 아니하여 근로자가 상여금 지급산정기간 만료 시까지 재직하였는지에 따라 그 지급 여부가 달라지는 상여금은 고정적인 임금이라고 할 수 없다.

또한, 지급산정기간에 일정 근무일수를 채워야만 지급하는 상여금은 일정 근무일 충족이라는 추가적인 조건 성취 여부에 따라 지급 여부가 달라지므로 비고정적인 임금이어서 통상임금에 해당하지 않는다.

그 밖에도 상여금이 지각·결근·조퇴 횟수 등에 따라 차등 지급되는 경우 이는 해당 상여금의 지급 여부 및 지급액이 근로자들의 근무성적에 따라 좌우되는 것이므로 고정적인 임금이라고 볼 수 없을 것이다(서울고판 2012.12.21, 2012나38980 참고).

나. 통상임금에 속하는 상여금

1) 중도퇴사자에게도 월별로 계산 지급하는 상여금

단체협약에 '상여금 지급은 매분기말까지 재직한 자로 하고'라고 규정하면서도 곧이어 '퇴직자에 대해서는 월별로 계산 지급한다'고 추가로 규정함으로써 상여금 지급대상에서 중도퇴직자를 제외한 것으로 볼 수 없으며, 또한 상여금 지급대상에 관한 위 규정의 의미가 기본급 등과 마찬가지로 비록 근로자가 상여금 지급대상기간 중에 퇴직하더라도 퇴직 이후 기간에 대하여는 상여금을 지급할 수 없지만 재직기간에 비례하여 상여금을 지급하겠다는 것이라면, 이 사건 상여금은 그 지급 여부 및 지급액이 근로자의 실제 근무성적 등에 따라 좌우되는 것이라 할 수 없고, 오히려 그 금액이 확정된 것이어서 정기적·일률적으로 지급되는 고정적인 임금인 통상임금에 해당한다고 볼 여지가 있다(대판 2012.3.29, 2010다91046).

위 사례에서 판례는 상여금이 연 4회 분기마다 지급되는 점에서 '정기성'이 인정되고, 일정한 근속기간을 충족시키는 모든 근로자에게 근속기간에 따라 6개월 이상 근무시 350%, 3년 이상 근무시 550%, 8년 이상 근무시 650%, 12년 이상 근무시 750%가 지급된다는 점에서 '일률성'이 인정되며, 지급일 전에 퇴직한 근로자에게도 월별로 계산한 금액을 지급한다는 점에서 '고정성'도 인정되는 것으로 본다.

2) 중도퇴사자에게도 근무일수에 따라 일할계산하여 지급하는 상여금

회사는 상여금지급규칙에 따라 상여금을 근속기간이 2개월을 초과한 근로자에게는 전액을, 근속기간이 2개월을 초과하지 않는 신규입사자나 2개월 이상 장기휴직 후 복직한 자, 휴직자에 대하여는 상여금 지급 대상기간 중 해당 구간에 따라 미리 정해 놓은 비율을 적용하여 산정한 금액을 각 지급하였으며, 상여금 지급대상기간 중에 퇴직한 근로자에 대해서는 근무일수에 따라 일할계산하여 지급한 사실을 알 수 있다. 상여금은 근속기간에 따라 지급액이 달라지기는 하나 일정 근속기간에 이른 근로자에 대해서는 일정액의 상여금이 확정적으로 지급되는 것이므로, 상여금은 소정근로를 제공하기만 하면 그 지급이 확정된 것이라고 볼 수 있어 정기적·일률적으로 지급되는 고정적인 임금인 통상임금에 해당한다(대판 2013.12.18, 2012다89399).

위 사례에서 판례는 상여금이 1임금산정기간인 1개월을 초과하는 2개월(짝수달)마다 지급되더라도 정기성 요건이 충족되고, 상여금의 지급 여부 및 지급액이 이미 모든 근로자에게 일률적으로 확정되어 있기 때문에 일률성과 고정성이 인정되며, 지급일 전 퇴직한 근로자에게도 근무일수에 비례하여 상여금을 지급하므로 고정성도 갖춘 것으로서 통상임금에 속한다고 본다.

check point!!

전원합의체 판결은 상여금을 근속기간에 따라 지급하거나 휴직자·복직자 등에 대해 지급제한사유가 설정되어 있더라도 일률성과 고정성이 부정되지 않는다고 본다. 근속기간은 근로와 관련된 조건이므로 일률성이 인정되고 초과근로시점에서 확정되어 있으므로 고정성도 갖춘 것이라고 한다. 지급일 전에 퇴직한 근로자에게도 근무한 부분에 대한 상여금을 일할(또는 월할)계산하여 지급한다면 상여금 금액이 확정된 것이어서 통상임금에 해당한다고 본다.

(2) 업적연봉

연봉을 기본연봉과 업적연봉으로 구분하여 업적연봉을 전년도 근무실적 등의 평가 결과에 따라 차등을 두어 지급하는 경우 이러한 업적연봉이 통상임금에 포함되는가가 쟁점이며 하급심 판결에서는 같은 사안에 대해서 통상임금에 해당한다는 견해와 해당하지 않는다는 견해로 나뉘고 있음은 앞에서 살펴본 바와 같다(자세한 내용은 제4장 제1절 '8. 근로자의 전년도 근무실적에 따라 당해 연도의 지급 여부나 지급액을 정한 임금' 참고).

check point!!

전년도 근무실적을 평가하여 올해에 지급할 업적연봉액을 지난해 말 또는 올해 초에 확정하였고, 위와 같이 확정된 업적연봉을 올해에 근로자가 제공하는 근로의 대가로서 지급하는 것이므로, 통상임금에 해당할 가능성이 높다(대판 2013.12.18, 2012다89399 참고).

위와 같이 전년도 근무실적에 따라 당해 연도에 지급할 업적연봉을 결정하여 당해 연도에 지급하는 형태의 업적연봉은 그 업적연봉액 모두 통상임금에 해당된다고 판단될 수 있다. 하지만, 위와 달리 예컨대 당해 연도 2분기 초에 1분기의 근무실적을 평가하여 업적연봉액(명칭을 달리 정할 수도 있다)을 결정한 후 이를 당해 연도 2분기 중에 지급하는 형태로 운영하는 사례도 있을 수 있다. 이때 해당 업적연봉은 근로자의 근무실적에 따라 지급 여부와 지급액이 달라지는 성과급과 같은 성격이므로 원칙적으로 통상임금에 해당하지 않는다. 지급 대상기간에 이루어진 근로자의 근무실적을 평가하여 이를 토대로 지급 여부나 지급액이 정해지는 성과급은 근로자가 초과근로를 제공하는 시점에서는 근무실적에 대한 평가와 그에 따른 성과급 지급 여부 및 지급액이 확정되어 있지 않으므로 고정성이 인정되지 않아 통상임금에 속하지 않는다는 점은 앞에서 자세히 살펴본바 있다.

다만, 위 경우에도 근무실적에 대한 평가에서 최하등급을 받아도 지급이 보장되는 최소금액이 있다면 그 금액만큼의 업적연봉(성과급)은 고정적인 임금이므로 통상임금에 속한다.

(3) 기본연봉

가. 기본급과 각종 수당을 통합하여 기본연봉으로 책정하고 매월 1/12씩 지급하는 경우

임금체계를 연봉제로 변경하면서 현 직급 및 호봉에 해당하는 기본급, 상여금, 가계지원비, 효도휴가비, 장기근속수당, 초과근로수당 등 연간 산정된 총액의 합을 기본연봉으로 책정한 후 매월 기본연봉의 1/12를 지급하는 경우, 위와 같이 연봉제로 임금체계를 변경하여 기본급에 각종 수당을 포함하여 기본연봉으로 통합하고 기본연봉의 1/12를 매월 분할하여 지급할 경우에는 매월 지급되는 기본연봉을 통상임금으로 보아야 할 것이다(2006.11.14, 임금근로시간정책팀-3347).

다만, 위 사례에서 기본연봉에 연장・야간・휴일 근로 등에 대한 초과근로수당까지 포함되어 있음이 분명하고 그 금액을 구분할 수 있는 경우에는 해당 초과근로수당은 소정근로의 대가로 지급되는 것이 아니므로 통상임금에서 제외되는 것으로 본다.

나. 근로계약에서 연봉의 총액만 정하고 이를 19등분하여 12/19는 기본급, 6/12는 상여금, 1/19는 명절 보너스 명목으로 지급하는 경우

고용노동부 행정해석 중 다음과 같은 사례가 있다. 근로자와 체결한 개별 근로계약서에는 연봉의 총액만 정하였을 뿐 임금의 구성항목이나 계산방법 등이 명시되어 있지 않은데, 취업규칙에 따라 개별 근로계약에 의해 책정된 연봉 금액의 1/19에 해당되는 '기본급'과 기본급의 50%에 해당하는 '상여금'을 합해 매월 지급하고, 설과 추석에 각 50%의 '보너스'를 지급하고 있다. 즉 매월 연봉금액의 1.5/19를 지급하고(기본급 1/19에 상여금 명목의 0.5/19를 합산한 금액), 설과 추석에 각각 0.5/19씩을 추가로 지급한다. 위와 같은 경우 통상임금에 속하는 임금의 범위가 문제된다.

위 사례에서 명칭만 '상여금'이나 '보너스'일 뿐 상여의 성격(지급대상기간에 걸쳐 근무를 대상으로 지급되는 임금의 후불적 성격, 기업의 성과·이익배분, 근로자의 공헌에 대한 공로보상, 현재·장래 근무의 인센티브 부여, 생계비 보전 등)이 아닌 근로계약이나 취업규칙 또는 단체협약 등에 의하여 소정근로에 대한 대가로 지급액 등을 사전적으로 정하고 이를 분할하여 지급하는 경우에 불과한 경우로 보이므로, 위 '상여금'이나 명절 '보너스' 모두 통상임금의 범위에 포함하여야 할 것으로 생각한다(2011.11.2, 근로개선정책과-4079 참고).

chapter 5

통상임금의 산정 실무

Contents

- 통상임금은 연장·야간 및 휴일근로에 대한 가산임금을 산정하는 기준임금이다. 해고예고수당, 연차유급휴가수당도 통상임금을 기준으로 계산한다. 따라서 통상임금은 연장·야간 근로에 대한 가산임금을 산출하기 위해서 반드시 시간급 금액으로 산정해야 한다. 또한, 해고예고수당, 연차유급휴가수당, 휴일근로수당에 대해서는 일급 금액(휴일에 시간 단위로 근무했으면 시간급 금액)으로 환산할 필요가 있다.

- 시간급 통상임금은 앞에서 살펴본 통상임금에 속하는 임금(통상임금 산정 기초임금)을 통상임금 산정 기준시간 수로 나누어 계산한다. 그리고 일급 통상임금은 위와 같이 산정된 시간급 통상임금에 1일의 소정근로시간 수를 곱하면 된다.

- 지금까지의 통상임금에 속하는 임금 범위에 관한 논의를 바탕으로 제5장에서는 통상임금을 산정하는 기준시간 수의 의미와 계산방법 등을 살펴본 후, 임금 실무에서의 다양한 사례를 통해 시간급 또는 일급 통상임금을 산정하는 구체적인 방법을 알아본다.

제1절 통상임금 산정 기준시간 수

1 의 의

근로자에게 지급하는 임금이 모두 시간급으로만 구성되어 있다면 해당 근로자의 시간급 통상임금은 통상임금에 속하는 해당 임금액을 모두 더하면 바로 산정된다. 그렇지만 현실에서는 임금이 모두 시간급 금액으로만 구성되어 있는 경우는 드물고 시간급, 일급, 주급, 월급 금액 등 다양한 형태로 지급되며 일급 금액이나 월급 금액 등이 혼재되어 있는 경우도 흔히 찾을 수 있다. 따라서 위와 같은 경우 시간급 통상임금을 계산하기 위해서는 통상임금에 속하는 임금을 일정한 시간 수로 나누어야 한다. 이때 필요한 것이 통상임금 산정 기준시간이다.

- 시간급 통상임금 = 통상임금에 속하는 임금 ÷ 통상임금 산정 기준시간 수
- 일급 통상임금 = 시간급 통상임금 × 1일의 소정근로시간 수

통상임금 산정 기준시간이란 통상임금의 산정기초가 되는 임금을 시간급 금액으로 산정할 경우의 기준시간으로서 일급 금액으로 정한 경우에는 1일의 소정근로시간을 기준으로 하지만 주급 금액이나 월급 금액의 경우에는 소정근로시간과 소정근로시간 외에 유급 처리되는 시간을 합산한 시간(통상임금 산정 기준시간)을 말하며 도급 금액으로 정한 경우에는 해당 임금산정기간의 총 근로시간(총 근로시간 외에 유급 처리되는 시간은 합산한다)을 말한다.

2 소정근로시간

소정근로시간이란 근로기준법 제50조, 제69조 본문 또는 산업안전보건법 제46조에 따른 근로시간의 범위에서 근로자와 사용자 사이에 정한 근로시간을 말한다(근로기준법 제2조제1항제7호). 따라서 소정근로시간은 법정근로시간과 다를 수도 있다. 다만, 소정근로시간은 법정근로시간 범위에서 근로관계 당사자인 근로자와 사용자가 약정한 근로시간이므로 통상적으로 1일 11시간의 근로를 매일 하였더라도 11시간을 소정근로시간이라고 볼 수는 없다. 따라서 일반 근로자의 경우 소정근로시간은 1일 8시간, 1주 40시간을 초과할 수 없으며, 연소 근로자의 경우에는 1일 7시간, 1주 40시간을 초과할 수 없고, 잠함 · 잠수작업 등 유해 · 위험한 작업의 소정근로시간은 1일 6시간, 1주 34시간을 초과할 수 없다.

3 소정근로시간 외에 유급 처리되는 시간

(1) 유급 주휴일(주휴수당)

사용자는 근로자에게 근로기준법 제55조에 따라 1주일에 평균 1회 이상의 유급휴일을 주어야 한다. 근로기준법 제55조에 따른 유급휴일은 1주 동안의 소정근로일을 개근한 자에게 주어야 한다(근로기준법 시행령 제30조). 유급휴일에 대한 임금을 일반적으로 주휴수당이라고 하는데, 판례는 월급제 근로자의 월급 금액에는 유급휴일에 대한 임금인 주휴수당이 포함되어 있다고 본다(대판 1994.5.24, 93다32514 ; 대판 1998.4.24, 97다28421 등).

그런데 이 주휴수당은 1주 동안의 소정근로일수를 개근했는지에 따라 지급 여부가 결정되고(근로기준법 시행령 제30조), 연장 · 야간 · 휴일 근로 가산임금 등 다른 법정수당과 마찬가지로 통상임금을 산정한 다음 이를 기초로 산출하여야 하므로 통상임금에 속하지 않는다. 따라서 월급 금액을 시간급 통상임금 금액으로 산정할 때 월급 금액에서 주휴수당에 해당하는 금액 부분은 공제하고 계산하여야 한다.

그런데 월급 금액에서 주휴수당을 공제하는 대신, 주휴일에 실제 근로를 하지는 않았지만 소정근로일의 소정근로시간 수만큼 근로를 한 것으로 간주하여 월 소정근로시간 수에 유급휴일에 해당하는 근로간주시간 수를 더하여 통상임금을 산정하면, 월급 금액에서 주휴수당을 공제한 금액을 월의 소정근로시간 수로 나눈 금액과 같은 결과가 된다. 소정근로시간이 1일 8시간, 1주 40시간인 경우에는 주휴일에 대해 유급 처리되는 시간은 주당 8시간이다.

근로기준법 시행령 제6조제2항제3호 및 제4호는 위와 같은 점을 반영하여 시간급 통상임금의 계산 방법에 대해, “주급 금액으로 정한 임금은 그 금액을 주의 통상임금 산정 기준시간 수(법 제2조제1항제7호에 따른 주의 소정근로시간과 소정근로시간 외에 유급으로 처리되는 시간을 합산한 시간)로 나눈 금액”, “월급 금액으로 정한 임금은 그 금액을 월의 통상임금 산정 기준시간 수(주의 통상임금 산정 기준시간 수에 1년 동안의 평균 주의 수를 곱한 시간을 12로 나눈 시간)로 나눈 금액”으로 정하고 있는 것이다.

그 밖에 휴일 또는 휴무일인 토요일을 유급으로 처리하고 있는 경우에도 소정근로시간 외에 유급 처리되는 시간을 계산하여야 하며, 이에 대해서는 별도로 살펴본다.

같은 취지에서 판례도 월급제 임금에서 시간급 통상임금을 산정하려면 월 소정근로시간에 주휴일의 소정근로시간으로 간주되는 근로시간을 합한 다음 월급 금액을 위와 같이 합산한 근로시간 수로 나누면 된다고 한다(대판 1985.12.24, 84다카254 ; 대판 1990.12.26, 90다카12493 ; 대판 1998.4.24, 97다28421 ; 대판 2013.3.28, 2011다27707 등).

(2) 약정 근로시간

판례는 법정 기준근로시간을 초과하여 근로하기로 근로자와 사용자가 합의한 시간을 약정 근로시간이라고 한다. 예컨대, 운수사업의 경우 업종의 특수성에 따라 1일 근무시간을 8시간 이상의 장시간으로 정하는 대신 월 출근일수(만근일수)는 13일, 18일 등으로 짧게 정하는 사례가 있다. 약정 근로시간을 1일 12시간으로 정하였고 여기에 연장근로 4시간 및 야간근로 2시간이 포함되어 있다면 위와 같은 근로의 대가로 지급된 일급 금액을 시간급 통상임금으로 산정하기 위해서는 총 15시간(=약정 근로시간 12시간+(연장근로시간 4시간×가산율 0.5)+(야간근로시간 2시간×가산율 0.5)으로 나누는 방식에 의해 계산한다.

판례

[대판 2012.3.29, 2010다91046]

월급 금액으로 정하여진 통상임금을 시간급 금액으로 산정할 때에는 그 금액을 월의 통상임금 산정 기준시간 수(주의 통상임금 산정 기준시간 수에 1년 동안의 평균 주의 수를 곱한 시간을 12로 나눈 시간)로 나눈 금액에 의하여야 하므로(근로기준법 시행령 제6조제2항제4호), 그 시간급 통상임금 산정을 위해서는 먼저 월급 금액으로 정하여진 통상임금을 확정하여야 한다. 그런데 근로자가 근로기준법 제50조의 기준근로시간을 초과하는 약정 근로시간에 대한 임금으로 월급을 지급받거나 기본시급과 함께 매월 고정수당을 지급받았다면, 그 월급이나 월급의 형태로 지급받는 고정수당에는 통상임금으로 볼 수 없는 근로기준법 제55조 소정의 유급휴일에 대한 임금과 같은 법 제56조 소정의 연장·야간근로에 대한 임금이 포함되어 있어 그 통상임금을 확정하기가 곤란하므로, 이러한 경우에는 근로자가 유급휴일에 근무한 것으로 의제하여 이를 약정 근로시간과 합하여 총 근로시간을 산정한 후, 유급휴일에 대한 임금의 성격을 가지는 부분과 연장·야간근로수당분이 포함된 월급 또는 고정수당을 그 총 근로시간 수로 나누는 방식에 의하여 그 시간급 통상임금을 산정하여도 무방하다.

4 월의 통상임금 산정 기준시간 수

월급 금액으로 정한 임금은 그 금액을 월의 통상임금 산정 기준시간 수(주의 통상임금 산정 기준시간 수에 1년 동안의 평균 주의 수(週數)를 곱한 시간을 12로 나눈 시간)로 나누어 계산한다. 월 통상임금 산정기준시간의 개념은 임금을 월급으로 지급하는 경우 이를 시간급 통상임금으로 산정하기 위해 필요하다. 즉, 월급으로 임금이 정해져 있으면 시간당 통상임금을 산정하기 위해서는 주 소정근로시간 40시간+유급 주휴일 8시간에 1년간의 평균 주의 수를 곱한 후 이를 다시 12개월로 나누면 약 209시간(정확하게는 208.6시간)이 나오는데 이것을 월 통상임금 산정 기준시간 수라고 하고, 월급 금액을 위와 같이 계산된 209시간으로 나누면 시간급 통상임금이 계산된다. 월의 통상임금 산정 기준시간 수는 아래와 같이 계산한다.

[월의 통상임금 산정 기준시간 수 계산방법]

{[40시간(주 소정근로시간) + 8시간(주휴일)] × 52주(1년간 평균 주 수) + 8시간} ÷ 12월 ≒ 209시간

소정근로시간이 주 40시간인 경우에는 주당 소정근로시간 수 40시간에 유급 주휴일 8시간을 더하고, 1년간의 평균 주(週) 수(52주)를 곱하며, 여기에 8시간(1일)을 더한 후(52주는 364일이므로 1일을 더해야 1년인 365일이 된다), 이를 다시 12개월로 나누면 약 209시간이 나오고, 월급 금액을 이 209시간으로 나누면 시간급 통상임금이 산정된다. 위와 같이 월의 통상임금 산정 기준근로시간 수를 1년 간 평균치로 계산하는 이유는 매월마다 역일(曆日) 수가 28일~31일로 차이가 있고 주휴일 수도 매월 4일~5일로 다르기 때문이다.

한편, 사업장에 따라서는 1일 소정근로시간을 8시간으로 정하면서 여름과 겨울철 일정기간 동안만 한시적으로 에너지 절약 차원에서 근로시간을 1시간 단축하는 사례도 있으며, 이 경우 통상임금 산정 기준근로시간 수가 달라지는지 문제될

수 있다. 이와 관련해 판례는 "병원 복무규정의 규정에 의하여 동절기인 11월 1일부터 다음해 3월 31일까지 토요일을 제외한 평일의 근무시간을 1시간씩 단축하고 있다 할지라도 이는 에너지 절약이라는 정책적 요인과 계절적 요인 등을 고려한 편의적 조치일 뿐이므로 이로써 근로자들의 시간급 통상임금을 인상하려는 취지는 아니라 할 것이므로 이러한 사유를 시간급 통상임금의 산정의 기초가 되는 월 소정근로시간 수를 산정함에 있어 고려할 수는 없다"(대판 1990.12.26, 90다카12493)고 한다.

5 토요일 처리방식에 따른 통상임금 산정 기준시간 수의 변화

(1) 토요일을 무급 처리하는 경우

월의 통상임금 산정 기준시간 수 계산시 무급 처리하는 시간은 포함하지 않으므로 통상임금 산정기준시간은 209시간이다.

(2) 토요일을 유급 처리하는 경우

월의 통상임금 산정 기준시간 수 계산시 유급 처리하는 시간을 포함해서 계산하므로 통상임금 산정 기준시간은 4시간을 유급 처리하는 경우 226시간, 8시간을 유급 처리하는 경우 243시간이다(2005.4.15, 근로기준과-2170 ; 2004.6.12, 근로기준과-3802 참고).

[토요일의 처리와 월의 통상임금 산정 기준시간 수]

a) 토요일을 무급으로 처리하는 경우
- {(주 40시간+주휴일 8시간)×365일÷7일}÷12월≒209시간

b) 토요일 4시간을 유급으로 처리하는 경우

- {(주 40시간+주휴일 8시간+4시간)×365일÷7일}÷12≒226시간

c) 토요일 8시간을 유급으로 처리하는 경우

- {(주 40시간+주휴일 8시간+8시간)×365일÷7일}÷12월≒243시간

(3) 취업규칙에 휴무하는 토요일에 유 · 무급을 규정하지 않은 경우

취업규칙에 주 40시간을 근로시간으로 규정하고 있으나 휴무하는 토요일에 대하여 유급인지 무급인지를 규정하고 있지 않은 경우, 근로기준법 시행령 제6조제2항제3호 및 제4호에 따라 토요일 4시간이 유급으로 처리되는 시간으로 볼 수 있는 경우에 한하여 월의 통상임금 산정 기준시간 수를 226시간으로 볼 수 있을 것이며, 그렇지 않을 경우에는 209시간으로 보아야 할 것이다(2009.11.25, 근로기준과-4987).

6 취업규칙 · 단체협약 등에 자체적으로 정한 월의 통상임금 산정 기준시간 수

(1) 183시간, 184시간, 192시간인 경우

법정근로시간과 같이 주 40시간을 소정근로시간으로 정하고 주휴일 외에 유급처리되는 시간이 없는 경우, 월의 통상임금 산정 기준시간 수는 209시간인 것이 원칙이다. 그런데 사업장에 따라서는 이 보다 작은 월의 통상임금 산정 기준시간 수를 운용하는 경우도 어렵지 않게 찾을 수 있다.

183시간, 184시간, 192시간을 각각 월의 통상임금 산정 기준시간 수로 사용하는 사례가 있는데, 이는 실제 근무시간이나 실제 근무일수를 기초로 183시간인

경우는 440분(7시간 20분)×25일÷60분=183.3시간, 184시간인 경우는 월 실근무일수 23일×8시간=184시간, 192시간인 경우는 (44시간×4주)+(2일×8시간)=192시간과 같은 방식으로 계산한 것으로 보인다.

(2) 통상임금 산정 기준시간 수 축소의 효과

위와 같이 월의 통상임금 산정 기준시간 수가 209시간보다 작으면 통상임금에 해당하는 임금이 같은 한 시간급 통상임금이 더 높게 산정되며, 따라서 근로자가 지급받는 연장근로수당 등도 더 많아진다.

주 40시간 근로제에서 토요일이 무급휴일이라면 월의 통상임금을 시급 통상임금으로 환산하는 월의 통상임금 산정 기준시간 수는 달리 정한 바가 없으면 209시간으로 볼 수 있으며, 통상임금 산정 기준시간 수를 변경(184시간에서 209시간으로 변경)한 단체협약이 현저히 합리성을 결하여 노동조합의 목적을 벗어난 것으로 볼 수 있는 경우와 같은 특별한 사정이 없는 한 그러한 노사 간의 합의를 무효라고 볼 수 없다는 고용노동부 행정해석이 있다(2011.8.26, 근로개선정책과-2728).

제2절 통상임금의 산정방법

통상임금의 가장 핵심적인 기능은 연장·야간·휴일 근로 등 초과근로에 대한 가산임금을 계산하는 기준임금이라는 점이다. 초과근로수당을 계산하기 위해서는 근로자가 제공한 초과근로시간 수를 확정한 후, 여기에 통상임금을 1시간 단위로 환산한 시간급 통상임금과 가산율을 곱하여야 한다.

초과근로수당 = 초과근로시간 수 × 시간급 통상임금 × 가산율 150%
(다만, 야간근로의 경우 소정근로 또는 연장근로 등과 중복되면 가산율 50% 적용)

위와 같이 초과근로수당을 계산하기 위해서는 시간급 통상임금을 반드시 산정해야 하며, 근로기준법 시행령 제6조제2항 및 제3항의 규정에 따라 통상임금을 시간급 금액으로 산정할 경우에는 아래와 같은 방법으로 환산한다. 이 경우 통상임금을 일급 금액으로 산정할 때에는 시간급 금액에 1일의 소정근로시간 수를 곱하여 계산한다.

관계법령

근로기준법 시행령 제6조 【통상임금】 ② 제1항에 따른 통상임금을 시간급 금액으로 산정할 경우에는 다음 각 호의 방법에 따라 산정된 금액으로 한다.

1. 시간급 금액으로 정한 임금은 그 금액
2. 일급 금액으로 정한 임금은 그 금액을 1일의 소정근로시간 수로 나눈 금액
3. 주급 금액으로 정한 임금은 그 금액을 주의 통상임금 산정 기준시간 수(법 제2조제1항제7호에 따른 주의 소정근로시간과 소정근로시간 외에 유급으로 처리되는 시간을 합산한 시간)로 나눈 금액
4. 월급 금액으로 정한 임금은 그 금액을 월의 통상임금 산정 기준시간 수(주의 통상임금 산정 기준시간 수에 1년 동안의 평균 주의 수를 곱한 시간을 12로 나눈 시간)

로 나눈 금액
5. 일·주·월 외의 일정한 기간으로 정한 임금은 제2호부터 제4호까지의 규정에 준하여 산정된 금액
6. 도급 금액으로 정한 임금은 그 임금 산정 기간에서 도급제에 따라 계산된 임금의 총액을 해당 임금 산정 기간(임금 마감일이 있는 경우에는 임금 마감 기간을 말한다)의 총 근로 시간 수로 나눈 금액
7. 근로자가 받는 임금이 제1호부터 제6호까지의 규정에서 정한 둘 이상의 임금으로 되어 있는 경우에는 제1호부터 제6호까지의 규정에 따라 각각 산정된 금액을 합산한 금액

③ 제1항에 따른 통상임금을 일급 금액으로 산정할 때에는 제2항에 따른 시간급 금액에 1일의 소정근로시간 수를 곱하여 계산한다.

1 시간급 통상임금의 산정

(1) 시간급 금액

시간급 금액으로 정한 임금은 그 금액을 통상임금으로 한다.

(2) 일급 금액

가. 원 칙

일급 금액으로 정한 임금은 그 금액을 1일의 소정근로시간 수로 나눈 금액이다.

$$\bullet \ \text{시간급 통상임금} = \frac{\text{일급 금액}}{\text{1일의 소정근로시간 수}}$$

예를 들어 1일 8시간 근로에 일급으로 5만원을 지급하는 경우 시간급 통상임금은 6,250원(=5만원÷8시간)이며, 근로자가 8시간 근로 후 추가로 2시간의 연장근

로를 하였다면 해당 근로일에 대해서는 일급 금액에 가산임금을 포함하여 총 68,750원{=5만원+(6,250원×2시간×1.5)}을 지급하여야 한다.

시간급이나 일급이라고 하여 반드시 1시간 또는 1일에 한 번씩 임금을 지급하는 것이 아니고 월 단위로 1~2회 지급하는 것이 일반적이므로 월 단위로 하여 별도의 수당이 지급되는 경우에는 각종 수당을 포함하여 통상임금을 산정한다.

나. 일급 금액이 법정근로시간을 넘는 시간에 대한 임금으로 정해진 경우

근로기준법이 정하고 있는 기준근로시간(1일 8시간, 1주 40시간)을 초과하는 근로시간에 대한 임금으로 일급 금액이 정해진 경우나 야간근로시간에 대한 임금을 포함하여 정해진 경우에는 그 일급 금액에서 연장·야간 근로시간에 대한 초과근로수당분을 제외한 금액만이 통상임금에 포함된다.

이 경우 시간급 통상임금은 일급 금액에서 초과근로수당분을 공제한 금액을 1일의 소정근로시간 수로 나눈 금액이다. 연장근로수당은 시간급 통상임금×초과근로시간×1.5로 산출된다. 그러므로 시간급 통상임금은 다음과 같이 산정된다.

- $\text{시간급 통상임금} = \dfrac{\text{일급 금액} - \text{초과근로수당}}{\text{1일의 소정근로시간 수}}$

- $\text{시간급 통상임금} = \dfrac{\text{일급 금액}}{\text{1일의 소정근로시간 수} + \text{초과근로시간 수} \times 1.5}$

예를 들어 일급 금액 7만 7천원에 1일 10시간을 근로하기로 정하였다면, 노사당사자가 정한 근로시간이 법정근로시간 8시간을 초과하여 연장근로 2시간이 포함되어 있고, 일급 금액이 법정근로시간을 초과하는 근로시간 전체에 대한 임금으로 정해진 경우에 해당하므로, 시간급 통상임금은 일급 금액을 1일의 소정근로시간 수(8시간)에 연장근로에 대한 법정가산 근로시간(2시간×가산율 1.5=3시간)을 합한 근로시간 수로 나눈 금액이다. 따라서 이 경우 시간급 통상임금은 7,000원{=7만 7천원÷(8시간+3시간)}이다.

위와 마찬가지로 근로자가 지급받는 임금 중에 일급으로 지급받는 식대수당이 있다면 시간급 통상임금은 그 식대수당을 1일 기준근로시간에 각 가산율을 고려한 1일 연장 및 야간근로시간을 합한 근로시간 수로 나누는 방식에 따라 산정하여야 하는바(대판 2012.11.29, 2010다109107 참고), 1일 식대수당이 1만원이고 1일 소정근로시간과 가산율을 감안한 연장근로시간의 합계가 11시간이라면 일급의 형태로 지급받는 식대수당을 시간급 통상임금으로 환산하기 위해서는 11시간으로 나누는 방식에 따라 산정하여야 할 것이어서 시간급 통상임금에 산입할 식대수당은 909원(=1만원÷11시간, 소수점 이하 버림, 이하 같음)이다.

다. 월 만근일수가 정해져 있는 사업장에서 일급 금액 등이 법정근로시간을 넘는 시간에 대한 임금으로 정해진 경우

예컨대, 단체협약에서 근로시간을 1일 12시간(연장근로 4시간, 야간근로 2시간 포함)으로 하며 월 14일 근무를 만근으로 본다고 정하고 있고, 회사가 근로자들에게 출근일수에 따라 1일당 2,000원을 교통비로 지급하며, 월 14일 만근 근무자 월 6만원을 기준으로 하여 사고 발생 여부와는 관계없이 근무일수에 따라 무사고수당을 지급하는 경우, 각 수당의 시간급 통상임금은 다음과 같이 산정한다.

일급 내지 월급의 형태로 지급되는 고정수당인 교통비와 무사고수당은 연장근로와 야간근로를 포함하는 약정 근로시간에 대한 대가로서 성질을 갖고 있으므로(대판 2012.11.29, 2010다109107 참고), 이에 따라 일의 통상임금 산정 기준시간 수를 계산하면 15시간[=1일 약정 근로시간 12시간+(연장근로시간 4시간×가산율 0.5)+(야간근로시간 2시간×가산율 0.5)]이며, 이를 월의 통상임금 산정 기준시간으로 계산하면 210시간(15시간×14일)이 된다.

따라서 위 교통비의 시간급 통상임금 환산액은 133원(=2000원÷15시간)이며, 무사고수당의 시간급 통상임금 환산액은 285원(=6만원÷210시간)이다.

라. 월급 금액으로 지급하되 일정 근무일수를 채우지 못한 경우에는 일할계산하여 지급하는 임금인 경우

예를 들어 월간 15일 이상 출근한 근로자에게는 근속수당 전액을 지급하지만, 15일 미만 출근하면 일할계산해 근속수당을 지급하는 경우, 판례는 근속수당의 지급조건에 일정 근무일수를 기준으로 그 미만은 일할계산하여 지급하고 그 이상은 전액 지급하기로 정해진 경우 그 일할계산하여 지급되는 최소한도의 임금은 고정적인 임금이라고 본다(대판 2013.12.18, 2012다89399). 따라서 위 사례에서 시간급 통상임금을 산정할 때에는, 근속수당을 일할계산한 일급 금액을 1일의 소정근로시간 수로 나누어 산정된 금액을 시간급 통상임금에 합산하여야 한다.

(3) 주급 금액

가. 원 칙

주급 금액으로 정한 임금은 그 금액을 주의 통상임금 산정 기준시간 수(근로기준법 제2조제1항제7호에 따른 주의 소정근로시간과 소정근로시간 외에 유급으로 처리되는 시간을 합산한 시간)로 나눈 금액이다.

나. 주급 금액이 주휴수당을 포함하여 법정근로시간을 넘는 시간에 대한 임금으로 정해진 경우

사용자는 근로자에게 근로기준법 제55조 및 근로기준법 시행령 제30조에 따라 1주 동안의 소정근로일을 개근한 근로자에게 1주일에 평균 1회 이상의 유급휴일을 주어야 한다. 유급휴일에 대한 임금을 일반적으로 주휴수당이라고 하는데, 주급 금액으로 정하여진 임금에는 월급제 임금과 마찬가지로 주휴수당이 포함되어 있다고 보아야 할 것이다(대판 1994.5.24, 93다32514 ; 대판 1998.4.24, 97다28421 등 참고). 그런데 이 주휴수당은 1주 동안의 소정근로일수를 개근했는지에 따라 지급 여부가 결정되고, 연장·야간·휴일 근로 가산임금 등 다른 법정수당과 마찬가지로 통상임금을 산정한 다음 이를 기초로 산출하여야 하므로 통상임금에서 제외된다. 또한 주급 금액에 통상임금에 속하는 것으로 볼 수 없는 연장근로수당 등이 포함되어 있는 경우에는 그 수당 금액도 제외해야 한다.

위와 같은 경우에는 유급 주휴일에 근무한 것으로 간주하여 그 근로간주시간(유급처리되는 시간)을 약정 근로시간(연장근로시간의 경우 각 가산율 고려)과 합하여 총 근로시간을 산정한 후 유급 주휴일에 대한 임금의 성격을 가지는 부분과 연장·야간근로수당분이 포함된 주급 형태로 지급받는 고정수당을 그 총 근로시간 수로 나누는 방식에 의하여 그 시간급 통상임금을 산정하여도 무방하다. 그러므로 시간급 통상임금은 다음과 같이 산정된다.

- 시간급 통상임금 = $\dfrac{\text{주급 금액} - \text{주휴수당} - \text{초과근로수당}}{\text{1주의 소정근로시간 수}}$

- 시간급 통상임금 = $\dfrac{\text{주급 금액}}{\text{1주의 소정근로시간 수} + \text{유급처리되는 시간 수} + \text{초과근로 시간 수} \times 1.5}$

예컨대, 1주간 소정근로시간 40시간 근무에 12시간의 연장근로를 추가로 제공하며, 연장근로 가산임금과 주휴수당을 포함하여 주급 금액으로 총 100만원을 지급하기로 정하였다면, 시간급 통상임금은 15,151원{=100만원÷(40시간+8시간+12시간×1.5)}이다.

(4) 월급 금액

가. 원 칙

월급 금액으로 정한 임금은 그 금액을 월의 통상임금 산정 기준시간 수(주의 통상임금 산정 기준시간 수에 1년 동의 평균 주의 수(週數)를 곱한 시간을 12개월로 나눈 시간)로 나눈 금액이다. 통상임금 산정 기준시간의 개념은 임금을 월급으로 지급되는 경우 이를 시간급 통상임금으로 산정하기 위해 필요한 개념임은 위에서 설명하였다.

나. 월급 금액이 주휴수당을 포함하여 법정근로시간을 넘는 시간에 대한 임금으로 정해진 경우

위에서 살펴본 것과 같이 월급제 근로자의 월급 금액에는 유급 주휴일에 대한 임금인 주휴수당이 포함되어 있다고 보므로(대판 1998.4.24, 97다28421), 월급제 임금에서 시간급 통상임금을 산정하려면 월 소정근로시간에 주휴일의 소정근로시간으로 간주되는 근로시간을 더한 다음 월급 금액을 위와 같이 합산한 근로시간 수로 나누면 된다(대판 1985.12.24, 84다카254 ; 대판 1990.12.26, 90다카12493 ; 대판 1998.4.24, 97다28421 등).

즉, 월급 금액으로 정하여진 통상임금을 시간급 금액으로 산정할 때에는 그 금액을 월의 통상임금 산정 기준시간 수(주의 통상임금 산정 기준시간에 1년간의 평균 주수를 곱한 시간을 12로 나눈 시간)로 나눈 금액에 의하여야 하므로(근로기준법 시행령 제6조제2항제4호), 그 시간급 통상임금 산정을 위해서는 먼저 월급 금액으로 정하여진 통상임금을 확정하여야 한다. 그런데 근로자가 근로기준법에서 정하는 기준근로시간을 초과하는 약정 근로시간에 대한 임금으로 월급을 지급받거나 기본시급과 함께 매월 고정수당을 지급받는 경우, 그 월급이나 월급의 형태로 지급받는 고정수당에는 통상임금으로 볼 수 없는 근로기준법 소정의 유급 주휴일에 대한 임금과 연장근로에 대한 임금이 포함되어 있어 그 통상임금을 확정하기가 곤란하다. 따라서 위와 같은 경우에는 유급 주휴일에 근무한 것으로 간주하여 그 간주시간을 약정 근로시간(연장근로시간의 경우 가산율 고려)과 합하여 총 근로시간을 산정한 후 유급 주휴일에 대한 임금의 성격을 가지는 부분과 연장근로수당분이 포함된 월급 또는 월급 형태로 지급받는 고정수당을 그 총 근로시간 수로 나누는 방식에 의하여 시간급 통상임금을 산정할 수도 있다. 위와 같은 법리는 근로기준법에서 정하는 기준근로시간을 초과하는 약정 근로시간에 대한 임금으로서 일급, 주급의 형태로 지급되는 고정수당에 대한 시간급 통상임금을 산정하는 경우에도 동일하게 적용된다(대판 2012.3.29, 2010다91046 등 참고). 그러므로 시간급 통상임금은 다음과 같이 산정된다.

$$\text{• 시간급 통상임금} = \frac{\text{월급 금액} - \text{주휴수당} - \text{초과근로수당}}{\text{1월의 소정근로시간 수}}$$

$$\text{• 시간급 통상임금} = \frac{\text{월급 금액}}{\text{1월의 소정근로시간 수} + \text{유급처리되는 시간 수} + \text{초과근로 시간 수} \times 1.5}$$

예컨대, 단체협약에서 "1달 기준으로 기본근로 209시간, 연장근로 48시간, 야간근로 40시간으로 한다"고 정하고 있다면, 월 약정 근로시간은 301시간(=월 기본근로시간 수 209시간+월 연장근로시간 수 48시간×가산율 150%+월 야간근로시간 수 40시간×가산율 50%)이 된다. 근로자가 초과근로수당을 포함하여 월급으로 지급받는 임금이 300만원이면, 이를 시간급 통상임금으로 환산하기 위하여 301시간으로 나누는 방식에 따라 산정하면 9,966원(=300만원÷301시간)이 된다.

하급심 판례 중에는 단체협약과 임금협정에서 월 소정근로일수를 18일(만근)로 정하고 있으며, 1달 기준으로 기본근로 209시간, 연장근로 76시간, 야간근로 40시간으로 정하고 있으므로 월 약정 근로시간은 343시간(=월 기본근로시간 수 209시간+월 연장근로시간 수 76시간×가산율 150%+월 야간근로시간 수 40시간×가산율 50%)이 되므로, 월급의 형태로 지급받는 근속수당을 시간급 통상임금으로 환산하기 위해서는 343시간으로 나누는 방식에 따라 산정하여야 하며, 일급으로 지급받는 식대수당에 대한 시간급 통상임금은 그 식대수당을 1일 기준근로시간에 각 가산율을 고려한 1일 연장 및 야간근로시간을 합한 근로시간 수로 나누는 방식에 따라 산정하여야 하므로, 1일 소정근로시간은 15.44시간{=1일 기준근로시간 8시간+연장근로시간 4.22(76시간÷18일, 소수점 셋째자리 이하 버림)×150%+야간근로시간 2.22시간(40시간÷18일, 소수점 셋째자리 이하 버림)×50%}이 되므로, 일급의 형태로 지급받는 식대수당을 시간급 통상임금으로 환산하기 위해서는 15.44시간으로 나누는 방식에 따라 산정하여야 할 것이어서 시간급 식대수당은 583원(=9,000원÷15.44시간, 소수점 이하 버림)이라고 계산한 사례가 있다(인천지판 2013.5.9, 2012가합4912).

그런데 여기서 한 가지 주의할 점은 위 사례에서의 설명은 월급 금액에 초과근로수당까지 포함되어 있는 경우를 전제한 것이므로, 근로자가 지급받는 어떤 월급 금액에 초과근로수당이 포함되어 있는 것으로 볼 수 없는 경우에는 1월의 소정근로시간 수에 유급처리되는 시간 수만을 합산한 시간 수로 해당 월급 금액을 나누어 시간급 통상임금을 계산하여야 한다. 예를 들어 주 40시간이 소정근로시간인 근로자에게 매월 근속수당으로 5만원을 지급하는 경우, 특별한 사정이 없는 한 근속수당 5만원은 초과근로수당까지 포함한 금액이라고 할 수 없는바, 이를 시간급 통상임금으로 환산하려면 209시간으로 나누어야 하며, 근속수당의 시간급 통상임금은 239원(=5만원÷209시간)이다.

(5) 일 · 주 · 월 외의 일정기간 임금제의 경우

일 · 주 · 월 외의 일정한 기간으로 정한 임금은 위에서 살펴본 방법에 준하여 산정한 금액으로 한다.

(6) 도급 금액

도급 금액으로 정한 임금은 그 임금산정기간에서 도급제에 따라 계산된 임금의 총액을 해당 임금산정기간(임금마감일이 있는 경우에는 임금마감기간)의 총 근로시간 수로 나눈 금액이다.

$$\bullet\ \text{시간급 통상임금} = \frac{\text{도급 금액}}{\text{해당 도급 금액 산정기간의 총 근로시간 수}}$$

예컨대, 도급 금액으로 생산량 1개당 5,000원을 지급하기로 정하였고 근로자가 10시간 업무를 수행하고 15개를 생산하여 7만 5천원을 지급받은 경우, 도급 금액 7만 5천원은 총 근로시간인 10시간에 대해 책정된 임금이므로 7만 5천원을 10시간으로 나누어 시간급 통상임금 7,500원을 산정한다. 그리고 위 사례에서 근로자가 2시간의 연장근로를 했으므로 연장근로수당으로 7,500원(=7,500원×2시간×50%)이 도급 금액과는 별도로 지급되어야 한다. 한편, 도급 금액을 위와 같이 일급으로 지급하지 않고 월 단위로 정산하여 지급하는 경우라면, 월 도급 금액을 월의 총 근로시간 수로 나누어 시간급 통상임금을 계산하면 된다.

(7) 근로자가 받는 임금이 둘 이상의 임금으로 되어 있는 경우

근로자가 받는 임금이 전 각호의 둘 이상의 임금으로 되어 있는 경우에는 그 부분에 대하여 위 각 환산방법에 따라 각각 산정된 금액을 합산한 금액을 통상임금으로 한다.

2 일급 통상임금의 산정

(1) 통상임금의 산정기초가 되는 임금이 일급 금액으로 정해진 경우

통상임금이 일급 금액으로 정해진 경우에는 그 금액을 일급 통상임금으로 한다. 다만, 일당제 근로자의 1일 근로시간이 8시간을 초과하는 경우에는 초과근로에 대한 법정수당분을 감안하여 통상임금을 산출한다.

예컨대 1일 10시간을 근로하고 연장근로수당을 포함하여 77,000원을 받는 경우에는 일급 통상임금은, 77,000원÷(8시간+2시간×1.5)×8시간=56,000원(시간급 통상임금은 7,000원)이다.

(2) 통상임금의 산정기초가 되는 임금이 시간급 금액으로 정해진 경우

이 경우에는 일급 통상임금은 시간급 금액에 1일 소정근로시간 수를 곱하여 산정한다.

예를 들어 시간급이 7,000원이고, 1일 7시간 근로하는 단시간근로자의 경우에는 1일 통상임금은 7,000원×7시간=49,000원이다.

(3) 통상임금의 산정기초가 되는 임금이 월급 금액으로 정해진 경우

시간급 통상임금을 먼저 산정한 후, 여기에 1일 소정근로시간 수를 곱하여 산정한다.

단시간근로자의 1일 소정근로시간 수는 4주 동안의 소정근로시간을 그 기간의 통상근로자의 총 소정근로일 수로 나눈 시간 수로 한다(근로기준법 시행령 제9조제1항 및 별표 2).

제3절 통상임금 산정 사례

1 임금이 시간급, 일급, 월급 금액으로 구성되어 있는 근로자 A의 통상임금 산정

(1) 근로시간과 휴일

- 소정근로시간: 1일 8시간, 1주 40시간
- 토요일: 휴무일(무급)
- 일요일: 주휴일(유급)

(2) 임금의 구성(통상임금에 속하는 임금)

- 기본급: 시급 6,000원
- 교통비: 출근일 1일당 3,000원
- 근속수당: 월 30,000원
- 위험작업수당: 월 50,000원
- 정기상여금: 연간 월 기본급(209시간분, 1,254,000원)의 600%에 상당하는 금액을 짝수 월마다 각 100%씩 지급

(3) 통상임금의 산정

① 시간급 금액으로 정한 기본급

– 시간급 금액으로 정한 임금은 그 금액이므로, **6,000원**

② 일급 금액으로 정한 교통비

– 일급 금액으로 정한 금액은 그 금액을 1일의 소정근로시간 수로 나눈 금액

이므로, **3,000원÷8시간=375원**

③ 월급 금액으로 정한 근속수당 및 위험수당

- 월급 금액으로 정한 금액은 그 금액을 월의 통상임금 산정 기준시간 수(주의 통상임금 산정 기준시간 수에 1년 동의 평균 주의 수(週數)를 곱한 시간을 12개월로 나눈 시간)로 나눈 금액이므로, **(30,000원+50,000원)÷209시간=382원**

④ 연 단위 금액으로 정한 정기상여금

- 일·주·월 외의 일정한 기간으로 정한 임금은 위 방법에 준하여 산정한 금액이므로, **1,254,000원×6회÷12월÷209시간=3,000원**

⑤ 시간급 통상임금

- 위 ①, ②, ③, ④에 따라 각각 산정된 금액을 합산한 금액이므로 **6,000원+375원+382원+3,000원=9,757원**

⑥ 일급 통상임금

- 위 시간급 금액에 1일의 소정근로시간 수를 곱하여 계산하므로 **9,757원×8시간=78,056원**

(4) 법정수당의 계산

가. 연장·야간·휴일 근로에 대한 가산임금(초과근로수당)

초과근로에 대해서는 통상임금의 100분의 50 이상을 가산하여 지급하여야 하므로(근로기준법 제56조), 예컨대 위 근로자가 월 20시간의 초과근로를 하였다면 초과근로수당은 292,710원(=9,757원×20시간×1.5)이다.

나. 휴일근로와 연장근로의 관계

초과근로수당의 계산과 관련하여 최근 쟁점은 1주 40시간을 근로한 주의 휴일에 근로한 경우 휴일근로시간이 연장근로시간에도 해당하는가이다.

고용노동부 행정해석은 근로기준법 제56조에서 연장근로를 근로기준법 제53조 규정에 의하여 연장된 시간의 근로로 규정함과 동시에 휴일근로와 구분하여 규정하고 있는 취지를 볼 때 근로기준법 제53조제1항(당사자 간에 합의하면 1주간에 12시간을 한도로 제50조의 근로시간을 연장할 수 있다)에 규정된 연장근로시간은 휴일근로시간을 포함하지 않는다고 보고 있다(1990.8.17, 근기 01254-11483 ; 2000.9.19, 근기 68207-2855). 따라서 휴일에 1일 법정근로시간인 8시간을 초과하는 경우 그 초과된 시간에 대하여만 휴일근로수당 외에 연장근로수당도 지급해야 한다는 입장이다(2002.10.28, 근기 68207-3125). 기존 대법원 판례도 휴일근로와 연장근로가 중복되는 경우에는 휴일근로에 대한 가산임금과 연장근로에 대한 가산임금을 각각 가산하여 산정하여야 한다고 하여 위 고용노동부 행정해석과 사실상 차이가 없었다(대판 1991.3.22, 90다6545).

하지만 최근의 하급심 판례(대구지판 2012.1.20, 2011가합3576 ; 서울고판 2011.11.18, 2009나74153 등)는 "근로기준법에서는 1주 간의 근로시간은 40시간을 초과할 수 없다고 하고 있을 뿐이므로 1주 간의 근로시간 산정시 휴일근로시간을 공제하라는 취지로 보기는 어렵고, 따라서 휴일 외 다른 날의 근로시간이 1주에 40시간을 넘은 경우 휴일에 한 근로시간은 모두 휴일근로시간임과 동시에 연장근로시간에 해당하고, 그 근로시간에 대하여는 모두 휴일근로수당과 연장근로수당을 중첩적으로 지급하여야 한다"고 하여 대법원의 최종 판결 결과가 주목된다.

다. 연차휴가미사용수당(연차휴가근로수당)

예를 들어 연차휴가가 15일 발생하였으나 10일만 사용하고 5일을 사용하지 못했다면 위 근로자에게 지급할 연차휴가미사용수당(연차휴가근로수당)은 390,280원(=78,056원×5일)이다.

판례는 근로기준법 제56조가 정하는 가산임금지급제도와 같은 법 제60조의 연차휴가제도는 그 취지가 다르고, 각 법조문도 휴일과 휴가를 구별하여 규정하고 있는 점에 비추어, 가산임금을 지급하여야 하는 휴일에는 연차휴가가 포함되지 않는다고 보아야 하므로 연차휴가근로수당에 대하여는 가산임금이 적용되지 않는다고 한다(대판 1991.7.26, 90다카11636 등).

2 임금이 도급, 일급, 월급 금액으로 구성되어 있는 근로자 B의 통상임금 산정

(1) 근로시간과 휴일

- 소정근로시간: 1일 6시간, 1주 36시간(단체협약과 취업규칙에서 정한 근로시간)
- 실제근로시간: 1일 8시간, 1주 40시간(단체협약과 취업규칙에서 정한 것과 달리 실제로는 1일 8시간, 1주 40시간을 근무함)
- 토요일: 휴무일(무급)
- 일요일: 주휴일(유급)

(2) 임금의 구성(통상임금에 속하는 임금)

- 기본급: 생산량에 도급 단가를 적용하여 산출한 금액을 월별로 합산하여 지급하는데, 2014년 2월 기준으로 20일을 일하고 250만원을 지급받음
- 출근수당: 출근일 1일당 3,000원
- 중식수당: 출근일 1일당 6,000원
- 직무수당 : 월 100,000원

(3) 통상임금의 산정

① 도급 금액으로 정한 기본급

- 도급 금액으로 정한 임금은 그 임금산정기간에서 도급제에 따라 계산된 임

금의 총액을 해당 임금산정기간(임금마감일이 있는 경우에는 임금마감기간)의 총 근로시간 수로 나눈 금액이므로, **250만원÷(20일×8시간)=15,625원**

② 일급 금액으로 정한 출근수당과 중식수당

– 일급 금액으로 정한 금액은 그 금액을 1일의 소정근로시간 수로 나눈 금액이므로, **(3,000원+6,000원)÷6시간=1,500원**

③ 월급 금액으로 정한 직무수당

– 월급 금액으로 정한 금액은 그 금액을 월의 통상임금 산정 기준시간 수(주의 통상임금 산정 기준시간 수에 1년 동의 평균 주의 수(週數)를 곱한 시간을 12개월로 나눈 시간)로 나눈 금액이므로, **100,000원÷[{(36시간+6시간)×52주+6시간}÷12월]=547원**

④ 시간급 통상임금

– 위 ①, ②, ③에 따라 각각 산정된 금액을 합산한 금액이므로, **15,625원+1,500원+547원=17,672원**

⑤ 일급 통상임금

– 위 시간급 금액에 1일의 소정근로시간 수를 곱하여 계산하므로, **17,672원×6시간=106,032원**

3 단시간(시간선택제) 근로자 C의 통상임금 산정

(1) 근로시간과 휴일

- 소정근로시간: 1일 6시간, 1주 30시간
- 토요일: 휴무일(무급)
- 일요일: 주휴일(유급)

(2) 임금의 구성(통상임금에 속하는 임금)

- 기본급: 월 860,750원
- 교통비: 출근일 1일당 3,000원
- 중식비: 월 정액으로 100,000원

(3) 통상임금의 산정

① 일급 금액으로 정한 교통비

- 일급 금액으로 정한 금액은 그 금액을 1일의 소정근로시간 수로 나눈 금액이므로, **3,000원÷6시간=500원**

② 월급 금액으로 정한 기본급과 중식대

- 월급 금액으로 정한 금액은 그 금액을 월의 통상임금 산정 기준시간 수(주의 통상임금 산정 기준시간 수에 1년 동의 평균 주의 수(週數)를 곱한 시간을 12개월로 나눈 시간)로 나눈 금액이므로, **(860,750원+100,000원)÷156.5시간=6,138원**

  ※ [(30시간+6시간)×52주+6시간]÷12월=156.5시간

③ 시간급 통상임금

- 위 ①, ②에 따라 각각 산정된 금액을 합산한 금액이므로, **500원+6,138원=6,638원**

④ 일급 통상임금

- 위 시간급 금액에 1일의 소정근로시간 수를 곱하여 계산하므로, **6,638원×6시간=39,828원**

(4) 시간급 임금을 일급 통상임금으로 산정하는 방법

관계법령 단시간근로자의 근로조건 결정기준 등에 관한 사항

[근로기준법 시행령 제9조제1항 및 별표 2]

2. 임금의 계산

가. 단시간근로자의 임금산정 단위는 시간급을 원칙으로 하며, 시간급 임금을 일급 통상임금으로 산정할 경우에는 나목에 따른 1일 소정근로시간 수에 시간급 임금을 곱하여 산정한다.

나. 단시간근로자의 1일 소정근로시간 수는 4주 동안의 소정근로시간을 그 기간의 통상근로자의 총 소정근로일 수로 나눈 시간 수로 한다.

따라서 위의 사례와 같이 단시간근로자의 소정근로시간이 고정되어 있는 경우에는 그 시간을 1일 소정근로시간 수로 하면 되지만, 소정근로시간이 매일 또는 매주 변경되는 경우에는 4주간을 평균하여 소정근로시간 수를 계산한다. 고용노동부 행정해석(2002.7.22, 근기 68207-2562)은 “근로기준법 시행령 별표2 제2호 나목에서 1일 소정근로시간 수는 4주간의 소정근로시간을 그 기간의 총 소정근로일 수로 나눈 시간 수로 하도록 하고 있는 바, 총 소정근로일 수에는 유급 주휴일이 제외된다”고 한다.

예를 들어, 단시간근로자의 소정근로시간이 1주 · 2주차에는 주 20시간, 3주 · 4주차에는 주 30시간이고, 4주 동안의 통상근로자의 총 소정근로일 수가 20일이면 단시간근로자의 1일 소정근로시간 수는 5시간[=(20시간+20시간+30시간+30시간)÷20일]이다.

(5) 해고예고수당의 계산

단시간근로자의 시간급 통상임금이 6,000원이고 1일 소정근로시간 수가 5시간일 경우, 일급 통상임금은 30,000원(=6,000원×5시간)으로 산정된다. 사용자가 해당 단시간근로자를 해고하면서 30일 전에 예고하지 않았다면 통상임금 30일분 이상을 해고예고수당으로 지급하여야 하므로(근로기준법 제26조), 해고예고수당액은 900,000원(=30,000원×30일) 이상이어야 한다.

chapter 6

통상임금의 확대와 추가임금 청구의 범위

Contents

- 최근 대법원 전원합의체 판결은 통상임금에 산입되어야 할 임금을 제외한 노사 합의의 효력을 인정하지 않은 대신에 정기상여금을 통상임금에서 제외하는 노사 합의의 무효를 주장하면서 추가적인 법정수당을 청구하는 것은 신의성실의 원칙에 반할 수 있다는 점을 인정하였다(대판 2013.12.18, 2012다89399).

- 노사가 정기상여금은 통상임금에 포함되지 않는다는 공통된 인식을 갖고 제반 임금을 결정하여 온 경우, 통상임금의 범위에 관한 논란이 정리되지 않은 시점에 법률의 불명확성, 판례와 행정해석의 차이에 따른 산업현장의 혼란을 고려하여 과거 소급분에 대한 근로자 측의 추가 법정수당 청구를 제한할 수 있는 근거를 마련하였다는 점에서 의의가 있다.

- 제6장에서는 통상임금의 범위가 확대될 경우 원칙적으로 추가적인 법정수당을 청구할 수 있으나 신의칙(信義則) 법리에 따라 추가임금 청구가 제한되는 요건 등을 살펴보고, 기업 자체적인 약정수당에도 영향을 미치는지에 대해서도 알아본다.

제1절 통상임금의 범위에 관한 노사 합의의 효력

1 통상임금과 노사 합의

성질상 근로기준법 상의 통상임금에 속하는 임금을 통상임금에서 제외하기로 노사 간에 합의한 경우가 있다.

[표] 통상임금 범위에 관한 노사 합의 사례

가. ○○노총 모범 단체협약(안)

제○조 【임금의 정의와 구성】 ① 통상임금이란 소정의 근로를 한 조합원에게 매월 정기적으로 지급하기로 정하여진 임금을 말한다.
② 통상임금의 범위에 포함되는 임금은 다음과 같다.
1) 기본급, 2) 직책수당, 3) 가족수당, 4) 근속수당, 5) 생산장려수당, 6) 벽지수당, 7) 위험수당, 8) 물가수당, 9) 기술수당, 10) 면허수당, 11) 현장수당

나. ○○중공업 단체협약

제○조 【임금구성】 임금은 조합원에게 지급되는 것으로서 다음과 같이 구분하며, 통상임금은 기본급, 근속수당, 특별수당, 설계수당, 생산장려수당, 가족수당으로 한다.

다. ○○기업 단체협약

제○조 【통상임금의 범위】 통상임금의 범위: 기본급+근속수당+직책수당+기술수당+위험수당+자격수당

위 사례와 같이 단체협약에서 통상임금에 속하는 임금의 범위를 "기본급+근속수당+직책수당+기술수당+위험수당+자격수당"으로 정하였는데, 해당 기업에서 지급되는 정기상여금이 그 성질상 근로기준법 상의 통상임금에 포함되어야 하는 경우가 여기에 해당한다.

2 통상임금에 산입되어야 할 임금을 제외한 노사 합의는 무효

(1) 판례의 견해

판례는 통상임금에 산입되어야 할 임금을 제외한 노사 합의는 강행규정에 위반하여 무효라고 보고 있다. 통상임금은 평균임금의 최저한을 보장함과 아울러 근로기준법 소정의 연장, 야간 및 휴일근로에 대한 가산수당(초과근로수당)이나 해고예고수당 등의 산정근거가 되는 것인바, 위 각 수당에는 가산율 또는 지급일수 외의 별도의 최저기준이 규정된 바 없으므로 노사 간의 합의에 따라 성질상 통상임금에 산입되어야 할 각종 수당을 통상임금에서 제외하기로 하는 합의의 효력을 인정한다면, 위 각 조항이 연장, 야간 및 휴일근로에 대하여 가산수당을 지급하고, 해고 근로자에게 일정기간 통상적으로 지급받을 급료를 지급하도록 규정한 취지는 몰각될 것이므로, 성질상 근로기준법 소정의 통상임금에 산입될 수당을 통상임금에서 제외하기로 하는 노사 간의 합의는 근로기준법이 정한 기준에 달하지 못하는 근로조건을 정한 계약으로서 무효라고 한다(대판 1993.5.11, 93다4816 ; 대판 2010.1.28, 2009다74144 등).

대법원 전원합의체 판결 또한 위와 같은 견해를 그대로 유지하여, "근로기준법에서 정하는 근로조건은 최저기준이므로(근로기준법 제3조), 그 기준에 미치지 못하는 근로조건을 정한 근로계약은 그 부분에 한하여 무효로 되며, 이에 따라 무효로 된 부분은 근로기준법에서 정한 기준에 따른다(근로기준법 제15조). 통상임금은 위 근로조건의 기준을 마련하기 위하여 법이 정한 도구개념이므로, 사용자와 근로자가 통상임금의 의미나 범위 등에 관하여 단체협약 등에 의해 따로 합의할 수 있는 성질의 것이 아니다. 따라서 앞에서 밝힌 기준에 따라 성질상 근로기준법 상의 통상임금에 속하는 임금을 통상임금에서 제외하기로 노사 간에 합의하였다 하더라도 그 합의는 효력이 없다. 연장·야간·휴일 근로에 대하여 통상임금의 50% 이상을 가산하여 지급하도록 한 근로기준법의 규정은 각 해당 근로에 대한 임금 산정의 최저기준을 정한 것이므로, 통상임금의 성질을 가지는 임금을 일부 제외한 채 연장·야간·휴일 근로에 대한 가산임금을 산정하도록 노사 간에 합의한 경우 그 노사 합의에 따라 계산한 금액이 근로기준법에서 정한 위 기준에 미달할 때에는 그 미달하는 범위 내에서 노사합의는 무효라 할 것이고, 그 무효로 된 부분은 근로기준법이 정하는 기준에 따라야 할 것이다"라고 한다(대판 2013.12.18, 2012다89399).

(2) 추가임금의 청구 가능

통상임금에 산입되어야 할 임금을 제외한 노사 합의가 근로기준법에 위반하여 무효이면, 그 무효로 된 부분은 근로기준법이 정하는 기준에 따라야 할 것이다(근로기준법 제15조 참고). 따라서 근로자는 법률상 통상임금에 해당하는 임금을 통상임금 산정에 포함시켜 다시 초과근로수당이나 해고예고수당 등 법정수당액을 계산한 다음, 이미 지급받은 것과의 차액을 추가임금으로 청구할 수 있는 것이 원칙이다. 퇴직한 근로자라면 초과근로수당 등의 인상분을 반영한 평균임금을 기초로 퇴직금을 재산정하여 이미 지급받은 퇴직금과의 차액을 추가로 청구할 수도 있을 것이다.

예를 들어 근속수당과 자격수당이 성질상 통상임금에 포함되는 것임에도 이들 수당을 통상임금에서 제외한 노사 합의에 따라 이들 수당을 제외하여 산정한 통상임금을 기준으로 연장근로수당을 계산하여 지급한 경우가 있을 수 있다. 위 근속수당과 자격수당을 포함하면 근로기준법 상의 시간급 통상임금이 12,000원인데, 이들 수당을 제외한 시간급 통상임금 10,000원을 기준으로 계산하여 1시간의 연장근로에 대한 수당으로 15,000원을 지급받았다면, 근로자는 법정 연장근로수당 금액인 18,000원(=12,000원×1.5)과 이미 지급받은 15,000원의 차액인 3,000원을 추가로 청구할 수 있을 것이다.

3 노사 합의가 무효인 경우 무효의 범위

(1) 근로기준법에 정한 기준과 전체적으로 비교해 그에 미치지 못하는 부분이 무효

성질상 근로기준법 소정의 통상임금에 산입될 수당을 통상임금에서 제외하기로 하는 노사 간의 합의는 같은 법이 정한 기준에 달하지 못하는 근로조건을 정한 계약으로서 무효이되, 다만 그 전부가 무효로 되는 것이 아니라 근로기준법에 정한 기준과 전체적으로 비교하여 그에 미치지 못하는 근로조건이 포함된 부분에 한하여 무효이다(대판 2007.11.29, 2006다81523 ; 대판 2013.12.18, 2012다89399).

근로기준법 제15조제1항은 “이 법에서 정하는 기준에 미치지 못하는 근로조건을 정한 근로계약은 그 부분에 한하여 무효로 한다”고 규정하고 있고, 제2항은 “제1항에 따라 무효로 된 부분은 이 법에서 정한 기준에 의한다”'라고 규정하고 있다. 이는 근로기준법의 목적을 달성하기 위하여 노사 간의 합의라는 형식을 빌려 근로자로 하여금 근로기준법이 정한 기준에 미달하는 근로조건을 감수하도록 하는 것을 저지함으로써 근로자에게 실질적으로 최소한의 근로조건을 유지시켜 주기 위하여 둔 규정이라고 할 것이다. 따라서 근로기준법 상의 통상임금에 산입될 수당을 통상임금에서 제외하기로 하는 노사 간의 합의는 그 전부가 무효로 되는 것이 아니라 근로기준법에 정한 기준과 전체적으로 비교하여 그에 미치지 못하는 근로조건이 포함된 부분에 한하여 무효로 된다.

(2) 근로기준법보다 근로자에게 유리한 부분이 있는 경우 유효

통상임금에 관한 근로기준법의 규정은 사용자가 지급하여야 하는 각종 법정수당 금액의 하한을 보장하기 위한 것이므로, 다른 방식으로 근로자들에게 다소 유리하도록 각종 법정수당을 산정하는 내용의 합의가 있고, 그러한 합의에 따라 산정한 각종 법정수당의 금액이 근로기준법이 보장한 하한을 상회하는 경우에는 그 합의가 무효라고 할 수 없을 것이다(대판 2003.12.11, 2003다40538 참고).

초과근로수당이나 연차휴가미사용수당 등 각종 법정수당 금액을 계산할 때에는 통상임금에 해당되는 임금의 범위 외에도, ① 가산율, ② 통상임금 산정 기준시간 수, ③ 초과근로시간으로 인정한 시간 수 등도 계산 요소가 되고, 그 밖에도 ④ 근로기준법 상의 통상임금에 해당하지 않는 수당(예 : 부양가족 수에 따라 지급하는 가족수당)을 통상임금에 포함하여 산정한 법정수당을 지급한 경우도 있을 수 있다. 노사 합의에 따라 계산한 금액이 근로기준법에서 정한 기준에 미달할 때에는 '그 미달하는 범위 내에서' 노사 합의가 무효이므로, 통상임금의 산정 및 법정수당액의 계산에서 근로기준법이 정한 기준보다 근로자에게 유리한 부분이 있다면 이 부분도 고려되어야 한다. 예를 들어, 노사 합의에 따라 통상임금에 산입되어야 하는 일부 수당을 제외한 채 초과근로수당을 산정하였더라도, 근로기준법 제56조에서 정하고 있는 기준 가산율인 50%보다 높은 100%의 가산율을 적용하여 초과근로수당을 산정 · 지급하였다면 사용자가 추가로 부담해야 할 초과근로수당이 발생하지 않을 수도 있다.

따라서 근로기준법 상의 통상임금에 속하는 임금이 일부 제외되었음을 이유로 근로기준법에 따른 법정수당과 이미 지급받은 법정수당의 차액을 청구한다면, 가산율, 통상임금 산정 기준시간 수, 초과근로시간 수, 통상임금에 추가로 포함된 수당이 있는지 등을 함께 검토할 필요가 있다.

(3) 가산율

가. 초과근로수당 및 연차휴가미사용수당

근로기준법 제56조는 초과근로수당의 기준 가산율을 50%로 정하고 있다. 연차휴가미사용수당은 가산임금제도가 적용되지 않는다(대판 1991.7.26, 90다카11636 등 판례는 연차휴가미사용수당에 대하여는 가산임금이 적용되지 않는다고 본다).

따라서 초과근로수당은 통상임금에 해당하는 임금을 통상임금 산정 기준시간 수로 나누어 시간급 통상임금을 산정한 다음, 여기에 초과근로시간 수와 가산율인 1.5를 각각 곱하여 계산한다. 연차휴가미사용수당은 통상임금에 해당하는 임금을 통상임금 산정 기준시간 수로 나눈 다음 1일 소정근로시간을 곱하여 일급 통상임금을 산정한 후, 여기에 미사용 연차휴가일수를 곱하여 계산한다(가산율 적용 없음).

[표] 법정수당을 계산하는 산식

가. 초과근로수당

통상임금에 해당하는 임금 ÷ 통상임금 산정 기준시간 수 × 초과근로시간 수 × 가산율 150%

나. 연차휴가미사용수당

통상임금에 해당하는 임금 ÷ 통상임금 산정 기준시간 수 × 1일 소정근로시간 수 × 미사용 연차휴가일수

예컨대, 회사가 통상임금에 포함되어야 하는 조사연구수당 등을 제외하고 기본급만을 통상임금으로 포함시켰지만, 근로자들에게 연차휴가미사용수당을 '일급 통상임금×미사용 연차휴가일수×150%'의 방식으로 산정하여 지급하였고, 위와 같이 계산하여 근로자들에게 지급한 연차휴가미사용수당이 위 조사연구수당 등을 통상임금에 포함하여 근로기준법에서 정한 100%를 곱하는 방식(가산율 적용 없음)으로 계산한 연차휴가미사용수당보다 많다면 회사가 위와 같은 계산방식에 따라 지급한 연차수당은 유효하다.

이때 연차휴가미사용수당의 산정에 있어 통상임금은 근로기준법 상의 그것을 기준으로 하고, 그 가산율은 단체협약 상의 그것을 기준으로 구하는 것은 하나의 근로조건에 포함된 여러 가지 요소의 개별적인 비교를 허용하는 것이 되어 근로기준법 제15조의 해석에 반하여 허용될 수 없다(서울고판 2011.12.23, 2009나6914 참고).

마찬가지로 하나의 근로조건에 포함된 여러 가지 요소의 개별적인 비교를 허용하는 것은 허용되지 않고, '유리한 조건 우선 적용의 원칙'은 개별 근로조건에 관

하여 서로 다른 규정 간에 충돌이 있는 경우 그 중 근로자에게 유리한 어느 하나의 규정에 따른다는 것일 뿐 서로 다른 각 규정에서 근로자에게 유리한 것만을 취사선택할 수 있다는 취지는 아니므로, 통상임금에 포함되어야 하는 일부 임금이 제외되었음을 이유로 근로기준법의 규정에 따른 초과근로수당의 지급을 구하고 있는 이상 가산율 또한 근로기준법의 규정에 따라야 할 것이다.

예컨대, 통상임금에 산입되어야 하는 임금을 모두 포함한 통상임금이 100인데 노사 합의로 그 중 일부를 제외하여 통상임금을 80으로 하였더라도 초과근로수당의 가산율을 50%보다 높은 75%로 정한 노사 합의에 따라 초과근로수당을 산정・지급하였다면, 사용자는 법정 초과근로수당 150(=통상임금 100×가산율 150%)과 이미 지급한 초과근로수당 140(=통상임금 80×가산율 175%)의 차액인 10을 추가로 지급하여야 하는 것이지, 근로자에게 유리한 요소만을 취사선택하여 산정한 175(=통상임금 100×가산율 175%)와 이미 지급한 140의 차액인 35를 지급하여야 할 의무가 있는 것은 아니다.

[표] 추가로 지급할 초과근로수당 산정 예시

가. 법정 초과근로수당

근로기준법 상의 통상임금(100) × 가산율 50% = 150

나. 이미 지급한 초과근로수당

노사 합의로 정한 통상임금(80) × 가산율 75% = 140

다. 추가 지급할 초과근로수당

법정 초과근로수당(150) - 이미 지급한 초과근로수당(140) = 10

나. 퇴직금

판례는 근로기준법 상의 통상임금에 포함되어야 하는 근속가산금, 정액급식비, 교통보조비, 급량비, 위생비, 공해수당을 단체협약의 규정에 따라 제외하고 통상임금을 산정하여 휴일근무수당, 연차휴가수당, 연장근무수당, 야간근무수당을 지급하였고, 이와 같이 지급한 휴일근무수당 등을 토대로 계산한 평균임금을 퇴직금 산정의 기초로 삼아 가산율(100분의 150)을 적용하여 퇴직금을 지급하였는데 이에 대해 노사 모두 아무런 이의를 제기한 바가 없었다면, 노동조합과 사용자 사이에는 위와 같이 제한된 통상임금을 기초로 퇴직금의 산정기준이 되는 평균임금을 산정하기로 하는 합의가 있었다고 보아야 할 것이고, 근속연수에 가산율(100분의 150)을 적용하여 퇴직금을 지급받은 근로자들의 경우에 단체협약에 따라 산정한 퇴직금의 액수가 법이 보장한 하한(계속근로기간 1년에 대해 평균임금 30일분, 근로자퇴직급여보장법 제8조제1항 참고)을 상회하는 금액이라면 유효하다고 보고 있다(대판 2011.8.25, 2010다63393).

(4) 통상임금 산정 기준시간 수

앞에서 살펴본 것과 같이 주 40시간 근무제에서 시간급 통상임금을 산정할 때 월의 통상임금 산정 기준시간 수는 209시간인 것이 원칙이다.

[월의 통상임금 산정 기준시간 수]

{[40시간(주 소정근로시간) + 8시간(주휴일)] × 52주(1년간 평균 주 수) + 8시간} ÷ 12월 ≒ 209시간

그런데 사업장에 따라서는 이 보다 적은 184시간, 192시간 등을 월의 통상임금 산정 기준시간 수로 사용하는 경우도 있다. 통상임금 산정의 기초가 되는 임금이 같다면, 월의 통상임금 산정 기준시간 수가 209시간보다 적을 경우 시간급 통상임금이 더 크게 산정된다는 점을 고려할 필요가 있다(제5장 제1절 참고).

판례는 사용자의 임금관리지침에 따른 시간당 통상임금 산정 방식과 근로기준법 및 그 시행령에 따른 시간급 통상임금의 산정 방식(성질상 통상임금에 속하는 특수직무수당, 특수지근무수당, 기술수당, 생산관리수당을 포함시켜 산정함)을 비교하여 근로자들에 대한 시간당 통상임금을 산정하여 본 결과, ① 사용자가 임금관리지침에 따라 산정한 근로자들에 대한 시간급 통상임금의 액수가 근로기준법 및 그 시행령

이 정한 바에 따라 산정한 시간급 통상임금의 액수보다 더 큰 금액이 되므로 사용자가 근로자들에게 임금관리지침에 따라 산정한 시간급 통상임금을 기준으로 제수당을 지급하여 온 것은 근로자들에게 근로기준법의 적용보다 더 유리하고, 결국 위 특수지근무수당 등을 통상임금에서 제외하기로 한 합의 부분을 포함한 통상임금 산정 방식에 관한 근로자들과 사용자 사이의 합의는 유효하므로 사용자가 근로자들에게 지급하여야 할 제수당의 차액은 존재하지 않는다고 판시하였다(대판 2013.1.24, 2011다81022). 위 사건에서 대법원은 시간급 통상임금 산정의 기준이 되는 소정근로시간은 취업규칙(임금관리지침)의 규정이 근로자에게 유리하므로 무효로 되지 아니하고 그대로 적용하여야 한다는 근로자 측의 주장을 받아들이지 않았다.

따라서 예를 들어, 주 40시간을 소정근로시간으로 정한 사업장에서 통상임금에 산입되어야 하는 임금을 모두 포함한 통상임금의 산정기초가 되는 월급 금액이 300만원인데 노사 합의로 그 중 일부를 제외하여 통상임금을 250만원으로 하였고 통상임금 산정 기준시간 수를 209시간보다 적은 184시간으로 계산하여 10시간분의 초과근로수당을 산정 · 지급하였다면, 사용자는 법정 초과근로수당 215,311원(=통상임금 월액 300만원÷월의 통상임금 산정 기준시간 수 209×10시간×가산율 150%)과 이미 지급한 초과근로수당 203,804원(=통상임금 월액 250만원÷월의 통상임금 산정 기준시간 수 184×10시간×가산율 150%)의 차액인 11,507원을 추가로 지급하여야 하는 것이지, 근로자에게 유리한 요소만을 취사선택하여 산정한 244,565원(=통상임금 월액 300만원÷월의 통상임금 산정 기준시간 수 184×10시간×가산율 150%)과 이미 지급한 203,804원의 차액인 40,761원을 지급하여야 할 의무가 있는 것은 아니라고 할 것이다.

판례

[대판 2013.1.24, 2011다81022]

시간당 통상임금을 산정함에 있어 통상임금의 범위는 근로기준법에서 정한 바에 의하고 산정 기준이 되는 소정근로시간에 관하여는 노사 간의 합의에 따른다면, 이는 하나의 근로조건에 포함된 여러 가지 요소의 개별적인 비교를 허용하는 것이 되어 근로기준법의 법률해석에 반하고 서로 다른 각 규정에서 근로자에게 유리한 것만을 취사선택할 수는 없는 것이어서 허용되지 아니할 뿐만 아니라, 시간당 통상임금 산정의 각 요소를 분리하여 근로기준법 위배 여부를 판단할 것이 아니라 근로기준법에 따라 산정한 시간당 통상임금 금액과 노사합의에 따라 산정한 시간당 통상임금 금액을 비교하는 것이 타당하다

(5) 초과근로시간 수

초과근로수당은 근로자가 실제로 수행한 초과근로시간 수에 시간급 통상임금과 가산율을 각각 곱하여 계산한다. 예컨대 시간급 통상임금이 1만원인 근로자가 4시간의 초과근로를 하였다면 초과근로수당으로 6만원(=1만원×4시간×150%)이 지급되면 된다. 그런데 어떤 사업장에서 실제 휴일근로시간이 4시간임에도 휴일근로수당으로 8시간분을 계산하여 지급하였다면, 통상임금에 산입되어야 할 임금의 일부를 제외하였더라도 사용자가 추가로 지급하여야 할 휴일근로수당이 없을 수도 있다.

위와 관련하여 하급심 판례 중에는 "사용자가 단체협약에 따라 통상임금을 계산함에 있어 배제하였던 위의 5개 수당을 모두 포함하여 통상임금을 계산하더라도 위의 5개 수당을 제외하고 계산한 통상임금의 2배에 미치지 못함이 계산상 명백한데, 사용자는 근로자들이 휴일근무 시에 실제로 근무한 4시간의 2배인 8시간의 근무를 한 것으로 보고 휴일근무수당을 지급하여 왔으므로, 근로자들이 주장하는 대로 근로기준법에 따라 통상임금을 계산하고, 여기에 근로자들의 실제 휴일근로시간인 4시간을 요소로 하여 계산하면 사용자가 이미 휴일근무수당으로 지급하여 온 금액을 초과하지 아니함이 계산상 명백하므로 휴일근무수당의 추가지급 청구 부분은 이유 없다"고 판시한 사례가 있다(수원지판 2010.4.14, 2009가합10283).

그런데 다른 하급심 판례 중에는 근로기준법상 야간근로는 22시부터 6시까지이나, 회사가 단체협약의 간사회의에 따라 21시부터 야간근로로 인정하여 야간근로수당을 지급하여 온 경우, 단체협약 당시 회사와 노동조합 사이에 야간근로수당을 산정함에 있어 통상임금에서 일부 수당을 제외하되 대신 야간근로시간을 근

로기준법의 규정보다 한 시간 더 연장하여 지급하기로 하는 합의가 있었다면, 그 합의가 근로기준법에 비추어 무효인지 여부를 판단하기 위하여, 통상임금에서 제외한 일부 수당을 통상임금에 포함하여 야간근로수당을 산정하는 것보다, 야간근로시간을 한 시간 늘려 야간근로수당을 산정하는 것이 더 우월한 근로조건인지를 가려보아야 할 것이나, 이 사건의 경우 단체협약의 간사회의에 따라 21시부터 야간근로수당을 지급하기로 한 것만으로 위와 같은 합의가 있었다고 추단할 수 없다고 한 것이 있다(수원지판 2012.4.12, 2011나20970).

(6) 근로기준법 상의 통상임금에 해당하지 않는 수당을 포함한 경우

예를 들어 노사 합의로 근속기간에 따라 지급하는 근속수당과 같이 성질상 통상임금에 해당하는 일부 수당을 통상임금 범위에서 제외하면서도 부양가족이 있는 근로자에게 부양가족 수에 따라 지급한 가족수당 등 통상임금에 속하지 않는 일부 수당은 통상임금에 포함하였는데, 근속수당 등 통상임금에 해당함에도 통상임금에서 제외한 수당액과 가족수당 등 통상임금에 해당하지 않음에도 통상임금에 포함한 수당액이 서로 같다면, 사용자가 추가로 지급할 법정수당은 없을 것이다.

(7) 유리한 조건 우선 적용의 원칙의 의미

유리한 조건 우선 적용의 원칙은 개별 근로조건에 관하여 서로 다른 규정 간에 충돌이 있는 경우 그 중 근로자에게 유리한 어느 하나의 규정에 따른다는 것이지, 서로 다른 각 규정에서 근로자에게 유리한 것만을 취사선택할 수 있다는 취지는 아니다. 즉 하나의 근로조건에 관한 사항에 대해 근로기준법, 단체협약, 취업규칙 등에서 각각 달리 정하고 있어 서로 차이가 있을 때 해당 근로조건을 그 중 근로자에게 전체적으로 유리한 규정에 따르는 것이 유리한 조건 우선의 원칙이다.

판례

[대판 2007.11.29, 2006다81523]

원고는 월차휴가수당의 산정에 있어 통상임금은 근로기준법상의 그것을 기준으로 하고, 그 가산율은 단체협약상의 그것을 기준으로 하여야 한다고 주장하나, 이는 하나의 근로조건에 포함된 여러 가지 요소의 개별적인 비교를 허용되는 것이 되어 위 법률(근로기준법 제15조) 해석에 반하고, 한편 원고가 들고 있는 유리한 조건 우선 적용의 원칙은 개별 근로조건에 관하여 서로 다른 규정 간에 충돌이 있는 경우 그 중 근로자에게 유리한 어느 하나의 규정에 따른다는 것일 뿐 서로 다른 각 규정에서 근로자에게 유리한 것만을 취사선택할 수 있다는 취지는 아니다.

초과근로수당이나 연차휴가미사용수당은 그 자체를 하나의 근로조건으로 보아야 하므로 초과근로수당 등을 산정하기 위한 각 요소 하나하나가 근로조건에 해당된다고 볼 수는 없다. 하나의 근로조건에 포함된 여러 가지 요소를 개별적으로 비교하는 것은 허용되지 않는다.

위와 같은 취지에서 하급심 판례는 휴일근무수당은 그 자체가 하나의 근로조건으로 보아야 하고 휴일근무수당을 산정하기 위한 각 요소 하나하나가 근로조건에 해당된다고 볼 수는 없으므로, 근로자들은 '근로기준법에서 정한 바에 따라 위의 근로기준법 상의 통상임금에 해당하는 수당을 모두 포함하여 계산한 통상임금과 근로자들이 실제로 근무한 유급휴일 근무시간 수(4시간)를 요소로 하는 휴일근무수당'의 지급과 '위 각 단체협약에서 정한 바에 따라 계산된 통상임금과 그 단체협약에서 정한 유급휴일 근무시간 수(4시간)를 요소로 하는 휴일근무수당'의 지급, 그리고 '근로자들과 사용자 사이에 이루어진 명시적·묵시적 합의에 따라 위의 각 단체협약에서 정한대로 계산된 통상임금과 합의 하에 인정된 유급휴일 근무시간 수(8시간)를 요소로 하는 휴일근무수당'의 지급 중 자신들에게 유리한 어느 하나를 선택하여 사용자에게 청구할 수 있을 뿐이며, 이와 달리 위의 각 규정 중 근로자들에게 유리한 요소만 취사선택하여 이를 조합한 휴일근무수당의 지급을 청구할 수는 없다고 하였다(수원지판 2010.4.14, 2009가합10283).

따라서 초과근로수당 등을 산정하면서 통상임금 산정은 단체협약에서 정한 노사 합의 내용을 사용하지 않고 근로기준법을 기준으로 하고, 가산율이나 통상임금 산정 기준시간 수, 초과근로시간 수 등은 단체협약의 규정이 근로자에게 유리하므로 단체협약을 적용하겠다고 할 수는 없다(대판 2013.1.24, 2011다81022 ; 서울고판 2011.12.23, 2009나6914 등 참고).

제2절 신의성실의 원칙과 추가임금 청구 제한

1 신의칙의 일반 법리

(1) 의 의

신의칙이란 법률관계의 당사자는 상대방의 이익을 배려하여야 하고, 형평에 어긋나거나 신뢰를 저버리는 내용 또는 방법으로 권리를 행사하거나 의무를 이행해서는 아니된다는 추상적인 일반규범을 말한다.

(2) 일반적인 요건

신의칙에 위배된다는 이유로 그 권리행사를 부정하기 위해서는, ① 상대방에게 신의를 공여하였거나 객관적으로 보아 상대방이 신의를 가지는 것이 정당한 상태에 이르러야 하고, ② 이와 같은 상대방의 신의에 반하여 권리를 행사하는 것이 정의관념에 비추어 용인될 수 없는 정도의 상태에 이르러야 한다(대판 1991.12.10, 91다3802 ; 대판 2006.5.26, 2003다18401 등 참고).

(3) 그 동안 판례가 노동법 분야에서 신의칙을 적용한 사례

가. 해고된 후 오랜 세월이 지난 뒤 해고의 효력을 다투는 경우

판례는 사용자로부터 해고된 근로자가 그 해고 이후에 퇴직금 등을 수령하면서 아무런 이의의 유보나 조건을 제기하지 않았다면 특별한 사정이 없는 한 그 해고처분의 효력을 인정하였다 할 것이고 따라서 그로부터 오랜 기간이 지난 후에 그 해고의 효력을 다투는 소를 제기하는 것은 신의칙이나 금반언의 원칙에 위배되어 허용될 수 없다고 본다(대판 1991.4.12, 90다8084 ; 대판 1992.3.13, 91다39085 ; 대판 1996. 11.26, 95다49004 등).

나. 퇴직 전 평균임금을 올리기 위해 의도적인 행위를 한 경우

퇴직금제도는 근로자의 통상의 생활을 종전과 같이 보장하기 위한 것이므로, 퇴직금 지급사유가 발생하였을 때 그 지급하여야 할 금액의 산출기초가 되는, '그 사유가 발생한 날 이전 3월간에 그 근로자에 대하여 지급된 임금'이 특별한 사유로 인하여 통상의 경우보다 현저하게 적거나 많을 경우에도 이를 그대로 평균임금 산정의 기초로 삼는다면, 이는 근로자의 통상의 생활을 종전과 같이 보장하려는 제도의 근본취지에 어긋나므로, 근로자가 평균임금을 올리기 위해 행한 의도적인 행위를 유효한 것으로 보아 평균임금을 그 의도한 퇴직사유가 발생한 날 이전 3월간에 그 근로자에게 지급된 임금을 기초로 삼아 산정하는 것은 퇴직금제도의 근본취지에 현저히 반하는 것으로서 신의칙상 허용되지 않는다고 한다(대판 1995.2.28, 94다8631 ; 대판 1998.1.20, 97다18936 ; 대판 2009.10.15, 2007다72519).

다. 신의칙을 이유로 근로자 측의 강행법규 위반 무효 주장을 배척한 경우

판례는 오랫동안 노동조합의 대표자들이 강행법규인 구 노동조합법(현 노동조합및노동관계조정법)이 정한 절차에 위반하여 선출되었더라도 근로자들이나 사용자 모두 해당 대표자들을 노동조합의 정당한 대표자로 신뢰하고 단체협약을 체결하고 그에 따라 취업규칙을 변경하여 왔다면, 강행법규 위반과 관련한 법리를 형식적으로 관철할 경우 사용자와 노동조합 사이에 체결된 단체협약들은 모두 그 효력이 없게 되어 그 동안 형성되어 온 노사 간의 집단적 근로관계를 근본적으로 부정하는 결과를 초래하고, 이는 사용자나 근로자 모두에게 바람직하지 않으므로 단체협약 체결 이후 장기간이 경과한 시점에서 일부 근로자들이 노동조합 대표자 선출 과정의 하자 등을 이유로 그 동안 변경된 취업규칙 중의 일부 조항에 한하여 그 효력을 다투는 것은 신의칙에 반한다고 한다(대판 2003.7.11, 2003다14935).

(4) 노사 합의에 대해 신의칙을 적용할 수 있는지 여부

단체협약 등 노사 합의의 내용이 근로기준법의 강행규정을 위반하여 무효인 경우에, 그 무효를 주장하는 것이 신의칙에 위배되는 권리의 행사라는 이유로 이를 배척한다면 강행규정으로 정한 입법취지를 몰각시키는 결과가 될 것이므로, 그러한 주장이 신의칙에 위배된다고 볼 수 없음이 원칙이다.

그러나 노사 합의의 내용이 근로기준법의 강행규정을 위반한다고 하여 그 노사 합의의 무효 주장에 대하여 예외 없이 신의칙의 적용이 배제되는 것은 아니며, 위와 같은 신의칙을 적용하기 위한 일반적인 요건을 갖춤은 물론 근로기준법의 강행규정성에도 불구하고 신의칙을 우선하여 적용하는 것을 수긍할만한 '특별한 사정'이 있는 예외적인 경우에는 그 노사 합의의 무효를 주장하는 것은 신의칙에 위배되어 허용될 수 없다.

2 통상임금 관련 노사 합의에 대해 신의칙을 적용할 수 있는 특별한 사정

(1) 임금 협상의 구조

노사가 자율적으로 임금협상을 할 때에는 기업의 한정된 수익을 기초로 하여 상호 적정하다고 합의가 이루어진 범위 안에서 임금을 정하게 되는데, 노사가 임금협상 시 임금 총액을 기준으로 임금 인상 폭을 정하되, 그 임금 총액 속에 기본급과 일정한 대상기간에 제공되는 근로에 대응하여 1개월을 초과하는 일정 기간마다 지급되는 상여금(정기상여금), 각종 수당, 그리고 통상임금을 기초로 산정되는 연장·야간·휴일 근로 수당 등의 법정수당까지도 그 규모를 예측하여 포함시키는 것이 일반적이다. 이러한 방식의 임금협상에 따르면, 기본급, 정기상여금, 각종 수당 등과 통상임금에 기초하여 산정되는 각종 법정수당은 임금 총액과 무관하게 별개 독립적으로 결정되는 것이 아니라 노사 간에 합의된 임금 총액의 범위 안에서 그 취지에 맞도록 각 임금 항목에 금액이 할당되고, 각각의 지급형태 및 지급시기 등이 결정된다.

(2) 근로현장에서의 임금협상 방법과 과정, 각 임금항목의 결정 방법 및 그 내용, 관행 등

대부분의 기업에서는 정기상여금은 그 자체로 통상임금에 해당하지 아니한다는 전제 아래에서, 임금협상 시 노사가 정기상여금을 통상임금에서 제외하기로 합의하는 실무가 장기간 계속되어 왔고, 이러한 노사 합의는 일반화되어 이미 관행으로 정착되었다. 그 배경에는 ① 상여금의 연원이 은혜적·포상적인 이윤배분이나 성과급에서 비롯된 점, 상여금이 근로의 대가로서 정기적·일률적으로 지급되는 경우가 많다고는 하지만 여전히 성과급, 공로보상 또는 계속근로 장려 차원에서 지급되는 경우도 있고 그 지급형태나 지급조건 등이 다양하여 그 성질이 명확하지 않은 경우도 있는 점, ② 근로현장에서 노사 양측에 지대한 영향력을 발휘하여 온 고용노동부의 '통상임금산정지침'이 1988.1.14. 제정된 이래 일관되게 정기상여금을 통상임금에서 제외하여 온 점, ③ 대법원 판례도 이른바 '금아리무진 판결'(대판 2012.3.29, 2010다91046) 이전에는 상여금의 통상임금 해당성을 부정한 것만 있었는 점 등이 원인이 되어 노사 모두 정기상여금은 통상임금에서 제외되는 것이라고 의심없이 받아들여 왔다. 위와 같은 점을 고려하지 아니한 채, 정기상여금을 통상임금에서 제외한 노사 합의가 무효라는 이유로 정기상여금이 포함된 통상임금을 기초로 한 법정수당을 추가로 지급하게 되면, 근로자가 받을 임금 총액이 당초 노사 간에 합의한 임금 총액의 범위를 훨씬 초과하여, 임금협상 당시 노사 양측이 의도한 것과 사뭇 다른 결과가 발생하게 된다.

근로자 측이 앞서 본 임금협상의 방법과 경위, 실질적인 목표와 결과 등은 도외시한 채 임금협상 당시 전혀 생각하지 못한 사유를 들어 정기상여금을 통상임금에 가산하고 이를 토대로 추가적인 법정수당의 지급을 구함으로써, 노사가 합의한 임금수준을 훨씬 초과하는 예상 외의 이익을 추구하고 그로 말미암아 사용자에게 예측하지 못한 새로운 재정적 부담을 지워 중대한 경영상의 어려움을 초래하거나 기업의 존립을 위태롭게 한다면, 이는 종국적으로 근로자 측에까지 그 피해가 미치게 되어 노사 어느 쪽에도 도움이 되지 않는 결과를 가져오므로 정의와 형평 관념에 비추어 신의에 현저히 반하여 용인될 수 없다(대판 2013.12.18, 2012다89399).

3 추가 법정수당 청구가 허용되지 않는 신의칙 적용의 요건

전원합의체 판결은 정기상여금이 근로기준법 상의 통상임금에 포함되더라도 다음과 같은 경우에는 근로자 측의 추가 법정수당 청구가 신의칙에 위배되어 허용되지 않는다고 한다.

(1) 노사가 정기상여금이 통상임금에 해당하지 않는다고 신뢰하였을 것

위에서 살펴본 것과 같이 상여금은 그 연원상 은혜적·포상적인 성격과 함께 성과급이나 공로보상 또는 계속근로를 장려하는 목적도 있다. 이에 따라 해당 기업에서 정기상여금이 통상임금에 해당하지 않는다는 전제 하에 임금협상 시 노사가 정기상여금을 통상임금에서 제외하기로 합의하는 실무가 장기간 계속되어 온 경우가 전형적으로 이에 해당한다.

(2) 정기상여금을 통상임금 산정 기준에서 제외하기로 합의하고 이를 전제로 임금수준을 정하였을 것

가. 정기상여금을 통상임금에서 제외하는 노사 합의

판례는 단체협약에 따른 통상임금 기준을 노동조합의 조합원이 아닌 관리직 직원들에게도 적용하는 것에 대하여 회사와 관리직 직원들 사이에 명시적 또는 묵시적인 노사합의 내지 관행이 있었다고 인정하여, 정기상여금을 통상임금에서 제외하는 노사 합의에는 단체협약 등 명시적인 합의 이외에도 묵시적 합의나 근로관행도 포함되는 것으로 본다. 판례는 조합원이 아닌 관리직 직원들에 대해서도 정기상여금을 통상임금에서 제외한 단체협약의 규정을 적용하여 제반 임금을 결정하였고 법정수당도 산정하여 지급하였으며, 소송 전까지 관리직 직원들도 이에 대해 별다른 이의제기를 하지 않았음을 그 이유로 제시하고 있다(대판 2013.12.18, 2012다89399).

위와 같이 판례는 묵시적 합의나 관행도 포함된다고 보고 있으므로 취업규칙의 제정이나 변경 시 근로기준법 제94조에 따른 의견청취 또는 동의 과정에서 정기상여금을 통상임금에서 제외하는 것에 대해 근로자들이 별다른 이의제기를 하지 않았다면 취업규칙도 정기상여금을 통상임금에서 제외하는 노사 합의나 관행의 한 유형으로 해석된다(고용노동부, 「통상임금 노사지도 지침」).

한편, 노동조합이 조직되어 있지 않는 사업장이어서 단체협약이 없고 취업규칙에도 위와 같은 규정이 없는 경우, 근로자들과 사용자가 정기상여금이 통상임금에 해당되지 않는다는 묵시적 합의나 관행이 있는 상태에서 제반 임금조건을 정했음을 입증할 수 있는 자료, 예컨대 임금 요구안 및 확정의 근거자료, 임금인상 설명자료, 노사 간담회 회의록, 노사협의회 회의록 등을 통해 정기상여금을 통상임금에서 제외한 노사 합의가 있었음이 확인되어야 할 것이다.

나. 정기상여금은 통상임금에서 제외됨을 전제로 임금수준 결정

임금협상 방법과 과정, 각 임금 항목별 결정방법 및 그 내용 등에 관한 사항으로, 임금총액을 기준으로 기본급 등의 인상률과 각종 수당의 증액, 노사 합의에 의한 통상임금을 전제로 법정수당의 규모 등을 정한 경우이다. 임금수준을 정하면서 정기상여금이 통상임금에서 제외됨을 전제로 임금 총액을 결정하고 이를 바탕으로 기본급, 정기상여금, 각종 수당 등과 통상임금에 기초하여 산정되는 각종 법정수당 등을 그 임금 총액의 범위 안에서 할당한 경우가 대표적으로 이에 해당한다.

임금에 관한 노사 합의는 기업의 한정된 수익에 기초하여 합의한 임금 총액의 범위 안에서 각 임금 항목에 액수를 할당하고 그 개별적인 지급시기, 지급형태 및 조건 등을 정하는 실질을 갖고 있다. 따라서 기업의 수익 기초가 동일한 이상 노사 양측이 임금협상 당시 정기상여금이 통상임금에 해당할 수 있다는 점을 인식하였다면, 해당 정기상여금이 통상임금에 산입됨을 전제로 기본급과 수당 등의 인상률을 조정하고 지급형태나 조건 등을 변경하는 등의 조치를 취함으로써 결과적으로 통상임금을 기초로 산정되는 각종 법정수당을 포함하여 근로자에게 지급되는 임금 총액은 정기상여금이 통상임금에 산입되는 경우와 그렇지 않은 경우 사이에 실질적인 차이가 없도록 하는 등 기업의 부담능력 범위 내에서 다른 대안을 마련하여 노사합의를 이루었을 것으로 봄이 타당하다.

(3) 근로자의 추가임금 청구로 인해 기업에게 중대한 경영상 어려움을 초래하거나 기업의 존립이 위태롭게 될 수 있다는 사정이 있을 것

기업의 중대한 경영상 어려움은 상여금이 통상임금에 산입될 경우 기업이 부담하게 될 추가 법정수당액과 전년도 대비 실질임금 인상률 및 그에 관한 과거 수년간의 평균치, 회사의 재정 및 경영상태 등 개별적·구체적 사정을 종합적으로 고려하여 판단하여야 한다.

[표] '중대한 경영상 어려움'을 초래하는지를 판단하는 기준 예시

- 추가로 지급하여야 하는 법정수당액
- 근로자 1인당 시간급 통상임금 상승액과 상승률
- 근로자 1인당 법정수당 증가액
- 전체 근로자에게 적용할 경우 법정수당 증가액
- 위 법정수당 증가액이 당기순이익에서 차지하는 비율
- 전년도 대비 실질임금 인상률 및 그에 관한 과거 수년간의 평균치
- 실질임금 인상률
- 회사의 재정 및 경영상태 등

판례는 '중대한 경영상의 어려움'을 인정할 수 있는지에 관하여 특히 '추가되는 임금이 차지하는 규모', 즉 근로자 1인당 시간급 통상임금 상승액과 상승률 및 법정수당 증가액과 실질임금 인상률, 전체 근로자에게 적용할 경우 법정수당 증가액과 그 금액이 당기순이익에서 차지하는 비율 등을 주로 고려하였다. 근로자 1인을 기준으로 정기상여금이 통상임금에 산입될 경우 2010년 한해 추가되는 회사의 재정적 부담을 계산하면, 시간급 통상임금은 8,970원에서 15,246원으로 증액되어 69.9% 정도 상승하고 이에 따라 근로자 1인의 추가 연장근로수당을 비롯한 각종 법정수당도 11,048,393원 정도 증액되어, 전년 대비 근로자 1인의 실질임금 인상률은 2010년 임금협상에 따른 19.9%에서 40.6%로 2배 넘게 상승하고, 이러한 근로자 1인의 실질임금 증가액을 평균치로 보아 생산직 근로자 전체에게 적용하면, 2010년 당기순이익의의 99.8% 상당을 생산직 근로자들에게 추가 지급하여야 하는 상황에 처하게 된다면, 정기상여금이 통상임금에 산입됨으로써 회사에 추가되는 재정적 부담은 회사에 중대한 경영상의 어려움을 초래한다고 보기에 충분하므로, 근로자가 정기상여금을 통상임금에 산입하여 이를 기초로 미지급 연차수당 등의 지급을 구하는 것은 신의칙에 위배된다고 볼 여지가 있다고 판단하였다(대판 2013.12.18, 2012다89399).

[그 림] 통상임금의 판단기준과 신의칙 법리의 적용

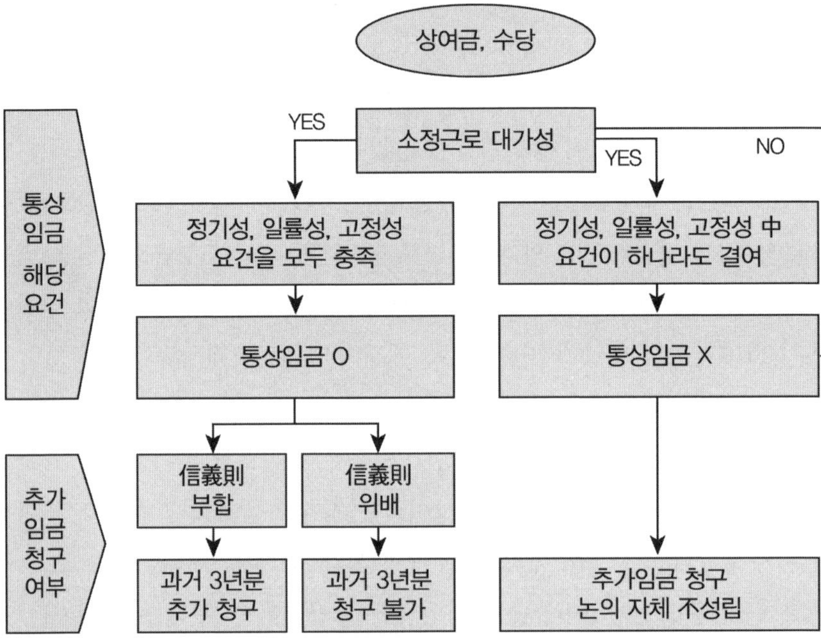

※ 정기상여금에만 신의칙 적용 가능

4 신의칙의 적용 기간

(1) 4가지 견해

위 대법원 전원합의체 판결 선고 이후 쟁점 중 하나는 신의칙이 언제까지 적용되는가이다. 달리 말하면, 근로자 측이 정기상여금을 통상임금에 포함하여 추가적인 법정수당을 청구할 수 있는 시점이 언제부터인가이다. 이에 대해서는 ① 사정변경의 원칙에 따라 판결 선고일인 2013.12.18.로 신의칙은 종료된다는 견해, ②

근로자 측이 새로운 교섭 요구를 제기하기 전까지 적용된다는 견해, ③ 기존 노사 합의의 유효기간까지 적용된다는 견해, ④ 새로운 노사 합의 시까지 적용된다는 견해 등 다양한 견해가 제시되고 있어, 최종적으로 법원이 어떤 판단을 내릴지 주목된다.

(2) 검 토

첫째, 전원합의체 판결 관련 대법원 보도자료에서는 신의칙 법리는 '이 판결 이후의 합의'에는 적용될 수 없다고 하고 있는데, '이 판결 이후의 합의'는 기존 합의를 대체하는 새로운 합의로 해석되는 점,

둘째, 대법원이 신의칙 적용의 요건으로 제시한 노사 합의가 유효기간 중이어서 존속하고 있고 추가 법정수당 지급 시 기업의 중대한 경영상 어려움 등의 사정이 여전히 인정된다면 신의칙 법리는 계속 적용되어야 할 것인 점,

셋째, 대법원이 신의칙 법리를 제시한 이유는 근로자들의 청구를 받아들일 경우 기업 경영상의 어려움과 기업의 존립 자체가 흔들리는 상황이 초래될 수 있고 이는 근로자의 근로환경이나 근로조건에도 부정적인 영향을 미치는 등 노사 양쪽 모두에게 피해가 갈 수 있다는 것이므로 근로자 측이 교섭요구를 하거나 일부 근로자가 서면으로 이의를 제기하였다고 하여 신의칙을 적용하는 위와 같은 이유가 사라졌다고 볼 수 없는 점,

넷째, 대법원은 임금인상 등 임금 총액을 기준으로 한 임금 조건에 관한 합의에 대해 신의칙을 적용한 것이므로 이 판결 이후의 임금협약 또는 임금조정 등 임금조건을 변경한 때부터는 정기상여금이 통상임금에 해당되지 않는다는 것에 대한 신뢰가 더 이상 인정될 수 없다는 점(고용노동부, 「통상임금 노사지도 지침」 참고) 등을 고려할 때, 기존 노사 합의 즉 임금에 관한 사항이 포함된 임금협약의 유효기간까지(임금 조정 등에 관한 새로운 노사 합의가 기존 임금협약의 유효기간 만료 전에 이루어진 경우에는 그 합의 전까지) 신의칙이 적용된다고 보는 견해가 타당하다고 생각된다.

제3절 통상임금 증가의 효과

1 법정수당에 대한 추가임금의 청구 가능

(1) 의 의

추가로 통상임금에 산입하여야 할 임금이 있어서 통상임금이 증가하였다면, 근로자는 근로기준법 상의 통상임금에 해당하는 임금을 통상임금 산정에 포함하여 다시 계산한 추가 법정수당을 청구할 수 있다(자세한 내용은 제6장 제1절 참고). 근로기준법에 정한 기준에 미치지 못하는 근로조건을 정한 근로계약은 무효가 되고, 근로기준법에 정한 기준에 의하게 되는바, 통상임금은 실제 근로시간이나 실적에 따라 증감될 수 있는 평균임금의 최저한으로 보장되는 것으로서, 근로기준법은 특히 해고예고수당, 휴업수당, 연장·야간 및 휴일근무에 대한 가산수당에 관하여 위와 같은 취지의 통상임금을 기준으로 산정하도록 규정하여 근로자를 보호하고 있으므로, 해고예고수당, 휴업수당, 연장·야간 및 휴일 근로에 대한 가산수당, 그 밖에 연차휴가미사용수당 등의 산정에 있어서 그 성질상 근로기준법 상의 통상임금에 산입될 수당을 통상임금에서 제외하기로 하는 노사 합의는 근로기준법이 정한 기준에 달하지 못하는 근로조건을 정한 계약으로서 무효이므로 통상임금에 산입하여야 하는 임금을 포함하여 법률에 따라 재산정한 법정수당 금액과 이미 지급받은 금액의 차액을 추가로 청구할 수 있는 것이 원칙이다. 다만, 정기상여금에 기한 추가적인 법정수당 청구는 위에서 살펴본 것과 같이 신의칙에 의해 제한될 수 있다.

(2) 가산임금의 계산

근로기준법 제56조는 "연장근로와 야간근로 또는 휴일근로에 대하여는 통상임금의 100분의 50 이상을 가산하여 지급하여야 한다"고 규정하고 있어 '가산수당'에 관하여 규정하고 있을 뿐, 연장근로 자체에 대한 '임금'에 관해서는 아무런 규정을 두고 있지 않으므로, 통상임금의 100분의 50 이상을 가산하여 지급하여야 하는 것은 연장근로의 '가산수당'에 한정되는바, 근로자가 지급을 구하는 미지급 연장근로 및 휴일근로수당의 계산은 '각 시기별 미반영 시급액×매 시기별 연장(휴일)근로시간×1.5'가 아닌, '각 시기별 미반영 시급액×매 시기별 연장(휴일)근로시간×0.5'로 계산하여야 한다는 주장이 있을 수 있으나, 판례는 "연장근로와 야간근로, 휴일근로수당 등의 법정수당을 계산함에 있어 미반영된 통상임금이 있다면, 50% 가산 부분뿐만 아니라 실제 연장 근무한 부분에 대한 임금(통상임금 100%)에 대하여도 이를 반영하여 지급함이 상당하다고 판단하였다(수원지판 2012.4.12, 2011나20970). 예를 들어, 시간급 통상임금을 종래 100으로만 산정했으나 근로기준법 상의 기준에 따른 시간급 통상임금이 120이라면, 연장근로수당으로 지급할 금액은 120에 가산율(150%)을 곱한 180인 것이지, 연장근로 자체에 대해서는 100을 그대로 지급하면서 여기에 가산수당만 법정 통상임금에 가산율(50%)을 곱한 금액인 60(=120×0.5)으로 계산하여 총 160을 지급하면 된다고 할 수 없음은 당연하다.

2 법정통상임금과 약정수당의 관계

(1) 법정통상임금과 약정통상임금

위에서 살펴본 것과 같이 근로기준법 상의 통상임금('법정통상임금'이라고 할 수 있다)이 증가될 경우 근로기준법에 따른 초과근로수당이나 연차휴가미사용수당, 해고예고수당과 같은 법정수당의 금액에 영향을 미치게 된다. 그런데, 법정통상임금이 증가하면 예컨대, 단체협약에서 통상임금의 600%를 정기상여금으로 지급하기로 한 경우와 같이 법령에 아무런 정함이 없는 약정수당도 증가하게 되는가가 문제된다.

근로기준법 상의 법정수당에 해당하지 않으면서 취업규칙이나 단체협약 등에 의하여 사용자에게 그 지급의무가 지워졌을 뿐인 임금(약정수당)의 경우에는 노사 간의 합의에 따라 성질상 근로기준법 상의 통상임금에 산입될 수당을 통상임금에서 제외하고 그러한 통상임금을 기초로 하여 그러한 임금(약정수당)을 산정·지급하더라도 이는 근로기준법이 정하는 근로조건의 최저기준을 침해하는 것이 아니어서 적법하다. 예를 들어 아래의 그림에서와 같이 단체협약에서 통상임금의 범위를 '기본급+직책수당+연장근로 20시간분'으로 정하였는데 근속연수에 따라 매월 정액으로 지급하는 근속수당도 법정통상임금에 포함되어야 한다면 위 단체협약에서 정한 통상임금에 근속수당을 포함한 법정통상임금을 기준으로 법정수당인 연장근로수당을 재산정하여야 한다. 하지만, 정기상여금은 근로기준법에 정해진 것이 아니라 단체협약에서 정한 약정수당이므로 근속수당을 제외하고 단체협약에서 정한 약정통상임금을 기준으로 산정할 수 있다.

[그 림] 법정 통상임금과 약정 통상임금 사례

법정수당	약정수당
연장근로수당은 **통상임금**의 50%를 가산하여 지급한다. **통상임금**은 '기본급+직책수당+O/T 20시간분'으로 한다.	상여금은 **통상임금**의 600%를 짝수월마다 100%씩 지급한다. **통상임금**은 '기본급+직책수당+O/T 20시간분'으로 한다.
법정통상임금	약정통상임금

판례는 근로기준법 상 아무런 기준을 정한 바 없는 상여금을 산정함에 있어 노사 간의 합의에 따라 근로기준법 상의 개념이나 범위와 다른 통상임금을 그러한 상여금을 산정하기 위한 수단으로 삼고 성질상 근로기준법 상 통상임금에 산입되

어야 하는 각종 수당을 상여금 산정을 위한 위 통상임금에서 제외하기로 합의하였다고 하더라도 위와 같은 합의는 유효하다고 본다(대판 2007.11.29, 2006다81523 ; 대판 2013.1.24, 2011다81022). 만약 위 사례에서 상여금을 법정통상임금을 기준으로 재산정하여야 한다고 하게 되면 그 액수가 무한대로 증가되는 순환오류의 문제가 발생하게 되는 바, 상여금 산정의 기초가 되는 기준임금은 비록 그 명칭이 통상임금이지만 이는 노사 간의 합의에 의한 '약정통상임금'으로서 근로기준법 상의 '법정통상임금'과는 명백히 구별되는 개념이라고 보아야 한다(서울고판 2012.11.23, 2012나23773 참고).

(2) 법정통상임금의 증가는 약정수당에 영향이 없음

근로기준법상 아무런 기준을 정한바 없는 수당을 산정함에 있어 노사 간의 합의로 근로기준법상의 개념이나 범위와 다른 통상임금을 그러한 수당을 산정하기 위한 수단으로 삼은 경우에는 위와 같이 근로기준법상의 법정수당을 지급하도록 한 취지가 몰각될 우려가 당초부터 없다고 할 것이어서 그와 같은 합의는 여전히 유효하다. 예컨대, 근로기준법에서 아무런 기준을 정해 놓지 않은 기말수당, 정근수당, 체력단련비, 명절휴가비와 관련된 단체협약 부분은 유효하므로 사용자가 노사 당사자 사이에서 유효한 단체협약에 따라 산정된 기말수당, 정근수당, 체력단련비, 명절휴가비를 모두 지급하였으면 추가로 기말수당, 정근수당, 체력단련비, 명절휴가비를 지급하여야 할 의무가 없다(인천지판 2008.10.23, 2008나7734).

또한, 단체협약의 통상임금에 관한 규정은 성질상 근로기준법 소정의 통상임금에 산입될 수당을 통상임금에서 제외하기로 하는 노사 간의 합의에 해당하여 이를 기초로 근로기준법 상의 법정수당을 산정할 수는 없지만 법정수당 이외의 임금을 단체협약이 정한 바에 따라 산정하는 기초로 삼을 수 있다. 예컨대 월차수당, 하계휴가비는 근로기준법 소정의 법정수당에 해당하지 않고 단체협약에 의하여 사용자에게 그 지급의무가 지워진 것일 뿐이므로, 특별한 사정이 없는 한 사용자가 근로자들에게 월차수당, 하계휴가비를 단체협약이 정하는 통상임금을 토대로 하여 산정·지급해 온 것은 적법하며, 사용자에게 법정통상임금을 기준으로 위 수당들을 재산정하여 이미 지급한 월차수당, 하계휴가비와의 차액을 추가로 지급할 의무가 없다.

3 통상임금과 최저임금의 차이

최저임금법 제6조제4항에서는 최저임금의 적용을 위한 임금(판례는 최저임금과 비교할 '비교대상 임금'이라고도 하는데, 사용자가 최저임금액 이상을 지급했는지를 판단할 때 그 비교대상 항목에 포함되는 임금의 범위를 말한다)에 산입하지 아니하는 임금으로 ① 매월 1회 이상 정기적으로 지급하는 임금 외의 임금, ② 소정의 근로시간 또는 소정의 근로일에 대하여 지급하는 임금 외의 임금, ③ 기타 최저임금액에 산입하는 것이 적당하지 아니하다고 인정되는 것의 3가지 종류를 정하고 있으며 모두 구체적으로는 고용노동부장관이 정하도록 위임하고 있다.

최저임금법 시행규칙 제2조 별표1에서 '최저임금의 적용을 위한 임금에 산입하지 아니하는 임금의 범위'에 대하여 항목별로 상세한 판단기준을 마련해 두고 있다.

[표] 최저임금에 산입하지 아니하는 임금의 범위(최저임금법 시행규칙 제2조 관련)

구분	임금의 범위
매월 1회 이상 정기적으로 지급하는 임금 외의 임금	1. 1개월을 초과하는 기간의 출근성적에 따라 지급하는 정근수당 2. 1개월을 초과하는 일정기간의 계속근무에 대하여 지급하는 근속수당 3. 1개월을 초과하는 기간에 걸친 해당 사유에 따라 산정하는 장려가급·능률수당 또는 상여금 4. 그 밖에 결혼수당·월동수당·김장수당 또는 체력단련비 등 임시 또는 돌발적인 사유에 따라 지급하는 임금·수당이나, 지급조건이 사전에 정해진 경우라도 그 사유의 발생일이 확정되지 않거나 불규칙적인 임금·수당

구분	임금의 범위
소정의 근로시간 또는 소정의 근로일에 대하여 지급하는 임금 외의 임금	1. 연차휴가 근로수당, 유급휴가 근로수당, 유급휴일 근로수당 2. 연장시간근로·휴일근로에 대한 임금 및 가산임금 3. 야간근로에 대한 가산임금 4. 일직·숙직수당 5. 그 밖에 명칭에 관계없이 소정근로에 대하여 지급하는 임금이라고 인정할 수 없는 것
그 밖에 최저임금액에 산입하는 것이 적당하지 않은 임금	가족수당·급식수당·주택수당·통근수당 등 근로자의 생활을 보조하는 수당 또는 식사, 기숙사·주택 제공, 통근차운행 등 현물이나 이와 유사한 형태로 지급되는 급여 등 근로자의 복리후생을 위한 성질의 것

최저임금의 적용을 위한 임금에 산입되지 않는 임금의 범위는 최저임금법에서 정하는 최저임금액 위반의 판단기준으로 작용한다는 점에서 중요한 의의를 갖는다. 위 표에서와 같이 매월 1회 이상 정기적으로 지급하는 임금 외의 임금, 그 중에서도 특히 1월을 초과하는 기간에 걸친 해당 사유에 따라 산정하는 상여금은 최저임금의 적용을 위한 임금에 포함되지 않으므로 사업주가 상여금 명목으로 상당한 임금을 지급하였더라도 상여금을 제외한 임금이 최저임금에 미달한다면 최저임금법 위반의 문제가 발생하게 된다.

하지만, 판례는 "최저임금법 제6조제4항은 매월 사용자가 근로자에게 지급하는 임금 중 매월 1회 이상 정기적으로 지급하는 임금 외의 임금으로서 고용노동부장관이 정하는 것을 최저임금과 비교할 '비교대상 임금'에서 제외하고 있다. 그러나 최저임금제도의 목적은 임금의 최저수준을 보장하여 근로자의 생활 안정과 노동력의 질적 향상을 기하고자 하는 데에 있어 연장·야간·휴일 근로에 대한 가산임금 등을 산정하기 위한 통상임금제도와 그 목적을 달리하므로, 위와 같은 최저임금법의 규정을 근거로 통상임금을 매월 1회 이상 정기적으로 지급하는 임금으로 한정하여야 한다고 보는 것은 타당하지 않다"(대판 2013.12.18, 2012다89399)고 하여 1개월을 초과하는 기간을 단위로 지급되는 상여금도 통상임금에 포함될 수 있다고 보고 있다. 그 결과 1개월을 초과하는 기간마다 지급되는 상여금이 통상임금에는 포함되면서도, 최저임금의 적용을 위한 임금에는 산입되지 않는 차이가 발생하게 되었다.

4 취업규칙의 불이익 변경 절차

사용자가 어떤 임금을 통상임금에서 제외하기 위하여 일방적으로 재직일 지급 요건을 추가로 설정하거나 일정 근무일수 이상 출근한 근로자에게만 지급하는 것으로 취업규칙을 변경할 수는 없다. 통상임금에 해당하던 임금을 통상임금에서 제외시키는 것은 근로자에게 초과근로수당의 감소 등을 초래할 수 있으므로 근로기준법 제94조제1항에 따라 취업규칙 불이익 변경 절차를 거쳐야 한다.

관계법령

근로기준법 제94조 【규칙의 작성, 변경 절차】 ① 사용자는 취업규칙의 작성 또는 변경에 관하여 해당 사업 또는 사업장에 근로자의 과반수로 조직된 노동조합이 있는 경우에는 그 노동조합, 근로자의 과반수로 조직된 노동조합이 없는 경우에는 근로자의 과반수의 의견을 들어야 한다. 다만, 취업규칙을 근로자에게 불리하게 변경하는 경우에는 그 동의를 받아야 한다.
② 사용자는 제93조에 따라 취업규칙을 신고할 때에는 제1항의 의견을 적은 서면을 첨부하여야 한다.

사용자가 취업규칙의 변경에 의하여 기존의 근로조건을 근로자에게 불리하게 변경하려면 종전 근로조건 또는 취업규칙의 적용을 받고 있던 근로자들의 집단적 의사결정방식 또는 회의방식에 의한 과반수의 동의를 요구하고, 이러한 동의를 얻지 못한 취업규칙의 변경은 효력이 없다(대판 1977.9.28, 77다681 등).

근로자들의 회의방식에 의한 동의방법이란 근로자 수가 많은 사업장은 한 장소에 모든 근로자를 모아 놓고 회의를 진행하는 것이 어려우므로 그 회의방식은 반드시 한 사업 또는 사업장의 모든 근로자를 일시에 한 자리에 모아 회의를 개최하는 방식만이 아니라, 한 사업 또는 사업장의 기구별 또는 단위부서별로 사용자측의 개입이나 간섭이 배제된 상태에서 근로자 상호간에 의견을 교환하여 찬반의견을 집약한 후 이를 전체적으로 취합하는 방식도 허용된다(대판 2010.1.28, 2009다32362 등).

근로자 과반수로 조직된 노동조합이 있는 회사에서 취업규칙을 근로자에게 불리하게 개정하는 경우에는 그에 대한 노동조합의 동의를 얻어야 하고, 이 경우 노동조합의 동의는 법령이나 단체협약 또는 노동조합의 규약 등에 의하여 조합장의 대표권이 제한되었다고 볼 특별한 사정이 없는 한 조합장이 노동조합을 대표하여 하면 되는 것이지 노동조합 소속 근로자의 과반수의 동의를 얻어서 해야 하는 것은 아니다(대판 2000.9.29, 99다45376).

부록

대법원 판결문 / 보도자료 및 통상임금 노사지도 지침

Contents

1 대판(전합) 2013.12.18, 2012다89399

대법원 판결

- 사건 : 2012다89399 퇴직금
- 원고, 피상고인 : ○○○
- 피고, 상고인 : 갑을오토텍 주식회사
- 원심판결 : 대전지방법원 2012. 8. 22. 선고 2012나4372 판결
- 판결선고 : 2013. 12. 18.

주 문

원심판결을 파기하고, 사건을 대전지방법원 본원 합의부에 환송한다.

이 유

상고이유(상고이유서 제출기간이 경과한 후에 제출된 참고서면 등의 기재는 상고이유를 보충하는 범위 내에서)를 판단한다.

1. 통상임금에 관한 법리

가. 통상임금의 의의

1) 근로자가 사용자로부터 지급받는 임금은 근로자가 기본적 생활을 유지하는 재원으로서 가장 중요한 근로조건 중의 하나이다. 그리하여 헌법은 제32조 제1항에서 국가에 대하여 적정 임금을 보장하도록 노력할 의무와 법률이 정하는 바에 의하여 최저임금제를 시행할 의무를 부과하고, 같은 조 제3항에서 근로조건의 기

준은 인간의 존엄성을 보장하도록 법률로 정한다고 규정하고 있다.

이러한 취지에 따라 최저임금법에는 최저임금의 기준에 관한 규정이 마련되어 있고, 나아가 근로기준법은 제2조 제1항 제5호에서 "임금이란 사용자가 근로의 대가로 근로자에게 임금, 봉급, 그 밖에 어떠한 명칭으로든지 지급하는 일체의 금품을 말한다"고 규정함과 아울러, 근로의 대가로 지급되는 일체의 금품 즉 임금에 관한 각종 근로조건을 정하고 이를 기준으로 근로자에 대한 임금 지급 등이 적정하게 이루어지도록 규율하고 있다.

2) 그런데 사용자가 근로자에게 지급하는 임금은 사용자와 근로자 사이의 근로계약에 의하여 정하여지지만, 근로자의 실제 근로시간이나 근무실적 등에 따라 증감·변동될 수 있고, 임금의 지급 여부나 지급액이 구체적인 근로의 질이나 양과 관계없는 조건에 좌우될 수 있다.

근로기준법은 위와 같은 임금의 증감·변동성 등을 고려하여 '평균임금'과 '통상임금'이라는 유형의 기준임금을 마련하고, 이를 통하여 근로조건의 기준을 정한 다음 근로계약에서 정한 근로조건이 그 기준에 미치지 못하는 때에는 그 미치지 못하는 부분을 무효로 하고, 무효로 된 부분은 그 기준에 따르도록 규정하여 근로자의 기본적 생활의 보장과 그 향상을 도모하고 있다.

이는 노사간의 합의에 의하여 임금을 정하도록 하되 일정한 사항에 대하여는 근로기준법이 근로조건의 기준을 정하여 이를 강제하는 방식을 취하는 것으로, 임금 결정에 관하여 노사자율을 존중하는 한편 거기에 일정한 한계를 긋는 규율방식을 취하고 있는 것이다.

3) 근로기준법 제2조 제1항 제6호 전문은 "평균임금이란 이를 산정하여야 할 사유가 발생한 날 이전 3개월 동안에 그 근로자에게 지급된 임금의 총액을 그 기간의 총일수로 나눈 금액을 말한다"고 규정하면서, 이를 근로기준법상의 퇴직금, 휴업수당, 산업재해보상보험법상의 휴업급여, 장해급여, 유족급여, 상병보상연금, 장의비 등을 산정하는 기준임금으로 삼고 있다.

이러한 평균임금은 개별 근로자의 실제 근로시간이나 근무실적 등에 따라 증감·변동되는 것으로서, 법정 기간 동안 근로자에게 실제 지급된 임금의 총액을 기초로 하여 산정되므로, 과거의 근로시간이나 근무실적 등을 토대로 사후적으로 산정되는 근로자의 통상적인 생활임금이라 할 수 있다.

4) 한편 근로기준법은 위와 같이 실제 근로시간이나 근무실적 등에 따라 증감·변동될 수 있는 평균임금의 최저한을 보장하고 연장·야간·휴일 근로에 대한 가산임금, 해고예고수당 및 연차휴가수당 등을 산정하는 기준임금으로서 '통상임금'을 규정하고 있다. 근로기준법은 통상임금에 관하여는 직접 정의 규정을 두고 있지 않지만, 근로기준법 시행령 제6조 제1항은 "법과 이 영에서 통상임금이란 근로자에게 정기적이고 일률적으로 소정근로 또는 총 근로에 대하여 지급하기로 정한 시간급 금액, 일급 금액, 주급 금액, 월급 금액 또는 도급 금액을 말한다"고 규정하고 있다.

근로자의 연장·야간·휴일 근로가 상시적으로 이루어지는 경우가 드물지 않은 우리나라의 현실에서 근로기준법이 위와 같이 통상임금에 부여하는 기능 중 가장 주목되는 것은 그것이 연장·야간·휴일 근로에 대한 가산임금 등을 산정하는 기준임금으로 기능한다는 점이다.

근로기준법은 사용자로 하여금 연장·야간·휴일 근로에 대하여 통상임금의 50% 이상을 가산하여 지급하도록 규정하고 있는데, 이는 사용자에게 금전적 부담을 가함으로써 연장·야간·휴일 근로를 억제하는 한편, 이러한 근로는 법정근로시간 내에서 행하여지는 근로보다 근로자에게 더 큰 피로와 긴장을 주고 근로자가 누릴 수 있는 생활상의 자유시간을 제한하므로 이에 상응하는 금전적 보상을 해주려는 데에 그 취지가 있다(대법원 1990. 12. 26. 선고 90다카12493 판결 참조).

통상임금이 위와 같이 근로자가 사용자와 사이에 법정근로시간의 범위에서 정한 근로시간(이하 '소정근로시간'이라고 한다)을 초과하는 근로를 제공할 때 가산임금 등을 산정하는 기준임금으로 기능한다는 점을 고려하면, 그것은 당연히 근로자가 소정근로시간에 통상적으로 제공하는 근로의 가치를 금전적으로 평가한 것이어야 하고, 또한 근로자가 실제로 연장근로 등을 제공하기 전에 미리 확정되어 있어야 할 것이다. 그래야만 사용자와 근로자는 소정근로시간을 초과하여 제공되는 연장근로 등에 대한 비용 또는 보상의 정도를 예측하여 연장근로 등의 제공 여부에 관한 의사결정을 할 수 있고, 실제 연장근로 등이 제공된 때에는 사전에 확정된 통상임금을 기초로 하여 가산임금을 곧바로 산정할 수 있게 되기 때문이다.

그리고 근로기준법 제2조 제1항 제5호가 사용자가 근로의 대가로 근로자에게 지급하는 금품은 그 명칭과 관계없이 근로기준법의 규율을 받는 임금에 해당한다고 규정하고 있듯이, 그 임금 중에서 근로자가 소정근로시간에 통상적으로 제공하는 근로의 가치를 평가한 것으로서 사전에 미리 확정할 수 있는 것이라면 그 명칭과 관계없이 모두 통상임금에 해당하는 것으로 보아야 할 것이다.

5) 대법원 1995. 12. 21. 선고 94다26721 전원합의체 판결은 모든 임금은 근로의 대가로서 '근로자가 사용자의 지휘를 받으며 근로를 제공하는 것에 대한 보수'를 의미하므로 현실의 근로 제공을 전제로 하지 않고 단순히 근로자로서의 지위에 기하여 발생하는 이른바 '생활보장적 임금'이란 있을 수 없고, 임금을 근로의 제공 대가로 지급받는 교환적 부분과 근로자의 지위에서 받는 생활보장적 부분으로 구별할 아무런 법적 근거도 없다고 판시하여, 단체협약 등에 특별한 규정이 없는 한 근로자가 근로를 제공하지 아니한 쟁의행위 기간에는 근로 제공 의무와 대가관계에 있는 임금청구권이 발생하지 않는다는 '무노동무임금 원칙'을 정립하였다.

위 전원합의체 판결 전에 종래 판례가 취한 임금2분설은 임금을 근로의 대가로서의 성질을 갖는 교환적 부분과 단순히 근로자의 지위에 기하여 발생하는 생활보장적 부분으로 구분하고 있었으나, 실제로 임금 항목 모두를 양자로 준별하는 것이 불가능한 경우가 적지 않았고, 이러한 상황에서 어떠한 임금이 통상임금에 속하는지를 가리기 위하여 '정기적, 일률적으로 1임금산정기간에 지급하기로 정하여진 고정급 임금'인지를 판단 기준으로 삼는 것은 부득이한 측면이 있었다.

그러나 위 전원합의체 판결에서 모든 임금을 근로의 대가로 파악하여 임금2분설을 폐기함으로써 임금을 근로 제공에 대한 교환적 부분과 근로 제공과 무관한 생활보장적 부분으로 구별할 법적 근거가 없어졌으므로, 임금의 형식적인 명칭에 따라 통상임금에 속하는지 여부를 달리 볼 아무런 이유가 없게 되었고, 통상임금을 '1임금산정기간'을 기준으로 가려왔던 판단 방식 또한 더 이상 설 자리를 잃게 되었다.

이에 따라 임금2분설을 폐기한 위 전원합의체 판결 선고 직후 대법원 1996. 2. 9. 선고 94다19501 판결은 근로자에 대한 임금이 1개월을 초과하는 기간마다 지급되는 것이라도 그것이 정기적·일률적·고정적으로 지급되는 것이면 통상임금에 포함될 수 있다고 판시하였다. 그 이후 대법원은 일관되게 통상임금은 근로자가 소정근로시간에 통상적으로 제공하는 근로인 소정근로(도급 근로자의 경우에는 총 근로)의 대가로 근로자에게 지급되는 금품으로서 정기적·일률적·고정적으로 지급되는 임금이라고 판시하여 왔고, 여기서 그 임금이 '1임금산정기간' 내에 지급되는 것인지 여부는 더 이상 판단 기준으로 제시되지 아니하였다(대법원 1998. 4. 24. 선고 97다28421 판결, 대법원 2012. 3. 29, 2010다91046 판결 등 참조).

이는 앞서 본 근로기준법의 입법 취지와 통상임금의 문언적 의미, 통상임금의 기능 및 필요성 등을 고려하여 통상임금의 본질에 합당한 정의를 내린 것일 뿐만 아니라, 일반 사회통념과 건전한 상식에도 부합한다.

결국 어떠한 임금이 통상임금에 속하는지 여부는 그 임금이 소정근로의 대가로 근로자에게 지급되는 금품으로서 정기적·일률적·고정적으로 지급되는 것인지를 기준으로 그 객관적인 성질에 따라 판단하여야 하고, 임금의 명칭이나 그 지급주기의 장단 등 형식적 기준에 의해 정할 것이 아니다.

여기서 소정근로의 대가라 함은 근로자가 소정근로시간에 통상적으로 제공하기로 정한 근로에 관하여 사용자와 근로자가 지급하기로 약정한 금품을 말한다. 근로자가 소정근로시간을 초과하여 근로를 제공하거나 근로계약에서 제공하기로 정한 근로 외의 근로를 특별히 제공함으로써 사용자로부터 추가로 지급받는 임금이나 소정근로시간의 근로와는 관련 없이 지급받는 임금은 소정근로의 대가라 할 수 없으므로 통상임금에 속하지 아니한다.

위와 같이 소정근로의 대가가 무엇인지는 근로자와 사용자가 소정근로시간에 통상적으로 제공하기로 정한 근로자의 근로의 가치를 어떻게 평가하고 그에 대하여 얼마의 금품을 지급하기로 정하였는지를 기준으로 전체적으로 판단하여야 하고, 그 금품이 소정근로시간에 근무한 직후나 그로부터 가까운 시일 내에 지급되지 아니하였다고 하여 그러한 사정만으로 소정근로의 대가가 아니라고 할 수는 없다.

다만 실제 근로 현장에서는 다양한 종류의 수당과 상여금 등이 존재하고 그에 대한 지급조건 등도 복잡다기하여 어떤 임금이 통상임금에 포함되는지 판단이 곤란한 경우가 있을 수 있다. 아래에서는 통상임금의 개념적 징표인 정기성, 일률성, 고정성의 의미를 구체적으로 밝히고, 나아가 임금의 지급조건 등이 매우 다양한 실제 근로 현장에서 어떠한 유형의 임금이 통상임금에 속하는지 그 구체적 판단 기준을 제시하기로 한다.

나. 통상임금의 개념적 징표인 정기성, 일률성, 고정성의 의미

1) 정기성

어떤 임금이 통상임금에 속하기 위해서 정기성을 갖추어야 한다는 것은 그 임금이 일정한 간격을 두고 계속적으로 지급되어야 함을 의미한다.

통상임금에 속하기 위한 성질을 갖춘 임금이 1개월을 넘는 기간마다 정기적으로 지급되는 경우, 이는 노사간의 합의 등에 따라 근로자가 소정근로시간에 통상적으로 제공하는 근로의 대가가 1개월을 넘는 기간마다 분할지급되고 있는 것일 뿐, 그러한 사정 때문에 갑자기 그 임금이 소정근로의 대가로서의 성질을 상실하거나 정기성을 상실하게 되는 것이 아님은 분명하다. 따라서 정기상여금과 같이 일정한 주기로 지급되는 임금의 경우 단지 그 지급주기가 1개월을 넘는다는 사정만으로 그 임금이 통상임금에서 제외된다고 할 수는 없다.

나아가 근로기준법 제43조 제2항은 임금을 매월 1회 이상 일정한 날짜를 정하여 지급하도록 규정하고 있으나, 이는 사용자로 하여금 매월 일정하게 정해진 기일에 임금을 근로자에게 어김없이 지급하도록 강제함으로써 근로자의 생활안정을 도모하려는 것이므로(대법원 1985. 10. 8. 선고 85도1262 판결 등 참조), 위 규정을 근거로 1개월을 넘는 기간마다 정기적으로 지급되는 임금이 통상임금에서 제외된다고 해석할 수는 없다.

그리고 앞서 본 근로기준법 시행령 제6조 제1항은 통상임금에 관하여 규정하면서 '시간급 금액, 일급 금액, 주급 금액, 월급 금액 또는 도급 금액'이라는 표현을 사용하고 있는데, 위 표현을 근거로 위 규정이 통상임금의 범위를 1개월을 단위로 산정 또는 지급되는 임금으로 한정한 취지라고 해석할 수는 없다. 1982. 8. 13. 대통령령 제10898호로 개정되기 전의 구 근로기준법 시행령 제31조는 '시간, 일, 주, 월, 월·주 외의 일정한 기간' 등 다양한 단위기간으로 정하여지는 임금을 시간급 통상임금으로 산정하는 방법에 관하여 규정하다가, 위 개정으로 제31조 제1항에 통상임금의 정의 규정이 신설되고 1997. 3. 27. 대통령령 제15320호로 폐지·제정된 구 근로기준법 시행령 이후부터는 그 정의 규정이 제6조 제1항으로 위치가 옮겨졌다. 위와 같은 개정 및 폐지·제정 과정이나 그 이후에도 일·주·월 외의 일정한 기간으로 정한 임금의 시간급 통상임금 산정방식이 제31조 제2항 또는 제6조 제2항으로 위치를 옮겨 종전과 동일한 내용으로 계속 규정되어 온 점에 비추어 보면, 근로기준법 시행령 제6조 제1항은 통상임금의 범위를 1개월을 단위로 산정 또는 지급되는 임금으로 한정한 것이 아니라, 다양한 기간을 단위로 산정·지급되는 임금의 형태를 예시한 것에 불과하다고 보아야 할 것이다.

한편 최저임금법 제6조 제4항은 매월 사용자가 근로자에게 지급하는 임금 중 매월 1회 이상 정기적으로 지급하는 임금 외의 임금으로서 고용노동부장관이 정하는 것을 최저임금과 비교할 '비교대상 임금'에서 제외하고 있다. 그러나 최저임금제도의 목적은 임금의 최저수준을 보장하여 근로자의 생활 안정과 노동력의 질적 향상을 기하고자 하는 데에 있어 연장·야간·휴일 근로에 대한 가산임금 등을 산정하기 위한 통상임금제도와 그 목적을 달리하므로, 위와 같은 최저임금법의 규정을 근거로 통상임금을 매월 1회 이상 정기적으로 지급하는 임금으로 한정하여야 한다고 보는 것은 타당하지 않다.

2) 일률성

어떤 임금이 통상임금에 속하기 위해서는 그것이 일률적으로 지급되는 성질을 갖추어야 한다. '일률적'으로 지급되는 것에는 '모든 근로자'에게 지급되는 것뿐만 아니라 '일정한 조건 또는 기준에 달한 모든 근로자'에게 지급되는 것도 포함된다. 여기서 '일정한 조건'이란 고정적이고 평균적인 임금을 산출하려는 통상임금의 개념에 비추어 볼 때 고정적인 조건이어야 한다(대법원 1993. 5. 27. 선고 92다20316 판결, 대법원 2012. 7. 26. 선고 2011다6106 판결 등 참조).

단체협약이나 취업규칙 등에 휴직자나 복직자 또는 징계대상자 등에 대하여 특정 임금에 대한 지급 제한사유를 규정하고 있다 하더라도, 이는 해당 근로자의 개인적인 특수성을 고려하여 그 임금 지급을 제한하고 있는 것에 불과하므로, 그러한 사정을 들어 정상적인 근로관계를 유지하는 근로자에 대하여 그 임금 지급의 일률성을 부정할 것은 아니다.

한편 일정 범위의 모든 근로자에게 지급된 임금이 일률성을 갖추고 있는지 판단하는 잣대인 '일정한 조건 또는 기준'은 통상임금이 소정근로의 가치를 평가한 개념이라는 점을 고려할 때, 작업 내용이나 기술, 경력 등과 같이 소정근로의 가치 평가와 관련된 조건이라야 한다. 따라서 부양가족이 있는 근로자에게만 지급되는 가족수당과 같이 소정근로의 가치 평가와 무관한 사항을 조건으로 하여 지급되는 임금은 그것이 그 조건에 해당하는 모든 근로자에게 지급되었다 하더라도 여기서 말하는 '일정한 조건 또는 기준'에 따른 것이라 할 수 없어 '일률성'을 인정할 수 없으므로, 통상임금에 속한다고 볼 수 없다(대법원 2000. 12. 22. 선고 99다10806 판결, 대법원 2003. 12. 26. 선고 2003다56588 판결 등 참조).

그러나 모든 근로자에게 기본금액을 가족수당 명목으로 지급하면서 실제 부양가족이 있는 근로자에게는 일정액을 추가적으로 지급하는 경우 그 기본금액은 소정근로에 대한 대가에 다름아니므로 통상임금에 속한다(대법원 1992. 7. 14. 선고 91다5501 판결 등 참조).

3) 고정성

어떤 임금이 통상임금에 속하기 위해서는 그것이 고정적으로 지급되어야 한다. 이는 통상임금을 다른 일반적인 임금이나 평균임금과 확연히 구분 짓는 요소로서 앞서 본 바와 같이 통상임금이 연장·야간·휴일 근로에 대한 가산임금을 산정하는 기준임금으로 기능하기 위하여서는 그것이 미리 확정되어 있어야 한다는 요청에서 도출되는 본질적인 성질이다.

'고정성'이라 함은 '근로자가 제공한 근로에 대하여 그 업적, 성과 기타의 추가적인 조건과 관계없이 당연히 지급될 것이 확정되어 있는 성질'을 말하고, '고정적인 임금'은 '임금의 명칭 여하를 불문하고 임의의 날에 소정근로시간을 근무한 근로자가 그 다음 날 퇴직한다 하더라도 그 하루의 근로에 대한 대가로 당연하고도 확정적으로 지급받게 되는 최소한의 임금'이라고 정의할 수 있다.

고정성을 갖춘 임금은 근로자가 임의의 날에 소정근로를 제공하면 추가적인 조건의 충족 여부와 관계없이 당연히 지급될 것이 예정된 임금이므로, 그 지급 여부나 지급액이 사전에 확정된 것이라 할 수 있다. 이와 달리 근로자가 소정근로를 제공하더라도 추가적인 조건을 충족하여야 지급되는 임금이나 그 조건 충족 여부에 따라 지급액이 변동되는 임금 부분은 고정성을 갖춘 것이라고 할 수 없다.

대법원은 근로자 실제 근무성적에 따라 지급 여부 및 지급액이 달라지는 항목의 임금을 통상임금에서 제외하여 왔는데, 그러한 임금은 고정성을 갖추지 못하였기 때문이다(대법원 1996. 2. 9. 선고 94다19501 판결, 대법원 2012. 3. 15. 선고 2011다106426 판결 등 참소).

다. 다양한 유형의 임금이 통상임금에 속하는지에 관한 구체적 판단 기준

실제 근로 현장에서는 임금의 지급조건 등이 매우 다양하므로, 위에서 본 통상임금의 개념적 징표인 정기성, 일률성, 고정성의 의미를 바탕으로 어떠한 유형의 임금을 통상임금에 속한다고 볼 수 있는지 그 구체적 판단 기준에 관하여 살펴본다.

1) 근속기간에 연동하는 임금

어떠한 임금이 일정 근속기간 이상을 재직할 것을 지급조건으로 하거나, 또는 일정 근속기간을 기준으로 하여 임금의 계산방법을 달리하거나 근속기간별로 지급액을 달리하는 경우와 같이 지급 여부나 지급액이 근속기간에 연동하는 임금 유형이 있다.

근속기간은 근로자의 숙련도와 밀접한 관계가 있으므로 소정근로의 가치 평가와 관련이 있는 '일정한 조건 또는 기준'으로 볼 수 있고, 일정한 근속기간 이상을 재직한 모든 근로자에게 그에 대응하는 임금을 지급한다는 점에서 일률성을 갖추고 있다고 할 수 있다. 또한 근속기간은 근로자가 임의의 날에 연장·야간·휴일 근로를 제공하는 시점에서는 그 성취 여부가 불확실한 조건이 아니라 그 근속기간이 얼마인지가 확정되어 있는 기왕의 사실이므로, 일정 근속기간에 이른 근로자는 임의의 날에 근로를 제공하면 다른 추가적인 조건의 성취 여부와 관계없이 근속기간에 연동하는 임금을 확정적으로 지급받을 수 있어 고정성이 인정된다. 따라서 임금의 지급 여부나 지급액이 근속기간에 연동한다는 사정은 그 임금이 통상임금에 속한다고 보는 데 장애가 되지 않는다.

2) 근무일수에 연동하는 임금

매 근무일마다 일정액의 임금을 지급하기로 정함으로써 근무일수에 따라 일할계산하여 임금이 지급되는 경우에는 실제 근무일수에 따라 그 지급액이 달라지기는 하지만, 근로자가 임의의 날에 소정근로를 제공하기만 하면 그에 대하여 일정액을 지급받을 것이 확정되어 있으므로, 이러한 임금은 고정적 임금에 해당한다.

그러나 일정 근무일수를 충족하여야만 지급되는 임금은 소정근로를 제공하는 외에 일정 근무일수의 충족이라는 추가적인 조건을 성취하여야 비로소 지급되는 것이고, 이러한 조건의 성취 여부는 임의의 날에 연장·야간·휴일 근로를 제공하는 시점에서 확정할 수 없는 불확실한 조건이므로 고정성을 갖춘 것이라 할 수 없다.

한편 일정 근무일수를 기준으로 계산방법 또는 지급액이 달라지는 경우에도 소정근로를 제공하면 적어도 일정액 이상의 임금이 지급될 것이 확정되어 있다면 그와 같이 최소한도로 확정되어 있는 범위에서는 고정성을 인정할 수 있다. 예를 들어 근무일수가 15일 이상이면 특정 명목의 급여를 전액 지급하고, 15일 미만이면 근무일수에 따라 그 급여를 일할계산하여 지급하는 경우, 소정근로를 제공하기만 하면 최소한 일할계산되는 금액의 지급은 확정적이므로, 그 한도에서 고정성이 인정된다. 다른 한편, 근무일수를 기준으로 계산방법을 달리 정하지 않고, 단순히 근무일수에 따라 일할계산하여 지급하는 경우도 앞서 본 매 근무일마다 지급하는 경우와 실질적인 차이가 없어 고정성을 인정할 수 있다.

3) 특정 시점에 재직 중인 근로자에게만 지급하는 임금

근로자가 소정근로를 했는지 여부와는 관계없이 지급일 기타 특정 시점에 재직 중인 근로자에게만 지급하기로 정해져 있는 임금은 그 특정 시점에 재직 중일 것이 임금을 지급받을 수 있는 자격요건이 된다. 그러한 임금은 기왕에 근로를 제공했던 사람이라도 특정 시점에 재직하지 않는 사람에게는 지급하지 아니하는 반면, 그 특정 시점에 재직하는 사람에게는 기왕의 근로 제공 내용을 묻지 아니하고 모두 이를 지급하는 것이 일반적이다. 그와 같은 조건으로 지급되는 임금이라면, 그 임금은 이른바 '소정근로'에 대한 대가의 성질을 가지는 것이라고 보기 어려울 뿐 아니라 근로자가 임의의 날에 근로를 제공하더라도 그 특정 시점이 도래하기 전에 퇴직하면 당해 임금을 전혀 지급받지 못하여 근로자가 임의의 날에 연장·야간·휴일 근로를 제공하는 시점에서 그 지급조건이 성취될지 여부는 불확실하므로, 고정성도 결여한 것으로 보아야 한다. 그러나 근로자가 특정 시점 전에 퇴직하더라도 그 근무일수에 비례한 만큼의 임금이 지급되는 경우에는 앞서 본 매 근무일마다 지급되는 임금과 실질적인 차이가 없으므로, 근무일수에 비례하여 지급되는 한도에서는 고정성이 부정되지 않는다.

4) 특수한 기술, 경력 등을 조건으로 하는 임금

특수한 기술의 보유나 특정한 경력의 구비 등이 임금 지급의 조건으로 부가되어 있는 경우, 근로자가 임의의 날에 연장·야간·휴일 근로를 제공하는 시점에서 특수한 기술의 보유나 특정한 경력의 구비 여부는 그 성취 여부가 불확실한 조건이 아니라 기왕에 확정된 사실이므로, 그와 같은 지급조건은 고정성 인정에 장애가 되지 않는다.

5) 근무실적에 연동하는 임금

지급 대상기간에 이루어진 근로자의 근무실적을 평가하여 이를 토대로 지급 여부나 지급액이 정해지는 임금은 일반적으로 고정성이 부정된다고 볼 수 있다. 그러나 근무실적에 관하여 최하 등급을 받더라도 일정액을 지급하는 경우와 같이 최소한도의 지급이 확정되어 있다면, 그 최소한도의 임금은 고정적 임금이라고 할 수 있다.

근로자의 전년도 근무실적에 따라 당해 연도에 특정 임금의 지급 여부나 지급액을 정하는 경우, 당해 연도에는 그 임금의 지급 여부나 지급액이 확정적이므로 당해 연도에 있어 그 임금은 고정적인 임금에 해당하는 것으로 보아야 한다. 그러나 보통 전년도에 지급할 것을 그 지급 시기만 늦춘 것에 불과하다고 볼만한 특별한 사정이 있는 경우에는 고정성을 인정할 수 없다. 다만 이러한 경우에도 근무실적에 관하여 최하 등급을 받더라도 일정액을 최소한도로 보장하여 지급하기로 한 경우에는 그 한도 내에서 고정적인 임금으로 볼 수 있다.

라. 통상임금에 관한 노사합의의 효력

근로기준법에서 정하는 근로조건은 최저기준이므로(근로기준법 제3조), 그 기준에 미치지 못하는 근로조건을 정한 근로계약은 그 부분에 한하여 무효로 되며, 이에 따라 무효로 된 부분은 근로기준법에서 정한 기준에 따른다(근로기준법 제15조). 통상임금은 위 근로조건의 기준을 마련하기 위하여 법이 정한 도구개념이므로, 사용자와 근로자가 통상임금의 의미나 범위 등에 관하여 단체협약 등에 의해 따로 합의할 수 있는 성질의 것이 아니다.

따라서 앞에서 밝힌 기준에 따라 성질상 근로기준법 상의 통상임금에 속하는 임금을 통상임금에서 제외하기로 노사간에 합의하였다 하더라도 그 합의는 효력이 없다. 연장·야간·휴일 근로에 대하여 통상임금의 50% 이상을 가산하여 지급하도록 한 근로기준법의 규정은 각 해당 근로에 대한 임금산정의 최저기준을 정한 것이므로, 통상임금의 성질을 가지는 임금을 일부 제외한 채 연장·야간·휴일 근로에 대한 가산임금을 산정하도록 노사간에 합의한 경우 그 노사합의에 따라 계산한 금액이 근로기준법에서 정한 위 기준에 미달할 때에는 그 미달하는 범위 내에서 노사합의는 무효라 할 것이고(대법원 1993. 5. 11. 선고 93다4816 판결, 대법원 2009. 12. 10. 선고 2008다45101 판결 등 참조), 그 무효로 된 부분은 근로기준법이 정하는 기준에 따라야 할 것이다.

마. 변경하여야 할 대법원판결

근속수당의 지급조건에 일정 근무일수를 기준으로 그 미만은 일할계산하여 지급하고 그 이상은 전액 지급하기로 정해진 경우 그 일할계산하여 지급되는 최소한도의 임금은 고정적인 임금이라고 보아야 하는데도, 이와 달리 이를 지급 여부 및 그 지급액이 실제 근무성적에 의하여 달라진다는 이유로 비고정적인 임금으로 통상임금에 해당하지 아니한다고 판단한 대법원 1996. 3. 22. 선고 95다56767 판결과 문제가 된 복리후생적 명목의 급여가 지급일 당시 재직 중일 것을 지급조건으로 하는지 여부에 관하여 심리하지 아니한 채 해당 급여가 단체협약 등에 의하여 일률적·정기적으로 지급되는 것으로 정해져 있다는 사정만으로 통상임금에 해당한다고 판단한 대법원 2007. 6. 15. 선고 2006다13070 판결 등을 비롯한 같은 취지의 판결들은 이 판결의 견해에 배치되는 범위 내에서 이를 모두 변경하기로 한다.

2. 이 사건에 대한 판단

가. 이 사건 상여금이 통상임금에 속하는지에 관하여

원심판결 이유와 원심이 적법하게 채택한 증거들에 의하면, 피고(피고의 전신인 모딘코리아 유한회사는 2004. 6. 7. 설립된 후 2009. 12. 23. 갑을오토텍 유한회사로 상호가 변경되었고, 이후 2010. 8. 20. 피고로 조직변경되었다. 이하에서는 이들 회사를 구분하지 않고 '피고'라고 한다)는 상여금지급규칙에 따라 이 사건 상여금을 근속기간이 2개월을 초과한 근로자에게는 전액을, 근속기간이 2개월을 초과하지 않는 신규입사자나 2개월 이상 장기 휴직 후 복직한 자, 휴직자에 대하여는 상여금 지급 대상기간 중 해당 구간에 따라 미리 정해 놓은 비율을 적용하여 산정한 금액을 각 지급하였으며, 상여금 지급 대상기간 중에 퇴직한 근로자에 대해서는 근무일수에 따라 일할계산하여 지급한 사실을 알 수 있다.

앞에서 본 법리를 위 사실관계에 비추어 보면, 이 사건 상여금은 근속기간에 따라 지급액이 달라지기는 하나 일정 근속기간에 이른 근로자에 대해서는 일정액의 상여금이 확정적으로 지급되는 것이므로, 이 사건 상여금은 소정근로를 제공하기만 하면 그 지급이 확정된 것이라고 볼 수 있어 정기적·일률적으로 지급되는 고정적인 임금인 통상임금에 해당한다.

원심이 같은 취지에서 이 사건 상여금이 통상임금에 해당한다고 판단한 것은 정당하고, 거기에 상고이유 주장과 같은 통상임금의 개념, 요건 및 범위에 관한 대법원판례 위반 등의 위법이 없다.

나. 이 사건 상여금을 통상임금에서 제외하는 노사합의의 무효를 주장하여 추가 법정수당을 청구하는 것이 신의성실의 원칙에 위배되는지에 관하여

1) 신의성실의 원칙(이하 '신의칙'이라고 한다)은, 법률관계의 당사자는 상대방의 이익을 배려하여 형평에 어긋나거나 신뢰를 저버리는 내용 또는 방법으로 권리를 행사하거나 의무를 이행하여서는 아니 된다는 추상적 규범을 말하는 것으로서,

신의칙에 위배된다는 이유로 그 권리행사를 부정하기 위해서는 상대방에게 신의를 공여하였거나 객관적으로 보아 상대방이 신의를 가지는 것이 정당한 상태에 이르러야 하고 이와 같은 상대방의 신의에 반하여 권리를 행사하는 것이 정의관념에 비추어 용인될 수 없는 정도의 상태에 이르러야 한다(대법원 1991. 12. 10. 선고 91다3802 판결, 대법원 2006. 5. 26. 선고 2003다18401 판결 등 참조).

단체협약 등 노사합의의 내용이 근로기준법의 강행규정을 위반하여 무효인 경우에, 그 무효를 주장하는 것이 신의칙에 위배되는 권리의 행사라는 이유로 이를 배척한다면 강행규정으로 정한 입법취지를 몰각시키는 결과가 될 것이므로, 그러한 주장이 신의칙에 위배된다고 볼 수 없음이 원칙이다. 그러나 노사합의의 내용이 근로기준법의 강행규정을 위반한다고 하여 그 노사합의의 무효 주장에 대하여 예외 없이 신의칙의 적용이 배제되는 것은 아니다(대법원 2001. 5. 29. 선고 2001다15422, 15439 판결 참조). 위에서 본 신의칙을 적용하기 위한 일반적인 요건을 갖춤은 물론 근로기준법의 강행규정성에도 불구하고 신의칙을 우선하여 적용하는 것을 수긍할만한 특별한 사정이 있는 예외적인 경우에 한하여 그 노사합의의 무효를 주장하는 것은 신의칙에 위배되어 허용될 수 없다.

2) 건전한 재정은 기업에 있어 생명줄과도 같다. 재정의 악화는 경영난으로 이어지고 그것이 심화되면 기업의 존립이 위태로워진다. 특히 임금은 기업의 재정에 가장 큰 영향을 미치는 요소 중의 하나이다. 노사는 임금협상을 하면서 근로자에게 근로의 대가로 얼마만큼의 금품을 어느 시기에 어떠한 형태와 조건으로 지급할 것인지를 정하게 된다. 이러한 임금협상은 기업의 경영실적, 근로자의 노동생산성, 물가상승률, 동종 업계의 일반적인 임금인상률 등 여러 요소를 고려하여 이루어지지만, 기업의 지속적인 존립과 성장은 노사 양측이 다 같이 추구하여야 할 공동의 목표이므로 기업 재정에 심각한 타격을 주어 경영상 어려움을 초래하거나 기업의 존립기반에 영향을 주면서까지 임금을 인상할 수는 없는 것이다. 따라서 임금의 인상은 기업이 생산·판매 활동 등을 함으로써 얻을 수 있는 수익에 기초하여 노동비용 부담능력 안에서 이루어져야 한다는 내적 한계가 있고, 이는

노사 상호 간에 양해된 사항이라 할 수 있다.

그리하여 노사가 자율적으로 임금협상을 할 때에는 기업의 한정된 수익을 기초로 하여 상호 적정하다고 합의가 이루어진 범위 안에서 임금을 정하게 되는데, 우리나라의 실태는 임금협상 시 임금 총액을 기준으로 임금 인상 폭을 정하되, 그 임금 총액 속에 기본급은 물론, 일정한 대상기간에 제공되는 근로에 대응하여 1개월을 초과하는 일정 기간마다 지급되는 상여금(이하 '정기상여금'이라고 한다), 각종 수당, 그리고 통상임금을 기초로 산정되는 연장・야간・휴일 근로 수당 등의 법정수당까지도 그 규모를 예측하여 포함시키는 것이 일반적이다. 이러한 방식의 임금협상에 따르면, 기본급, 정기상여금, 각종 수당 등과 통상임금에 기초하여 산정되는 각종 법정수당은 임금 총액과 무관하게 별개 독립적으로 결정되는 것이 아니라 노사 간에 합의된 임금 총액의 범위 안에서 그 취지에 맞도록 각 임금 항목에 금액이 할당되고, 각각의 지급형태 및 지급시기 등이 결정된다는 의미에서 상호 견련관계가 있는 것이다.

그런데 우리나라 대부분의 기업에서는 정기상여금은 그 자체로 통상임금에 해당하지 아니한다는 전제 아래에서, 임금협상 시 노사가 정기상여금을 통상임금에서 제외하기로 합의하는 실무가 장기간 계속되어 왔고, 이러한 노사합의는 일반화되어 이미 관행으로 정착된 것으로 보인다. 이러한 관행이 정착하게 된 데에는, 상여금의 연원이 은혜적・포상적인 이윤배분이나 성과급에서 비롯된 점, 국내 경제가 성장기로 접어든 이후 상여금이 근로의 대가로서 정기적・일률적으로 지급되는 경우가 많다고는 하지만 여전히 성과급, 공로보상 또는 계속근로 장려 차원에서 지급되는 경우도 있고 그 지급형태나 지급조건 등이 다양하여 그 성질이 명확하지 아니한 경우도 있는 점, 근로현장에서 노사 양측에 지대한 영향력을 발휘하여 온 고용노동부의 '통상임금 산정지침'이 1988. 1. 14. 제정된 이래 일관되게 정기상여금을 통상임금에서 제외하여 온 점, 대법원 판례상으로도 2012. 3. 29. 이른바 '금아리무진 판결'이라고 불리는 대법원 2010다91046 판결이 선고되기 전에는 상여금의 통상임금 해당성을 부정한 대법원판결(대법원 1990. 2. 27. 선고 89다카2292 판결, 대법원 1996. 2. 9. 선고 94다19501 판결 등)만 있었고 정기상여금이 통상임금에 해당할 수 있음을 명시적으로 인정한 대법원판결은 없었던 점 등이 그 주요 원인이 되어 노사 양측 모두 정기상여금은 통상임금에서 제외되는 것이라고 의심 없이 받아들여 왔기 때문인 것으로 보인다.

위와 같은 임금협상의 구조와 한계, 근로현장에서의 임금협상 방법과 과정, 각 임금항목의 결정 방법 및 그 내용, 관행 등을 고려하지 아니한 채, 종래 정기상여금을 통상임금에서 제외한 노사합의가 근로기준법의 강행규정에 위배되어 무효라는 이유로 새로이 정기상여금이 포함된 통상임금을 기초로 한 법정수당을 추가로 지급하게 되면, 근로자가 받을 임금 총액이 당초 노사 간에 합의한 임금 총액의 범위를 훨씬 초과하게 되어, 임금협상 당시 노사 양측이 의도한 것과 사뭇 다른 결과가 발생할 수 있다.

앞서 본 바와 같이 임금에 관한 노사합의는 기업의 한정된 수익에 기초하여 합의한 임금 총액의 범위 안에서 각 임금 항목에 액수를 할당하고 그 개별적인 지급시기, 지급형태 및 조건 등을 정하는 실질을 갖고 있다. 따라서 기업의 수익 기초가 동일한 이상 노사 양측이 임금협상 당시 정기상여금이 통상임금에 해당할 수 있다는 점을 인식하였다면, 해당 정기상여금이 통상임금에 산입됨을 전제로 기본급과 수당 등의 인상률을 조정하고 지급형태나 조건 등을 변경하는 등의 조치를 취함으로써 결과적으로 통상임금을 기초로 산정되는 각종 법정수당을 포함하여 근로자에게 지급되는 임금 총액은 정기상여금이 통상임금에 산입되는 경우와 그렇지 않은 경우 사이에 실질적인 차이가 없도록 하는 등 기업의 부담능력 범위 내에서 다른 대안을 마련하여 노사합의를 이루었을 것으로 봄이 타당하다.

그런데도 이러한 사정들은 전혀 고려하지 아니한 채 노사 양측이 합의 당시 상호 공통적으로 이해하고 있었던 것과는 전혀 다른 법리적 사유를 들어 사용자에게 정기상여금이 포함된 통상임금을 토대로 한 추가적인 법정수당 지급의무를 부과한다면, 근로자 측은 한편으로는 임금협상 당시 노사가 서로 양해한 전제나 기초 아래 기업의 한정된 수익을 감안하여 결정된 임금을 모두 지급받으면서, 다른 한편으로는 그 전제나 기초가 무효임을 주장하며 기업의 한정된 수익을 넘는 추가적인 법정수당을 지급받게 되고, 반면에 사용자 측은 노사합의를 신뢰하여 이를 기초로 수지 균형을 맞추며 기업을 경영하여 오다가 예측하지 못하였던 재정적 부담을 지게 되고, 그로 인하여 중대한 경영상의 어려움을 겪거나 기업의 존립 자체가 흔들리는 상황에 놓이게 될 수 있다. 이는 상호 신뢰를 기초로 하여 노사 합의를 이루어 자율적이고 조화로운 관계를 유지하며 공동의 이익을 추구해 온 노사관계에 있어 예기치 않은 사유로 서로 간의 신뢰기반을 깨뜨리고 노사가 지향해 온 상생관계를 해치는 행위로서 궁극적으로는 근로자의 근로환경이나 근로조건에도 부정적인 영향을 미치고, 기업의 재정적 파탄으로 이어져 일자리의 터전을 상실할 위험도 초래하는 등 노사 양쪽 모두에게 피해가 갈 수 있다.

따라서 앞서 본 바와 같은 방식의 임금협상 과정을 거쳐 이루어진 노사합의에서 정기상여금은 그 자체로 통상임금에 해당하지 아니한다고 오인한 나머지 정기상여금을 통상임금 산정 기준에서 제외하기로 합의하고 이를 전제로 임금수준을 정한 경우, 근로자 측이 앞서 본 임금협상의 방법과 경위, 실질적인 목표와 결과 등은 도외시한 채 임금협상 당시 전혀 생각하지 못한 사유를 들어 정기상여금을 통상임금에 가산하고 이를 토대로 추가적인 법정수당의 지급을 구함으로써, 노사가 합의한 임금수준을 훨씬 초과하는 예상 외의 이익을 추구하고 그로 말미암아 사용자에게 예측하지 못한 새로운 재정적 부담을 지워 중대한 경영상의 어려움을 초래하거나 기업의 존립을 위태롭게 한다면, 이는 종국적으로 근로자 측에까지 그 피해가 미치게 되어 노사 어느 쪽에도 도움이 되지 않는 결과를 가져오므로 정의와 형평 관념에 비추어 신의에 현저히 반하고 도저히 용인될 수 없음이 분명하다. 그러므로 이와 같은 경우 근로자 측의 추가 법정수당 청구는 신의칙에 위배되어 받아들일 수 없다.

3) 원심이 채택한 증거들과 기록을 종합하여 보면 다음과 같은 사정을 알 수 있다.

가) 피고는 2009. 1.부터 2010. 2.까지 한시적으로 관리직 직원에 대하여 이 사건 상여금을 매월 지급하였던 것을 제외하고는 상여금지급규칙에 따라 관리직 직원과 생산직 직원 모두에 대하여 동일한 지급률과 지급기준을 적용하여 이 사건

상여금을 지급하였다.

나) 피고와 전국민주노동조합총연맹 전국금속노동조합(이하 '노동조합'이라고 한다)은 2008. 10. 8. 체결한 단체협약에서 통상임금에 산입될 임금의 범위를 정하면서, 이 사건 상여금이 근로기준법 소정의 통상임금에 해당하지 않는다는 전제하에 이 사건 상여금을 통상임금 산입에서 제외하였는데, 피고와 노동조합은 이전에도 이와 같이 단체협약으로 통상임금의 산입 범위를 정하였던 것으로 보인다. 그리고 피고와 노동조합은 임금협상을 하면서 임금 총액을 기준으로 기본급 등의 인상률과 각종 수당의 증액, 단체협약 상의 통상임금을 전제로 한 법정수당의 규모 등을 정하였던 것으로 보인다.

다) 피고는 노동조합의 조합원이 아닌 관리직 직원들에 대해서도 이 사건 상여금을 통상임금 산입에서 제외한 단체협약을 적용하여 이 사건 상여금이 제외된 통상임금을 기초로 법정수당을 산정·지급하여 왔고, 이에 대하여 이 사건 소송 제기 전까지는 원고를 비롯한 관리직 직원들이 별다른 이의를 제기하지 않았던 것으로 보인다.

라) 한편 위 단체협약에 따르면 생산직 직원의 경우 통상임금은 기본급에 직책수당, 생산수당, 위해수당 등 제 수당을 합산한 금액으로 산정되고, 짝수달에 지급되는 상여금은 위와 같은 통상임금의 산정 기초 임금에 20,000원과 연장근로 35시간분을 합산한 금액의 연 600%로 산정된다. 이러한 통상임금 및 상여금의 산정방식과 그 규모 등에 비추어 보면, 단체협약에서 당초 통상임금 산정시 기초로 삼은 임금에 더하여 이 사건 상여금을 산입할 경우 통상임금의 액수는 단체협약에서 예정한 통상임금의 액수를 훨씬 초과할 것으로 보인다.

특히 피고의 직원 수는 관리직을 제외한 생산직 직원만 400여 명에 달하는데, 생산직 직원의 경우 연장·야간·휴일 근로 등 초과근로가 상시적으로 이루어지고, 짝수달에 지급되는 이 사건 상여금이 단체협약에서 정한 통상임금 산정 기초 임금의 연 600%를 넘는 규모인 점 등에 비추어 볼 때, 이 사건 상여금을 통상임금에 산입할 경우 피고가 추가로 부담하게 될 초과근로에 대한 가산임금은 임금협상 당시 노사가 협상의 자료로 삼은 가산임금의 범위를 현저히 초과하고, 근로자들이 추가 법정수당을 지급받게 될 경우 그들의 실질임금 인상률은 임금협상 당시 노사가 상호 양해한 임금인상률을 훨씬 초과하게 될 것으로 보인다. 한편 관리직 직원의 경우 생산직 직원처럼 상시적으로 초과근로를 하지는 않지만, 이 사건 상여금을 통상임금에 산입할 경우에는 간헐적인 초과근로에 대한 가산임금, 미사용 연차휴가수당 등의 증가를 가져오므로, 이 역시 전체적으로 피고에게 새로운 재정적 부담으로 작용할 것으로 보인다.

4) 위와 같은 사정들을 종합하여 보면, 피고는 이 사건 상여금이 통상임금에 해당한다는 점을 인식하지 못한 채 노동조합과 이 사건 상여금을 통상임금에서 제외하는 내용의 단체협약을 체결하였고, 이러한 단체협약에 따른 통상임금 기준을 조합원이 아닌 관리직 직원들에게도 적용하는 것에 대하여 피고와 관리직 직원들 사이에 명시적 또는 묵시적인 노사합의 내지 관행이 있었으며, 이 사건 상여금이 통상임금에 산입될 경우 근로자들은 당초 노사간 임금협상 등을 통하여 받은 이익을 초과하는 예상 밖의 이익을 기대할 수 있게 되는 한편, 피고로서는 예측하지 못한 새로운 재정적 부담을 지게 되어 중대한 경영상의 어려움을 초래한다고 볼 수 있는 사정이 상당히 드러나 있다.

다만 앞서 본 바와 같이 피고는 짝수달에 1회씩 상여금을 지급하기로 하는 상여금지급규칙이 존재하는 상태에서 2009. 1.부터 2010. 2.까지 한시적으로 관리직 직원에 한하여 이 사건 상여금을 매월 지급하였는데, 이것이 위 기간에 한하여 아무런 조건 없이 관리직 직원 전체에 대하여 생산직 직원과 달리 이 사건 상여금을 통상임금에 포함하여 실질임금을 보장해 주려는 의도로 이루어진 것이라면, 이 부분에 관하여는 이 사건 상여금을 통상임금에 포함하여 이를 기초로 법정수당을 산정한다고 하여 피고가 예측하지 못한 새로운 재정적 부담을 지게 되는 것은 아니라고 볼 여지가 있다.

그렇다면 원심으로서는 앞서 본 법리에 기초하여 피고와 노동조합의 임금협상 실태와 피고와 관리직 직원들 사이에 이 사건 상여금을 통상임금에서 제외하기로 하는 명시적 또는 묵시적 노사합의 내지 관행이 이루어졌는지 여부, 그리고 이 사건 상여금이 통상임금에 산입될 경우 피고가 부담하게 될 추가 법정수당액과 전년도 대비 실질임금 인상률 및 그에 관한 과거 수년간의 평균치, 피고의 재정 및 경영상태, 피고의 관리직 직원들에 대한 이 사건 상여금의 구체적인 지급방식 및 그 변경 내용, 동기 및 경위, 그 변경된 지급방식의 원고에 대한 적용 여부 등을 심리하여 2007년부터 2010년까지의 미사용 연차휴가수당 등의 지급을 구하는 원고의 이 사건 청구가 신의칙에 위배되는지를 살펴보았어야 할 것이다.

그런데도 이와 달리 원심은 위와 같은 사정들에 대하여 제대로 심리하지 아니한 채 그 판시와 같은 사정만으로 원고의 이 사건 청구가 신의칙에 위배되지 않는다고 단정하고 말았으니, 이러한 원심의 판단에는 신의칙에 관한 법리를 오해하고 필요한 심리를 다하지 아니한 위법이 있다고 할 것이다. 이를 지적하는 상고이유 주장은 이유 있다.

3. 결 론

그러므로 원심판결을 파기하고, 사건을 다시 심리·판단하도록 원심법원에 환송하기로 하여 주문과 같이 판결한다. 이 판결에는 신의칙의 적용에 관하여 대법관 이인복, 대법관 이상훈, 대법관 김신의 반대의견과 통상임금 판단 기준에 관하여 대법관 김창석의 별개의견이 있는 외에는 관여 법관들의 의견이 일치하였고, 다수의견에 대한 대법관 김용덕, 대법관 고영한, 대법관 김소영의 보충의견이 있다.

[반대의견, 별개의견, 다수의견에 대한 보충의견은 생략함]

2 대판(전합) 2013.12.18, 2012다94643

대법원 판결

- 사건 : 2012다94643 임금
- 원고, 피상고인 : 별지 원고 명단 기재와 같다<생략>.
- 피고, 상고인 : 갑을오토텍 주식회사
- 원심판결 : 대전고등법원 2012. 9. 21. 선고 2011나6388 판결
- 판결선고 : 2013. 12. 18.

주 문

원심판결 중 피고 패소 부분을 파기하고, 이 부분 사건을 대전고등법원에 환송한다.

이 유

상고이유(상고이유서 제출기간 경과 후에 제출된 참고서면 등의 기재는 상고이유를 보충하는 범위 내에서)를 판단한다.

1. 통상임금에 관한 법리

근로기준법이 연장·야간·휴일 근로에 대한 가산임금, 해고예고수당, 연차휴가수당 등의 산정기준 및 평균임금의 최저한으로 규정하고 있는 통상임금은 근로자가 소정근로시간에 통상적으로 제공하는 근로인 소정근로(도급근로자의 경우에는 총 근로)의 대가로 지급하기로 약정한 금품으로서 정기적·일률적·고정적으로 지급되는 임금을 말한다. 1개월을 초과하는 기간마다 지급되는 임금도 그것이 정기

적 · 일률적 · 고정적으로 지급되는 것이면 통상임금에 포함될 수 있다.

그리고 고정적인 임금이라 함은 '임금의 명칭 여하를 불문하고 임의의 날에 소정근로시간을 근무한 근로자가 그 다음 날 퇴직한다 하더라도 그 하루의 근로에 대한 대가로 당연하고도 확정적으로 지급받게 되는 최소한의 임금'을 말하므로, 근로자가 임의의 날에 소정근로를 제공하면 추가적인 조건의 충족 여부와 관계없이 당연히 지급될 것이 예정되어 지급 여부나 지급액이 사전에 확정된 임금은 고정성을 갖춘 것으로 볼 수 있다.

여기서 말하는 조건은 근로자가 임의의 날에 연장 · 야간 · 휴일 근로를 제공하는 시점에 그 성취 여부가 아직 확정되어 있지 않은 조건을 말하므로, 특정 경력을 구비하거나 일정 근속기간에 이를 것 등과 같이 위 시점에 그 성취 여부가 이미 확정되어 있는 기왕의 사실관계를 조건으로 부가하고 있는 경우에는 고정성 인정에 장애가 되지 않지만, 근로자가 소정근로를 했는지 여부와는 관계없이 지급일 기타 특정시점에 재직 중인 근로자에게만 지급하기로 정해져 있는 임금은 그 특정시점에 재직 중일 것이 임금을 지급받을 수 있는 자격요건이 된다. 그러한 임금은 기왕에 근로를 제공했던 사람이라도 특정시점에 재직하지 않는 사람에게는 지급하지 아니하는 반면, 그 특정시점에 재직하는 사람에게는 기왕의 근로 제공 내용을 묻지 아니하고 모두 이를 지급하는 것이 일반적이다. 그와 같은 조건으로 지급되는 임금이라면, 그 임금은 이른바 '소정근로'에 대한 대가의 성질을 가지는 것이라고 보기 어려울 뿐 아니라 근로자가 임의의 날에 근로를 제공하더라도 그 특정시점이 도래하기 전에 퇴직하면 당해 임금을 전혀 지급받지 못하여 근로자가 임의의 날에 연장 · 야간 · 휴일 근로를 제공하는 시점에서 그 지급조건이 성취될지 여부는 불확실하므로, 고정성도 결여한 것으로 보아야 한다.

2. 이 사건의 판단

가. 원심판결 이유에 의하면, 원심은 제1심판결을 인용하여 이 사건 설 · 추석상여금과 하기휴가비, 김장보너스, 선물비, 생일자지원금, 개인연금지원금, 단체보

험료(이하 위 각 급여를 총칭할 때에는 '이 사건 설·추석상여금 등'이라고 한다)는 근로의 대가로 정기적·일률적·고정적으로 지급된 임금이어서 모두 근로기준법 소정의 통상임금에 해당한다고 판단하였다.

나. 근로기준법 소정의 임금이란 사용자가 근로의 대가로 근로자에게 지급하는 일체의 금품으로서, 근로자에게 계속적·정기적으로 지급되고 그 지급에 관하여 단체협약, 취업규칙, 급여규정, 근로계약, 노동관행 등에 의하여 사용자에게 지급의무가 지워져 있다면 그 명목 여하를 불문하고 임금에 해당된다(대법원 2012. 2. 9. 선고 2011다20034 판결 등 참조).

따라서 원심이 제1심판결을 인용하여 피고 소속 근로자들에게 정기적·일률적으로 지급되는 이 사건 선물비, 생일자지원금, 개인연금지원금, 단체보험료가 임금에 해당된다고 판단한 것은 정당하고, 거기에 상고이유의 주장과 같은 임금의 개념 및 요건 등에 관한 법리오해 등의 위법이 없다.

다. 그러나 원심이 그 판시와 같은 이유를 들어 이 사건 설·추석상여금 등이 정기적·일률적·고정적인 임금에 해당하여 통상임금에 속한다고 판단한 것은 다음과 같은 이유에서 그대로 수긍하기 어렵다.

1) 먼저 이 사건 김장보너스에 관하여 본다.
통상임금이 소정근로시간을 초과하는 근로를 제공할 때 지급되는 가산임금을 산정하는 기준임금으로 기능하는 점을 고려하면, 어떤 임금이 통상임금에 해당하기 위해서는 근로자가 실제로 연장·야간·휴일 근로를 하기 전에 그 지급과 지급액이 사전에 확정되어 있어야 하고, 여기서 지급과 지급액이 사전에 확정되어 있다는 것은 임의의 날에 소정근로를 제공하면 당연히 지급될 것이 예정되어 있는 것을 의미함은 앞서 본 바와 같다.

그런데 원심판결 이유와 기록에 의하면, 피고와 노동조합이 체결한 단체협약은 "회사는 김장철에 김장보너스를 지급하며, 지급금액은 노사협의하여 지급한다."고 정하고 있고, 이에 따라 이 사건 김장보너스는 지급 직전에 노사협의를 통해 정해졌는데, 2007년부터 2009년까지는 220,000원, 2010년에는 240,000원으로 정해진 사실을 알 수 있다. 이처럼 지급액을 결정하기 위한 객관적인 기준 없이 단지 사후에 노사협의를 통해 그 지급액을 정하도록 한 경우라면 그 지급액이 사전에 확정되어 있다고 볼 수 없다. 따라서 이 사건 김장보너스는 고정적인 임금이라고 할 수 없어 통상임금에 해당한다고 볼 수 없다.

그럼에도 원심은 이 사건 김장보너스가 실제의 근무성적과 상관없이 휴직자, 정직자 등을 제외한 소속 근로자들에게 지급되었음을 이유로 통상임금에 해당한다고 판단하였으니, 이러한 원심의 판단에는 통상임금에 관한 법리를 오해하여 판결에 영향을 미친 위법이 있다.

2) 다음으로 이 사건 설·추석상여금을 비롯한 나머지 임금에 관하여 본다.

가) 원심판결 이유와 원심이 적법하게 채택한 증거에 의하면, ① 피고의 상여금 지급규칙은 제5조에서 "상여금 지급시기는 2월, 4월, 6월, 8월, 10월, 12월 및 설날, 추석으로 하며, 지급일자는 별도로 정한다. 상여 지급 대상기간은 상여 지급월 전월에서 당월 2개월간으로 한다."고 하여 상여금의 지급시기 및 지급 대상기간을 정하고 있고, 제6조에서는 신규입사자와 2개월 이상 장기휴직 후 복직한 자, 휴직자에 대한 상여 적용률과 퇴사자에 대한 처리 등 지급기준을 정하고 있는 사실, ② 위 지급기준에 따르면, 신규입사자나 장기휴직 후 복직한 자의 경우 지급 대상기간 2개월을 근무하면 100%, 1개월 이상 근무하면 70%, 1개월 미만 근무하면 30%의 각 상여 적용률을 적용하고, 휴직자의 경우 지급 대상기간 중 15일 미만 휴직하면 100%, 1개월 미만 휴직하면 70%, 2개월 미만 휴직하면 50%의 각 상여 적용률을 적용하되 지급 대상기간 2개월을 휴직하면 상여금을 지급하지 않는 것으로 정하여져 있고, 퇴사자에 대해서는 근무한 일수만큼 일할계산하여 지급하도록 정하여진 사실, ③ 그런데 피고는 이 사건 설·추석상여금의 지급에 있어서 상여금지급규칙 제6조 소정의 지급기준을 적용하지 아니하고, 지급일 현재 6개월 이상 휴직 중인 자를 제외하고는 재직 중인 근로자 전원에게 이 사건 설·추석상여금을 일률적으로 지급하는 한편 지급일 전에 퇴직한 근로자에게는 이를 지급하지 아니한 사실을 알 수 있고, 위와 같이 피고가 지급일 전에 퇴직한 근로

자에게 이 사건 설·추석상여금을 지급하지 않은 것에 대하여 노동조합이나 근로자들이 특별히 이의를 제기하였음을 인정할 자료는 없다.

근로자가 소정근로를 했는지 여부와 관계없이 지급일 기타 특정시점에 재직 중인 근로자에게만 지급하기로 정해져 있는 임금은 소정근로의 대가로서의 성질을 갖지 못할 뿐만 아니라 고정적 임금으로 볼 수 없음은 앞서 본 바와 같다. 나아가 어떠한 임금이 이러한 성격을 갖고 있는지는 그 근로계약이나 단체협약 또는 취업규칙 등에서 정한 내용에 따라 판단하여야 하고, 근로계약 등에 명시적인 규정이 없거나 그 내용이 불분명한 경우에는 그 임금의 성격이나 지급 실태, 관행 등 객관적 사정을 종합적으로 고려하여 판단하여야 할 것이다.

한편, 취업규칙은 사용자가 당해 사업의 근로자 전체에 통일적으로 적용될 근로자의 복무규율과 임금 등 근로조건에 관한 준칙을 규정한 것으로서 사용자와 근로자 등 관계 당사자들에게 보편타당하고 합리적인 해석을 하여야 하며, 근로자들의 공통적인 의사도 그 일반적인 해석기준의 하나로 된다(대법원 1999. 5. 12. 선고 97다5015 전원합의체 판결 참조).

앞서 인정한 사실관계를 위와 같은 법리에 비추어 보면, 피고의 상여금지급규칙은 취업규칙에 해당하는 것으로서 제5조는 짝수달에 지급되는 상여금 외에 설날과 추석에 지급되는 상여금에 대해서도 정하고 있으나, 지급 대상기간을 '상여금 지급월 전월에서 당월까지인 2개월간'으로 정하고 있고, 제6조에서도 지급 대상기간이 2개월임을 전제로 신규입사자와 복직자, 휴직자에 대한 상여 적용률을 정하고 있는 점, 피고는 이 사건 설·추석상여금에 대해서는 상여금지급규칙 제6조의 지급기준을 적용하지 않았고, 이와 같은 지급 처리에 관하여 근로자측도 별다른 이의를 제기하지 않은 것으로 보이는 점 등을 종합하여 볼 때, 상여금지급규칙 제6조의 지급기준은 일응 짝수달에 지급되는 상여금을 대상으로 한 것이고 이 사건 설·추석상여금은 그 적용 대상이 아닌 것으로 볼 수 있다(기록에 의하면, 원고들도 제6조의 지급기준 중 지급제한규정은 이 사건 설·추석상여금에는 적용되지 않는다고 주장하고 있다).

나아가 피고가 상당기간에 걸쳐 그 지급일 전에 퇴직한 근로자에게 이 사건 설·추석상여금을 지급하지 않았고 이에 대하여 노동조합이나 개별근로자가 이의를 제기하지 않았다면, 이 사건 설·추석상여금에 대해서는 지급일에 재직 중일 것이 임금을 지급받을 수 있는 자격요건으로 부가되어 기왕에 근로를 제공했던 사람이라도 지급일에 재직하지 않는 사람에게는 지급하지 않는 반면, 지급일에 재직하는 사람에게는 기왕의 근로 제공 내용을 묻지 아니하고 이를 모두 지급하기로 하는 명시적 또는 묵시적 노사합의가 이루어졌거나 그러한 관행이 확립된 것으로 볼 여지가 있다.

나) 이 사건 하기휴가비와 선물비, 생일자지원금에 관하여 보면, 원심판결 이유와 기록에 의하면 피고가 그 소속 근로자들에게 이 사건 하기휴가비와 선물비, 생일자지원금으로 정액을 일률적으로 지급하면서 각 지급일 전에 퇴사한 근로자에게는 이를 지급하지 아니한 사실을 알 수 있다. 그렇다면 이 사건 하기휴가비와 선물비, 생일자지원금에 대해서도 앞서 본 이 사건 설·추석상여금과 마찬가지로 노사간에 지급일에 재직 중일 것이라는 조건을 임금을 지급받을 수 있는 자격요건으로 부가하는 명시적 또는 묵시적 합의가 이루어졌거나 그러한 관행이 확립된 것으로 볼 여지가 있다.

나아가 이 사건 개인연금지원금과 단체보험료도 그 지급 내용상 지급일 전에 퇴직한 근로자에 대해서는 지급되지 않았을 가능성을 배제할 수 없다.

다) 그렇다면 원심으로서는 상여금지급규칙 제6조의 적용 대상에 이 사건 설·추석상여금이 포함되어 있는지, 피고가 지급일 전에 퇴직한 근로자에게 이 사건 설·추석상여금과 하기휴가비, 선물비, 생일자지원금을 지급하지 않은 경위와 이에 대하여 노동조합이나 근로자들이 이의를 제기한 사실이 있는지, 이 사건 개인연금지원금과 단체보험료의 경우 중도 퇴직자에 대하여 어떻게 지급·처리되었는지 등을 심리하여 이들 임금의 지급에 있어 지급일에 재직 중일 것이 임금을 지급받을 수 있는 자격요건으로 부가되어 기왕에 근로를 제공했던 사람이라도 지급일에 재직하지 않는 사람에게는 지급하지 않는 반면, 지급일에 재직하는 사람에게는 기왕의 근로 제공 내용을 묻지 아니하고 이를 모두 지급하기로 하는 명시적 또는 묵시적 노사합의가 이루어졌는지 또는 그러한 관행이 확립되어 있는지를

살펴보았어야 할 것이다.

그런데도 원심은 위와 같은 사정에 대한 심리 없이 그 판시와 같은 이유만으로 이들 임금이 통상임금에 해당한다고 판단하였는바, 이러한 원심의 판단에는 통상임금에 관한 법리를 오해하여 필요한 심리를 다하지 아니함으로써 판결에 영향을 미친 위법이 있다.

3. 결 론

그러므로 원심판결 중 피고 패소 부분을 파기하고 이 부분 사건을 다시 심리·판단하도록 원심법원에 환송하기로 하여 주문과 같이 판결한다. 이 판결에는 대법관 김창석의 별개의견이 있는 외에는 관여 법관들의 의견이 일치하였다.

4. 대법관 김창석의 별개의견

원심판결 중 피고 패소 부분이 파기되어야 한다는 점에서는 다수의견과 결론을 같이 한다.

그러나 정기적·일률적·고정적으로 지급되는 임금이라면 상여금이나 1개월을 넘는 기간마다 지급되는 수당도 통상임금에 포함된다는 다수의견은 다음과 같은 이유로 받아들일 수 없다.

가. 연장근로, 야간근로 또는 휴일근로(이하 '연장근로 등'이라고 한다)에 대하여 지급되는 임금을 제외한 나머지 임금은 그 실질에 따라 통상근로(소정근로)에 대한 임금과 총 근로(통상근로와 연장근로 등을 포함하는 전체 근로를 의미한다)에 대한 임금의 두 종류로 구분된다. 근로자가 지급받는 임금이 통상근로만 하는 경우를 예정하여 정한 것이고 연장근로 등을 하는 경우에는 그 추가적인 근로시간에 상응하여 추가적인 임금을 지급받기로 한 것으로 인정되는 경우 그 임금은 오직 통상근로에 대한 대가로 지급되는 것이므로 당연히 통상임금에 포함된다. 반면에 근로자가 통상근로 이외에 연장근로 등을 전혀 하지 않거나 연장근로 등을 하더라도 그 시간이 얼마나 되느냐에 관계없이 똑같은 임금을 지급받기로 한 것으로 인정되는

경우 그 임금은 통상근로뿐만 아니라 연장근로 등을 포함하는 총 근로에 대한 대가로 지급되는 것이어서 연장근로 등을 하더라도 그 추가적인 근로시간에 상응하여 추가적인 임금을 지급할 필요가 없으므로 당연히 통상임금에 포함되지 아니한다. 그런데 이러한 구분에 따라 어떤 임금이 통상근로(소정근로)에 대한 대가이냐 총 근로에 대한 대가이냐 하는 임금의 실질을 판단하는 근거는 객관적으로 확인되는 노사의 의사 이외에 다른 것이 생각되어질 수 없다. 요약하면 통상임금에 포함될 수 있는 임금은 총 근로가 아닌 통상근로에 대한 대가인 임금일 수밖에 없고 어떤 임금이 총 근로가 아닌 통상근로에 대한 대가인지의 여부는 객관적으로 확인되는 노사의 의사에 의하여 판단될 수밖에 없다는 것이다. 이와 같은 해석은 헌법과 그 위임에 의하여 제정된 "근로기준법", "노동조합 및 노동관계조정법"의 관련 규정에 합치되는 것일 뿐만 아니라 근로조건에 관한 사적자치가 인정되는 이상 통상임금에 관한 노사합의나 노사관행의 효력을 부정할 적법한 근거가 없는 한 그 법적 효력이 인정되어야 한다는 당연한 논리에 의하여 뒷받침된다.

일반적으로 기본급과 1개월 이내의 기간마다 지급되는 수당만을 통상근로에 대한 대가인 통상임금에 포함시키는 것이 지금까지의 노사합의 내지 노사관행으로 보는 데에 의문이 없다. 그러므로 원칙적으로 기본급과 1개월 이내의 기간마다 지급되는 수당만이 통상임금에 포함된다고 해석하여야 하고, 특별한 사정이 없는 한 상여금이나 1개월을 넘는 기간마다 지급되는 수당을 통상임금에 포함시키는 해석은 노사합의나 노사관행의 법적 효력을 부정하는 위법한 해석이다. 이러한 점에서 1개월을 넘는 기간마다 지급되는 임금도 정기적·일률적·고정적으로 지급되면 통상임금에 포함된다고 판시한 대법원 1996. 2. 9. 선고 94다19501 판결 등은 폐기되어야 한다.

결론적으로 어떤 임금이 통상임금에 포함될 수 있느냐의 여부는 본질적으로 그 임금이 통상근로(소정근로)에 대한 대가이냐 아니면 총 근로에 대한 대가이냐에 의하여 결정된다고 할 것이다. 어떤 임금이 정기적·일률적·고정적으로 지급되는 것이냐 아니냐의 여부는 통상임금의 형식적 속성도 갖고 있는지의 여부를 판단하는 2차적 기준일 뿐이다.

나. 이러한 법리를 바탕으로 이 사건에 관하여 보면, 이 사건 설・추석 상여금 등을 통상임금에 포함시키기로 하는 노사합의 내지 노사관행이 존재한다고 인정할만한 특별한 사정이 없는 이상, 이 사건 설・추석 상여금 등은 그 지급 방식이 정기적・일률적・고정적인지 여부에 관계없이 모두 통상근로(소정근로)에 대한 대가가 아니라 총 근로에 대한 대가로서 지급되는 임금이라고 할 것이므로 통상임금에 포함될 수 없다.

다. 이상과 같은 이유로 원심판결 중 피고 패소 부분을 파기한 다수의견의 결론에는 찬성하나 그 논거에 관하여는 견해를 달리하므로 별개의견으로 이를 밝혀 둔다.

3 통상임금에 관한 대법원 보도자료(2013.12.18.)

[통상임금에 관한 대법원 전원합의체 판결 선고]

제1판결 : 대법원 2013. 12. 18. 선고 2012다89399 전원합의체 판결

제2판결 : 대법원 2013. 12. 18. 선고 2012다94643 전원합의체 판결

정기상여금이 통상임금에 해당함을 명확히 인정하고 그 외에 어떠한 임금이 통상임금에 포함되는지 여부에 관한 판단기준을 제시하면서 다만 정기상여금을 포함한 통상임금에 기초한 추가임금 청구가 신의성실의 원칙에 위반될 수 있다는 점을 밝힘

1 주요 판시 내용

어떠한 임금이 통상임금에 속하는지 여부는 그 임금이 소정근로의 대가로 근로자에게 지급되는 금품으로서 정기적·일률적·고정적으로 지급되는 것인지를 기준으로 그 객관적인 성질에 따라 판단하여야 하고, 임금의 명칭이나 그 지급주기의 장단 등 형식적 기준에 의해 정할 것이 아닌바, 일정한 대상기간에 제공되는 근로에 대응하여 1개월을 초과하는 일정기간마다 지급되는 정기상여금은 통상임금에 해당하나(제1판결), 근로자가 소정근로를 했는지 여부와는 관계없이 지급일 기타 특정 시점에 재직 중인 근로자에게만 지급하기로 정해져 있는 임금은 '소정근로'에 대한 대가의 성질을 가지는 것이라고 보기 어려울 뿐 아니라 근로자가 임의의 날에 연장·야간·휴일 근로를 제공하는 시점에서 재직 중이라는 그 지급조건이 성취될지 여부가 불확실하므로 고정성도 결여한 것으로 보아야 하므로, 통상임금에 해당하지 아니함(제1, 2판결)

법률상 통상임금에 해당하는 정기상여금 등을 통상임금 산정에서 제외하기로 하는 노사합의는 근로기준법에 위반되므로 무효임을 확인함. 다만, '정기상여금'에 있어서, 노사가 통상임금에 해당하지 않는다고 신뢰하여 이를 통상임금 산정에서 제외하기로 합의하고 이를 토대로 임금총액 및 다른 근로조건을 정한 경우에, ① 기업의 한정된 수익 범위 내에서 세부항목별이 아닌 총액을 기준으로 임금 등을 정하는 것이 일반적이므로, 노사는 정기상여금이 통상임금에 포함됨을 알았다면 다른 조건을 변경하여 합의된 종전 총액과 차이가 없도록 조정하였을 것이고, ② 정기상여금이 통상임금 산정에서 제외된 부분만을 무효로 주장하며 근로자가 추가임금을 청구할 수 있다면, 노사합의에 따른 임금은 모두 지급받으면서, 그 합의된 조건이 무효라며 기업의 한정된 수익을 넘는 추가임금을 지급받게 되는 결과가 되므로, 근로자의 추가임금 청구로 인해 예상 외의 과도한 재정적 부담을 안게 된 기업에게 중대한 경영상 어려움이 초래되는 것은, 정의와 형평 관념에 비추어 용인될 수 없는바, 이러한 경우에 한해서는 근로자의 추가임금 청구가 신의성실의 원칙에 위반되어 허용될 수 없음(제1판결)

제1판결 사건의 원심은 신의칙 위반 여부에 대한 심리가 미진하여 파기환송, 제2판결 사건의 원심은 특정 시점에 재직 중인 근로자에게만 지급되는 것으로 볼 여지가 있는 각종 금품의 통상임금 해당 여부에 대한 심리가 미진하다는 등의 이유로 파기환송

2 이번 판결의 의미

(1) 판결의 취지

대법원은 이번 전원합의체 판결로, 그간 사회적으로 많은 논란과 혼선이 있었던 통상임금의 개념과 요건에 관하여 구체적이고 명확한 법적기준을 제시함으로

써, 근로현장에서 통상임금 산정과 관련된 분쟁의 소지를 없애고자 하였음(구체적인 기준은 별지 참조)

정기상여금이 통상임금에 해당한다는 점 및 소정근로 제공과 관계없이 지급일 기타 특정 시점에 재직 중인 근로자에게만 지급하기로 정해져 있는 임금은 통상임금이 아니라는 점을 명확히 하였음

나아가 노사합의로 법률상 통상임금에 해당하는 정기상여금 등을 통상임금 산정에서 제외하기로 합의하였더라도 이는 근로기준법에 위반되어 무효임을 법리적으로 확인하고 선언하였음

한편 '정기상여금'의 경우에는, 그와 같은 노사합의가 무효임이 명백히 선언되기 전에 정기상여금을 통상임금에서 제외하기로 노사가 합의한 사업장에서, 근로자가 그 합의의 무효를 주장하며 추가임금을 청구하는 것이 신의성실의 원칙상 허용되지 않을 수 있고, 그에 해당하기 위한 요건을 명확히 제시하였음(이 판결의 사안은 그에 해당하는지 여부에 대한 심리가 미진하여 원심을 파기하고 환송하였음)

[결론에 이르기까지의 심리과정] 대법원은 사회적인 논란과 분쟁이 적법한 절차에 따라 사법적으로 원만히 해결될 수 있어야 한다는 실질적 법치주의 실현의 헌법적 책무를 다하기 위하여, 공개변론 등을 통해 문제로 제기된 많은 쟁점과 고려 요소들에 대하여 당사자와 전문가들의 변론을 경청하였고, 장시간에 걸친 진지한 심리와 토론을 거쳐 위와 같은 결론을 내렸음

이 대법원 판결이 제시하고 있는 여러 원칙과 기준에 따라 통상임금과 관련되어 제기되고 있는 여러 법적인 문제들이 원만히 해결될 수 있을 것으로 기대됨

(2) 이 판결에 따른 주요 법률관계

근로자는 이 판결이 제시한 기준에 따라 법률상 통상임금에 해당하는 임금을 통상임금 산정에 포함하여 다시 계산한 추가임금을 청구할 수 있음

'노사합의'로 법률상 통상임금에 해당하는 임금을 통상임금에서 제외시킨 경우에도 그러한 노사합의는 무효이므로 추가임금을 청구할 수 있는 것이 원칙이나,

정기상여금에 기한 추가임금 청구는 다음과 같이 신의칙에 의해 제한될 수 있음

[신의칙상 추가임금 청구가 허용되지 않는 경우 : 신의칙 적용 요건] ① 정기상여금의 경우에, ② 이 판결로 정기상여금을 통상임금에서 제외하는 노사합의가 무효임이 명백하게 선언되기 이전에 노사가 정기상여금이 통상임금에 해당하지 않는다고 신뢰한 상태에서 이를 통상임금에서 제외하는 합의를 하고 이를 토대로 임금 등을 정하였는데, 근로자가 그 합의의 무효를 주장하며 추가임금을 청구할 경우 예측하지 못한 새로운 재정적 부담을 떠안게 될 ③ 기업에게 중대한 경영상 어려움을 초래하거나 기업의 존립 자체가 위태롭게 된다는 사정이 인정된다면, 추가임금의 청구는 신의칙에 반하여 허용되지 아니함

- 정기상여금에 한정된 문제임(그 밖의 임금은 신의칙 적용 여지 없음)
- 통상임금 제외 합의가 없거나 합의를 하였더라도 위와 같은 사정들이 인정되지 않는다면 신의칙 적용되지 않으므로 추가임금을 청구할 수 있음

(3) 반대의견과 별개의견, 보충의견(2012다89399 사건)

가. 반대의견 : 대법관 이인복, 이상훈, 김신

신의칙 적용에 관한 반대의견임

법률상 통상임금에 해당하는 정기상여금 등을 통상임금 산정에서 제외하기로 하는 노사합의가 강행규정인 근로기준법에 위반되어 무효임에도 불구하고, 다수의견은 신의칙을 근거로 그 무효주장을 제한할 수 있다고 하지만, 이는 강행규정의 입법취지를 몰각시키는 결과이므로 부당하고, 신의칙을 적용하기 위한 일반적인 요건을 갖추지 못한 경우일 뿐만 아니라 다수의견이 제시한 신의칙위반의 근거나 기준에 합리성이 없기 때문에, 신의칙 적용에 찬성할 수 없음(상고기각 의견)

나. 별개의견 : 대법관 김창석

상여금이나 1개월이 넘는 기간마다 지급되는 수당은 정기적・일률적・고정적으로 지급되는 것이라도 통상임금에 포함될 수 없으므로, 다수의견 및 반대의견을 받아들일 수 없다는 취지의 별개의견을 제시함(원심파기 의견)

다. 보충의견 : 대법관 김용덕, 고영한, 김소영

노사가 임금협약 당시에 미처 예상하지 못했던 사정으로 인해, 공동의 이익을 추구해 온 노사 간의 상호 신뢰가 깨지고 쌍방이 의도한 것과 현저히 다른 결과가 발생하게 된다면, 신의칙을 적용하여 이를 형평에 맞게 조정할 수 있는 것이고, 이것이 신의칙이 수행하는 기능 중의 하나이므로, 신의칙 적용에 관한 다수의견은 충분히 근거가 있고 합리적인 견해라는 취지의 보충의견

3 각 사건의 사실관계 및 주요 쟁점

(1) 제1판결 사건

가. 주요 사실관계

- 피고회사는 상여금지급규칙에 따라, 이 사건 상여금을 짝수 달에 지급하되, 근속기간이 2개월을 초과한 근로자에게는 전액을, 근속기간이 2개월을 초과하지 않는 신규입사자나 2개월 이상 장기 휴직 후 복직한 자, 휴직자에 대하여는 상여금 지급대상기간 중 해당 구간에 따라 미리 정해 놓은 비율을 적용하여 산정한 금액을 각 지급하였으며, 상여금 지급대상기간 중에 퇴직한 근로자에 대해서는 근무일수에 따라 일할계산하여 지급하였음

- 피고와 노동조합은 2008.10.8. 체결한 단체협약에서 통상임금에 산입될 임금의 범위를 정하면서, 이 사건 상여금이 근로기준법 소정의 통상임금에 해당하지 않는다는 전제하에 이 사건 상여금을 통상임금 산입에서 제외하였음

나. 이 사건의 쟁점

- 피고회사의 이 사건 상여금이 통상임금에 해당하는지 여부
- 노사가 이 사건 상여금을 통상임금 산정에서 제외하기로 합의하였음에도, 근로자인 원고가 그 합의의 무효를 주장하며 추가임금을 청구하는 것이 신의칙에 반하는지 여부

다. 원심의 판단(대전지방법원 2012. 8. 22. 선고 2012나4372 판결)

- 이 사건 상여금은 통상임금에 해당하고, 근로자가 이에 기초하여 추가임금을 청구하는 것이 신의칙에 위반되지 아니한다고 판시함(원고 승소)

(2) 제2판결 사건

가. 주요 사실관계 및 쟁점

- 액수를 지급 직전 노사협의를 통해 정하기로 한 김장보너스의 통상임금 해당 여부
- 특정 시점에 재직 중인 근로자에게만 지급하기로 한 것으로 볼 여지가 있는 설・추석 상여금, 하기휴가비, 선물비, 생일자지원금, 개인연금지원금, 단체보험료 등의 통상임금 해당 여부

나. 원심의 판단(대전고등법원 2012. 9. 21. 선고 2011나6388 임금)

- 위 각 금품 모두 통상임금에 해당하고, 이를 통상임금에서 제외하기로 한 노사합의는 근로기준법에 위반되어 무효이며, 근로자가 그 무효를 주장하며 추가임

금을 청구하는 것이 신의칙에 반하지 아니함(원고 일부 승소)

4 통상임금의 개념과 요건 및 판단 기준

(1) 통상임금의 개념

가. 통상임금의 개념

- 통상임금이란 근로계약에서 정한 근로를 제공하면 확정적으로 지급되는 임금
- 명칭과 관계없이 통상임금의 법적인 요건을 갖추면 모두 통상임금에 해당

나. 통상임금의 기능

- 연장·야간·휴일 근로에 대한 가산임금(초과근로수당), 해고예고수당 및 연차휴가수당 등을 산정하는 기준임금
- 근로기준법상 초과근로수당은 통상임금에 50%를 가산한 150%임

(2) 통상임금의 요건

가. 통상임금의 개념적 징표와 요건

- 통상임금은 초과근로수당 산정 등을 위한 기초임금이므로, 근로자가 근로계약에 따른 정상적인 근로시간에 통상적으로 제공하는 근로의 가치를 금전적으로 평가한 것이어야 함(소정근로의 대가)
- 따라서 근로계약에서 정한 근로가 아닌 특별한 근로를 제공하고 추가로 지급받은 임금은 통상임금 아님
- 또한 근로자가 실제로 초과근로를 제공하기 전에 미리 확정되어 있어야 함(그래

야만 실제 초과근로가 제공될 때 사전에 확정된 통상임금을 기초로 하여 가산임금을 곧바로 산정할 수 있기 때문임)

- [통상임금의 요건] 근로의 대가로서의 임금이 ① 정기성, ② 일률성, ③ 고정성을 모두 갖추고 있어야 통상임금에 해당함(대법원이 그간 판시해 온 법리와 동일함)

나. 정기성 요건

1) 정기성의 의미

- 미리 정해진 일정한 기간마다 정기적으로 지급되는 임금이어야 함

2) 1개월(1임금산정기간)을 초과하는 기간마다 지급되는 임금

- 어떤 임금이 1개월을 초과하는 기간마다 지급이 되더라도, 일정한 기간마다 정기적으로 지급되는 것이면 통상임금에 포함될 수 있음
- 그간 논란이 있어왔던 쟁점이지만, 대법원 1996. 2. 9. 선고 94다19501 판결 이후 일관된 판시 내용

[정기상여금의 경우]

- 보통 근로의 대가를 1개월에 한 번씩 월급으로 받지만, 정기상여금은 월급과 달리 2개월마다 지급하는 회사도 있고, 분기마다 지급하는 회사도 있고, 1년마다 지급하는 회사도 있을 수 있음
- 이처럼 상여금이 월급과는 달리 2개월마다, 3개월마다, 6개월마다, 1년마다 등으로 지급이 되더라도 정기적으로만 지급이 되면 정기성을 갖춘 것임
- 따라서 1개월을 초과하는 기간마다 지급되는 것이 일반적인 정기상여금도 통상임금이 될 수 있음

다. 일률성 요건 해설

1) 일률성의 의미

- '모든 근로자' 또는 '일정한 조건이나 기준에 달한 모든 근로자'에게 일률적으로 지급되어야 통상임금이 될 수 있음

2) '일정한 조건이나 기준에 달한 모든 근로자'의 의미

- 모든 근로자에게 지급되는 것은 아니더라도 일정한 조건이나 기준에 달한 근로자들에게는 모두 지급되는 것이면 일률성이 인정됨
- 따라서 여기서 '일정한 조건'이란 시시때때로 변동되지 않는 고정적인 조건이어야 함
- 휴직자나 복직자, 징계대상자에게는 지급이 제한되어 있는 임금의 일률성
  - 휴직자나 복직자 또는 징계대상자 등에 대하여 특정한 임금의 지급이 제한되어 있더라도, 이는 해당 근로자의 개인적인 특수성을 고려한 것일 뿐이므로, 정상적인 근로관계를 유지하고 있는 근로자에 대하여 그 해당 임금의 일률성이 부정되지는 아니함
  - 즉, 그 해당 임금도 통상임금이 될 수 있음
- 가족수당
  - 통상임금이 소정근로의 가치를 평가한 개념이므로 '일정한 조건 또는 기준'은 '근로'와 관련된 조건이어야 함
  - 따라서 '부양가족이 있는 근로자'에게만 지급되는 가족수당은 그 조건이 근로와 무관하므로 통상임금 아님
  - 다만, 모든 근로자에게 기본금액을 가족수당 명목으로 지급하면서, 실제로 부양가족이 있는 근로자에게는 일정액을 '추가로' 지급하는 경우, 그 기본금액은 모든 근로자에게 일률적으로 지급되는 근로의 대가와 같으므로(명목만 가족수당에 불과) 통상임금에 해당함(추가 지급되는 가족수당은 통상임금 아님)

라. 고정성 요건 해설

1) 고정성의 의미

- 고정성 : 초과근로를 제공할 당시에, 그 지급 여부가 업적, 성과 기타 추가적인 조건과 관계없이 사전에 이미 확정되어 있는 것이어야 고정성이 인정됨
- 따라서 고정적인 임금이란, 명칭을 묻지 않고, 소정근로시간을 근무한 근로자가 그 다음날 퇴직한다하더라도 근로의 대가로 당연하고도 확정적으로 지급받게 되는 최소한의 임금을 의미함
- 통상임금인지 여부를 판단함에 있어 가장 핵심적인 쟁점
- 일반적인 정기상여금의 경우 이미 정기적인 지급이 확정되어 있기 때문에 고정성이 인정됨

2) 고정성이 없다는 것의 의미

- 근로제공 이외에 추가적인 조건이 충족되어야 지급되는 임금이나, 그 충족 여부에 따라 지급액이 달라지는 임금 부분은 고정성이 없어 통상임금 아님
- 여기서 '추가적인 조건'이란 '초과근무를 하는 시점에 성취 여부가 불분명한 조건'을 의미함
- 다만, 그 조건에 따라 달라지지 않는 부분만큼은 고정성이 있어 통상임금이 될 수 있음을 유의해야 함
- 실제 근무성적에 따라 지급여부나 지급액이 달라지는 성과급과 같은 임금이 고정성이 없어 통상임금이 될 수 없는 대표적인 경우(다만, 이 경우에도 최소한도로 보장되는 부분만큼은 근무성적과 무관하게 누구나 받을 수 있는 고정적인 것이므로, 통상임금이 될 수 있음)

마. 통상임금의 요건 및 판단기준 종합

- 야간, 휴일, 연장근무 등 초과근로수당 산정 등의 기준이 되는 통상임금이 되기 위해서는, 초과근무를 하는 시점에서 판단해 보았을 때, 근로계약에서 정한 근

로의 대가로 지급될 어떤 항목의 임금이, 일정한 주기에 따라 정기적으로 지급이 되고(정기성), '모든 근로자'나 '근로와 관련된 일정한 조건 또는 기준에 해당하는 모든 근로자'에게 일률적으로 지급이 되며(일률성), 그 지급 여부가 업적이나 성과 기타 추가적인 조건과 관계없이 '사전에 이미 확정되어 있는 것'(고정성)이어야 하는데, 이러한 요건을 갖추면 그 명칭과 관계없이 통상임금에 해당함

(3) 통상임금인지 여부가 문제되는 경우(판단기준의 구체적인 적용)

가. 근속기간에 따라 달라지는 임금(근속수당 등)

• 일정한 근속기간 이상을 재직할 것을 지급조건으로 하거나, 또는 근속기간에 따라 임금계산방법이 다르거나 지급액이 달라지는 임금이 통상임금인지 여부

• 일률성 판단

- 모든 근로자에게 일률적으로 지급되는 임금이 아니라 '근속기간'이라는 조건에 따라 임금이 달라지므로 일률성이 있는지가 문제됨

- 근속기간은 근로자의 숙련도와 밀접한 관련 : 일률성에 있어서 '근로와 관련된 일정한 조건 또는 기준'에 해당하고 그 조건 또는 기준을 충족한 모든 근로자에게 지급되는 임금이므로 일률성이 인정됨

• 고정성 판단

- 초과근로를 하는 시점에서(통상임금 산정이 필요한 시점) 보았을 때, 그 근로자의 근속기간이 얼마나 되는지는 이미 확정되어 있는 사실이지, 성취 여부가 불확실한 조건이 아님

- 따라서 고정성 인정됨

• 결론 : 이와 같은 근속수당은 통상임금에 해당함

나. 근무일수에 따라 달라지는 임금

1) 매 근무일마다 일정액을 지급하기로 한 임금(일할계산 임금)

- 매 근무일에 근로를 제공하기만 하면 일정액을 지급받기로 확정되어 있음
- 통상임금에 해당함

2) 일정한 근무일수를 채워야만 지급되는 임금

- 근로제공 이외에 일정 근무일수를 채워야 한다는 추가적인 조건 달성이 필요하므로, 초과근로를 제공하는 시점에서 확정할 수 없는 불확실한 조건에 해당하여 고정성이 없어 통상임금 아님
- 즉 초과근로를 제공하는 시점에서는, 근로자가 그 근무일수를 다 채워서 그에 해당하는 임금을 받을 수 있을지 여부가 불확실함

다. 특정시점에 재직 중인 근로자에게만 지급되는 임금

- 근로자가 정해진 근로제공을 했는지 여부와 무관하게 지급일 기타 특정시점에 재직중인 근로자에게만 지급하기로 정해져 있는 임금 : 특정시점 재직 중일 것이 임금을 받을 자격요건
- 그 전까지 근로를 제공했던 사람이라도 그 시점에 재직하지 않으면 지급받지 못하고, 그 시점에 재직 중인 사람은 그 전까지의 근로제공 내용을 묻지 않고 모두 이를 지급하는 것이 보통인 임금
- 통상임금이 아님
  - 근로와 무관하게 재직만이 지급 조건이므로 소정근로의 대가로 보기 어려움
  - 초과근로를 제공하는 시점에서 보았을 때, 그 근로자가 그 특정시점에 재직하고 있을지 여부는 불확실하기 때문에 고정성이 없음(그 특정시점이 도래하기 전에 퇴직하면 당해 임금을 전혀 지급받지 못하기 때문)
- 다만, 근로자가 특정시점 전에 퇴직하더라도 그 근무일수에 비례한 만큼의 임금을 받을 수 있다면(일할계산 등으로), '근무일수에 비례하여 지급되는 한도에서는'

당연히 통상임금임

- 구체적인 사례
  - 예컨대, 짝수 달마다 상여금을 지급하고, 이와 별도로 추석과 설날에 명절 상여금을 지급하기로 하였는데, 2달마다 지급되는 상여금은 퇴직시에 일할계산하여 지급하기로 하였지만, 명절 상여금은 명절이 되기 전 퇴직한 사람에게는 지급하지 않기로 한 경우
  - 2달마다 지급되는 상여금은 지급여부가 확정되어 있고 상여금 지급시점에 퇴직하더라도 근무일수에 비례하여 근무일수 만큼을 지급하기 때문에 통상임금
  - 명절상여금은 퇴직하면 전혀 지급받지 못하기 때문에 초과근로를 제공하는 시점에서 보았을 때, 그 근로자가 명절날 재직하고 있을지 여부가 불확실하므로(사전에 확정되어 있지 아니하므로), 통상임금이 아님
- 이 판결 사건의 경우(제2판결 사건)
  - 이 사건 회사의 설・추석 상여금, 하기휴가비, 선물비, 생일자지원금, 개인연금지원금, 단체보험료 등은 특정 시점에 재직 중인 근로자에게만 지급하기로 한 것으로 볼 여지가 있음에도 불구하고, 이에 대한 추가심리 없이 이를 통상임금으로 인정한 원심은 심리가 미진하므로 파기함

라. 특수한 기술, 경력 등을 조건으로 하는 임금

- 특수한 기술의 보유나 특정한 경력의 구비가 임금지급의 조건인 경우(기술수당, 자격수당, 면허수당 등)
- 특수한 기술이나 경력이라는 '근로와 관련된 일정한 조건 또는 기준에 해당하는 모든 근로자'에게 일률적으로 지급이 되므로 일률성 요건 충족
- 근로자가 초과근로를 제공하는 시점에서 보았을 때, 해당 기술의 보유나 특정한 경력의 구비 여부가 이미 확정되어 있기 때문에 고정성이 인정됨
- 통상임금에 해당함

마. 근무실적에 좌우되는 임금

1) 성과급

- 특정기간 근무실적을 평가하여 이를 토대로 지급여부나 지급액이 결정되는 임금
- 초과근로를 제공하는 시점에서 근무실적에 대한 평가와 그에 따른 성과급 지급 여부 및 지급액이 확정되어 있지 아니함
- 사전에 확정될 수 없는 사실을 조건으로 하기 때문에 고정성이 인정되지 않아 통상임금 아님

2) 최소한도가 보장되는 성과급

- 다만, 근무실적에서 최하등급을 받더라도 최소한의 일정액은 보장되는 경우라면, 그 최소한도의 금액만큼은 받는 것이 확정되어 있기 때문에 고정적인 임금으로서 통상임금에 해당함

[구체적인 사례]

- 근무실적을 A, B, C로 평가하여 최하 C등급은 100만원, B등급은 200만원, A등급은 300만원의 성과급을 지급하기로 하였다면 최소 100만원은 보장되므로 100만원만큼만 통상임금, 나머지는 통상임금 아님
- 근무실적을 A, B, C로 평가하여 최하 C등급은 0원, B등급은 200만원, A등급은 300만원의 성과급을 지급하기로 하였다면, C등급을 받을 경우 성과급이 없기 때문에 위 회사의 성과급은 전부 통상임금이 아님

3) 전년도 근무실적으로 다음 해에 지급되는 성과급

- 전년도 근무실적에 따라 당해 연도에 성과급의 지급 여부나 지급액을 정하는 경우에는, 초과근무를 제공하는 시점인 당해 연도에는 그 성과급의 지급 여부나 지급액수가 확정되어 있으므로(전년도 근무실적에 따른 성과급이 이미 확정되어 있기 때문), 고정성이 있어 통상임금에 해당함

• 단, 전년도에 지급해야 할 것을 그 지급시기만 늦춘 것에 불과한 것일 경우에는 일반적인 성과급과 마찬가지이므로, 고정성이 없어 통상임금이 아님

바. 지급액수가 확정되어 있지 않은 김장보너스(제2판결 사건 사안)

1) 사 안

• 단체협약상 '김장철에 김장보너스를 지급하며, 지급금액은 노사협의하여 지급한다'라고 되어 있고, 매년 김장보너스 지급 직전에 노사협의를 통해 그 금액이 정해졌는데, 금액이 일정하지 않았던 경우

2) 통상임금 해당 여부

• 초과근로를 제공하는 시점에서, 노사협의에 따른 그 지급액수를 확정할 수 없으므로, 사전에 이미 확정되어 있는 임금이 아님
• 고정성 없으므로, 통상임금 아님

(4) 이 판결 사안의 경우(제1판결 사건)

가. 이 사건 회사의 정기상여금 지급기준

• 짝수 달(2개월 주기)에 상여금을 지급함
• 다만, 근속기간이 2개월 초과한 근로자에게는 전액을 지급하고, 근속기간이 1개월~2개월인 근로자나 휴직자 등에게는 지급대상기간 중 해당 구간에 따라 미리 정해 놓은 비율대로 상여금을 지급함
• 중간에 퇴직한 근로자에게도 근무일수에 따라 일할계산하여 지급함

나. 통상임금 해당 여부에 대한 판단

• 이 사건 회사의 1임금산정기간인 1개월을 초과한 2개월마다 지급되더라도 정기적으로 지급되었기 때문에 정기성 요건 충족

- 또한 그 지급여부 및 지급액이 이미 모든 근로자에게 일률적으로 확정되어 있기 때문에 일률성과 고정성 인정
- 근속기간에 따라 달리 지급되므로(2개월 기준) 일률성이 없거나 사전에 확정되어 있지 않은 임금으로 오인할 수 있으나, 초과근로를 하는 시점(통상임금 산정이 필요한 시점)에서 볼 때, 해당 근로자가 2개월의 근속기간을 채우고 있는지 여부는 이미 확정되어 있는 사실이고, 중간퇴직자에게도 근무일수에 비례하여 상여금을 지급하므로, 일률성과 고정성이 인정됨
- 위에서 설명한 바와 같이, 휴직자에 대한 특별한 취급도 해당 개인의 특수한 사정을 고려한 것에 불과하므로, 통상임금성 인정에 장애사유가 되지 않음
- 따라서 이 사건 정기상여금은 통상임금에 해당함

5 '통상임금 제외 합의'의 유효성과 추가임금 청구

(1) 법률상 통상임금을 통상임금 산정에서 제외하기로 한 노사합의의 유효성 무효

- 근로기준법이 정한 기준보다 낮은 임금 등 불리한 근로조건 계약은 무효(근로기준법 제15조 참조)
- 따라서 법률상 통상임금에 해당하는 정기상여금 등의 임금을 통상임금에서 제외하기로 노사가 합의하였다 하더라도 위 합의는 근로기준법에 위반되어 무효

(2) 추가임금 청구 가능

- 위와 같은 합의가 무효이므로, 법률상 통상임금에 해당하는 임금을 통상임금 산정에 포함시켜 다시 초과근로수당을 계산한 다음, 소급하여 이미 지급받은 것

과의 차액을 추가임금으로 청구할 수 있는 것이 원칙이나, 정기상여금에 기초한 추가임금 청구는 신의칙에 의해 제한되는 경우가 있음

- 통상임금 제외 합의가 아예 없었던 사업장의 경우에는 당연히 통상임금으로 산정되지 아니한 정기상여금 등을 포함시켜 계산한 차액을 추가임금으로 청구할 수 있음
- 다만, 사용자가 소멸시효 항변을 할 경우 최종 3년분만 인정 가능

6 정기상여금에 기한 추가임금 청구와 신의칙 적용

(1) 이 판결(제1판결 사건)의 판시내용 요지

- 법률상 통상임금에 해당하는 정기상여금 등을 통상임금 산정에서 제외하기로 하는 노사합의는 근로기준법에 위반되므로 무효이지만, '정기상여금'에 있어서, 노사가 그간의 사회적 인식과 근로관행에 따라 통상임금에 해당하지 않는다고 신뢰하여 이를 통상임금 산정에서 제외하기로 합의하고 이를 토대로 임금총액과 다른 근로조건을 정한 경우에, ① 임금에 관한 노사 합의시 기업의 한정된 수익 내에서 세부항목별이 아닌 임금총액을 기준으로 임금 등을 정하는 것이 일반적이고, ② 노사가 정기상여금이 통상임금에 해당함을 알았다면 다른 조건 등을 변경하여 합의된 종전 총액과 실질적인 차이가 없도록 조정하였을 것이며, ③ 만약 정기상여금이 통상임금 산정에서 제외된 부분만을 무효로 주장하면서 근로자가 추가임금을 청구할 수 있다면, 근로자는 임금협상 당시 노사가 서로 합의한 조건에 따른 임금을 모두 지급받으면서, 다른 한편으로는 그 합의된 조건이 무효임을 주장하며 기업의 한정된 수익을 넘는 추가임금을 지급받게 되는 결과가 되므로, 근로자의 추가청구로 인해 사용자 측이 예기치 못한 과도한 재정적 지출을 부담하게 됨으로써 기업에 중대한 경영상 어려움을 초래하게

되는 것은, 정의와 형평 관념에 비추어 용인될 수 없으므로, 이러한 경우에 한해서는 근로자의 추가임금 청구가 신의성실의 원칙에 위반되어 허용될 수 없음

• 즉, 이러한 경우에는 정기상여금을 통상임금 산정에 포함시켜 다시 계산한 통상임금을 기초로, 소급하여 초과근로수당 차액을 청구할 수가 없음

(2) 위와 같은 경우 추가임금 청구가 신의칙에 위반되는 상세 근거

• 임금협상에 있어서 노사의 자율적인 의사
  - 기업의 지속적인 존립과 성장은 노사 모두 함께 추구하여야 할 공동 목표임
  - 따라서 노사는 기업의 한정된 수익을 기초로 하여 상호 적정하다고 합의된 범위내에서 임금을 정하는 임금협상을 하는 것이 당연하고, 노사 양측 모두 기업 재정에 심각한 타격을 주어 경영상 어려움을 초래하거나 기업의 존립 기반을 위태롭게 하면서까지 임금을 인상할 생각은 없었을 것임

• '정기상여금을 통상임금 산정에서 제외한 노사합의'가 우리나라의 임금협상 관행에 따른 일반적인 모습
  - 우리나라는 노사가 임금협상을 할 때, 임금총액을 기준으로 인상률을 정하고, 기본급, 정기상여금, 각종 수당, 초과근로수당 등 세부항목의 지급기준과 액수는 임금총액과 별도로 정하는 것이 아니라 그 인상된 총액에 맞게 할당하여 배정하는 것이 일반적(임금총액과 각 세부항목이 상호 밀접한 견련관계)
  - 또한 대부분의 기업에서 정기상여금은 그 자체로 통상임금에 해당하지 않는다는 전제하에서, 임금협상을 할 때 정기상여금을 통상임금에서 제외하기로 합의하는 실무가 장기간 계속되어 왔고, 이러한 노사합의는 이미 일반화된 관행으로 정착되었음
  - 원래 '상여금'이 통상임금이 아닌 포상적인 성과급에서 시작된 것이고, 현재도 상여금 명목으로 지급되는 금원 중 상당수가 통상임금이 아니거나 성격이 불분명한 금품인 점, 고용노동부의 '통상임금산정지침'이 1988년 제정된 이후 일관되게 정기상여금은 통상임금이 아니라고 예시해 오고 있는 점, 대법

원 판례상으로도 2012년 '금아리무진 판결'이 선고되기 전까지는 상여금의 통상임금성을 부정한 판결들만 있었고 명시적으로 정기상여금이 통상임금이라고 인정한 판결이 없었던 점 등이 모두 위와 같은 관행의 원인이라고 볼 수 있음

- 그러나 위와 같은 관행이 없었다면, 즉 노사가 정기상여금도 통상임금에 해당할 수 있다는 점을 인식하였다면, 기본급의 인상률을 낮추거나 정기상여금과 수당의 지급형태와 조건을 변경하는 등의 조치를 취하여, 임금총액을 "기업의 한정된 수익에 기초하여 합의한 임금총액의 범위 내"로 조정하여 결과적으로 정기상여금이 통상임금에 포함될 경우와 실질적인 차이가 없도록 이를 다시 맞추었을 것임(즉, 노사가 정기상여금도 통상임금에 해당할 수 있다는 점을 알았다면 종래 임금협상에서 합의한 내용과 같은 노사합의를 하지 않았을 것이라는 의미)
- 그럼에도 불구하고, 전체 노사합의 중 기본급 인상률, 정기상여금과 각 종 수당의 액수 및 지급조건 등은 그대로 놔둔 채, 통상임금 제외 합의만을 무효로 하여, 정기상여금을 통상임금 산정에 포함시켜 초과근로수당을 다시 산정하고 추가 법정수당의 청구를 할 수 있도록 한다면, 근로자는 임금협상 당시 노사가 서로 양해한 전제나 기초 아래 기업의 한정된 수익을 감안하여 결정된 임금을 모두 지급받으면서, 다른 한편으로는 그 전제나 기초가 무효임을 주장하며 기업의 한정된 수익을 넘는 추가적인 임금을 지급받게 되는 결과가 되고, 또한 사용자로서는 "임금협상을 거쳐 노사가 합의한 임금총액의 범위를 훨씬 초과하는" 예상치 못한 과도한 지출을 하게 되는데, 이는 형평에 어긋나는 것임
- 또한 노사 모두가 임금협상을 할 당시에는 전혀 생각하지 못한 사유를 내세워, 근로자 측이 추가 법정수당을 청구하여 예상외의 이익을 얻으려 하다가, 기업으로 하여금(기업의 한정된 수익을 기초로 노사가 합의한 임금총액의 범위를 훨씬 초과하는) 예상치 못한 새로운 재정적 부담을 지게 하여 중대한 경영상의 어려움을 초래하거나 기업의 존립을 위태롭게 한다면, 종국적으로는 근로자들이 일자리를 잃게 되는 등 그 피해가 근로자에게까지 미칠 수 있음
- 이와 같은 결과는 아무에게도 도움이 되지 않는 것으로서, 정의와 형평의 관념

에 비추어 신의에 현저히 반하고 도저히 용인될 수 없음이 분명하다고 판단됨
- 따라서 이와 같은 경우에는 근로자 측의 추가 임금청구가 신의칙상 허용될 수 없다는 것임

(3) 신의칙이 적용되어 추가임금 청구가 허용되지 않는 경우(신의칙 적용의 요건)

- 정기상여금에만 적용 가능(그 밖의 임금은 신의칙 적용 여지 없음)
- 노사가 정기상여금이 통상임금에 해당하지 않는다고 신뢰한 상태에서 이를 통상임금에서 제외하는 합의를 하고 이를 토대로 임금인상 등 임금조건을 정하였을 것
  - 이와 같은 합의에는 단체협약 등 명시적인 합의 이외에도 묵시적 합의나 근로관행도 포함됨
  - 이 판결로 그와 같은 노사합의가 무효임이 선언된 이후에는 그와 같은 신뢰가 있을 수 없음이 명백하므로, 신의칙 법리는 이 판결 이후의 합의에는 적용될 수 없음
- 이후 근로자가 그 합의의 무효를 주장하며 추가임금을 청구할 경우, 그로 인해 예측하지 못한 새로운 재정적 부담을 떠안을 기업에게 중대한 경영상 어려움을 초래하거나 기업의 존립이 위태롭게 될 수 있다는 사정이 있을 것
  - 추가적인 재정적 부담이 그 정도에 이르지 않는 경우는 신의칙 적용 불가

(4) 이 판결 사안의 경우(제1판결 사건) 신의칙 위배되는지 여부에 대한 심리가 미진

- 피고회사와 노동조합은 이 사건 상여금이 통상임금에 해당한다는 점을 인식하지 못한 채 통상임금에서 배제하는 내용의 단체협약 체결하였음
- 위 단체협약에 따른 통상임금 기준을 조합원이 아닌 관리직 직원들에게도 적용

하는 것에 대하여 피고회사와 관리직 직원들 사이에 명시적 또는 묵시적인 노사합의 내지 관행이 있었던 것으로 볼 여지 있음

- 이 사건 상여금(짝수달에 지급되는 상여금)은 연 600%이고 피고회사의 직원 수는 생산직만 400여 명으로서, 이 사건 상여금이 통상임금에 산입될 경우 근로자들은 당초 노사간 임금협상 등을 통하여 받은 이익을 초과하는 예상외의 이익을 기대할 수 있게 되는 한편(피고 측에서는 이 사건 상여금이 통상임금으로 산입될 경우, 전년도 대비 근로자 1인의 실질임금인상률이 2배 넘게 상승하고, 2010년도 당기순이익의 99.8% 상당을 생산직 근로자들에게 추가로 지급해야 한다고 주장함), 피고회사로서는 예측하지 못한 새로운 재정적 부담을 지게 되어 중대한 경영상의 어려움을 초래한다고 볼 수 있는 사정이 상당히 드러나 있음
- 그런데, 원심은 원고의 추가임금 청구가 신의칙에 위배되는지 여부를 판단할 수 있는 여러 사정들(피고회사의 임금협상 실태, 피고회사와 관리직 직원들 사이의 통상임금 배제합의 존부, 통상임금 재산정시 피고회사의 추가 부담액 및 전년대비 실질임금인상율과 과거 수년간의 평균치, 피고의 재정 및 경영상태 등)에 대한 심리를 다하지 않았으므로, 추가 심리를 위해 파기환송 함
- 위와 같이 대법원이 원심의 심리가 부족하다고 적시한 부분은 추후 같은 유형의 소송에 있어서 중점적인 심리의 대상이 될 것으로 보임

(5) 참고 : 신의성실의 원칙이란

- 법률관계 당사자는 상대방의 이익을 배려하여야 하고, 형평에 어긋나거나 신뢰를 저버리는 내용 또는 방법으로 권리행사를 해서는 아니 된다는 근대사법의 대원칙으로서, 모든 법 영역에 적용될 여지가 있는 추상적인 일반규범임
- 근로관계에 관한 강행법규 위반 사안에서, 신의칙을 이유로 근로자 측의 강행법규 위반 무효주장을 배척한 사례로는 대법원 2003. 7. 11. 선고 2003다14935 판결(노동조합법 위반 사례)이 있음
- 일반 민사법 영역에서 강행법규 위반으로 인한 무효주장을 신의칙을 근거로 배

척한 사례로는 대법원 2010. 10. 14. 선고 2010다54788 판결(사립학교법 위반 사례)과 대법원 1980. 11. 11. 선고 80다191 판결(농지개혁법 위반 사례)이 있음

7 이 판결에 따른 주요 법률관계 정리

- 근로자는 이 판결이 제시한 기준에 따라 법률상 통상임금에 해당하는 임금을 통상임금 산정에 포함하여 다시 계산한 추가임금을 청구할 수 있음
- '노사합의'로 법률상 통상임금에 해당하는 임금을 통상임금에서 제외시킨 경우에도 그러한 노사합의는 무효이므로 추가임금을 청구할 수 있는 것이 원칙이나, 정기상여금에 기한 추가임금 청구는 다음과 같이 신의칙에 의해 제한될 수 있음
- 신의칙상 정기상여금에 기초한 추가청구가 허용되지 않는 경우 : ① 정기상여금의 경우에, ② 이 판결로 정기상여금을 통상임금에서 제외하는 노사합의가 무효임이 명백하게 선언되기 이전에 노사가 정기상여금이 통상임금에 해당하지 않는다고 신뢰한 상태에서 이를 통상임금에서 제외하는 합의를 하고 이를 토대로 임금 등을 정하였는데, 근로자가 그 합의의 무효를 주장하며 추가임금을 청구할 경우 예측하지 못한 새로운 재정적 부담을 떠안게 될 ③ 기업에게 중대한 경영상 어려움을 초래하거나 기업의 존립 자체가 위태롭게 된다는 사정이 인정된다면(신의칙 적용의 요건), 추가임금의 청구는 신의칙에 반하여 허용되지 아니함
  - 정기상여금에 한정된 문제임(그 밖의 임금은 신의칙 적용 여지 없음)
  - 통상임금 제외 합의가 없거나 합의를 하였더라도 위와 같은 사정들이 인정되지 않는다면 신의칙 적용되지 않으므로 추가임금을 청구할 수 있음

8 본 판결에 따라 변경하여야 할 대법원 판결

(1) 대법원 1996. 3. 22. 선고 95다56767 판결

- 근속수당의 지급조건에 일정 근무일수를 기준으로 그 미만은 일할계산하여 지급하고 그 이상은 전액 지급하기로 정해진 경우 고정성 없다고 통상임금 부정한 판결
- 본 전원합의체 판결이 제시한 기준에 의하면, 일할계산하여 지급되는 최소한도의 임금은 고정적인 임금이므로, 이에 배치되는 범위 내에서 위 판결 변경함

(2) 대법원 2007. 6. 15. 선고 2006다13070 판결 등 같은 취지의 판결들

- 문제가 된 복리후생적 명목의 급여가 지급일 당시 재직 중일 것을 지급조건으로 하는지 여부에 관하여 심리하지 아니한 채 해당 급여가 단체협약 등에 의하여 일률적·정기적으로 지급되는 것으로 정해져 있다는 사정만으로 통상임금에 해당한다고 판단한 판결들
- 이번 전원합의체 판결이 제시한 기준에 의하면, 지급일 당시 재직 중일 것이 지급조건인 것은 통상임금이 아니므로, 배치되는 범위 내에서 위 판결들을 모두 변경함

9 통상임금인지 문제되는 임금유형별 정리

임금명목	임금의 특징	통상임금 해당여부
기술수당	기술이나 자격보유자에게 지급되는 수당(자격수당, 면허수당 등)	통상임금 ○
근속수당	근속기간에 따라 지급여부나 지급액이 달라지는 임금	통상임금 ○
가족수당	부양가족 수에 따라 달라지는 가족수당	통상임금 × (근로와 무관한 조건)
	부양가족 수와 관계없이 모든 근로자에게 지급되는 가족수당 분	통상임금 ○ (명목만 가족수당, 일률성 인정)
성과급	근무실적을 평가하여 지급여부나 지급액이 결정되는 임금	통상임금 × (조건에 좌우됨, 고정성 인정 ×)
	최소한도가 보장되는 성과급	그 최소한도만큼만 통상임금 ○ (그 만큼은 일률적, 고정적 지급)
상여금	정기적인 지급이 확정되어 있는 상여금(정기상여금)	통상임금 ○
	기업실적에 따라 일시적, 부정기적, 사용자 재량에 따른 상여금(경영성과분배금, 격려금, 인센티브)	통상임금 × (사전 미확정, 고정성 인정 ×)
특정시점 재직 시에만 지급되는 금품	특정시점에 재직 중인 근로자만 지급받는 금품(명절귀향비나 휴가비의 경우 그러한 경우가 많음)	통상임금 × (근로의 대가 ×, 고정성 ×)
	특정시점 되기 전 퇴직 시에는 근무일수 비례하여 지급되는 금품	통상임금 ○ (근무일수 비례하여 지급되는 한도에서는 고정성 ○)

4 통상임금 노사지도 지침(고용노동부, 2014.1.23.)

1 지침의 배경

- 통상임금은 근로자가 통상적으로 지급받는 임금으로서, 연장근로 등에 대한 가산임금 등 법정 수당 산정의 기준이 됨
  - "통상임금"이란 근로자에게 정기적이고 일률적으로 소정근로 또는 총 근로에 대해 지급하기로 정한 시간급 · 일급 · 주급 · 월급 또는 도급 금액을 말함(근로기준법 시행령 제6조).
  - 그간 경제성장 과정에서 장시간근로 관행이 계속되는 가운데, 각종 수당이 증가하는 등 임금구성이 복잡해지면서 통상임금성에 대한 판례와 1988년 제정된 고용노동부 예규(「통상임금 산정지침」) 사이에 불일치가 발생하였고, 그 결과 해석상 논란이 제기되어 왔음
- 이러한 가운데 대법원은 2013.12.18. 전원합의체 판결을 통해 그간의 통상임금에 관한 법원의 해석을 종합적으로 정리해 제시하였는바,
  - 복리후생금품 등 각종 수당과 정기상여금의 통상임금성에 대하여 정기성 · 일률성 · 고정성 요건을 명확히 하는 한편, 고정적인 정기상여금의 소급분에 대해서는 신의칙을 적용해 추가임금 청구를 불허함
- 이번 전합 판결에 따라 노사가 통상임금 제도의 법리와 기준을 정확히 숙지하여 복잡한 임금구조를 정비하고, 임금체계를 미래지향적으로 개편하도록 지원하는 것이 현안 과제로 대두됨
  - 이에 정부는 상반기 중 노사정 논의 등을 통해 통상임금 제도에 관한 근로기준법령 개정 및 관련 예규 정비를 추진할 계획인바,

- 본격적인 임단협 교섭을 앞두고 통상임금 산정과 관련하여 노사간 불필요한 혼란과 갈등을 방지하기 위해 우선 전합 판결을 기초로 한 노사지도 지침을 제시하는 것임

2 대법원 전원합의체 판결 요지

■ **대법원 전합 판결(2013.12.18)은 통상임금에 대한 법리를 정리하고 다양한 사례에 대한 판단기준을 제시하였는바,**

- 1임금지급기(1개월)를 초과해 지급하는 금품이 정기성·일률성·고정성이 있다면 통상임금에 포함된다는 점을 재확인하면서, 그간 논란이 있었던 고정성 요건을 구체화하고, 정기상여금에 대해서는 노사 신의칙을 존중해 추가임금청구를 불허함

(1) 통상임금의 개념과 특징

- 대법원은 통상임금을 "근로계약에서 정한 근로를 제공하면 확정적으로 지급되는 임금"이라 하고,
  - 통상임금 여부는 임금의 명칭이나 지급주기의 장단 등 형식적인 기준이 아니라 임금의 객관적 성질이 통상임금의 법적인 요건을 갖추었는지 여부에 따라 판단하고 있음

판시사항

[2012다89399 판결문 6쪽]

결국 어떠한 임금이 통상임금에 속하는지 여부는 그 임금이 소정근로의 대가로 근로자에게 지급되는 금품으로서 정기적·일률적·고정적으로 지급되는 것인지를 기준으로 그 객관적 성질에 따라 판단하여야 하고, 임금의 명칭이나 그 지급주기의 장단 등 형식적 기준에 의해 정할 것은 아니다.

• 통상임금은 초과근로수당 산정 등을 위한 기초임금이므로,

- 근로계약에 따른 소정근로시간에 통상적으로 제공하는 근로의 가치를 금전적으로 평가한 것이어야 함(소정근로의 대가).

판시사항

[2012다89399 판결문 4쪽]

통상임금이 위와 같이 근로자가 사용자와 사이에 법정근로시간의 범위에서 정한 근로시간(이하 '소정근로시간'이라고 한다)을 초과하는 근로를 제공할 때 가산임금 등을 산정하는 기준임금으로 기능한다는 점을 고려하면, 그것은 당연히 근로자가 소정근로시간에 통상적으로 제공하는 근로의 가치를 금전적으로 평가한 것이어야 하고, 또한 근로자가 실제로 연장근로 등을 제공하기 전에 미리 확정되어 있어야 할 것이다.

- 따라서 근로계약에서 정한 근로가 아닌 특별한 근로(예 : 초과근로)를 제공하고 추가로 지급받은 임금은 통상임금이 아님.

판시사항

[2012다89399 판결문 7쪽]

근로자가 소정근로시간을 초과하여 근로를 제공하거나 근로계약에서 제공하기로 정한 근로 외의 근로를 특별히 제공함으로써 사용자로부터 추가로 지급받는 임금이나 소정근로시간의 근로와는 관련 없이 지급받는 임금은 소정근로의 대가라 할 수 없으므로 통상임금에 속하지 아니한다.

- 또한 근로자가 실제로 초과근로를 제공하기 전에 미리 확정되어 있어야 함

(2) 통상임금의 판단기준

가. 소정근로의 대가

• 소정근로의 대가는 "근로자가 소정근로시간에 통상적으로 제공하기로 정한 근로에 관하여 사용자와 근로자가 지급하기로 약정한 금품"이라고 정의함

판시사항

[2012다89399 판결문 7쪽]

소정근로의 대가라 함은 근로자가 소정근로시간에 통상적으로 제공하기로 정한 근로에 관하여 사용자와 근로자가 지급하기로 약정한 금품을 말한다.

- 소정근로의 대가로 볼 수 없는 임금은 아래와 같음
  - ① 근로자가 소정근로시간을 초과하여 근로를 제공하여 지급받는 임금
  - ② 근로계약에서 제공하기로 정한 근로 외의 근로를 특별히 제공함으로써 사용자로부터 추가로 지급받는 임금
  - ③ 소정근로시간의 근로와는 관련 없이 지급받는 임금
  - ※ 다만, 약정한 금품이 소정근로시간에 근무한 직후나 그로부터 가까운 시일 내에 지급되지 아니하였다고 하여 소정근로의 대가가 아니라고 할 수 없음

나. 정기성

- 정기성은 미리 정해진 일정한 기간마다 정기적으로 지급되는지 여부에 관한 것으로서, 1개월을 초과하는 기간마다 지급되더라도 일정한 간격을 두고 계속적으로 지급되는 것이면 통상임금이 될 수 있음

판시사항

[2012다89399 판결문 8쪽]

통상임금에 속하기 위한 성질을 갖춘 임금이 1개월을 넘는 기간마다 정기적으로 지급되는 경우, 이는 노사간의 합의 등에 따라 근로자가 소정근로시간에 통상적으로 제공하는 근로의 대가가 1개월을 넘는 기간마다 분할지급되고 있는 것일 뿐, … 정기상여금과 같이 일정한 주기로 지급되는 임금의 경우 단지 그 지급주기가 1개월을 넘는다는 사정만으로 그 임금이 통상임금에서 제외된다고 할 수는 없다.

- 대법원은 '1임금지급주기'를 통상임금의 요건으로 볼 수 없는 근거를 아래와 같이 제시하고 있음

■ **1임금지급주기가 통상임금의 요건이 아님을 판단한 근거**

① 근로기준법 제43조제2항*의 정기불 지급원칙은 근로자의 생활안정을 도모하려는 것이므로 이를 근거로 1개월 넘는 기간마다 지급되는 임금을 통상임금에서 제외된다고 해석할 수 없음

* (근로기준법 제43조 제2항) 임금은 매월 1회 이상 일정한 날짜를 정하여 지급하여야 한다. 다만, 임시로 지급하는 임금, 수당, 그 밖에 이에 준하는 것 또는 대통령령으로 정하는 임금에 대하여는 그러하지 아니한다.

② 시행령 제6조제1항*의 정의규정 중 시간급·일급·주급·월급 금액 등은 다양한 기간을 단위로 산정·지급되는 임금의 형태를 예시한 것에 불과함

* (근로기준법 시행령 제6조 제1항) 법과 이 영에서 "통상임금"이란 근로자에게 정기적이고 일률적으로 소정근로 또는 총근로에 대해 지급하기로 정한 시간급 금액, 일급 금액, 주급 금액, 월급 금액 또는 도급 금액을 말한다.

③ 최저임금은 근로자의 생활안정 등을 위하여 매월 1회 이상 정기적으로 지급하는 임금 이외의 임금은 최저임금 비교대상 임금에서 제외하고 있으나 이를 근거로 통상임금을 1임금지급기로 한정하여야 한다고 볼 수 없음

※ 따라서 1개월을 넘어 2개월, 분기(3개월), 반기(6개월), 년 단위로 지급되더라도, 정기적으로 지급되는 것이면 '정기성' 요건은 충족됨

다. 일률성

- 일률성은 '모든 근로자'에게 지급되는 것뿐만 아니라 '일정한 조건 또는 기준에 달한 모든 근로자'에게 지급되는 것도 포함하는 개념으로서, 일률적으로 지급되어야 통상임금이 될 수 있음

판시사항

[2012다89399 판결문 9쪽]

어떤 임금이 통상임금에 속하기 위해서는 그것이 일률적으로 지급되는 성질을 갖추어야 한다. '일률적'으로 지급되는 것에는 '모든 근로자'에게 지급되는 것뿐만 아니라 '일정한 조건 또는 기준에 달한 모든 근로자'에게 지급되는 것도 포함된다.

– '일정한 조건 또는 기준'은 작업 내용이나 기술, 경력 등과 같이 소정근로의 가치 평가와 관련된 조건이어야 함

* '일정한 조건'이란 시시때때로 변동되지 않는 고정적인 조건이어야 함

판시사항

[2012다89399 판결문 8~9쪽]

'일정한 조건'이란 고정적으로 평균적인 임금을 산출하려는 통상임금의 개념에 비추어 볼 때 고정적인 조건이어야 한다. … '일정한 조건 또는 기준'은 통상임금이 소정근로의 가치를 평가한 개념이라는 점을 고려할 때, 작업내용이나 기술, 경력 등과 같이 소정근로의 가치 평가와 관련된 조건이라야 한다.

▣ '일률성' 요건의 구체적 적용

① 단체협약이나 취업규칙 등에서 휴직이나 복직자, 징계대상자에 대한 지급제한 사유를 규정한 임금이라도 이는 해당 근로자의 개인적 특수성을 고려한 것일 뿐이므로 정상적인 근로관계를 유지하고 있는 근로자에 대하여 그 해당 임금의 일률성이 부정되지 아니함

② 가족수당

- 부양가족 수에 따라 차등 지급되는 경우는 근로와 관련된 일정한 조건 또는 기준에 따른 것이라 할 수 없어 일률성이 부정됨(眞性 가족수당)
- 다만, 기본금액을 동일하게 지급하면서 부양가족 수에 따라 추가적으로 지급하는 경우 그 기본금액은 통상임금에 해당
- 모든 근로자에게 일정금액을 기본금액으로 지급하는 가족수당은 통상임금에 포함됨

라. 고정성

• 고정성은 초과근로를 제공할 당시에, 그 지급 여부가 업적, 성과 기타 추가적인 조건과 관계없이 사전에 이미 확정되어 있는 것이어야 인정됨

– 고정적 임금은 명칭을 묻지 않고, 소정근로시간을 근무한 근로자가 그 다음 날에 퇴직한다 하더라도 근로의 대가로 당연하고도 확정적으로 지급받게 되는 최소한의 임금을 말함

판시사항

[2012다89399 판결문 11쪽]

'고정성'이라 함은 '근로자가 제공한 근로에 대하여 그 업적, 성과 기타의 추가적인 조건과 관계없이 당연히 지급될 것이 확정되어 있는 성질'을 말하고, '고정적인 임금'은 '임금의 명칭 여하를 불문하고 임의의 날에 소정근로시간을 근무한 근로자가 그 다음 날 퇴직한다 하더라도 그 하루의 근로에 대한 대가로 당연하고도 확정적으로 지급받게 되는 최소한의 임금'이라고 정의할 수 있다.

- 고정성 판단기준
  - 초과근로를 제공할 당시에 그 지급 여부가 업적, 성과 기타의 '추가적인 조건에 관계없이' 지급될 것이 확정되어 있는지 여부를 기준으로 판단해야 함(사전확정성).
    * '추가적 조건'이란 '초과근무를 제공하는 시점'에 성취 여부가 불분명한 조건을 의미함
    * 따라서 근로제공 이외에 추가적인 조건이 충족되어야 지급되는 임금이나, 충족 여부에 따라 지급액이 달라지는 임금 부분은 고정성이 결여되었다고 봄

판시사항

[2012다89399 판결문 11쪽]

소정근로를 제공하더라도 추가적인 조건을 충족하여야 지급되는 임금이나 그 조건 충족 여부에 따라 지급액이 변동되는 임금 부분은 고정성을 갖춘 것이라 할 수 없다.

    * 다만, 지급액 중 추가적인 조건에 따라 달라지지 않는 부분만큼은 고정성을 인정함
  - 실제 근무성적에 따라 지급 여부나 지급액이 달라지는 성과급과 같은 임금은 고정성이 없어 통상임금이 될 수 없는 대표적인 경우임
    * 다만, 이 경우에도 최소한도로 보장되는 부분만큼은 근무성적과 무관하게

누구나 받을 수 있는 고정적인 것이므로, 통상임금이 될 수 있음

판시사항

[2012다89399 판결문 14쪽]

지급 대상기간에 이루어진 근로자의 근무실적을 평가하여 이를 토대로 지급여부나 지급액이 정해지는 임금은 일반적으로 고정성이 부정된다고 볼 수 있다. 그러나 근무실적에 관하여 최하 등급을 받더라도 일정액을 지급하는 경우와 같이 최소한도의 지급이 확정되어 있다면, 그 최소한도의 임금은 고정적 임금이라고 할 수 있다.

- 전합 판결은 지급일 기타 특정 시점에 재직 중인 근로자에게만 지급하는 임금은 고정성을 결여한 것으로 판단함

야간, 휴일, 연장근무 등 초과근로수당 산정 등의 기준이 되는 통상임금이 되기 위해서는, 초과근무를 하는 시점에서 보았을 때, 근로계약에서 정한 근로의 대가로 지급될 어떤 항목의 임금이, 일정한 주기에 따라 정기적으로 지급이 되고(정기성), '모든 근로자'나 '근로와 관련된 일정한 조건 또는 기준에 해당하는 모든 근로자'에게 일률적으로 지급이 되며(일률성), 그 지급 여부가 업적이나 성과 기타 추가적인 조건과 관계없이 '사전에 이미 확정되어 있는 것'(고정성)이어야 하는데, 이러한 요건을 갖추면 그 명칭과 관계없이 통상임금에 해당함

(3) 통상임금에 관한 노사합의

- 노사가 「근로기준법」이 정한 기준보다 낮은 임금 등 불리하게 근로조건을 계약하는 것은 무효임(근로기준법 제15조).
  - 대법원은 법률상 통상임금에 해당하는 정기상여금 등의 임금을 통상임금에서 제외하기로 노사가 합의하였다 하더라도 위 합의는 「근로기준법」에 위반되어 무효임을 확인함

판시사항

[2012다89399 판결문 15쪽]

근로기준법이 정하는 근로조건은 최저기준이므로(근로기준법 제3조), 그 기준에 미치지 못하는 근로조건을 정한 근로계약은 그 부분에 한하여 무효로 되며, 이에 따라 무효로 된 부분은 근로기준법에서 정한 기준에 따른다(근로기준법 제15조). 통상임금은 위 근로조건의 기준을 마련하기 위하여 법이 정한 도구개념이므로, 사용자와 근로자가 통상임금의 의미나 범위 등에 관하여 단체협약 등에 의해 따로 합의할 수 있는 성질의 것이 아니다.

- 따라서 법률상 통상임금에 해당되는 임금을 통상임금 산정에 포함시켜 다시 초과근로수당을 계산한 다음, 소급하여 이미 지급받은 것과의 차액을 추가임금으로 청구할 수 있음(다만, 사용자가 소멸시효 항변을 할 경우 최종 3년분만 인정 가능).

(4) 신의성실의 원칙* 적용과 추가임금 청구 불허

- 다만 통상임금에 속하는 임금을 통상임금에서 제외하기로 한 노사 합의가 「근로기준법」에 위반되어 무효이더라도 신의칙 요건을 갖춘 경우에는 추가임금 청구가 허용되지 않음
  - * 신의성실의 원칙 : 법률관계당사자는 상대방의 이익을 배려하여야 하고, 형평에 어긋나거나 신뢰를 서버리는 내용 또는 방법으로 권리행사를 하여서는 아니된다는 근대사법의 대원칙으로서 모든 법 영역에 적용될 여지가 있는 추상적인 일반규범

판시사항

[2012다89399 판결문 17쪽]

노사합의의 내용이 근로기준법의 강행규정을 위반한다고 하여 그 노사합의의 무효 주장에 대하여 예외 없이 신의칙의 적용이 배제되는 것은 아니다. 위에서 본 신의칙

을 적용하기 위한 일반적인 요건을 갖춤은 물론 근로기준법의 강행규정성에도 불구하고 신의칙을 우선하여 적용하는 것을 수긍할만한 특별한 사정이 있는 예외적인 경우에 한하여 그 노사합의의 무효를 주장하는 것은 신의칙에 위배되어 허용될 수 없다.

- 신의칙 적용요건은 다음과 같음
  ① 통상임금에 포함하지 않고 산정한 항목이 정기상여금일 것
    * 정기상여금이란 일정한 대상기간에 제공되는 근로에 대응하여 1개월을 초과하는 일정한 기간마다 지급되는 상여금을 말한다고 함
  ② 노사가 정기상여금이 통상임금에 해당되지 않는다고 신뢰한 상태에서 이를 통상임금에서 제외하는 합의를 하고 이를 토대로 임금인상률 등 그 밖의 임금 조건을 정하였을 것
    * 노사합의에는 단체협약 등 명시적 합의 이외에도 묵시적 합의나 근로관행도 포함됨

▣ 전합판결에 제시된 상세 근거
- 임금협상에 있어서 노사의 자율적인 의사
- '정기상여금을 통상임금 산정에서 제외한 노사합의'가 우리나라의 임금협상 관행에 따른 일반적인 모습
  - 임금총액을 기준으로 인상률을 정하고 세부항목은 총액에 맞게 할당
  - 상여금은 원래 포상적인 성과급에서 시작되었고, 현재도 상당수가 통상임금이 아니거나 성격이 불분명, 고용부의 '통상임금산정지침'이 일관되게 정기상여금은 통상임금이 아니라고 예시해 옴, 대법원 판례도 2012년 금아리무진 판결 이전까지는 상여금의 통상임금성을 부정하였던 점 등이 이러한 관행의 원인

  ③ 근로자가 추가임금을 청구할 경우 예측하지 못한 재정적 부담으로 기업에 '중대한 경영상 어려움'을 초래하거나 그 존립이 위태롭게 될 수 있다는 사정이 있을 것

* 전합판결에 제시된 판단근거

i) 정기상여금이 600%

ii) 상시적 초과근로

iii) 추가지급시 실질임금 인상률이 교섭 당시 예정한 임금인상률을 훨씬 초과

iv) 미사용 연차휴가수당 증가 등

판시사항

[2012다89399 판결문 24쪽]

피고와 노동조합의 임금협상 실태와 피고와 관리직 직원들 사이에 이 사건 ① 상여금을 통상임금에서 제외하기로 하는 ② 명시적 또는 묵시적 노사합의 내지 관행이 이루어졌는지 여부, 그리고 이 사건 상여금이 통상임금에 산입될 경우 ③ 피고가 부담하게 될 추가 법정수당액과 전년도 대비 실질임금 인상률 및 그에 관한 과거 수년간의 평균치, 피고의 재정 및 경영상태, … 등을 심리하여 2007년부터 2010년까지의 미사용연차휴가수당 등의 지급을 구하는 원고의 이 사건 청구가 신의칙에 위배되는지를 살펴보았어야 할 것이다.

3 노사지도 지침

- 고용노동부는 전합 판결을 기본으로 하여 노사정 논의 등을 통해 통상임금 제도개선을 위한 입법과 예규 개정을 추진 중인 바, 가급적 신속히 제도개선을 완료할 계획임
- 따라서 근로기준법 및 예규 개정이 완료되기 전까지는 일종의 과도기로서 노사가 전합 판결 취지 및 이 지침에 따라 기업의 임금체계 등을 신속히 조정하는 등 향후 새로운 통상임금 제도 시행에 대비토록 할 필요가 있음
- 지방관서는 노사가 통상임금 전합 판결 및 지도 지침 내용을 올바로 이해하고,

임금체계를 미래지향적으로 신속히 개편하도록 노사간 협의를 적극 지도·지원해야 할 것임

- 신의칙 적용 등 전합 판결 해석 관련 쟁점에 대해서는 신의칙을 강조한 판례 취지에 따라 노사간 성실한 대화를 통해 원만히 풀도록 지도
- 이 과정에서 복잡한 임금구성을 단순화하고, 직무·성과중심 임금체계로의 개편이 이루어지도록 지원

(1) 통상임금에 관한 지도방향

- (통상임금 판단기준) 각 지방노동관서는 노사가 이 지침에 따라 통상임금 기준을 명확히 하도록 지도
  - 전합 판결은 앞에서 설명한 것과 같이 통상임금의 개념과 소정근로의 대가, 정기성·일률성·고정성 요건 판단기준을 구체적으로 제시하고 있음
  - 이번 전합 판결은 해당 사건 외에 다른 사건의 경우에도 심급제도의 본질상 구속력을 가지게 될 것임

가. 금품의 명칭이 아닌 실질을 기준으로 판단

- 법원은 금품의 명칭이 아니라 실질을 기준으로 판단하므로, 사업장에서 상여금과 제수당의 명칭보다는 지급조건과 운용실태 등 객관적 성질을 기준으로 통상임금성을 판단하도록 지도
  - 명칭이 복리후생수당이라 하더라도 그 실질이 소정근로의 대가로서 정기성·일률성·고정성을 갖춘 경우에는 통상임금에 해당됨

나. 소정근로의 대가 판단

- 소정근로시간에 통상적으로 제공하기로 정한 근로자의 근로의 가치를 어떻게 평가하고, 그에 대하여 얼마의 금품을 지급하기로 정하였는지를 기준으로 전체

적으로 판단하도록 지도

다. 정기성 판단

- 정기성이란 일정한 간격을 두고 계속적으로 지급되어야 함을 의미하므로, 1개월을 넘는 기간마다 지급되는 것은 소정근로의 대가를 1개월을 넘는 기간마다 분할 지급하는 것일 뿐임
  - 따라서 지급주기가 1개월을 넘는다는 사정만으로 그 임금이 통상임금에서 제외되지 않음을 지도
  - 이와 같은 정기성 판단기준에 따라 1개월을 초과하여 지급하는 정기상여금은 정기성 요건을 충족해 통상임금이 될 수 있음(고정성 판단은 별도).

라. 일률성 판단

- '모든 근로자' 뿐 아니라 '일정한 조건 또는 기준에 달한 모든 근로자'에게 지급되는 임금은 일률성 요건을 충족함
  - 이때 '일정한 조건 또는 기준'에는 각종 자격이나 면허 외에 '근속기간'도 포함됨

마. 고정성 판단

- 통상임금은 초과근로수당 산정 등을 위한 기초임금이므로 실제로 초과근로 등을 제공하기 전에 미리 확정되어 있어야 함(사전확정성).
  - 따라서 고정성 판단을 위해서는 특정 임금의 지급조건에 있어 '초과근로 제공 당시'의 시점에서 그 지급조건이 충족될 수 있을지 여부에 대해 판단하도록 지도
  - 이에 따라 특정 시점에 재직 중인 근로자에게 지급되는 임금은 초과근로를 제공하는 시점에서 보았을 때, 그 근로자가 그 특정시점에 재직하고 있을지

여부가 불확실하므로 고정성이 없음을 주지

- 따라서 정기성 요건을 충족한 정기상여금 중에서도 그 지급요건이 "특정 시점에 재직 중인 근로자에게 한정"할 경우에는 고정성이 없으므로, 통상임금에서 제외된다고 보고 지도
  - 부산고법 2014.1.8, 2012나7816 : 입사 1년 이상 근속해 지급기준일에 재직하고 있는 근로자에 한해 월 만근임금의 380%(연 4회 95%씩 분할지급)를 지급하는 상여금에 대해 고정성이 없어 통상임금이 아니라고 판시

(2) 통상임금 해당여부에 대한 구체적 적용

가. 근속기간에 따라 달라지는 임금(근속수당 등)

- 지급여부나 지급금액이 근속기간에 따라 달라지는 경우
  - (예시) 몇 년 이상 근속해야 지급하거나, 근속기간에 따라 임금계산방법이 다르거나 지급액이 달라지는 임금 ☞ 통상임금에 해당
- (일률성 인정) 근속기간은 일률성 요건 중 '근로와 관련된 일정한 조건 또는 기준'에 해당
- (고정성 인정) 초과근로를 하는 시점에서 보았을 때, 그 근로자의 근속기간이 얼마나 되는지는 이미 확정되어 있음

나. 근무일수에 따라 달라지는 임금

- 매 근무일마다 일정액을 지급하기로 한 임금
  - (예시) 근무일수에 따라 일할계산해서 지급되는 임금 ☞ 통상임금에 해당
  - (고정성 인정) 근로자가 임의의 날에 소정근로를 제공하기만 하면 그에 대하여 일정액을 지급받을 것이 확정되어 있음
- 일정 근무일수를 채워야만 지급되는 임금
  - (예시) 월 15일 이상 근무해야만 지급되는 임금 ☞ 통상임금이 아님
  - (고정성 부정) 소정근로 제공 외에 일정 근무일 충족이라는 추가적 조건을

성취하여야 하는바, 연장·야간·휴일 근로를 제공하는 시점에서 금액을 확정할 수 없기 때문에 고정성을 인정하기 어려움

- 일정 근무일수에 따라 계산방법 또는 지급액이 달라지는 임금
  - (예시) 근무일수가 15일 이상이면 특정명목의 급여를 전액 지급하고, 15일 미만이면 근무일수에 따라 그 급여를 일할계산하여 지급하는 경우 ☞ 소정근로를 제공하면 적어도 일정액 이상의 임금이 지급될 것이 확정되어 있는 최소한도의 범위에서는 고정성을 인정할 수 있음
  - 위 예시에서 최소한 일할계산되는 금액 한도는 통상임금에 해당

다. 특정 시점에 재직중인 근로자에게만 지급되는 임금

- 소정근로를 했는지 여부와는 관계없이 지급일 기타 특정 시점에 재직 중인 근로자에게만 지급하기로 정해져 있는 임금
  - (소정근로의 대가 부정) 근로와 무관하게 재직만이 지급조건
  - (고정성 부정) 초과근로를 제공하는 시점에서 보았을 때, 그 근로자가 그 특정 시점에 재직하고 있을지 여부는 불확실함 ☞ 통상임금이 아님
- 특정시점에 퇴직하더라도 그 근무일수에 따라 달라지는 임금
  - (예시) 퇴직시 일할계산하여 지급하기로 한 경우 ☞ 근무일수에 비례하여 지급되는 한도에서는 통상임금 해당
  - (고정성 인정) 특정 시점 전에 퇴직하더라도 그 근무일수에 비례한 만큼의 임금이 지급되는 경우에는 근무일수에 비례하여 지급되는 한도에서는 고정성이 부정되지 않음

라. 근무실적에 좌우되는 임금(성과급 등)

- 근무실적을 평가하여 이를 토대로 지급여부나 지급액이 정해지는 임금 ☞ 일반적으로 성과급은 통상임금이 아님
  - 다만, 근무실적에 관하여 최하등급을 받더라도 지급받을 수 있는 그 최소한

도의 임금은 통상임금에 해당

* (예시) 근무실적을 A, B, C로 평가하여 최하 C등급에도 100만원의 성과급을 지급한다면, 최소 100만원은 보장되므로 100만원만큼만 통상임금에 해당됨 (나머지는 통상임금 아님).

• 근로자의 전년도 업무 실적에 따라 당해 연도에 지급 여부나 지급액을 정하는 임금 ☞ 통상임금에 해당

– (고정성 인정) 초과근무를 제공하는 시점인 당해 연도에는 그 성과급 등의 지급여부나 지급액이 확정되어 있으므로 고정성이 인정됨

* (예시) 성과연봉

– (고정성 부정의 경우) 그러나 보통 전년도에 지급할 것을 그 지급시기만 늦춘 것에 불과하다고 볼만한 특별한 사정이 있는 경우에는 일반적인 성과급과 마찬가지로서 고정성을 인정할 수 없음

마. 특수한 기술, 경력 등을 조건으로 하는 임금(자격수당 등)

• 특수한 기술의 보유나 특정한 경력의 구비 등이 지급의 조건으로 부가되어 있는 경우

– (예시) 특정 자격증 또는 기술을 보유한 경우 지급하는 수당 ☞ 통상임금에 해당

– (고정성 인정) 초과근로를 제공하는 시점에서 보았을 때, 특수한 기술의 보유나 특정한 경력의 구비 여부는 기왕에 확정된 사실이므로 고정성이 인정됨

(3) 임금유형별 통상임금 여부 정리

임금명목	임금의 특징	통상임금 해당여부
기술수당	기술이나 자격보유자에게 지급되는 수당(자격수당, 면허수당 등)	통상임금 ○

임금명목	임금의 특징	통상임금 해당여부
근속수당	근속기간에 따라 지급여부나 지급액이 달라지는 임금	통상임금 ○
가족수당	부양가족 수에 따라 달라지는 가족수당	통상임금 × (근로와 무관한 조건)
	부양가족 수와 관계없이 모든 근로자에게 지급되는 가족수당 분	통상임금 ○ (명목만 가족수당, 일률성 인정)
성과급	근무실적을 평가하여 지급여부나 지급액이 결정되는 임금	통상임금 × (조건에 좌우됨, 고정성 인정 ×)
	최소한도가 보장되는 성과급	그 최소한도만큼만 통상임금 ○ (그 만큼은 일률적, 고정적 지급)
상여금	정기적인 지급이 확정되어 있는 상여금(정기상여금)	통상임금 ○
	기업실적에 따라 일시적, 부정기적, 사용자 재량에 따른 상여금(경영성과분배금, 격려금, 인센티브)	통상임금 × (사전 미확정, 고정성 인정 ×)
특정시점 재직 시에만 지급되는 금품	특정시점에 재직 중인 근로자만 지급받는 금품(명절귀향비나 휴가비의 경우 그러한 경우가 많음)	통상임금 × (근로의 대가 ×, 고정성 ×)
	특정시점 되기 전 퇴직 시에는 근무일수 비례하여 지급되는 금품	통상임금 ○ (근무일수 비례하여 지급되는 한도에서는 고정성 ○)

※ 출처 : 대법원 전원합의체 판결(2013.12.18) 보도자료

- (취업규칙 변경시) 법이 정한 소정의 절차적 요건 준수 지도 철저
  - (신의성실 협의) 사용자가 특별한 사정없이 통상임금 제도 및 판결 취지를 면탈할 의도로 일부 지급조건을 바꿔 통상임금 범위를 기존 수준보다 하향 조정하는 것은 바람직하지 않으므로 노사간 성실한 협의를 통해 합리적인 방향으로 정비하도록 지도
  - (불이익 변경절차 준수) 통상임금 지급조건을 불가피하게 근로자에게 불리하게 변경할 때에는 근로기준법 제94조제1항에 따른 취업규칙 불이익 변경절

차를 철저히 준수토록 지도

* 근로기준법 제94조제1항 : 과반수로 조직된 노조 또는 근로자 과반수의 동의

– (예외적인 경우) 취업규칙에 통상임금을 기존 예규인 '통상임금 산정지침'에 따라 정하기로 한 경우,

– 특정 임금 항목의 지급조건에 변경이 없음에도 이번 전합 판결에 따라 통상임금이었던 임금이 통상임금에 해당하지 않게 되어 통상임금이 줄어드는 것이라면 취업규칙 불이익 변경에 해당하지 않는 것으로 봄

• (신의칙 법리 적용 관련) 신의칙 법리는 향후 개별 사건에 대한 법원 판결을 통해 구체적으로 정리될 것인바, 정부 입장에서는 전합 판결 취지를 감안할 때 다음과 같이 지도

가. 적용대상 금품

• 전합 판결은 정기상여금에만 적용가능하다고 밝혔음을 주지

– 전합 판결(보도자료 16쪽) : 신의칙이 적용되어 추가임금 청구가 허용되지 않는 경우(신의칙 적용요건) ① 정기상여금에만 적용 가능(그 밖의 임금은 신의칙 적용 여지 없음).

나. 적용요건

• 노사가 정기상여금이 통상임금에 해당되지 않는다고 신뢰한 상태에서 이를 통상임금에서 제외하는 합의를 하고 이를 토대로 임금인상률 등 그 밖의 임금 조건을 정하였을 것

– 이러한 노사합의에는 단체협약 등 명시적 합의 이외에도 묵시적 합의나 근로관행도 포함되므로, 반드시 임단협이 아니라 하더라도 신의칙이 적용될 수 있을 것임

• '중대한 경영상 어려움'의 판단기준은, 법원에서 개별 기업의 구체적인 사정에 따라 판단할 사안임

다. 신의칙 적용기한(추가임금 청구가 언제까지 제한되는지)

• 전합 판결은 신의칙이 '이 판결 이후 합의'에는 적용되지 않는 것으로 제시하고 있음

– 여기서 '이 판결'이란 전합 판결을 의미하므로 전합 판결일(2013.12.18.) 이후에 노사가 새로이 합의(판결일 이전에 합의*하고 그 만료시점이 판결일 이후일 경우에는 그 시점 이후)한 때로부터는 신의칙이 적용되지 않는 것으로 볼 수 있음.

* 묵시적 합의 또는 근로관행의 경우에는 전합 판결일 이후를 기준으로 사업장마다 정기적으로 임금을 조정하는 시기로 볼 수 있음

• 전합 판결이 통상임금 판단기준을 명확히 제시하였고, 신의칙을 인정한 취지에 비추어볼 때 당초 합의 기간 만료 전에 노사가 성실히 협의하여 가급적 상반기 중 원만하게 해결하도록 지도

– 임·단협의 경우에는 임금총액을 기준으로 임금조정을 해 온 관행에 주목한 판결 취지에 비추어 임금협약의 만료기간을 기준으로 함

– 노사가 법리적 논쟁이나 소모적 소송보다는 임금체계 개편을 적극 협의하도록 지도

• (임금체계 개편) 각 사업장이 통상임금 판단기준을 명확히 하는 동시에 미래지향적으로 장시간근로 개선 및 임금체계 개편을 추진하도록 지도

– 우리 기업의 임금구성은 기본급 등 정액급여 비중이 낮은 대신, 각종 수당과 상여금 등 특별급여와 장시간근로에 따른 초과급여 비중이 과도하며, 직무·성과와의 연계가 불투명하고, 호봉제 중심의 연공급 임금체계가 일반적임(별첨 2 참조).

* 이에 따라 근로가치 및 생산성 반영이 미흡하고, 임금결정의 합리성과 예측가능성이 부족해 임금협상시마다 혼선이 초래됨

* 또한, 생산성과 괴리된 연공급제로 중고령자 조기 퇴직을 초래하고 장시간근로 관행이 지속적으로 유지되어 고용에도 부정적인 영향을 미치고 있음

– 생산성 제고, 장시간근로 개선 및 고용 감소 없는 정년 연장을 위해서는 임금체계를 직무·성과 중심으로 개편할 필요가 있음

* 따라서 근로자의 기본적인 소득안정성을 보장하는 ① 기본급을 중심으로 ② 직무성과를 반영한 성과급에 ③ 직무특성에 따른 일정 수당이 부가되는 형태로 임금구성을 단순·명확하게 재편하도록 지도

(4) 사업장 동향 점검 및 노사협의 지원

- 지방노동관서는 대법원 전합 판결 및 이 지침에 따라 관할 사업장의 노사가 원만히 협의할 수 있도록 적극 지도·지원할 것
  - 현장 노사 간담회, 설명회, 컨설팅 등을 실시하여, 산업현장의 노사가 전합 판결과 지침의 내용에 대해 정확히 알 수 있도록 지원
  - * 각 지역별 중소기업청, 노사단체 등 협조
  - 지역노사민정협의회 활동과 연계해 합리적 해결을 위한 지역 내 공감대 촉발·확산
- 노사가 전합 판결 및 이 지침의 취지를 충실히 반영하도록 지도
  - 사용자가 단지 통상임금을 줄이기 위해 노사협의 및 법적 절차를 준수하지 않고, 일방적으로 지급조건만 바꾸는 등 부당한 행위를 하지 않도록 엄정하게 지도
  - * 직무·성과급 도입 등을 위해 근로계약·취업규칙·단체협약을 변경할 경우 근로자 동의 등 법적 절차를 준수하도록 지도
  - 노조 등 근로자는 소모적인 갈등과 소송보다는 대화와 타협을 통해 근로시간 단축과 중고령자 고용안정에 기여하는 방향으로 향후 임금체계 개편 협의에 적극 나서도록 지도
- 임금체계 개편 지원 및 우수·모범사례 발굴 및 확산
  - 사업장 수요를 받아 지방관서 자체 지도 또는 노사발전재단의 "임금직무체계 개선 컨설팅" 사업 적극 안내
- 「임금체계 개편 매뉴얼」 별도 시달 예정
  - 노사발전재단 홈페이지(www.nosa.or.kr) 및 임금근로시간정보시스템(www.wage.go.kr) 활용

- 본부에서 임금직무혁신센터(KLI), 노사발전재단 등 전문기관과 협의해 각종 모델 및 우수사례를 지속적으로 제시할 예정
- 교대제 개편 등을 위한 패키지 재정지원 등 각종 지원내용을 참고하여, 고용센터와 연계해 "지도-컨설팅-재정지원"이 종합적으로 연계되도록 기관간 협업
- 통상임금, 정년연장 및 장시간근로 개선 방향으로 임금체계를 합리적으로 개편한 사업장을 발굴하여 관내 사업장에 전파하고 본부에 보고

* 임금구성 단순화, 교대제 개편, 직무·성과중심 임금체계 개편 사업장 포함

- 임금체계 개편 과정에서 예상되거나, 이미 발생한 노사간 분쟁은 대화와 타협을 통해 해결토록 지도·지원
  - (예방지원) 임금구성 및 임금체계, 지급요건 등을 중심으로 향후 통상임금성을 둘러싼 갈등요인이 있는지 사전에 파악

  * 노사협의 상황을 주기적으로 확인, 원만한 협의를 지원

  - (사후지원) 旣소송제기·진행중 또는 노사갈등이 발생한 사업장 상황을 파악하고, 노사가 대화를 통해 문제를 풀도록 지도
  - (지원단 운영) 지방노동관서별로 근로감독관 전담 관리·지원체제를 구축하고, 「임금체계·근로시간 개편 지원단」 활동을 통해 관내 노사단체, 전문가 등의 협업을 강화, 관할 사업장의 갈등 해결을 공동 지원

4 통상임금관련 Q&A

Question 질의 통상임금이란 무엇인가?

- 현행 근로기준법 시행령 제6조는 통상임금을 "근로자에게 정기적이고 일률적으로 소정근로 또는 총 근로에 대해 지급하기로 정한 시간급·일급·주급·월급 또는 도급 금액"이라고 정의

– 통상임금 산정지침 제3조제1항 : 통상임금의 산정기초가 되는 임금은 근로계약이나 취업규칙 또는 단체협약 등에 의하여 소정근로시간에 대하여 근로자에게 지급하기로 정하여진 기본급 임금과 정기적·일률적으로 1임금산정기간에 지급하기로 정하여진 고정급 임금

– 현행 시행령의 통상임금 정의가 모법의 위임근거가 없다는 이유로 법적 효력을 둘러싸고 논란이 있음

• 대법원은 1995년 임금이분설과 1996년 1임금지급기를 폐기한 후

– '통상임금'에 관하여 근로자가 소정근로시간에 통상적으로 제공하는 근로인 소정근로(도급근로자의 경우에는 총 근로)의 대가로 근로자에게 지급되는 금품으로서 정기적·일률적·고정적으로 지급되는 임금으로 판시하였고

– 전합 판결에서 '통상임금'이란 근로계약에서 정한 근로를 제공하면 확정적으로 지급되는 임금으로 정의하면서 기존의 판시 내용을 유지함

판시사항

[2012다89399 판결문 5쪽]

사용자가 근로의 대가로 근로자에게 지급하는 금품은 그 명칭과 관계없이 근로기준법의 규율을 받는 임금에 해당한다고 규정하고 있듯이, 그 임금 중에서 근로자가 소정근로시간에 통상적으로 제공하는 근로의 가치를 평가한 것으로서 사전에 미리 확정할 수 있는 것이라면 그 명칭과 관계없이 모두 통상임금에 해당하는 것으로 보아야 할 것이다.

– 어떠한 임금이 통상임금인지 여부는 임금의 명칭이나 지급주기의 장단 등 형식적인 기준이 아니라 임금의 객관적 성질이 통상임금의 법적인 요건을 갖추었는지 여부에 따라 판단해야 함

판시사항

[2012다89399 판결문 6쪽]

결국 어떠한 임금이 통상임금에 속하는지 여부는 그 임금이 소정근로의 대가로 근로자에게 지급되는 금품으로서 정기적·일률적·고정적으로 지급되는 것인지를 기준으로 그 객관적 성질에 따라 판단하여야 하고, 임금의 명칭이나 그 지급주기의 장단 등 형식적 기준에 의해 정할 것은 아니다.

Question 질의 이번 대법원 전원합의체 판결이 통상임금에 관한 다른 사건에도 효력을 미치는지?

- 당해 사건의 경우, 상급법원의 판단은 하급심을 기속함
  - 법원조직법 제8조 : 상급법원의 재판에 있어서의 판단은 당해 사건에 관하여 하급심을 기속한다.
  - 대법원이 파기환송 판결을 내린 경우 당해 사건에 관한 한 대법원의 사실상·법률상의 판단은 환송받은 법원과 그 하급심, 그리고 다시 상고를 받은 상고법원을 기속
- 다른 사건의 경우에도 심급제도의 본질상 구속력을 가질 수밖에 없으며,
  - 이번 전원합의체 판결은 통상임금의 개념 및 요건 등 기본적 법리를 구체적으로 설시하고 있으므로 사실상 통상임금 판단에 구속력을 가질 것임

▣ 전원합의체 판결 시 보도자료 3쪽

- 이 대법원 판결이 제시하고 있는 여러 원칙과 기준에 따라 통상임금과 관련되어 제기되고 있는 여러 법적인 문제들이 원만히 해결될 수 있을 것으로 기대됨

Question 질의 통상임금에 해당하기 위한 1차적 요소로서 '소정근로의 대가'란 무엇을 말하는 것인가?

- 전합 판결은 통상임금에 속하는지 여부는 우선 그 임금이 소정근로의 대가로 지급되는 금품이어야 한다고 함
  - 여기서 말하는 '소정근로의 대가'라 함은 근로자가 소정근로시간에 통상적으로 제공하기로 정한 근로에 관하여 사용자와 근로자가 지급하기로 약정한 금품으로 정의함
- 소정근로의 대가로 볼 수 없는 임금은 아래와 같음
  ① 근로자가 소정근로시간을 초과하여 근로를 제공하여 지급받는 임금
  ② 근로계약에서 제공하기로 정한 근로 외의 근로를 특별히 제공함으로써 사용자로부터 추가로 지급받는 임금
  ③ 소정근로시간의 근로와는 관련 없이 지급받는 임금
- 어떠한 임금이 소정근로의 대가인지는 소정근로시간에 통상적으로 제공하기로 정한 근로자의 근로의 가치를 어떻게 평가하고 그에 대하여 얼마의 금품을 지급하기로 정하였는지를 기준으로 전체적으로 판단하여야 함
  - 즉, 소정근로시간에 통상적으로 약정한 금품이 소정근로시간에 근무한 직후나 그로부터 가까운 시일 내에 지급되지 아니하였다고 하여 소정근로의 대가가 아니라고 할 수 없다고 판단함

판시사항

[2012다89399 판결문 7쪽]

소정근로의 대가가 무엇인지는 근로자와 사용자가 소정근로시간에 통상적으로 제공하기로 정한 근로자의 근로의 가치를 어떻게 평가하고 그에 대하여 얼마의 금품을 지급하기로 정하였는지를 기준으로 전체적으로 판단하여야 하고, 그 금품이 소정근로시간에 근무한 직후나 그로부터 가까운 시일 내에 지급되지 아니하였다고 하여 그러한 사정만으로 소정근로의 대가가 아니라고 할 수는 없다.

Question 질의 **가족수당을 부양가족 수에 따라 차등적으로 지급하는 경우에는 통상임금으로 볼 수 없는지?**

• 그간 행정해석은 가족수당을 근로시간과 관계없이 생활보조적 · 복리후생적으로 지급되는 금품으로 보아 전 근로자에게 정기적 · 일률적으로 지급되더라도 통상임금성을 부인함

• 그러나 전합 판결은 가족수당 중 부양가족이 있는 근로자에게만 지급되는 가족수당은 통상임금이 아니라고 판시함

 – 즉, 통상임금은 소정근로의 가치를 평가한 개념이므로 '일정한 조건 또는 기준'은 근로와 관련된 조건이어야 하는데, 가족수당은 소정근로의 가치와 무관한 사항을 조건으로 지급되는 임금이므로 통상임금성을 부정함

 – 학설도 이른바 '眞性 가족수당' 즉, 부양가족이 있거나 그 가족 수에 따라 달라지는 가족수당에 대해서는 통상임금성을 인정하지 않음

• 다만, 이번 전합 판결은 모든 근로자에게 기본금액을 가족수당 명목으로 지급하면서, 실제로 부양가족이 있는 근로자에게 일정액을 '추가'로 지급하는 경우, 그 기본금액은 통상임금에 해당하는 것으로 판시함

판시사항

[2012다89399 판결문 10쪽]

부양가족이 있는 근로자에게만 지급되는 가족수당과 같이 소정근로의 가치 평가와 무관한 사항을 조건으로 하여 지급되는 임금은 그것이 그 조건에 해당하는 모든 근로자에게 지급되었다 하더라도 여기서 말하는 '일정한 조건 또는 기준'에 따른 것이라 할 수 없어 '일률성'을 인정할 수 없으므로, 통상임금에 속한다고 볼 수 없다. 그러나 모든 근로자에게 기본금액을 가족수당 명목으로 지급하면서 실제 부양가족이 있는 근로자에게는 일정액을 추가적으로 지급하는 경우 그 기본금액은 소정근로에 대한 대가나 다름 아니므로 통상임금에 속한다.

Question 질의 **1개월을 초과하는 기간마다 지급되는 임금도 통상임금인가?**

- 그간 행정해석은 1개월을 초과하여 지급하는 임금의 통상임금성을 부정함
- 대법원은 1996년 이후 1개월을 초과하는 기간마다 지급되는 임금이라도, 일정한 기간마다 정기적으로 지급되는 것이면 통상임금에 포함될 수 있다고 판시해 옴

판시사항

[1996.2.9, 94다19501]

(체력단련비, 월동보조비) 1개월을 초과하는 기간마다 지급되는 것이라도 그것이 정기적·일률적으로 지급되는 것이면 통상임금에 포함될 수 있다고 판시

▣ 전원합의체 판결 시 보도자료 7쪽

- 정기상여금의 경우
  - 보통 근로의 대가를 1개월에 한번씩 월급으로 받지만, 정기상여금은 월급과 달리 2개월마다 지급하는 회사도 있고, 분기마다 지급하는 회사도 있고, 1년마다 지급하는 회사도 있을 수 있음
  - 이처럼 상여금이 월급과는 달리 2개월마다, 3개월마다, 6개월마다, 1년마다 등으로 지급이 되더라도 정기적으로만 지급이 되면 정기성을 갖춘 것임
  - 따라서 1개월을 초과하는 기간마다 지급되는 것이 일반적인 정기상여금도 통상임금이 될 수 있음

- 즉, 통상임금의 개념에서 '정기성'이란 일정한 간격을 두고 계속적으로 지급되어야 함을 의미하며,
- 1개월을 넘는 기간마다 지급되는 것은 소정근로의 대가를 1개월을 넘는 기간마다 분할 지급하는 것을 뿐 지급주기가 1개월을 넘는다는 사정만으로 그 임금이 통상임금에서 제외된다고 할 수 없다고 함

■ 1임금지급주기가 통상임금의 요건이 아님을 판단한 근거(판결문 8쪽)

① 근로기준법 제43조제2항의 정기불 지급원칙은 근로자의 생활안정을 도모하려는 것이므로 이를 근거로 1개월 넘는 기간마다 지급되는 임금을 통상임금에서 제외된다고 해석할 수 없음

② 시행령 제6조제1항의 정의규정 중 시간급 · 일급 · 주급 · 월급 금액 등은 다양한 기간을 단위로 산정 · 지급되는 임금의 형태를 예시한 것에 불과

③ 최저임금법은 1개월을 초과하는 기간마다 지급하는 임금을 최저임금의 비교대상 임금에서 제외하고 있으나 이것은 근로자의 생활안정 등을 위한 것으로 이를 근거로 통상임금을 1임금지급기로 한정하여야 한다고 볼 수 없음

Question 질의 근속수당, 정근수당 등 근속기간에 연동하는 임금도 통상임금 요건 중 일률성을 갖추었다고 해석할 수 있는가?

- 그간 행정해석은 판례와 동일하게 근로와 관계된 '일정한 조건 또는 기준에 달한 모든 근로자'에게 지급되는 임금은 통상임금에 포함함
  - 다만 행정해석은 장기근속자의 우대 또는 개근을 촉진하기 위한 근속수당의 경우 실제 근로여부에 따라 지급금액이 변동된다고 보아 통상임금에 포함하지 않았음
- 전합 판결은 근속기간에 따라 달라지는 임금(근속수당 등)도 근속기간을 일률성 요건의 '일정한 조건 또는 기준'으로 보아 통상임금에 해당한다고 판시함

판시사항

[2012다89399 판결문 12쪽]

어떠한 임금이 일정 근속기간 이상을 재직할 것을 지급조건으로 하거나 또는 일정 근속기간을 기준으로 하여 임금의 계산방법을 달리하거나 근속기간별로 지급액을 달리하는 경우와 같이 지급여부나 지급액이 근속기간에 연동하는 임금 유형이 있다. 근속기간은 근로자의 숙련도와 밀접한 관계가 있으므로 소정근로의 가치평가와 관련이 있는 '일정한 조건 또는 기준'으로 볼 수 있고, 일정한 근속기간 이상을 재직한 모든 근로자에게 그에 대응하는 임금을 지급한다는 점에서 일률성을 갖추었다고 할 수 있다. 또한 … 일정 근속기간에 이른 근로자는 임의의 날에 근로를 제공하면 다른 추가

적인 조건의 성취여부와 관계없이 근속기간에 연동하는 임금을 확정적으로 지급받을 수 있어 고정성이 인정된다.

- 즉, 초과근로를 하는 시점에서 그 근로자의 근속기간이 얼마나 되는지는 이미 확정되어 있는 사실이므로 고정성이 인정되고, 이러한 근속수당은 통상임금에 해당하는 것으로 판단됨

Question 질의 고정성이란 무엇인가?

- 전합 판결은 '고정성'이란 근로자가 제공한 근로에 대하여 그 업적, 성과 기타의 추가적인 조건과 관계없이 당연히 지급될 것이 확정되어 있는 성질을 말한다고 하고, '고정적인 임금'은 '임금의 명칭 여하를 불문하고 임의의 날에 소정근로시간을 근무한 근로자가 그 다음 날 퇴직한다 하더라도 그 하루의 근로에 대한 대가로 당연하고도 확정적으로 지급받게 되는 최소한의 임금'으로 정의함
  - 즉, 통상임금은 초과근로수당 산정 등을 위한 기초임금이므로 실제로 초과근로 등을 제공하기 전에 미리 확정되어 있어야 함
  - 왜냐하면, 초과근로 시 비용 또는 보상의 정도를 예측할 수 있어야 연장근로 여부를 결정할 수 있기 때문임

판시사항

[2012다89399 판결문 4쪽]

통상임금이 근로자가 사용자와 사이에 법정근로시간의 범위에서 정한 근로시간(이하 '소정근로시간')을 초과하는 근로를 제공할 때 가산임금 등을 산정하는 기준임금으로 기능한다는 점을 고려하면, … 근로자가 실제로 연장 근로 등을 제공하기 전에 미리 확정되어 있어야 할 것이다. 그래야만 사용자와 근로자는 소정근로시간을 초과하여 제공되는 연장근로 등에 대한 비용 또는 보상의 정도를 예측하여 연장근로 등의 제공여부에 관한 의사결정을 할 수 있고, 실제 연장근로 등이 제공된 때에는 사전에 확정된 통상임금을 기초로 하여 가산임금을 곧바로 산정할 수 있게 되기 때문이다.

• 특히, 전합 판결은 지급일 기타 특정 시점에 재직 중인 근로자에게만 지급하는 임금(재직자 요건)은 초과근로 등을 제공하는 시점에 그 지급조건이 성취될지 여부가 불확실하므로 고정성이 결여된 것으로 보아 기존의 판례를 변경함

Question 질의 근무일수에 따라 달라지는 임금의 통상임금 판단 기준은?

• 그간 행정해석은 근무일에 따라 일정금액을 지급하는 경우 통상임금성을 부정함

• 기존 판례 중 일부는 근무일수(cctv수당)에 따라 지급하는 경우에도 통상임금에 해당한다고 판시한 사례도 있었으나, 근무일수에 따라 지급금액이 변동된다고 보아 고정성을 부정(승무수당)한 판례도 있었음

– 다만, 계산방법 또는 지급액이 달라지는 경우에는 일관되게 고정성을 부정해왔음

* 15일 이상 근무시 전액지급, 15일 미만 근무시 일할계산지급 → 고정성 부정

• 이번 전합판결은 이를 구체적으로 나누어

① 매 근무일에 근로를 제공하기만 하면 일정액을 지급받기로 확정되어 있는 임금을 통상임금에 해당하는 것으로 명확히 하고,

② 일정한 근무일수를 채워야만 지급되는 임금은 기존 판례와 같이 통상임금성을 부정함

③ 일정 근무일수를 기준으로 계산방법 또는 지급액이 달라지는 경우에도 최소한도로 확정되어 있는 금액(사전확정성이 인정되는 금액) 범위에서 고정성을 인정하는 것으로 기존 판례를 변경

* 15일 이상 근무시 전액지급, 15일 미만 근무시 일할계산지급 → 일할계산 부분은 고정성 인정

판시사항

[2012다89399 판결문 12쪽]

매 근무일마다 일정액의 임금을 지급하기로 정함으로써 근무일수에 따라 일할계산하여 임금이 지급되는 경우에는 … 고정적 임금에 해당한다. 그러나 일정 근무일수를 충족하여야만 지급되는 임금은 소정근로를 제공하는 외에 일정 근무일수의 충족이라는 추가적인 조건을 성취하여야 비로소 지급되는 것이고, 이러한 조건의 성취여부는 임의의 날에 연장·야간·휴일 근로를 제공하는 시점에서 확정할 수 없는 불확실한 조건이므로 고정성을 갖춘 것이라 할 수 없다. … 근무일수가 15일 이상이면 특정 명목의 급여를 전액 지급하고, 15일 미만이면 근무일수에 따라 그 급여를 일할계산하여 지급하는 경우, 소정근로를 제공하기만 하면 최소한 일할계산되는 금액의 지급은 확정적이므로, 그 한도에서 고정정이 인정된다.

Question 질의 정기상여금도 지급일 기타 특정시점에 재직하는 근로자에게만 지급하는 경우에는 통상임금에 해당되지 않는지?

- 전합 판결은 근로자가 정해진 근로를 제공했는지 여부와 무관하게 지급일 기타 특정시점에 재직 중인 근로자에게만 지급하기로 정해져 있는 임금은 소정근로의 대가로 볼 수 없으며,
  - 초과근로를 하는 시점에서 보았을 때, 그 근로자가 특정시점에 재직하고 있을지 여부는 불확실하므로 고정성이 결여되었다고 판단함

판시사항

[2012다89399 판결문 13쪽]

근로자가 소정근로를 했는지 여부와는 관계없이 지급일 기타 특정시점에 재직 중인 근로자에게만 지급하기로 정해져 있는 임금은 …소정근로에 대한 대가의 성질을 가지는 것으로 보기 어려울 뿐만 아니라 …고정성도 결여한 것으로 보아야 한다.

- 이러한 법리는 정기상여금에도 동일하게 적용되어야 할 것임
  - 이번 전합 판결에서 상여금의 경우도 특정 시점 재직자 기준이 적용됨을 전

제로 퇴직한 근로자에 대해서는 일할계산하여 지급하는지 여부를 확인한 후 통상임금에 해당하는 것으로 판단하고 있음

판시사항

[2012다89399 판결문 16쪽]

상여금 지급 대상기간 중 퇴직한 근로자에 대해서는 근무일수에 따라 일할계산하여 지급한 사실을 확인할 수 있다.… 이 사건 상여금은 소정근로를 제공하기만 하면 그 지급이 확정된 것이라고 볼 수 있어 정기적·일률적으로 지급되는 고정적인 임금인 통상임금에 해당한다.

- 보도자료에서도 특정시점에 재직 중인 근로자에게만 지급되는 임금의 통상임금 여부에 대한 구체적 사례에서 상여금의 경우도 예시함

■ **전원합의체 판결 시 보도자료 11쪽**

- 2달마다 지급되는 상여금은 지급여부가 확정되어 있고 상여금 지급시점에 퇴직하더라도 근무일수에 비례하여 근무일수만큼 지급하기 때문에 통상임금에 해당

- 2014.1.8. 부산고법(2012나7816)은 입사 1년 이상 근속해 지급기준일에 재직중인 근로자에 한해 월 만근임금의 380%(연 4회 95%씩 분할지급)를 지급하는 상여금에 대해 고정성이 없어 통상임금이 아니라고 판시함
- 따라서 정기상여금의 경우도 지급일 기타 특정시점에 재직 중인 근로자에게만 지급하는 경우 통상임금에 해당하지 않는 것으로 판단하는 것이 타당함

Question 질의 지급일 기타 특정시점 재직자에게만 지급하는 임금은 고정성이 결여된다고 하는 경우 이것은 반드시 명시적으로 규정하고 있어야 하는지?

- 특정 임금이 통상임금에 해당하기 위해서는 그 지급이 고정적이어야 함

- "고정성"이란 그 지급여부가 사전에 확정되어 있을 것을 의미한다고 판시하였으나, 반드시 그 지급요건을 명시적으로 규정하고 있을 것을 요구하지는 않음

- 그 지급요건이 명시적으로 규정되어 있지 않더라도 임금의 실제 반복적인 지급 관행 등을 종합적으로 고려하여 판단할 수 있을 것임

판시사항

[2012다94643 판결문 6쪽]

어떠한 임금이 이러한 성격을 갖고 있는지는 그 근로계약이나 단체협약 또는 취업규칙 등에서 정한 내용에 따라 판단하여야 하고, 근로계약 등에 명시적인 규정이 없거나 그 내용이 불분명한 경우에는 그 임금의 성격이나 지급실태, 관행 등 객관적인 사정을 종합적으로 고려하여 판단하여야 할 것이다.

Question 질의 만약, 특정임금을 '월할계산'해서 지급하고 있다면 고정성이 결여되었다고 보는지?

- 전합 판결은 근무일수에 따라 일할계산하여 임금이 지급되는 경우에는 실제 근무일수에 따라 그 지급액이 달라지기는 하지만,
  - 근로자가 임의의 날에 소정근로를 제공하기만 하면 그에 대하여 일정액을 지급받을 것이 확정되어 있으므로 고정적 임금으로 해석함

판시사항

[2012다89399 판결문 13쪽]

근무일수를 기준으로 계산방법을 달리 정하지 않고, 단순히 근무일수에 따라 일할계산하여 지급하는 경우도 앞서 본 매 근무일마다 지급하는 경우와 실질적인 차이가 없어 고정성을 인정할 수 있다.

- 또한, 전합 판결은 '근무일수에 비례한 만큼의 임금을 지급받을 수 있는 경우'를 일할계산하여 지급하는 경우만으로 한정하지 않는 것으로 봄

■ **전원합의체 판결 시 보도자료 11쪽**

• 근로자가 특정시점 전에 퇴직하더라도 그 근무일수에 비례한 만큼의 임금을 받을 수 있다면(일할계산 "등"으로) 근무일수에 비례하여 지급되는 한도에서는 통상임금에 해당

– 따라서 월할계산하여 지급하는 임금에 대해서도 고정성이 인정될 수 있을 것임

Question 질의 주요 금품의 통상임금 여부에 대한 판례의 구체적 판단은?

• 대법원은 어떠한 유형의 임금이 통상임금에 속하는지에 관한 구체적 판단 기준을 제시하고,

– 금품의 지급명목과 그 특징에 따라 통상임금에 해당하는지를 임금 유형별로 정리함(명목보다는 특징에 유념할 필요).

임금명목	임금의 특징	통상임금 해당여부
기술수당	기술이나 자격보유자에게 지급되는 수당(자격수당, 면허수당 등)	통상임금 ○
근속수당	근속기간에 따라 지급여부나 지급액이 달라지는 임금	통상임금 ○
가족수당	부양가족 수에 따라 달라지는 가족수당	통상임금 × (근로와 무관한 조건)
	부양가족 수와 관계없이 모든 근로자에게 지급되는 가족수당 분	통상임금 ○ (명목만 가족수당, 일률성 인정)
성과급	근무실적을 평가하여 지급여부나 지급액이 결정되는 임금	통상임금 × (조건에 좌우됨, 고정성 인정 ×)
	최소한도가 보장되는 성과급	그 최소한도만큼만 통상임금 ○ (그 만큼은 일률적, 고정적 지급)
상여금	정기적인 지급이 확정되어 있는 상여금(정기상여금)	통상임금 ○
	기업실적에 따라 일시적, 부정기적, 사용자 재량에 따른 상여금(경영성과분배금, 격려금, 인센티브)	통상임금 × (사전 미확정, 고정성 인정 ×)

임금명목	임금의 특징	통상임금 해당여부
특정시점 재직 시에만 지급되는 금품	특정시점에 재직 중인 근로자만 지급받는 금품(명절귀향비나 휴가비의 경우 그러한 경우가 많음)	통상임금 × (근로의 대가 ×, 고정성 ×)
	특정시점 되기 전 퇴직 시에는 근무일수 비례하여 지급되는 금품	통상임금 ○ (근무일수 비례하여 지급되는 한도에서는 고정성 ○)

Question 질의 전합판결에서 말한 정기상여금에 신의칙이 적용되어 추가임금 청구가 허용되지 않는 요건은?

- 전합 판결은 정기상여금이 통상임금에 포함되더라도 신의칙이 적용되어 추가임금 청구가 허용되지 않는 요건을 다음과 같이 제시함
  - ① 노사가 정기상여금이 통상임금에 해당되지 않는다고 신뢰하였을 것
    - 기업에서 정기상여금이 통상임금에 해당되지 않는 전제 아래 통상임금에 관한 합의가 장기간 계속되었을 것
  - ② 정기상여금을 통상임금에 포함하지 않는 노사합의가 있었을 것
    - 위 합의에는 단체협약 등 명시적인 합의 이외에도 묵시적 합의나 근로관행도 포함
    - * 조합원이 아닌 관리직 직원들에 대해서도 이 사건 소송 제기 전까지는 별다른 이의를 제기하지 않은 점에서 명시적 또는 묵시적 노사합의 내지 관행을 인정함
  - ③ 근로자의 추가임금 청구로 인하여 기업에게 중대한 경영상 어려움을 초래하거나 기업의 존립이 위태롭게 될 수 있다는 사정이 있을 것
- 즉, 반대로 이러한 요건에 해당되지 않을 경우에는 법원에서 신의칙을 적용하지 않을 수 있을 것이나, 개별적 사건마다 구체적 사정을 종합적으로 고려하여 판단하게 될 것임

Question 질의 신의칙 적용 여부를 판단하기 위하여 구체적으로 고려하여야 할 사항으로 전합 판결이 제시한 것은 무엇인가?

- 전합 판결은 추가임금 청구가 신의칙에 위배되는지를 판단하기 위하여 살펴보아야 할 것들로 다음을 제시함
  ① 임금협상 방법과 과정, 각 임금 항목별 결정방법 및 그 내용 등 회사와 노동조합의 임금협상 실태
    - 즉, 임금협상을 하면서 임금총액을 기준으로 기본급 등의 인상률과 각종 수당의 증액, 단체협약 상의 통상임금을 전제로 법정 수당의 규모 등을 정하였는지 여부

  ② 회사와 근로자들 사이에 이 사건 상여금을 통상임금에서 제외하기로 하는 명시적, 묵시적 노사합의 내지 관행이 이루어졌는지 여부

  ③ 회사의 근로자들에 대한 상여금의 구체적인 지급방식, 변경 내용, 변경하게 된 동기 및 경위

  ④ 상여금이 통상임금에 산입될 경우 기업이 부담하게 될 추가 법정수당액

  ⑤ 전년도 대비 실질임금 인상률 및 그에 관한 과거 수년간의 평균치

  ⑥ 기업의 재정 및 경영상태

판시사항

[2012다89399 판결문 24쪽]

피고와 노동조합의 임금협상 실태와 피고와 관리직 직원들 사이에 이 사건 상여금을 통상임금에서 제외하기로 하는 명시적 또는 묵시적 노사합의 내지 관행이 이루어졌는지 여부, 그리고 이 사건 상여금이 통상임금에 산입될 경우 피고가 부담하게 될 추가 법정수당액과 전년도 대비 실질임금 인상률 및 그에 관한 과거 수년간의 평균치, 피고의 재정 및 경영상태, 피고의 관리직 직원들에 대한 이 사건 상여금의 구체적인 지급방식 및 그 변경 내용, 동기 및 경위, 그 변경된 지급방식의 원고에 대한 적용 여부 등을 심리하여 2007년부터 2010년까지의 미사용 연차휴가 수당 등의 지급을 구하는 원고의 이 사건 청구가 신의칙에 위배되는지를 살펴보았어야 할 것이다.

- 소송으로 제기된 개별적 사건에 대해서 법원은 위의 구체적 사정을 종합적으로 고려하여 판단하게 될 것임

Question 질의 신의칙 적용시 '중대한 경영상의 어려움을 초래하거나 기업의 존립이 위태롭게 될 수 있다는 사정'은 어떻게 판단하는지?

- 전합 판결은 추가임금 청구로 인해 기업의 중대한 경영상 어려움을 신의칙 적용 요건 중 하나로 봄
  - 다만, 어떠한 경우가 '중대한 경영상 어려움을 초래'에 해당하는지에 대해서는 개별적·구체적 사정을 종합적으로 고려하여 판단한다고 설시함

판시사항

[2012다89399 판결문 58쪽]

'기업의 중대한 경영상의 어려움'을 신의칙 적용 요건 중의 하나로 제시한 것은, 근로자의 추가적인 법정수당 청구가 기업의 재정상태나 경영상태 등에 비추어 감당할 수 있는 정도인지를 기준으로 하여 현저히 형평에 반하는 결과가 발생하는 경우에만 신의칙을 적용하도록 함으로써 신의칙이 무한정 확대 적용되는 것을 방지하기 위함이다. 따라서 어떠한 경우가 '중대한 경영상의 어려움'을 초래하는지는 결국 개별 기업의 재정상태, 경영상태 등과 정기상여금을 통상임금에 포함시켜 법정 수당을 산정할 경우 추가로 지급하여야 하는 법정수당의 규모 등 개별적·구체적인 사정을 종합적으로 고려하여 판단할 수밖에 없을 것이다.

- 이번 갑을오토텍 사건에서는 신의칙 적용 시 정기상여금이 통상임금에 산입될 경우 몇가지 판단기준 등을 제시하면서, '추가되는 임금이 차지하는 규모 등'을 주로 고려하였음

▣ 중대한 경영상 어려움 판단근거 (2012다89399) 판결문 59쪽

- 2010년 한해 추가되는 피고의 재정적 부담을 계산하면,
  - 시간급 통상임금은 8,970원 → 15,246원(69.9% 상승)
  - 근로자 1인의 추가 연장근로수당 등 각종 법정수당 11,048,393원 증액
  - 2009년 대비 실질임금 인상률 2010년 임금협상에 따른 19.9% → 40.6%로 상승
  - 근로자 실질임금 증가액을 평균치로 하여 생산직 401명에 적용 시 당기순이익 99.8% 상당(4,435,313,273원)을 추가임금으로 근로자에게 지급

※ ① 정기상여금이 600%, ② 상시적 초과근로, ③ 추가지급시 실질임금 인상률이 교섭 당시 예정한 임금인상률을 훨씬 초과, ④ 미사용 연차휴가수당 증가 등

- 소송 제기된 개별 사안별로 구체적 사정에 따라 법원에서 판단할 것이나, 노사는 소모적인 소송 등 소급분 다툼보다는 향후 임금체계 개편을 통해 문제를 해결하는 것이 노사 모두에게 이로울 것임

Question 질의 신뢰의 원칙이 적용되는 '이 판결 이후 합의'란 이 판결 이후 새로이 체결한 합의를 의미하는가?

- 전합 판결은 법률상 통상임금에 포함되는 정기상여금을 제외한 노사합의가 무효임이 선언된 이후에는 더 이상 정기상여금이 통상임금에 해당하지 않는다는 신뢰가 없으므로,
  - 이 판결 이후의 합의에는 신의칙이 적용될 수 없다고 판시함

> ▣ **전원합의체 판결 시 보도자료 17쪽**
> - 이 판결로 그와 같은 노사합의가 무효임이 선언된 이후에는 그와 같은 신뢰가 있을 수 없음이 명백하므로, 신의칙 법리는 '이 판결 이후의 합의'에는 적용될 수 없음

- 또한 전합 판결은 신의칙 적용 시 노사 양측의 신뢰여부를 '합의 당시'를 기준으로 하고 있으며, 기존 노사합의에서 정한 임금총액을 기준으로 기업의 재정적 부담능력을 고려하고 있음

판시사항

[2012다89399 판결문 18~20쪽]

이러한 방식의 임금협상에 따르면, 기본급, 정기상여금, 각종 수당 등과 통상임금에 기초하여 산정되는 각종 법정수당은 임금총액과 무관하게 별개 독립적으로 결정되는 것이 아니라 노사 간에 합의된 임금 총액의 범위 안에서 그 취지에 맞도록 각 임금 항목에 할당되고, 각각의 지급형태 및 지급시기 등이 결정된다는 의미에서 상호 견련관계가 있는 것이다. …기업의 수익기초가 동일한 이상 노사 양측이 임금협상 당시 정기상여금이 통상임금에 해당할 수 있다는 점을 인식하였다면, 해당 정기상여금이 통상임금에 산입됨을 전제로 기본급과 수당 등의 인상률을 조정하고 지급형태나 조건 등을 변경하는 등의 조치를 취함으로써 결과적으로 통상임금을 기초로 산정되는 각종 법정수당을 포함하여 근로자에게 지급되는 임금총액은 정기상여금이 통상임금에 산입되는 경우와 그렇지 않은 경우 사이에 실질적인 차이가 없도록 하는 등 기업의 부담능력 내에서 다른 대안을 마련하여 노사합의를 이루었을 것으로 봄이 타당하다.

• 이러한 판결 취지를 감안할 때, 노사는 임단협 등의 당초 노사가 합의한 기간을 기준으로 하여 동 기간이 만료되기 전에(한편 묵시적 합의 또는 관행의 경우에는 일반적으로 사업장마다 정기적으로 임금을 조정하는 시기에), 정기상여금의 통상임금 산입 여부를 명확히 정비해야 할 것임

Question 질의 신의칙이 적용되는 묵시적 합의 또는 근로관행의 한 유형으로 취업규칙도 인정할 수 있는지?

• 전합 판결은 이번 사안에서 조합원이 아닌 관리직 직원들의 경우 상여금을 통상임금에서 제외하는 명시적·묵시적 노사합의 내지 근로관행에 대해서 신의칙을 적용함

  – 즉, 전합 판결은 신의의 원칙이 적용되는 노사합의에 명시적인 합의 이외에도 묵시적 합의나 근로관행도 포함되는 것으로 봄

판시사항

[2012다89399 판결문 23쪽]

이러한 단체협약에 따른 통상임금 기준을 조합원이 아닌 관리직 직원들에게도 적용하는 것에 대하여 피고와 관리직 직원들 사이에 명시적 또는 묵시적인 노사합의 내지 관행이 있었으며 …

• 묵시적 합의나 근로관행도 포함된다고 판결이 보고 있으므로
  – 취업규칙 제정·변경 시 근로기준법에 따른 의견청취 또는 동의 과정에서 정기상여금을 통상임금에서 제외하는 것에 대하여 근로자들의 별다른 이의제기가 없었다면 취업규칙도 신의칙이 적용되는 근로관행의 한 유형으로 해석됨

관계법령

근로기준법 제94조【규칙의 작성, 변경 절차】 ① 사용자는 취업규칙의 작성 또는 변경에 관하여 해당 사업 또는 사업장에 근로자의 과반수로 조직된 노동조합이 있는 경우에는 그 노동조합, 근로자의 과반수로 조직된 노동조합이 없는 경우에는 근로자의 과반수의 의견을 들어야 한다. 다만, 취업규칙을 근로자에게 불리하게 변경하는 경우에는 그 동의를 받아야 한다.

Question 질의 만약, 판결 이후 새로운 합의를 하는 때부터 신의칙 적용이 부정된다고 할 경우 어느 시점(또는 어떤 경우)에 묵시적 합의 또는 근로관행이 새로이 변경된 것으로 볼 수 있는지?

• 전합 판결 및 보도자료는 명시적 노사 합의 외에도 묵시적 합의 또는 근로관행도 신의칙이 적용되는 합의로 인정된다고 하면서, 이번 전원합의체 판결 이후의 합의에는 신의칙이 적용될 수 없다고 함
• 대법원은 통상임금만이 아니라 임금인상 등 임금총액을 기준으로 한 임금조건에 관한 합의에 신의칙을 적용한 것이므로,
  – 이 판결 이후의 임금협약 또는 사용자가 일반적으로 매년 실시하는 임금조정

등 임금조건을 변경한 때부터는 정기상여금이 통상임금에 해당되지 않는다는 것에 대한 신뢰가 더 이상 인정받을 수 없을 것임

- 또한, 이 판결 이후 협약기간 만료 전에 새로운 임금조건에 합의한 경우에는 기존의 신뢰에 대하여 더 이상 신의칙을 적용할 수 없는 것으로 판단됨
- 노사 일방의 교섭 요구 또는 일부 근로자들이 서면 등으로 이의제기를 한 경우 신의칙 적용 여부에 대해서는 최종적으로는 법원의 판단을 받아봐야 할 것이나,
  - 판결 취지를 감안하면, 바로 기존 합의의 신의칙이 부정된다고 단정할 수 없을 것인바, 가급적 불필요한 갈등을 최소화하면서 노사간 협의로 통상임금을 명확히 정비하는 것이 바람직함

Question 질의 임금협약과 단체협약의 만료기간이 다른 경우 두 협약 중 무엇을 기준으로 이 사건 이후 새로운 합의로 보는지?

- 전합 판결에서 신의칙을 적용한 것은 그간 '정기상여금'을 통상임금 산정에서 제외하고 임금협상을 한 관행을 인정한 것임
  - 즉, 임금협상을 할 때 임금총액을 기준으로 인상률을 정하고, 세부 항목의 지급기준과 액수는 인상된 총액에 맞게 조정해 온 것이 실무상 일반화된 모습임을 고려한 것임
- 따라서 단체협약과 임금협약 만료기간이 다른 경우 그 명칭에 관계없이 임금인상률 등 임금조건에 관한 사항이 포함된 협약(대부분의 경우 임금협약)을 기준으로 하는 것이 합리적임

Question 질의 정기상여금에만 신의칙을 적용할 수 있고 기타 수당에는 그 금액이 다소 크더라도 적용할 수 없는지?

- 대법원은 정기상여금에 신의칙이 적용가능하다는 입장이며,
  - 정기상여금의 경우 통상임금에서 제외하는 관행이 있었고 그러한 관행이 정착되게 된 여러 가지 근거*를 제시함

* 상여금의 연원 및 성질, 일관되게 상여금의 통상임금성을 부정한 통상임금 산정지침, 정기상여금이 통상임금에 해당할 수 있음을 명시적으로 인정한 판례가 없었던 점 등

▣ **전원합의체 판결 시 보도자료 16쪽**

- 신의칙이 적용되어 추가임금 청구가 허용되지 않는 경우(신의칙 적용요건)
  ① 정기상여금에만 신의칙 적용가능(그 밖의 임금은 신의칙 적용여지 없음)

판시사항

[2012다89399 판결문 19쪽]

우리나라 대부분의 기업에서는 정기상여금은 그 자체로 통상임금에 해당하지 아니한다는 전제 아래에서 임금 협상시 노사가 정기상여금을 통상임금에서 제외하기로 합의하는 실무가 장기간 계속되어 왔고, 이러한 노사합의는 일반화되어 이미 관행으로 정착된 것으로 보인다. 이러한 관행이 정착하게 된 데에는, 상여금의 연원이 은혜적·포상적인 이윤배분이나 성과급에서 비롯된 점,…여전히 성과급, 공로보상 또는 계속근로 장려차원에서 지급되는 경우도 있고…근로현장에서 노사 양측에 지대한 영향력을 발휘하여 온 고용노동부의 '통상임금 산정지침'이 1988.1.14. 제정된 이래 일관되게 정기상여금을 통상임금에서 제외하여 온 점, …'금아리무진 판결'이…선고되기 전에는 상여금의 통상임금 해당성을 부정한 대법원 판결만 있었고, 정기상여금이 통상임금에 해당할 수 있음을 명시적으로 인정한 대법원 판결은 없었던 점 등이 주요 원인이 되어 노사 양측 모두 정기상여금은 통상임금에서 제외되는 것이라고 의심없이 받아들여 왔기 때문인 것으로 보인다.

Question 질의 특정 임금항목의 지급요건을 지급일 기타 특정시점 재직 요건 등을 추가하도록 취업규칙을 변경할 경우 불이익 변경으로 볼 수 있는지?

- 특정 임금 항목에 지급일 기타 특정시점 재직 요건 등을 추가할 경우 통상임금에 해당하던 금품이 통상임금에 해당하지 않게 되므로 불이익 변경에 해당함
  - 따라서 이 경우에는 근로기준법 제94조제1항에 따라 취업규칙 불이익 변경 절차를 거쳐야 함

* 취업규칙 불이익 변경절차를 위반 시 500만원 이하의 벌금(근로기준법 제114조제1항)

관계법령

근로기준법 제94조 【규칙의 작성, 변경 절차】 ① 사용자는 취업규칙의 작성 또는 변경에 관하여 해당 사업 또는 사업장에 근로자의 과반수로 조직된 노동조합이 있는 경우에는 그 노동조합, 근로자의 과반수로 조직된 노동조합이 없는 경우에는 근로자의 과반수의 의견을 들어야 한다. 다만, 취업규칙을 근로자에게 불리하게 변경하는 경우에는 그 동의를 받아야 한다.

- 사용자가 일방적으로 일부 지급요건을 변경하여 기존의 통상임금보다 낮게 줄이는 것은 노사 신뢰관계 유지, 근로자의 사기 관리, 장시간근로 개선 등의 측면에서 바람직하지 않을 뿐 아니라, 법적으로도 인정되지 않는 것임

Question 질의 판결에 따른 통상임금 산입범위 확대를 회피할 목적으로 포괄임금제 활용이 증가할 것이라는 우려가 있는데 이에 대한 입장은?

- 포괄임금제는 당사자 간 약정으로 기본임금을 미리 산정하지 않고 시간외 근로 등에 대한 제수당을 합한 금액을 월급여액으로 정하거나, 매월 일정액을 제수당으로 지급하는 임금지급 방식임
  - 대법원 판례에 따르면 포괄임금제는 ① 업무성질상 연장근로수당 등의 산정이 어렵고, ② 근로자에게 불이익하지 않으며, ③ 당사자 사이의 약정(근로자의 승낙)이 있을 것을 요건으로 인정되고 있음

판례

[대판 1995.7.28, 1994다54542 등 다수]

근로시간, 근로형태와 업무의 성질 등을 참작하거나 계산의 편의와 직원의 근무의욕을 고취하는 뜻에서 기본임금을 미리 산정하지 아니한 채 시간외 근로 등에 대한 제수당을 합한 금액을 월급여액이나 일당임금으로 정하거나 매월 일정액을 제수당으

로 지급하는 내용의 이른바 포괄임금제에 의한 임금지급 계약을 체결한 경우에 그것이 근로자에게 불이익이 없고 제반 사정에 비추어 정당하다고 인정될 때에는 이를 무효라고 할 수 없음.

- 포괄임금 형태로 임금을 지급하더라도, 포괄임금 지급액에 포함된 법정수당이 근로기준법에 따른 통상임금 및 실근로시간을 기준으로 산정한 법정수당 액수에 미달하는 경우에는
  - 해당 포괄임금계약은 무효이며 사업주는 그 차액을 지급하여야 함(고용부 행정해석 및 대법원 판례).

판례

[대판 2010.5.13, 2008다6052 등 다수]

근로시간의 산정이 어려운 등의 사정이 없음에도 포괄임금제 방식으로 약정된 경우 그 포괄임금에 포함된 정액의 법정수당이 근로기준법이 정한 기준에 따라 산정된 법정수당에 미달하는 때에는 그에 해당하는 포괄임금제에 의한 임금 지급 계약 부분은 근로자에게 불이익하여 무효라 할 것이고, 사용자는 근로기준법의 강행성과 보충성의 원칙에 의해 근로자에게 그 미달되는 법정수당을 지급할 의무가 있음.

- 따라서 향후 통상임금 산입범위 조정 및 임금체계 개편을 회피할 목적으로 포괄임금제를 남용하는 사업장에 대해서는 위 기준에 따라 엄정하게 지도·감독해 나갈 계획임

5 우리나라 임금체계 현황과 개편방향

(1) 우리나라 임금체계의 현황

가. 임금구성

• 기본급 등 정액급여 비중이 낮은 대신, 각종 수당과 상여금 등 특별급여와 장시간근로에 따른 초과급여의 비중 과도

[임금구성 비율(2013.6, 고용부 실태조사 100인이상 사업장 978개소)]

사례수	임금총액	정액급여(73.7)			초과급여 (8.7)	특별급여(17.6)	
		기본급	통상적수당	기타수당		고정상여	변동상여
978	2,977,413 (100%)	1,706,690 (57.3)	290,967 (9.8)	197,493 (6.6)	258,368 (8.7)	350,691 (11.8)	173,204 (5.8)

▣ **기업 임금체계 구성 사례**

• 운수업 ○○여객 (육상운송업, 305명) * 3년차 대표직군 표본 (이하 같음)
- 기본급(42.8%)
- 각종수당(22.2%) : 무사고수당+심야수당+교육수당+학자금+하계휴가비+유급수당+유급휴가수당+고정급수당
- 상여금(19.8%) : 정기상여금(지급시기 : 짝수월, 지급률 : 각 100%, 지급대상 : 재직자)
- 법정수당(15.2%) : 주휴수당+연장/야간/휴일근로수당+연차수당

• 제조업 XX 회사 (자동차제조업, 1,350명)
- 기본급(22.2%)
- 각종수당(5.9%) : 위생수당+근속수당+가족수당+TQC수당+복지수당+체력단련비+생산수당+휴가비+김장보너스+가정의달지원+귀향비
- 상여금(43.8%) : 정기상여금(지급시기 : 짝수월, 설·추석·휴가, 지급률 : 짝수월 각 100%, 설·추석·휴가 각 50%, 지급대상 : 재직자, 퇴직자는 일할계산 지급)+변동상여금
- 법정수당(28.1%) : 연월차수당+연장·야간·휴일근로수당(주 평균 52시간 근로)

- 제조업 (주)▲▲ (식료품제조업, 536명)
  - 기본급(29.3%)
  - 각종수당(13.3%) : 직책수당+직무수당+근속수당+직위수당+가족수당+체력수당+제안포상금
  - 상여금(18.1%) : 정기상여금(지급시기 : 짝수월, 지급률 : 각 100%, 지급대상 : 재직자)+변동상여금
  - 법정수당(39.3%) : 연차수당+연장・야간・휴일근로수당(휴일근로 포함 주 평균 62시간 근로)
- 서비스업 ○○회사 (사업지원 596명)
  - 기본급(30.7%)
  - 각종수당(10.4%) : ENG수당+교대수당+연금보조+선물비+명절격려금
  - 상여금(42.9%) : 정기상여금(지급시기 : 매월지급)+변동상여금
  - 법정수당(16.0%) : 연월차수당+연장・야간・휴일근로수당

- 기업규모별, 업종별, 고용형태별로 각종 수당과 상여금의 종류와 비중이 현저한 차이
  - 대기업은 기본급 비율이 55%(전체 70.5%)로 낮고, 특별급여 비율은 23.1%
  - 대기업 근로자 중 비정규직은 기본급 비율이 73.7%(정규직 54.6%)로 높고, 특별급여 비율은 6.3%로 정규직(24.2%)의 1/4 수준

[규모별・고용형태별 임금총액 구성비(2012년 고용형태별근로실태조사]

(단위 : %)

구분		기본급	정액급여		초과급여	특별급여	
			통상임금	기타수당		고정상여	변동상여
1~4인	정규직	88.2	92.1	2.1	1.0	2.9	2.0
	비정규	96.6	97.9	0.8	0.9	0.2	0.2
5~9인	정규직	80.4	87.2	2.8	2.1	4.6	3.4
	비정규	90.0	93.1	2.4	2.7	1.1	0.7
10~29인	정규직	72.7	81.1	4.0	4.5	6.5	3.8
	비정규	87.2	90.6	1.8	5.2	1.5	0.9

구분		기본급	정액급여		초과급여	특별급여	
			통상임금	기타수당		고정상여	변동상여
30~99인	정규직	67.3	77.4	3.8	7.9	6.9	4.0
	비정규	81.5	86.2	4.5	7.4	1.2	0.7
100~299인	정규직	61.2	71.7	4.3	8.7	11.0	4.3
	비정규	74.4	83.9	6.6	6.4	2.2	0.9
300인 이상	**정규직**	**54.6**	**62.2**	**6.1**	**7.5**	**14.0**	**10.2**
	비정규	**73.7**	**82.0**	**7.5**	**4.2**	**3.8**	**2.5**

[업종별 임금총액 구성비(2013.6, 고용부 실태조사 100인이상 사업장 978개소)]

구분	임금총액	정액급여			초과급여	특별급여	
		기본급	통상적수당	기타수당		고정상여	변동상여
전체	2,977,413 (100%)	1,706,690 (57.3)	290,967 (9.8)	197,493 (6.6)	258,368 (8.7)	350,691 (11.8)	173,204 (5.8)
제조업	3,223,836	1,659,417 (57.4)	212,649 (6.6)	154,845 (4.8)	440,507 (13.7)	543,143 (16.8)	213,276 (6.6)
운수업	2,381,247	1,235,854 (51.9)	255,922 (10.7)	191,170 (8)	252,647 (10.6)	357,118 (15)	88,537 (3.7)
금융/보험업	4,020,628	2,002,369 (49.8)	477,001 (11.9)	427,819 (10.6)	107,145 (2.7)	538,988 (13.4)	467,307 (11.6)

• 임금총액 대비 정액급여 비중이 추세적으로 증가하고 있는데, 이는 상여금 및 각종 수당이 증가하고 점차 고정급화 되어가는 경향에 따른 것으로 보임
  – 상여금 및 각종 수당의 명칭과 실질의 불일치 심화되어 근로의 가치 및 생산성이 제대로 반영되지 못하고, 임금수준 결정 시에도 논란 발생

[임금총액 구성비의 시계열 변화(사업체노동력조사)]

연도	정액급여	초과급여	특별급여	합계
1993	68.7%	9.3%	22.0%	100%
2003	72.0%	6.4%	21.6%	
2012	77.7%	5.7%	16.6%	

나. 임금체계

- 고성장 시기에 근속에 따라 생산성 및 숙련이 상승한다는 전제에서 도입된 연공급이 여전히 지배적 임금체계로 정착
- 100인 이상 사업체의 71.9%가 호봉급을 운영, 규모가 클수록 호봉급 도입 비율(100인 미만 36.0%, 300인 이상 79.6%)이 높음(2013년 사업체노동력조사).

[1년차 대비 20~30년차 임금수준(2010년 기준)]

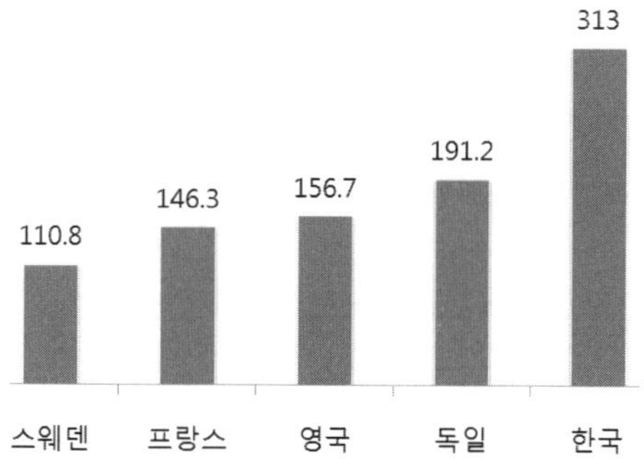

- 연봉제(1997년 3.6% → 2013년 66.2%)는 확산되었으나 무늬만 연봉제를 운영, 직능급(30.0%)도 근속중심으로 승격이 이루어지고, 직무급(24.2%)도 호봉급을 유지하면서 직무수당 형태로 운영하고 있는 실정
- 한편, 2007년 기준 연봉제 도입률은 52.5%이나, 이 중 절반 이상(52.9%)이 여전히 호봉급적 임금결정방식으로 운영

> - 연봉제 도입 사업장 중 차등 없는 임금 결정이 20%, 관리자급만 적용하는 비율이 30.1%로 나타남(2007년 고용부 임금제도 실태조사)
> - 많은 기업이 호봉테이블을 전제로 운영, 인사고과에 따라 연봉인상을 차등하지 않고 기존 임금구성항목을 연봉이라는 이름으로 통합 운영

(2) 문제점

가. 근로가치 및 생산성 반영 미흡

• 과도한 연공급제 및 복잡한 임금구성은 근로의 가치 및 생산성이 임금에 제대로 반영되지 못하고, 이에 따라 공정하고 과학적인 보상체계 구축에도 한계

[연령대별 대졸 남성사원의 임금-생산성 비교 설문조사 결과]

(단위 : %)

구분	입사시	30세	35세	40세	45세	50세	55세
임금>생산성	41.3	12.3	5.5	7.2	14.3	30.8	45.8
임금=생산성	35.8	53.3	50.4	51.5	54.9	53.8	40.6
임금<생산성	22.9	34.4	44.1	41.3	30.8	15.4	13.6

※ (주) 600개 사업체를 대상으로 설문조사(자료 : 김정한(2008), 「고령자 고용에 관한 단체협약 등 실태조사 및 개선방안 연구」)

나. 임금을 둘러싼 불필요한 혼선 초래

• 임금구성의 합리성과 예측가능성이 부족함에 따라 임금으로 지급되는 금품의 의미가 불명확하고 임금계산의 편의성이 담보되지 않음 → 임단협 혹은 개별 임금 협상 시 마다 현장에서 혼선 초래

다. 고용에 부정적 영향

• 생산성과 괴리된 연공급제는 근속에 따라 인건비를 상승시켜 고령자 조기퇴직, 신규 채용 감소와 고용 외부화(사내하도급, 비정규직 등) 등 일자리에 부정적 영향

• 생산직 근로자의 근속년수별 임금격차(초임대비 30년 이상)는 우리나라가 3.3배로 독일(1.97배), 프랑스(1.34배)보다 월등히 높음(임금의 연공성 국제비교(2011), 한국노동연구원)
• 근속에 따른 임금상승과 고령자 고용비중 · 신규채용율 간 부(-)의 관계 존재(정진호, 이인재/노동연구원)

라. 노동시장 이동의 경직성 가중

• 연공급제의 폐쇄적인 인사관리 시스템으로 인해 경력단절 여성 근로자, 중간퇴직자의 재취업이 구조적으로 어려워 직장 이동의 경직성 초래

마. 임금격차 확대

• 생산직 근로자의 연공에 따른 임금격차는 세계 최고 수준, 기업규모간 · 고용형태간 격차 확대 유발

> • 생산직 초임-장기근속자 임금격차(0~1년 초임=100) : 1년 미만 100, 10~15년 217.4, 30년 이상 330.6 (2011년 임금연공성 국제비교, 한국노동연구원)
> • 원청 · 장기근속 정규직과 하청 · 단기근속 비정규직간 격차확대 유발

바. 장시간근로 관행 형성

• 능력 · 생산성과 괴리된 연공급은 근로시간에 따른 보상체계와 연계되어 초과근로 등 장시간근로 초래

* 기업은 추가고용 대신 기존근로자의 연장 · 휴일근로를 선택, 근로자는 추가 수입확보를 위하여 잔업 · 휴일특근 선택

사. 근로자에게 동기 부여가 부족한 한편, 경직성 비용 증가로 경기변동에 대한 기업의 대응력은 떨어지게 되는 측면

> ▣ **정년 60세 시대를 대비하고, 장시간근로 문화 개선과 일자리 창출 등 노동시장에 긍정적 영향을 주기 위해서는,**
> • 복잡한 임금구성 항목을 단순 · 명확화하고, 연공 · 근속 중심에서 직무 · 성과를 반영하여 공정하고 고용친화적인 임금체계로 개선해 나갈 필요

(3) 개편방향

가. 임금구성의 단순 · 명확화

"임금의 구성은 노동의 가치를 정확히 반영할 수 있도록 명확하고 단순해야 함"

- 임금은 소득안정성을 보장하는 기본급을 중심으로 직무성과를 반영하는 성과급에 직무 특성에 따른 일정 수당이 부가되는 형태로 재편되는 것이 바람직함
  - 장시간근로를 개선하기 위해서는 초과근로가 과소평가되지 않도록 임금총액에서 차지하는 기본급 비중을 정상화할 필요가 있고, 성과 · 역량과 보상의 연계를 강화해야 함

"임금의 구성항목은 합리성과 예측가능성이 담보되어야 함"

- 제금품은 근로의 대가성, 순수한 복리후생, 개인과 기업의 성과 등 그 목적과 성격을 분명히 하여 그 명칭이 실질에 부합하게 정비되어야 함
  - 또한 공정한 성과보상이 이루어지기 위해서는 성과평가가 공정하고 과학적으로 이루어져야 함

나. 직무 · 성과 중심 임금체계로의 개편

"임금체계는 노동의 양과 질을 제대로 반영할 수 있도록 개편되어야 함"

- 과도한 연공급은 고령사회에서 지속가능하지 않음
  - 근로자의 직무능력과 성과를 공정하게 반영하여 근로자가 좀 더 오랫동안 안정적으로 일할 수 있도록 뒷받침하는 임금체계를 갖춤으로써 60세 정년시대를 대비할 수 있어야 함
- 단기적으로는 현재의 호봉급 제도에서 임금의 연공성을 완화하는 방향으로 개선하고, 장기적으로는 일의 성과와 가치를 반영한 직무급 도입을 고려할 수 있음

다. 업종별 및 기업규모별 임금체계 개편 방향

1) 업종별 · 기업규모별 개편 모델 추진중

• 현재 KLI 임금직무혁신센터에서 각 업종별 대표직종의 표준적인 임금체계 모델 구축 작업을 단계적으로 진행중

– 각 업종별 특수성을 고려하여 장 · 단기 임금체계 개편 방향 및 제수당들의 간소화에 중점

[임금체계 개편 모델(예시)]

▣ 자동차(부품) 제조업 생산직

• (임금구성 현황) 기본급, 법정수당(연장 · 야간 · 휴일, 연월차, 주휴), 고정상여금, 변동상여금, 제수당(위생수당, 근속수당, 가족수당, TQC, 복지수당, 기능숙련수당, 체력단련수당, 생산수당, 직책수당, 보임수당, 파견수당, 자격면허수당), 기타수당(휴가비, 김장보너스, 가정의 달 지원, 귀향비)

☞ (개편 방향) 기본급은 숙련급으로 하되(완성차는 연공적 기존 임금체계개선, 부품사는 기존 단일 직무급체계 개선), 40대 중반이후에는 숙련을 반영한 직무급 체계로 전환

• 임금산정단위를 월급제로 변경(현재 90% 정도 시급제 적용)하고, 근속급 피치 완화 및 정기승급률 및 임금총액인상분(base up) 최소화, 개인성과급 도입 및 확대

• 40대 중반을 기점으로 성과급을 달리 지급하고, 성과급은 임금총액의 일정 %(예 : 10%) 내외로 구성

▣ 금융업 사무직

• (임금구성 현황) 기본급, 법정수당, 상여금(고정, 변동), 제수당(직위수당, 직무수당, 조정수당), 기타수당(중식교통비, 연금지원, 복지지원비, 주말교통비, 생계비수당, 통신비지원)

☞ (개편 방향) 40세까지는 기본급을 숙련급으로 연공성을 개선하고 40대 중반 이후는 역할급(일반직)과 직무급(전문직)으로 분화

• 임금수준과 근속에 따른 임금상승이 다른 업종에 비해 월등히 높은 점을 감안하여 정기승급제 폐지 및 고과에 따른 차등승호 확대, 직급별 호봉상한선 설정, 개인성과급 도입 및 확대

• 평사원은 집단성과급을, 간부급은 개별 성과급을 지급하되 성과급은 임금총액의 일정 %(예 : 30%) 내외로 구성

※ 현 모델은 시안적/표준적 성격을 띠고 있으며 향후 업종별 구체적 컨설팅 및 사례적용을 통해 수정되고 사업장별로 변형되어 적용될 수 있음

- 기업 성장단계에 따른 임금체계 개편
  - 중소기업은 대기업에 비해 상대적으로 수당·상여금의 종류 및 비중이 낮은 점을 고려하되, 성장단계에 따라 직무·성과중심의 임금체계로 개편되도록 지원할 필요

단계 \ 규모		임 금 체 계			
		방향성	소기업	중기업	대기업
성장단계	성장기	• 인재확보 중심 - 임금의 외부 경쟁력 강화 - 안정적이고 높은 기본급	• 순수호봉제 • 고정상여제	• 고과호봉제 • 고과상여제	• 연봉제
성장단계	수익기	• 동기부여 중심 - 임금의 내부 공정성 제고 - 성과에 따른 인센티브 강화	• 고과호봉제 • 고과상여제	• 직능급제 • 연봉제 • 수당형 직무급제	• 범위 직무급제 • 타겟 인센티브 • 이익배분제
성장단계	성숙기	• 효율성 중심 - 인건비 효율화 - 대상별 차별화된 임금체계 적용	• 직능급제 • 연봉제	• 범위 직무급제 • 타겟 인센티브	• 대상별 차별화된 임금체계

현재의(As-Is) 보상구조
성과급 / 일시금 ⓐ
기본급 ⓑ
고정상여금 ⓒ
통상수당 ⓓ
일반수당 ⓔ
변동수당 ⓕ

⇨

개선된(To-Be) 보상구조
인센티브 ⓐ+ⓓ의 일부
기본급 ⓑ+ⓒ+(ⓓ, ⓔ, ⓕ의 일부)
제수당 ⓓ,ⓔ의 일부

2) 지원 사항

- 구체적인 개편 방향 및 내용에 대해서는 개별 노사가 신청을 발굴하여 컨설팅 등을 통해 지원
  - 「임금체계 개편 매뉴얼」 별도 시달 예정

6 임금체계 유형 및 해외 동향

• 임금체계는 크게 연공급(호봉급), 직능급, 직무급으로 구분

[임금결정체계 유형별 비교]

구분	연공급	직능급	직무급
임금 결정기준	• 근속년수	• 개인의 직무수행 능력	• 개별직무의 가치 및 난이도
장점	• 안정적 인력운영	• 능력중심의 탄력적 인력 운영이 가능 • 숙련 향상에 대한 동기부여	• 일의 가치와 보상이 일치 • 직무 구분이 명확
단점	• 임금체계의 경직화 • 장기근속자 인건비 증가 • 역량 및 성과우수 자에 대한 동기 부여 곤란	• 평가의 주관성 • 연공급제로 변질될 가능성 존재 • 고직급 인력 양산 가능	• 과다한 직무평가 비용 • 인력의 유연한 재배치 곤란

• 최근 각국에서는 기존 임금제도의 단점을 보완하기 위해, 새로운 요소를 가미해 나가는 추세

• (미국) "직무급" 중심의 임금체계에 1980년대 불황 극복을 위해 성과주의 가미

- 그러나 직무급의 인력운영 경직화, 동기유발 효과 저하 등의 한계로 업적평가 위주에서 역량평가를 도입, 강화하는 추세

  * '직무+성과+Competency+시장가치'를 고려하여 임금을 결정

• (일본) 1990년대 장기불황 극복을 위해 연공급 성격의 "직능급"에 성과주의를 확대

- 직능급은 고직급을 양산하여 인건비가 가중되고, 직무별 전문가 양성에 한계가 있어 임금제도에 직무 개념을 반영하는 추세

- 이에 따라 임금체계에 직무급과 역할급의 도입을 확대

* 관리직과 비관리직의 역할급과 직무급 도입 비율은 1999년 21.1%, 17.7%에서 2005년에는 각각 61.0%, 40.9%로 증가(「일본적 인사제도의 변용에 관한 조사(2006)」, 일본사회경제생산성본부)

7 「임금체계 · 근로시간 개편 지원단」 구성 · 운영

(1) 구 성

가. 중앙단위 협의회

• 고용부 본부(협의회 회장 : 노동정책실장), 노사단체 대표, 임금직무혁신센터(KLI), 노사발전재단, 학계 전문가 등으로 구성

나. 지역단위 「임금체계 · 근로시간 개편 지원단」

• 지역노사민정협의회와 연계하여 각 지방관서별로 지원단 구성 : 고용부 지방관서(지원단장 : (지)청장), 노사단체 지역본부(협회), 관내 유관기관 · 단체 및 학계 전문가 등으로 구성
  – (지)청내 근로개선지도1과장, 센터소장 또는 기업지원과장 포함

(2) 지원단 역할 및 운영

가. 중앙단위 협의회

• 지원단 활동에 필요한 임금체계 개편, 교대제 등 장시간근로 개선, 임금피크제 등 정년연장 관련 정책 매뉴얼 등 지원
• 본부 및 지방에서 발굴된 임금체계 개편 우수사례 홍보

• 노사발전재단 컨설팅, 각종 지원사업 등 연계 지원
• 통상임금 등 임금체계 개편 관련 순회 설명회 지원

나. 지역단위 지원단

• 지원단장은 관내 설치되어 있는 지역노사민정협의회에서 통상임금 관련 논의가 이루어지도록 지원 → 이후 지원단이 주도하여 안내 및 컨설팅 서비스를 (연계) 제공토록 함
  - 지역단위 관심을 촉발하고, 향후 공공부문 개혁 등의 과정에서 예상되는 노사갈등 해소를 위한 지역단위 역할을 강화하도록 함
• 본부가 참여하는 순회설명회를 시작으로, 지원단 차원에서의 설명회를 추진 → 임금체계 개편 필요성에 대한 공감대 형성
  - 지역 대학 및 연구기관, 노무사 등 관련 자원 발굴·활용, 각종 지원제도 안내 및 시사점 발굴 → 본부에 제출
• 임단협 지도대상 사업장(100인 이상, 9,580개소)을 대상으로 수요를 발굴하여 노사발전재단 컨설팅과 연계 지원 → 우수사례 발굴·홍보
  - 컨설팅 절차 : 대상사업장 현황 파악 → 중점 컨설팅 분야 논의 → 컨설팅 연결 혹은 직접수행 여부 결정 → 컨설팅 연결 혹은 직접 실시 → 사후관리
  - 지방관서 차원에서도 임금체계 개편 매뉴얼 등을 참고하여 개별 사업장의 개편 추진을 지원
• 임금체계 개편과정에서 예상되는 노사갈등 조정·해결 지원(지방노동위원회 협조)

(3) 행정사항

• 각 지역단위 지원단을 2.5.까지 구성 완료하고, 본부 보고(임금근로시간개혁추진단)

대법원 판례

고등법원 판례

지방법원/행정법원 판례

행정해석

찾아보기

ㄱ

ㄴ

ㄷ

ㅁ

ㅂ

ㅅ

ㅇ

ㅈ

ㅊ

저자
이 상 익

학력 및 경력

- 이 상 익 (李商益, Lee Sang Ik)
- 성균관대학교 경상대학
- 고려대학교 노동대학원(법학석사)
- 고려대학교 대학원 박사과정(사회법)
- 현(現) 국제공인노무사사무소 공인노무사
- 현(現) (사)노동법이론실무학회 이사
- E-mail : kjkin@chol.com

주요 논문 및 저서

- 직장점거의 정당성에 관한 연구, 2008
- 통상임금의 이해(공저), 2013